东莞统计

东莞统计年鉴

2019（总第29期 NO.29）

东莞市统计局
国家统计局东莞调查队 编

Compiled by Dongguan Municipal Bureau of Statistics
Survey Office of the National Bureau of Statistics in Dongguan

中国统计出版社
China Statistics Press

图书在版编目（CIP）数据

东莞统计年鉴. 2019 / 东莞市统计局, 国家统计局东莞调查队编.
-- 北京：中国统计出版社, 2019.8
ISBN 978-7-5037-8878-9

Ⅰ. ①东…
Ⅱ. ①东… ②国…
Ⅲ. ①统计资料-东莞-2019-年鉴
Ⅳ. ①C832.653-54

中国版本图书馆 CIP 数据核字（2019）第 153332 号

东莞统计年鉴-2019

作　　者/ 东莞市统计局　国家统计局东莞调查队
责任编辑/ 钟　钰
责任校对/ 蔡盟芳　陈兴荣
装帧设计/ 黄鹏锦
出版发行/ 中国统计出版社有限公司
地　　址/ 北京市丰台区西三环南路甲 6 号
邮政编码/ 100073
电　　话/ 邮购（010）63376909　书店（010）68783171
网　　址/ http://csp.stats.gov.cn
印　　刷/ 东莞市本色印刷有限公司
经　　销/ 新华书店
开　　本/ 890mm×1240mm　1/16
字　　数/ 1100 千字
印　　张/ 29 印张
版　　别/ 2019 年 8 月第 1 版
版　　次/ 2019 年 8 月第 1 次印刷
定　　价/ 450.00 元

如有印装差错，由本社发行部调换。

编者说明

Editor's note

一、《东莞统计年鉴—2019》（以下简称年鉴）是一本反映东莞国民经济和社会发展情况的资料性年刊，系统收录了东莞 2018 年经济社会各方面的统计数据以及历年主要指标数据，旨在全面反映东莞经济和社会发展变化情况。

二、本年鉴正文内容分为三部分，即：第一部分概述，包括统计公报和政府工作报告。第二部分统计资料，具体分为：1. 综合、2. 人口与劳动力、3. 农业、4. 工业、5. 固定资产投资与建筑业、6. 运输邮电、7. 国内贸易、8. 价格指数、9. 对外经济贸易与旅游、10. 财政、金融与保险、11. 人民生活、12. 社会事业、13. 能源、14. 镇街主要指标、15. 村（居）委会主要指标、16. 历年国民经济和社会发展主要指标、17. 东莞与全国、全省、三角洲城市、港澳台及粤港澳大湾区主要指标比较 17 个篇章。第三部分基本单位情况。

三、本年鉴资料主要来自东莞市统计局和国家统计局东莞调查队的统计调查资料，部分来自中央、省属单位和市直属各部门的统计资料。

四、本年鉴中涉及到的历史数据，均以最新出版的本年鉴数据为准;本年鉴中部分数据合计数或相对数由于单位取舍不同而产生的计算误差，均未做机械调整。

五、本年鉴统计表中的符号说明："…"表示该项统计指标数据不足本表最小单位数；"#"表示其中主要项；"空格"表示该项统计指标数据不详或无该项数据。

六、与《东莞统计年鉴—2018》相比，本年鉴在内容上主要作了如下修订："综合"篇增加了"城镇常住人口"、"全社会从业人员"数据；"固定资产投资与建筑业"篇增加了"按构成和行业分工业投资增长速度"数据；"镇街主要指标"篇删除了"镇街规模以上工业企业全部 R&D 项目情况"数据；"历年国民经济和社会发展主要指标"篇增加"全社会从业人员"、"房地产开发投资"数据；"东莞与全国、全省、三角洲城市及港澳台主要指标"篇增加了"粤港澳大湾区"主要指标；基本单位篇删除了"高新技术企业名录"；另根据新的部门报表制度对个别专业内容及相关统计指标进行了调整。

七、由于第四次全国经济普查数据尚未发布，本年鉴与经济普查有关的专业如核算、工业、固定资产投资、建筑业、批发零售业和住宿餐饮业等 2018 年数据均采用年快报数，部分数据由于只有年报数据故暂时无法提供，上述专业 2018 年年报数据将在 2020 年出版的统计年鉴反映。

本年鉴在编辑出版过程中，得到省统计局、全市各镇街（园区）和有关部门的大力支持，在此我们表示衷心感谢。本年鉴如有疏漏之处，敬请批评指正，我们将进一步改进年鉴编辑工作，更好地为广大读者服务。

编委

《东莞统计年鉴－2019》

编委会和编辑出版人员

目　录
CONTENTS

第一部分　概　述
Part One　Outline

第二部分　统计资料
Part Two　Statistics

一、综　合
General Survey

二、人口与劳动力
Population and Labor Force

三、农　业
Agriculture

四、工　业

Industry

五、固定资产投资与建筑业
Investment in Fixed Assets and Construction

六、运输邮电

Transport, Postal and Telecommunication Services

七、国内贸易

Domestic Trade

八、价格指数
Price Indices

九、对外经济贸易与旅游
Foreign Trade and Tourism

十、财政、金融与保险

Finance, Banking and Insurance

十一、人民生活
People's Living Conditions

十二、社会事业
Social Undertakings

十三、能　源
Energy

十四、镇街主要指标
Main Indicators of Towns

十五、村（居）委会主要指标
Main Indicators of Villagers' （Neighborhood） Committees

十六、历年国民经济和社会发展主要指标
Main Indicators of National Economy and Social Development over Years

十七、东莞与全国、全省、三角洲城市、港澳台及粤港澳大湾区主要指标比较
Comparison of Main Indicators between Dongguan and China, Guangdong Province, the Cities of the Pearl River Delta，Hong Kong，Macao，Taiwan and the Guangdong–Hong Kong–Marco Greater Bay Area

第三部分　基本单位情况
Part Three　Basic Units

生产总值

地区生产总值（亿元）

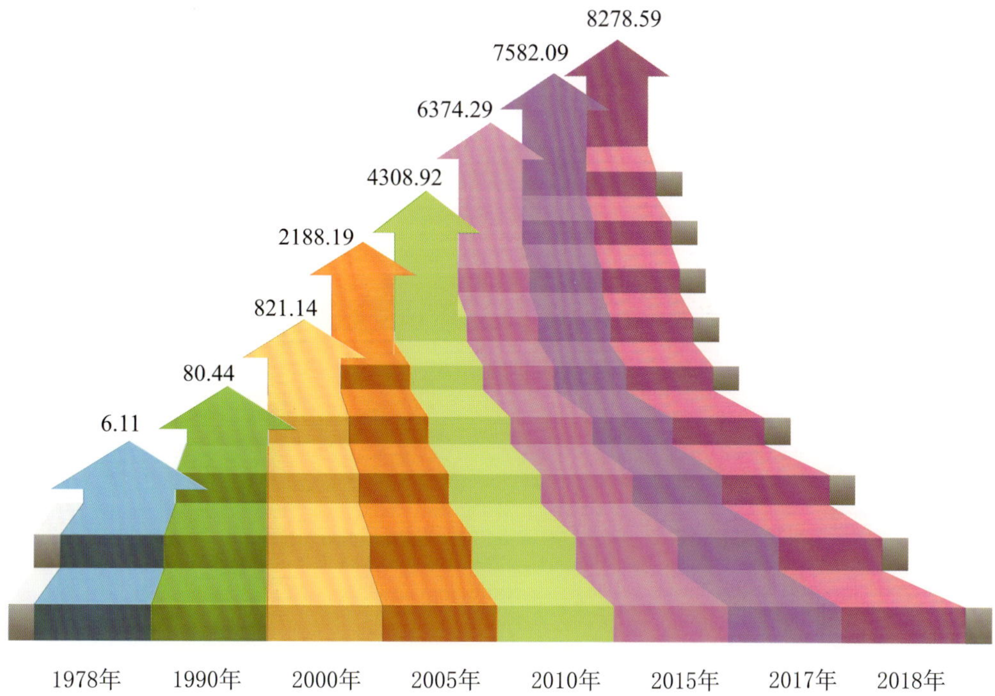

地区生产总值构成（%）

人口与劳动力

人口（万人）

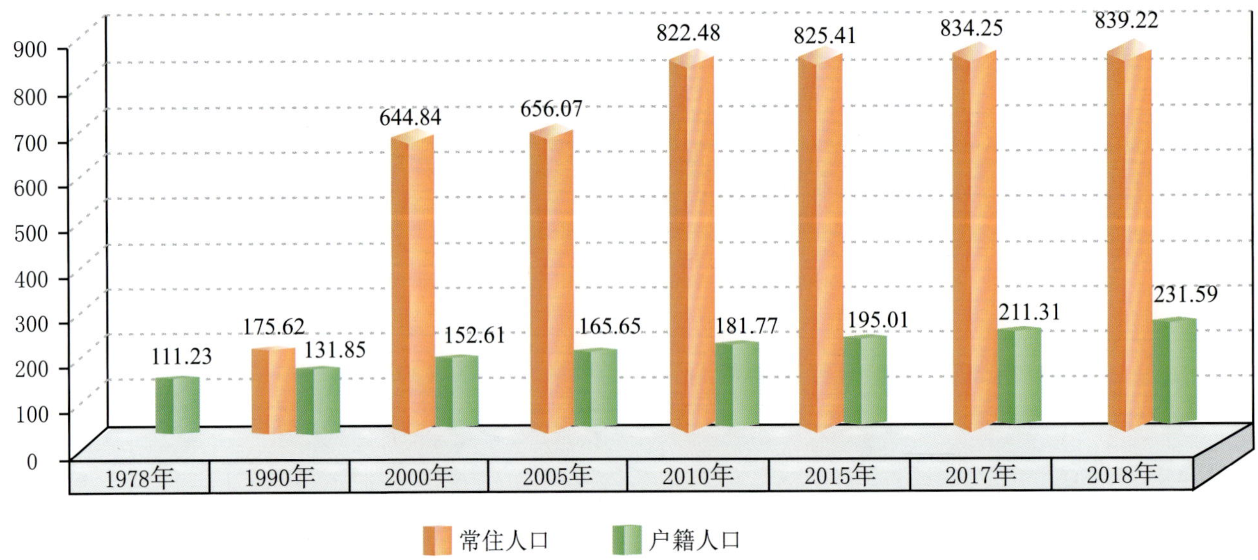

全社会从业人员（万人）

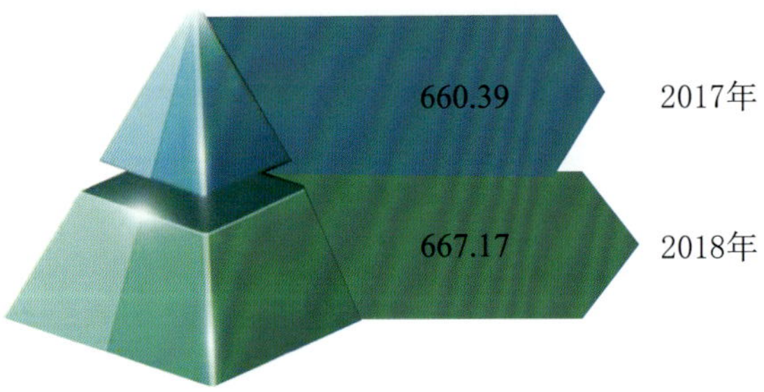

城镇非私营单位在岗职工年平均工资（元）

农业

农、林、牧、渔业总产值（亿元）

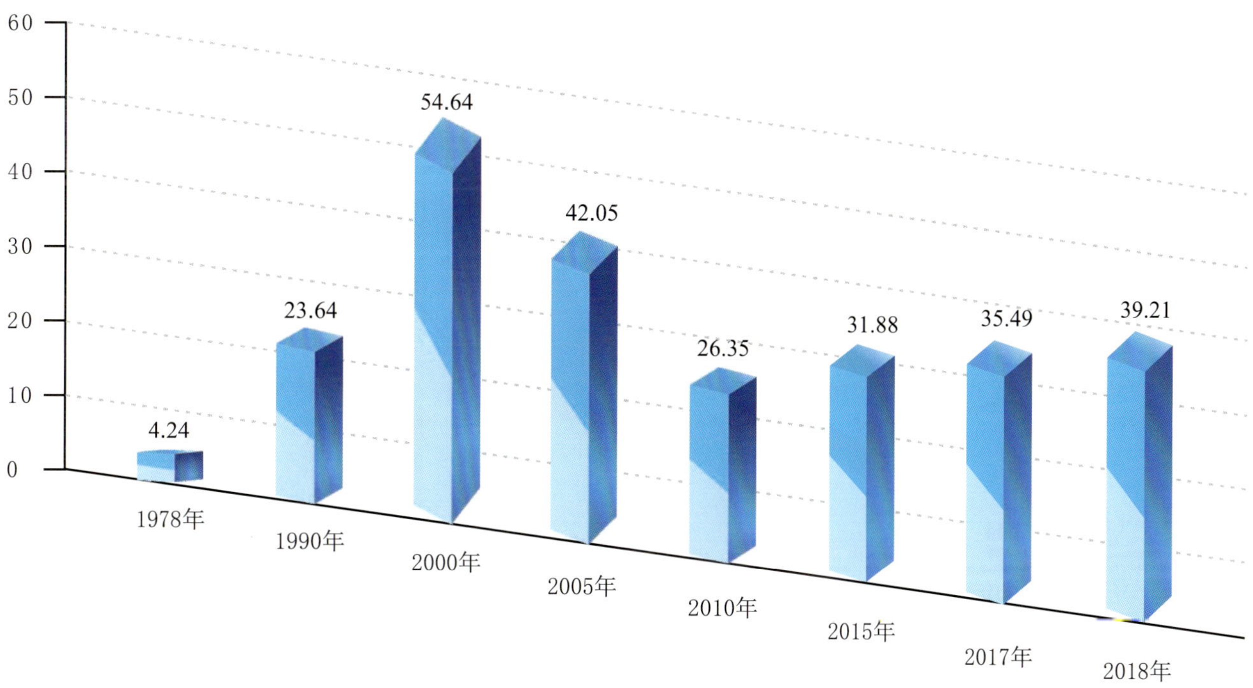

农、林、牧、渔业增加值（亿元）

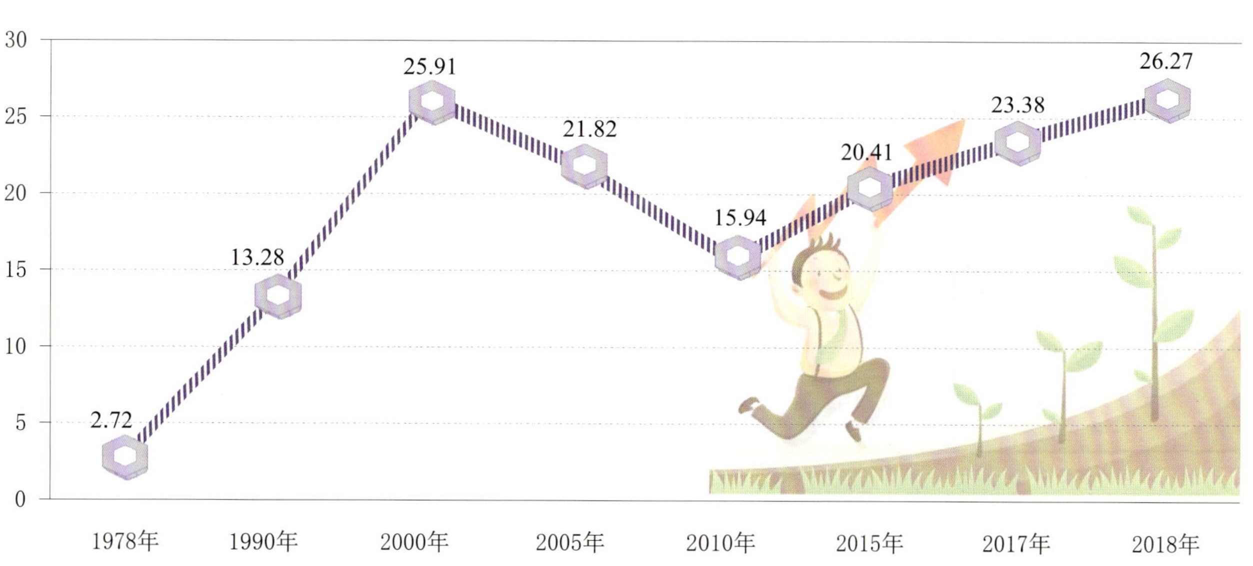

运输邮电

货物、旅客运输量

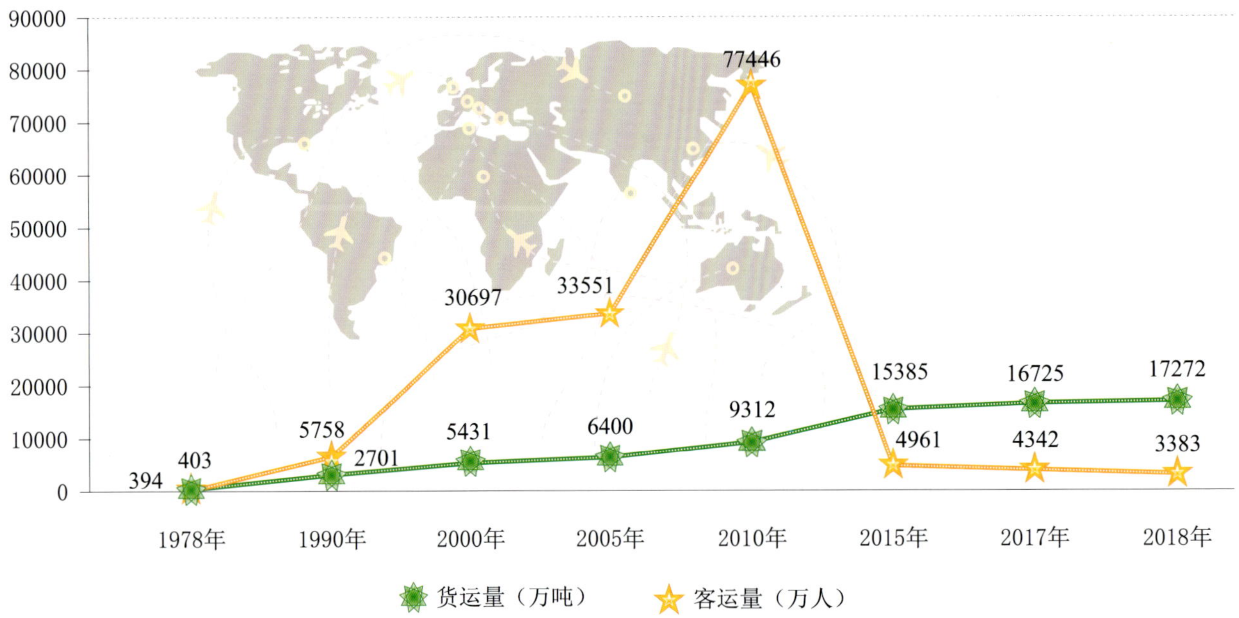

注：2014年起，客运量和旅客周转量不含城市客运量，数据与往年不可比。

本地电话用户、移动电话用户（万户）

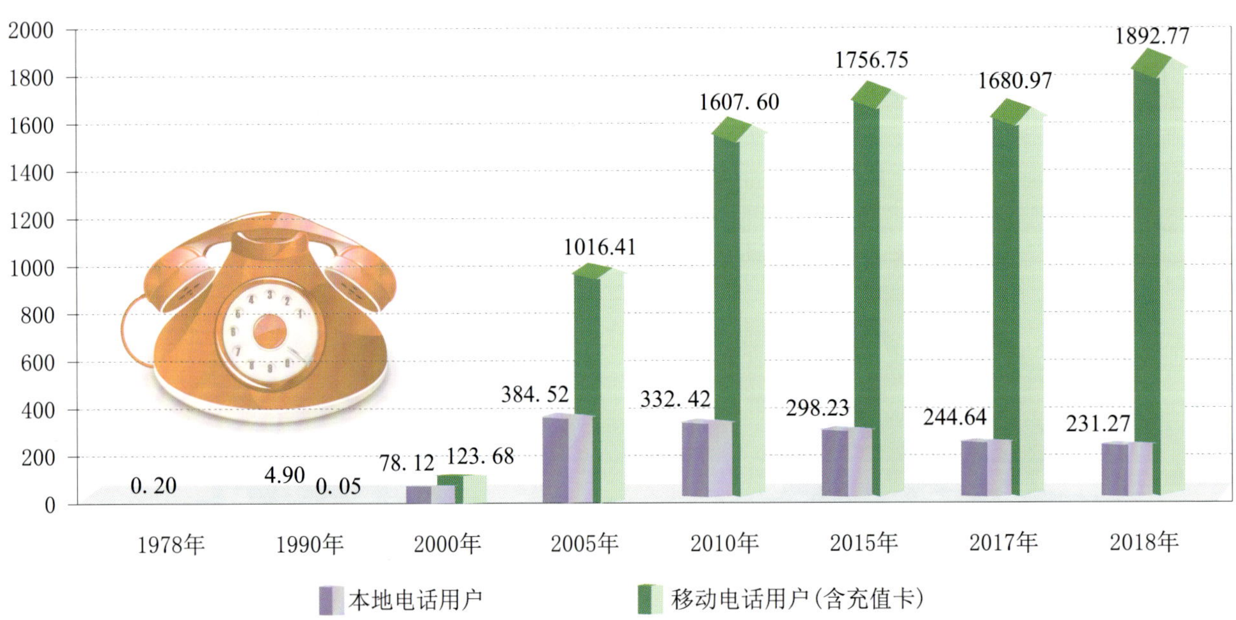

注：2015年起，本地电话用户取消小灵通。

国内贸易

社会消费品零售总额（亿元）

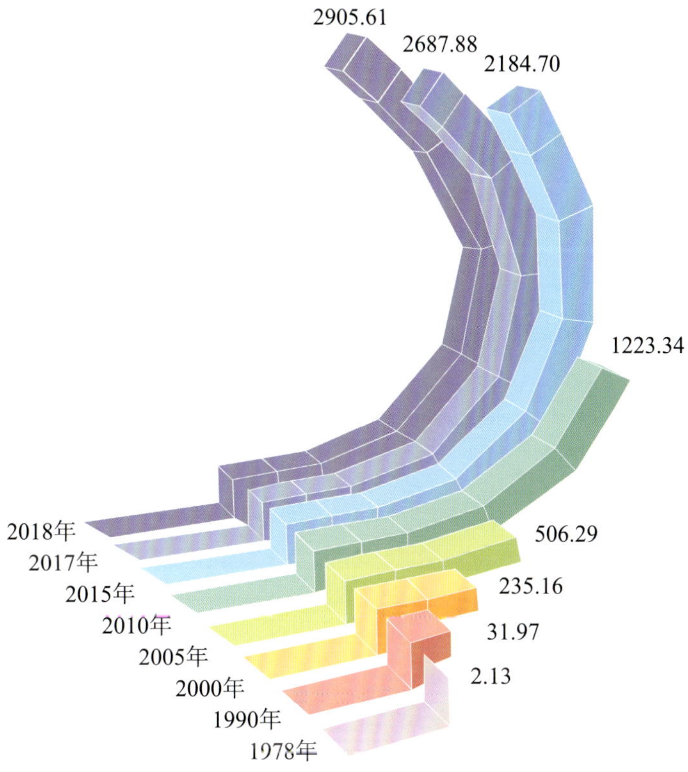

批发和零售、住宿和餐饮（亿元）

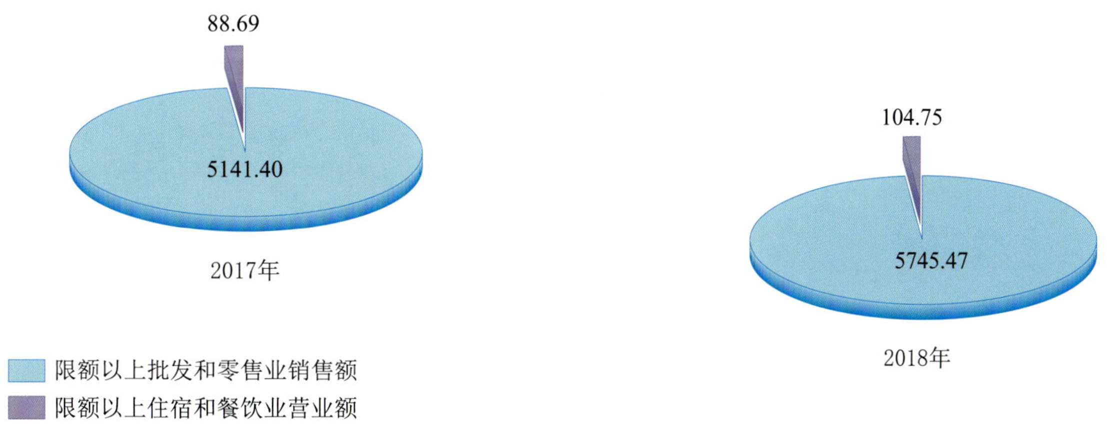

价格指数

居民消费价格总指数（以上年为100）

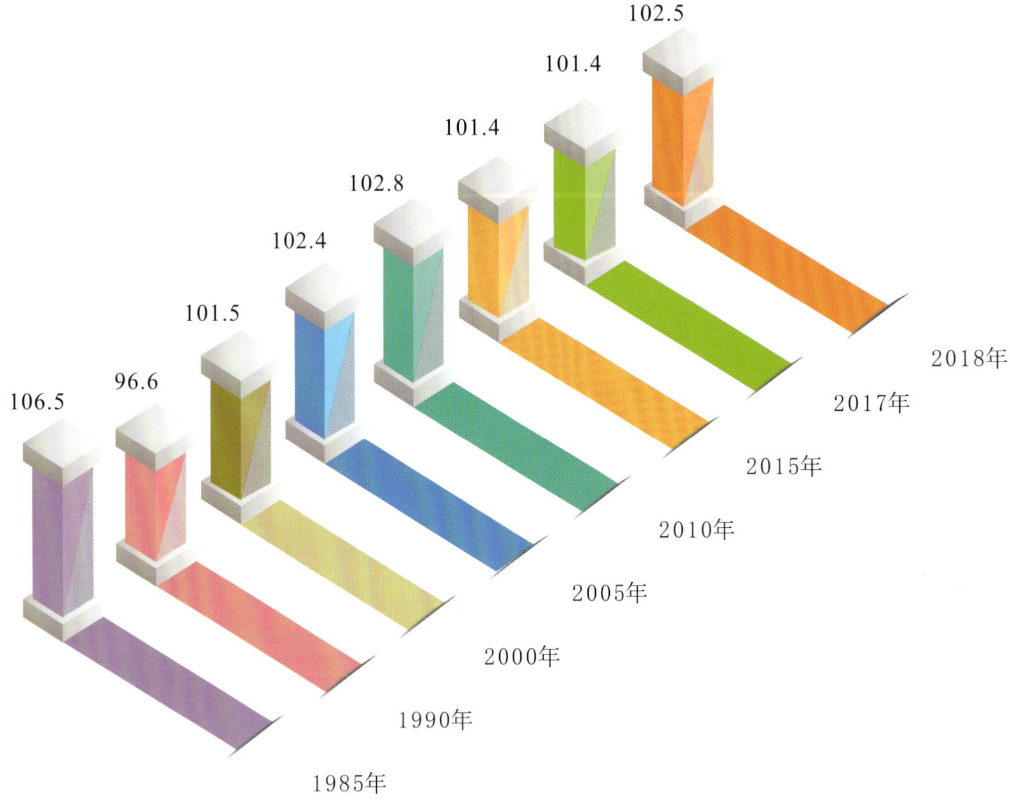

工业生产者出厂价格指数（以上年为100）

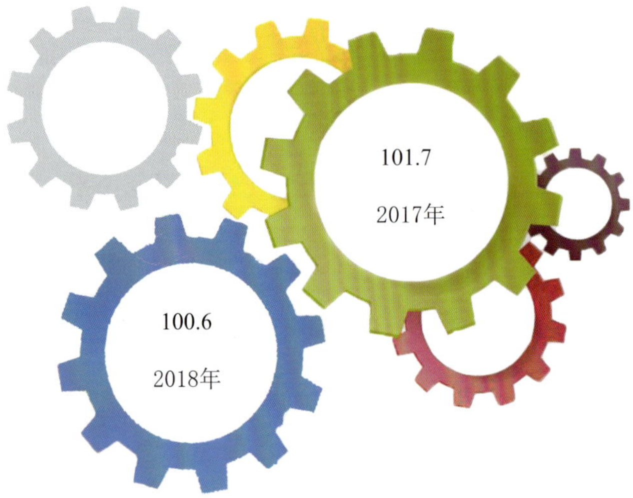

对外经济贸易与旅游

进口总额 (亿元)

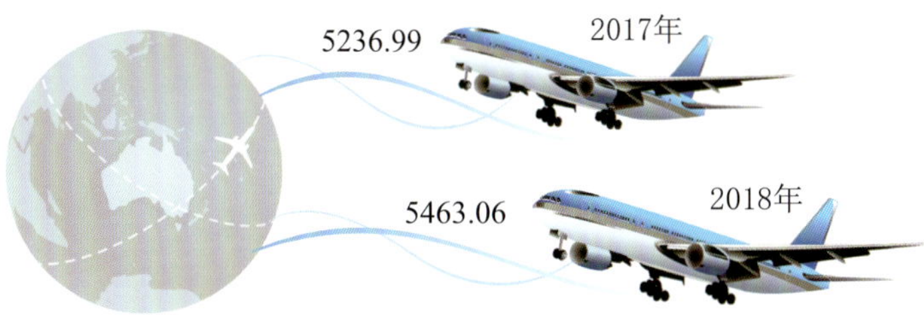

出口总额 (亿元)

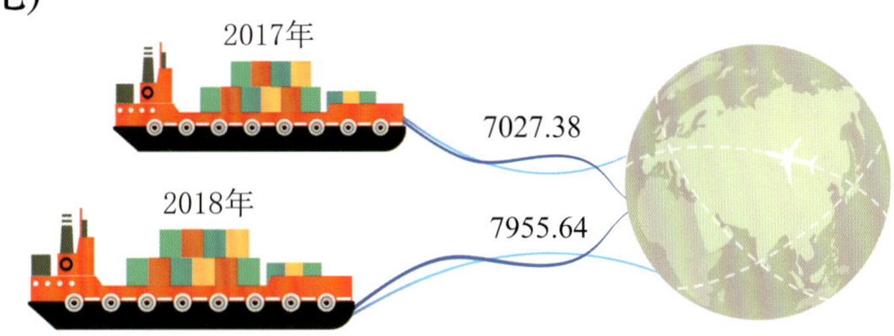

当年实际利用外资 (亿美元)

全年接待国内外旅游人数 (万人次)

财政、金融

一般公共预算收入和支出（亿元）

各项人民币存、贷款余额(亿元)

人民生活

2017年人民生活（元）

- 全体居民人均可支配收入 45451
- 城镇常住居民人均可支配收入 46739
- 农村常住居民人均可支配收入 29078

2018年人民生活（元）

- 全体居民人均可支配收入 49331
- 城镇常住居民人均可支配收入 50721
- 农村常住居民人均可支配收入 32277

社会事业

建城区绿地面积（万平方米）

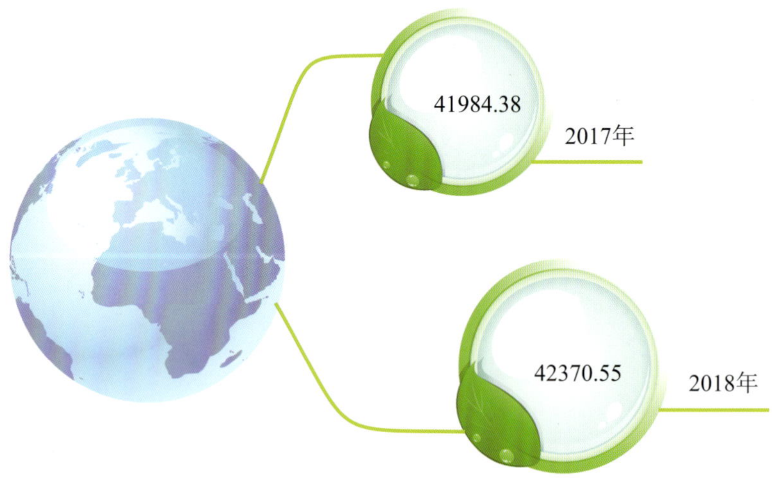

专利申请量（件）

专利授权量（件）

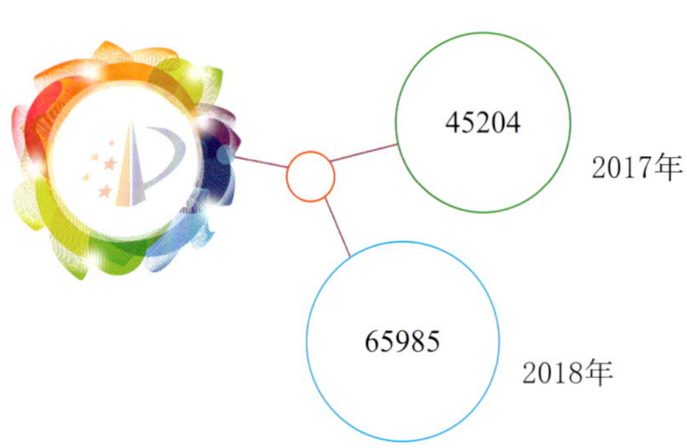

卫生事业机构床位数(张)

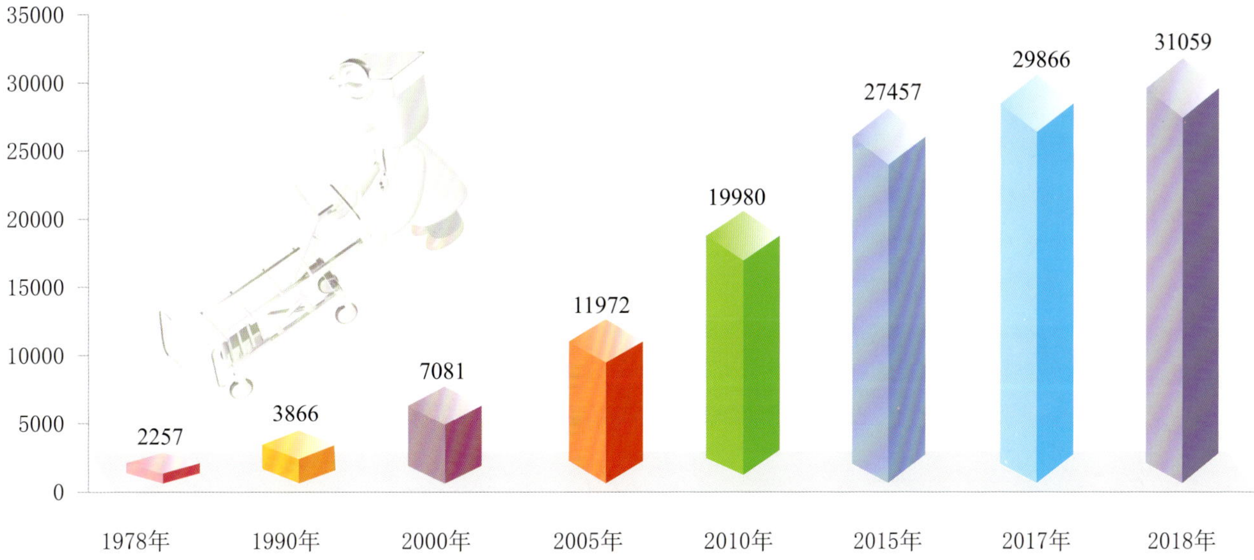

执业(助理)医师(人)

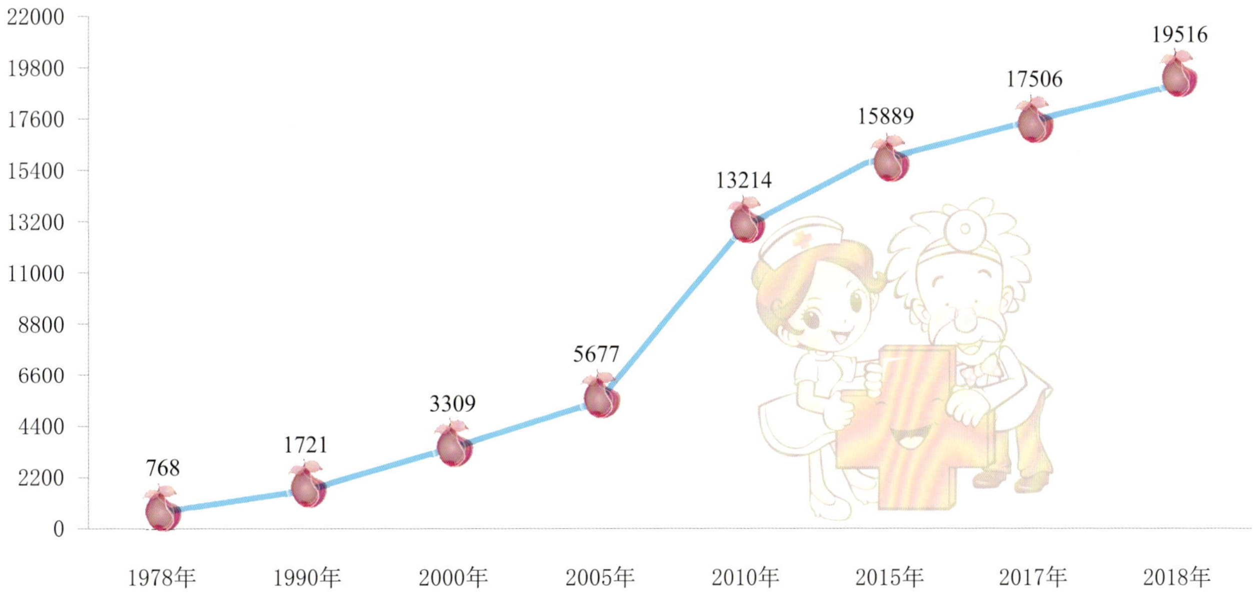

各类学校(所)

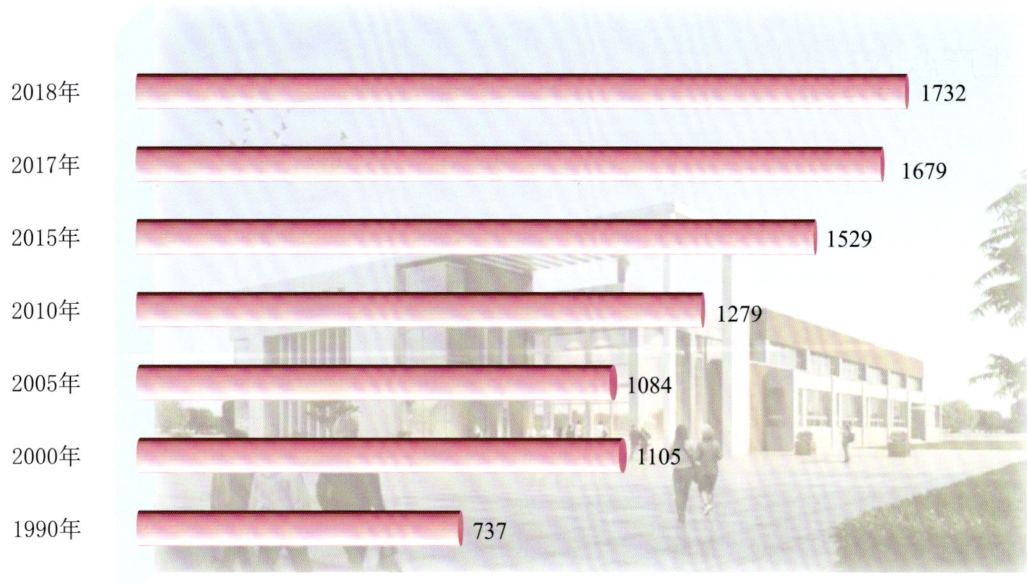

各类学校在校学生(万人)

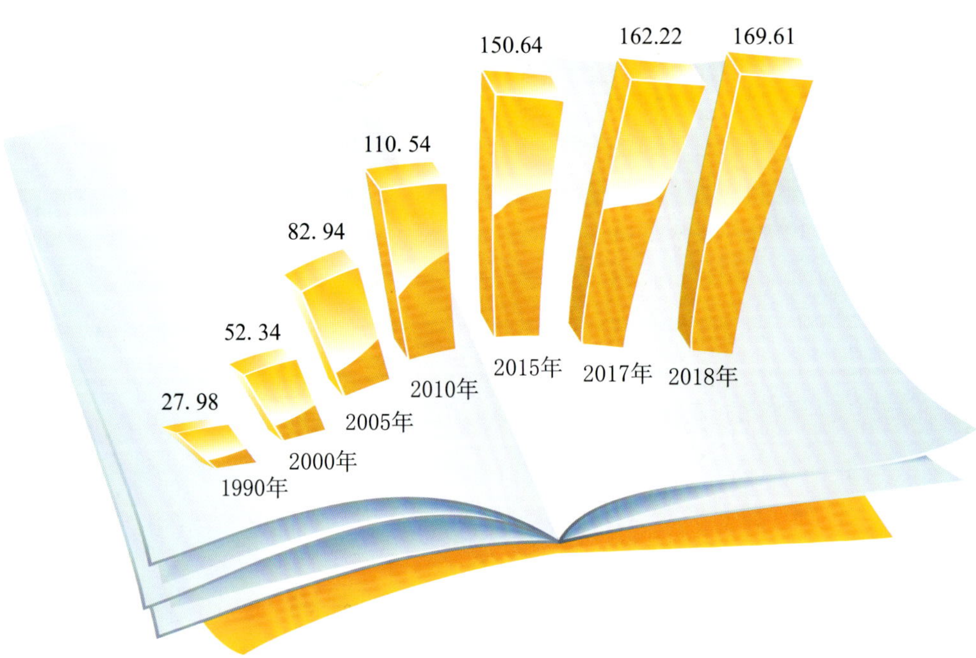

能源

单位生产总值能耗上升率或下降率 (± %)

规模以上工业综合能源消费量 (万吨标准煤)

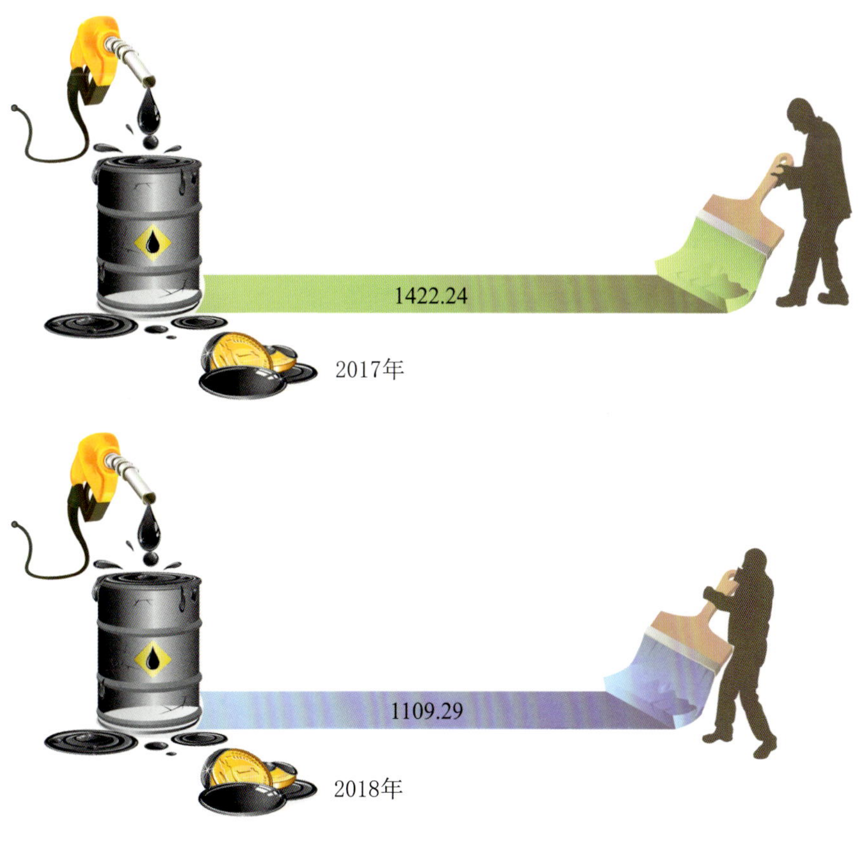

东莞统计

第一部分 概述

Part One Outline

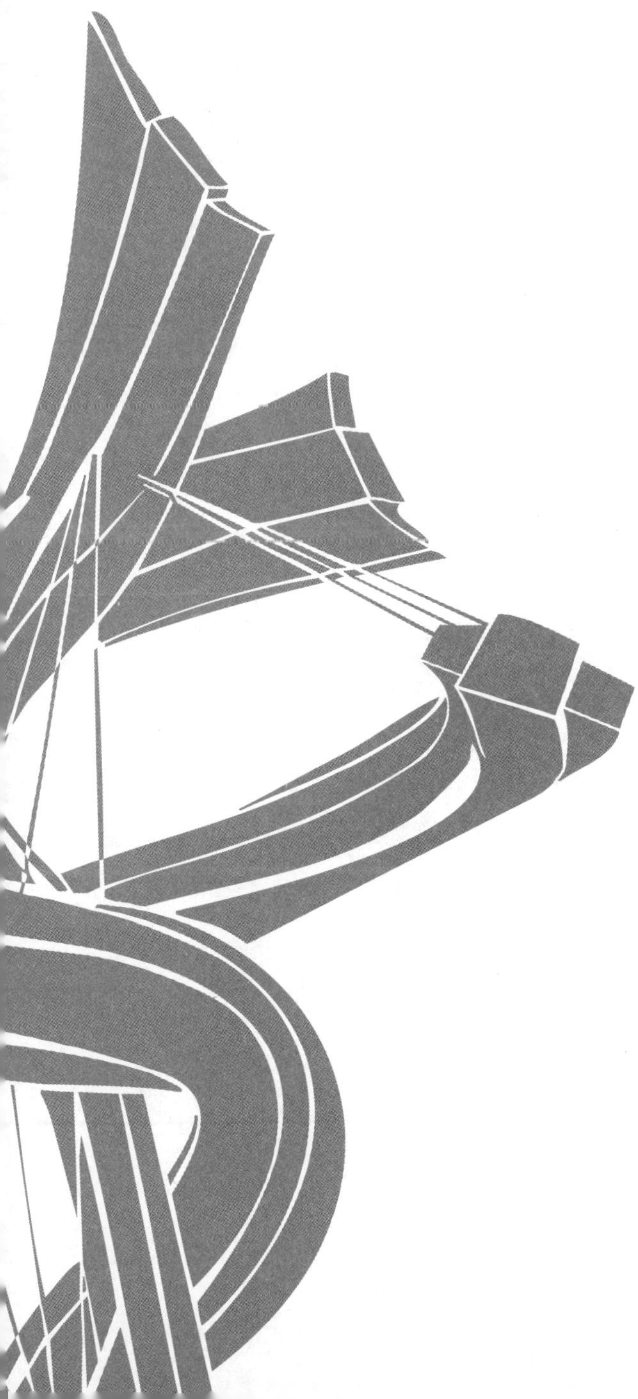

2018 年东莞市国民经济和社会发展统计公报

STATISTICAL COMMUNIQUE ON ECONOMIC AND SOCIAL DEVELOPMENT OF DONGGUAN IN 2018

2018 年，东莞坚持以习近平新时代中国特色社会主义思想为指导，全面贯彻党的十九大和十九届二中、三中全会精神，深入学习贯彻习近平总书记对广东重要讲话和对广东工作一系列重要指示精神，认真落实省委“1+1+9”等各项决策部署，在市委坚强领导下，坚持稳中求进工作总基调，坚定践行新发展理念，统筹推进稳增长、促改革、调结构、惠民生、防风险等各项工作，全市经济社会保持平稳健康发展。

一、综合

初步核算，2018 年东莞实现地区生产总值 8278.59 亿元，比上年增长 7.4%。分产业看，第一产业增加值 25.04 亿元，增长 7.4%；第二产业增加值 4027.21 亿元，增长 6.9%；第三产业增加值 4226.34 亿元，增长 7.9%。三次产业比例为 0.3：48.6：51.1。在第三产业中，交通运输、仓储和邮政业增长 1.8%，批发和零售业增长 4.4%，住宿和餐饮业增长 3.3%，金融业增长 6.9%，房地产业下降 1.2%，其他服务业增长 14.8%。民营经济增加值 4105.49 亿元，增长 8.3%。人均地区生产总值 98939 元，增长 6.6%，按平均汇率（6.6174）折算为 14951 美元。

图一： 2013-2018年地区生产总值及增长速度

在现代产业中，规模以上先进制造业增加值 2043.77 亿元，比上年增长 8.6%；高技术制造业增加值 1520.62 亿元，增长 11.0%。现代服务业增加值 2561.00 亿元，增长 9.1%。生产性服务业增加值

2177.92 亿元，增长 10.5%。

年末，全市工商登记注册户数 114.68 万户，比上年末增长 14.6%。其中，企业工商登记 50.22 万户，增长 21.5%；个体户登记 64.40 万户，增长 9.7%。私营企业登记户数增长较快，增长 22.3%。从新登记注册情况看，全市工商新登记 26.49 万户，比上年增长 18.7%；新登记企业 11.76 万家，增长 15.9%。

全年居民消费价格总水平比上年上涨 2.5%。其中食品烟酒类上涨 2.8%，衣着类上涨 2.0%，居住类上涨 1.7%，生活用品及服务类上涨 2.1%，交通和通信类上涨 2.0%，教育文化和娱乐类上涨 5.5%，医疗保健类上涨 0.4%，其他用品和服务类上涨 2.2%。此外，全年商品零售价格总指数上涨 2.7%。工业生产者出厂价格指数上涨 0.6%。

图二 ：2013-2018年居民消费价格总指数（上年=100）

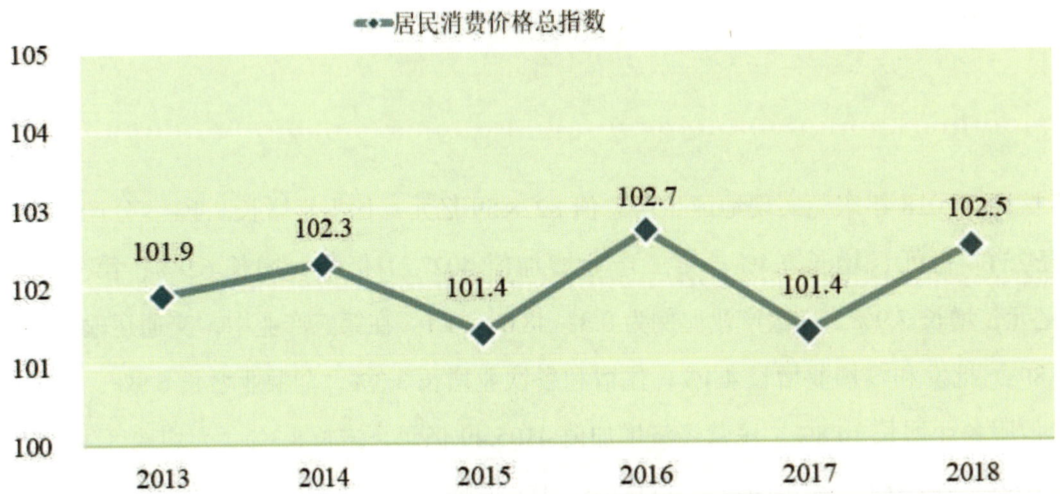

表一　2018 年价格变动情况

类　　别	价格指数（上年=100）	类　　别	价格指数（上年=100）
居民消费价格总指数	102.5	居　　住	101.7
食品烟酒	102.8	生活用品及服务	102.1
其中：粮食	101.4	交通和通信	102.0
畜肉类	97.6	教育文化和娱乐	105.5
食用油	98.3	医疗保健	100.4
蛋类	108.6	其他用品和服务	102.2
菜	109.3	商品零售价格总指数	102.7
水产品	106.7	工业生产者出厂价格指数	100.6
衣　　着	102.0		

全年市一般公共预算收入 649.91 亿元，增长 9.8%。市一般公共预算支出 765.41 亿元，增长 14.6%；其中，一般公共服务支出 73.63 亿元，公共安全支出 97.11 亿元，教育支出 155.43 亿元，社会保障和就业支出 48.21 亿元。全年全市税收总额 2263.69 亿元，增长 14.1%。

年末城镇实有登记失业人数1.34万人，全年失业人员安置就业人数1.39万人，城镇登记失业率为1.4%。

二、农业

全年全市农林牧渔业总产值39.21亿元，比上年增长6.6%。其中农业产值30.08亿元，增长11.3%，占农林牧渔业总产值的76.7%；林业产值0.32亿元，下降9.5%，占0.8%；牧业产值0.62亿元，下降66.0%，占1.6%；渔业产值6.88亿元，增长10.5%，占17.5%；农林牧渔服务业总产值1.31亿元，增长0.5%，占3.3%。全年农作物总播种面积33.61万亩，其中水果种植面积19.35万亩。全年粮食产量0.58万吨，增长22.0%；蔬菜产量40.01万吨，增长2.0%；水产品总产量4.60万吨，增长1.0%；生猪出栏1.44万头，下降57.6%；家禽出栏101.92万只，下降71.0%。

全年全市共有农民专业合作社216家、农业龙头企业37家（其中省级20家，国家级3家）、有效期内的省级农业类名牌产品达53个（含林业、渔业）。

三、工业和建筑业

全年全市规模以上工业增加值3904.57亿元，比上年增长6.4%。其中，重工业增加值2489.47亿元，增长8.6%，占规模以上工业增加值的63.8%；轻工业增加值1415.10亿元，增长2.5%，占规模以上工业增加值的36.2%。

全年全市规模以上工业五大支柱产业增加值2706.73亿元，比上年增长7.7%；工业四个特色产业增加值340.43亿元，下降1.0%。

全年高技术制造业增加值比上年增长11.0%。其中，医药制造业增长14.2%，航空、航天器及设备制造业增长19.5%，电子及通信设备制造业增长12.4%，计算机及办公设备制造业下降3.7%，医疗仪器设备及仪器仪表制造业增长12.5%。

全年先进制造业增加值比上年增长8.6%。其中，高端电子信息制造业增长12.7%，先进装备制造业增长6.7%，石油化工产业下降3.6%，先进轻纺制造业增长1.0%，新材料制造业增长3.3%，生物医药及高性能医疗器械业增长6.6%。

全年优势传统产业增加值比上年增长3.5%。其中，纺织服装业下降0.4%，食品饮料业增长13.7%，家具制造业下降8.0%，建筑材料业增长16.2%，金属制品业下降1.5%，家用电力器具制造业增长43.9%。

规模以上工业综合经济效益指数为182.0%，总资产贡献率7.6%，成本费用利润率3.3%，产品销售率98.0%，全员劳动生产率15.86万元/人，实现利润总额611.97亿元。

全年全市建筑业实现增加值122.83亿元，比上年增长11.9%。总承包和专业承包建筑企业完成总产值435.97亿元，增长46.6%；施工面积1255.12万平方米，增长32.5%；竣工面积486.85万平方米，增长19.6%。总承包和专业承包建筑企业按施工产值计算的全员劳动生产率为33.11万元/人，增长7.5%。

表二　2018 年规模以上工业主要产品产量

产品名称	计量单位	产量	增长（%）
移动通信手持机（手机）	万台	36807.80	7.5
彩色电视机	万台	283.82	−40.8
数字激光音、视盘机	万台	2671.84	−27.4
集成电路	亿块	13.22	17.3
光电子器件	亿只（亿片、亿套）	106.44	2.0
电子元件	亿只	17197.86	16.1
汽车仪器仪表	万台	130.00	13.9
光学仪器	万台（万个）	167.99	−13.7
眼镜成镜	万副	6570.09	−0.3
自来水生产量	亿立方米	16.89	0.6
大米	万吨	39.47	11.5
糖果	万吨	24.38	5.7
服装	亿件	12.50	−10.0
轻革	万平方米	80.47	−65.1
人造板	万立方米	26.32	12.4
纸制品	万吨	218.81	−3.0
家具	万件	3745.98	−4.9
机制纸及纸板（外购原纸加工除外）	万吨	1427.35	−6.4
塑料制品	万吨	173.55	−16.6
化学试剂	万吨	12.27	7.3
瓷质砖	万平方米	3004.66	11.1
金属集装箱	万立方米	591.43	−27.1
电动手提式工具	万台	3553.33	22.3
数码照相机	万台	0.37	−76.1
模具	万套	174.68	186.7
锂离子电池	万只（万自然只）	41906.65	−9.2
灯具及照明装置	万套（万台、万个）	21265.95	−3.7
电子计算机整机	万台	1038.10	11.5
打印机	万台	45.70	−9.2
电话单机	万部	2613.49	−20.3

四、固定资产投资

全年固定资产投资 1811.43 亿元，比上年增长 5.8%。按注册类型分，内资经济投资 1511.92 亿元，增长 8.1%；民营经济投资 1167.13 亿元，增长 1.8%；外资经济投资 299.50 亿元，下降 4.7%；其中，港澳台经济投资 185.54 亿元，下降 3.9%。

从产业投向看，投资集中在第二、三产业。第二产业投资 610.28 亿元，比上年下降 5.7%；第三产业投资 1201.14 亿元，增长 12.8%。基础设施投资 312.61 亿元，增长 17.2%，占固定资产投资的比重为 17.3%；工业投资 610.36 亿元，下降 5.7%。先进制造业投资 362.61 亿元，下降 2.8%，比重为 20.0%；高技术产业制造业投资 268.77 亿元，下降 3.5%，比重为 14.8%。

图三：2013-2018年固定资产投资增长速度

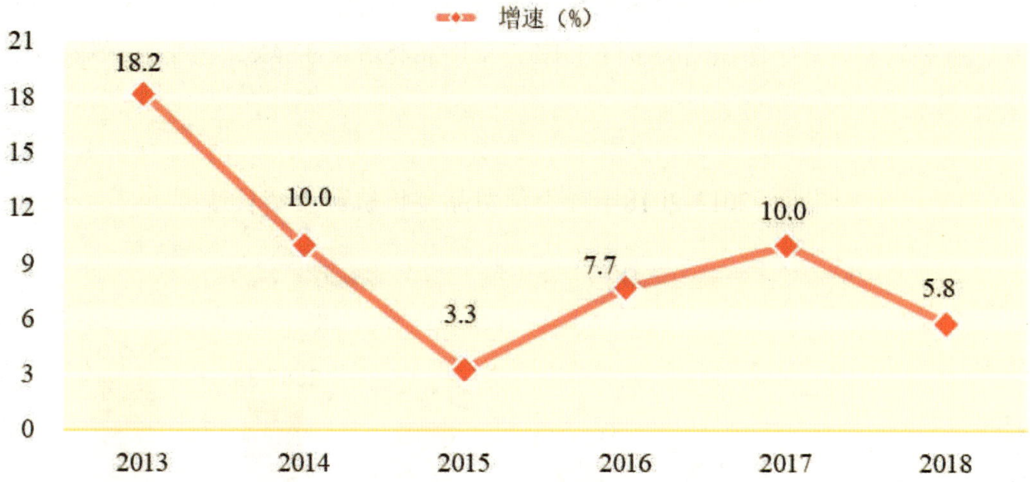

表三　2018 年分行业固定资产投资情况

行　　业	投资额（万元）	增长（%）	行　　业	投资额（万元）	增长（%）
总　计	18114251	5.8	租赁和商务服务业	71565	71.8
农、林、牧、渔业	380	−91.5	科学研究和技术服务业	190796	−11.5
制造业	5450754	−1.9	水利、环境和公共设施管理业	1237673	76.2
电力、热力、燃气及水生产和供应业	652805	−28.7	居民服务、修理和其他服务业	17902	72.7
建筑业	250	−90.5	教育	308663	77.3
交通运输、仓储和邮政业	1399924	10.6	卫生和社会工作	82444	8.6
信息传输、软件和信息技术服务业	304824	48.5	文化、体育和娱乐业	23553	0.5
批发和零售业	125690	−35.4	公共管理、社会保障和社会组织	10826	−51.5
住宿和餐饮业	98053	225.7	第一产业	20	−99.6
金融业	24673	29.9	第二产业	6102782	−5.7
房地产业	8113476	5.8	第三产业	12011449	12.8

全年完成房地产开发投资 736.79 亿元，比上年增长 4.9%。商品房屋建筑施工面积 4421.66 万平方米，下降 2.9%；竣工面积 382.83 万平方米，下降 18.7%。新建商品房网上签约销售面积 728.46 万平方米，下降 10.2%；其中商品住宅销售面积 506.83 万平方米，下降 8.9%。新建商品房网上签约销售金额 1235.38 亿元，下降 3.6%；其中商品住宅销售金额 906.00 亿元，下降 1.6%。

五、国内贸易

全年全市批发和零售业实现增加值 931.22 亿元，比上年增长 4.4%；住宿和餐饮业实现增加值 148.24 亿元，增长 3.3%。

全年社会消费品零售总额 2905.61 亿元，比上年增长 8.1%。分地域看，城镇消费品零售总额 2478.57 亿元，增长 4.9%；乡村消费品零售总额 427.04 亿元，增长 31.6%。分消费形态看，商品零售额 2721.85 亿元，增长 8.2%；餐费收入 183.76 亿元，增长 7.2%。分行业看，批发零售贸易业零售额

2715.44亿元，增长8.1%；住宿餐饮业零售额190.18亿元，增长7.5%。

在限额以上批发和零售业中，粮油食品类零售额比上年增长13.3%，饮料类增长36.2%，烟酒类增长14.8%，服装鞋帽、针、纺织品类下降1.4%，日用品类增长33.4%，汽车类下降3.1%，石油及制品类增长17.9%。

图四：2013-2018年社会消费品零售总额及增长速度

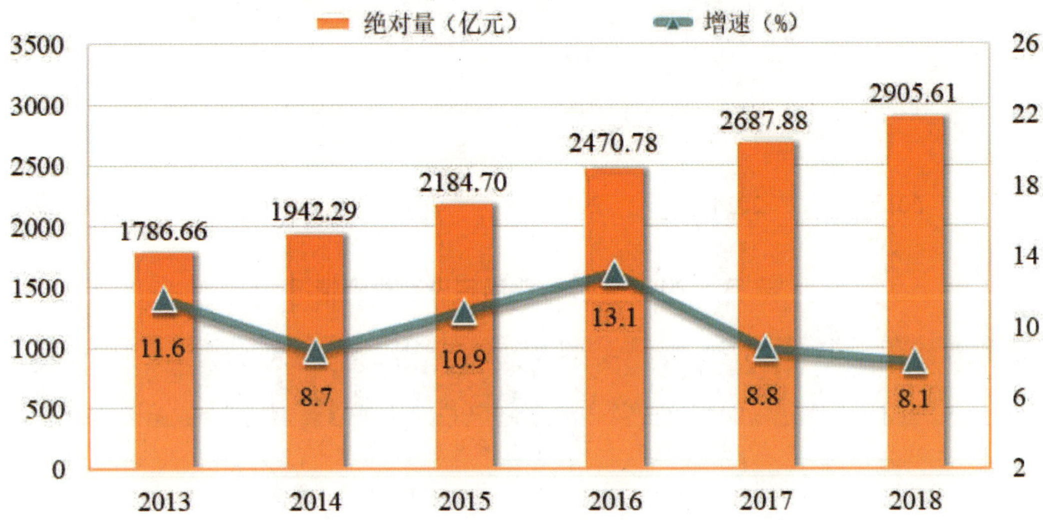

六、对外经济

全年全市进出口总额13418.70亿元，比上年增长9.5%。其中进口5463.06亿元，增长4.3%；出口7955.64亿元，增长13.3%。"一带一路"沿线国家进出口额2632.89亿元，增长25.4%。全市电子商务交易额4801亿元，增长14.3%。

按贸易方式分，一般贸易出口4094.57亿元，比上年增长34.2%；加工贸易出口3571.30亿元，下降3.8%；保税物流出口288.15亿元，增长19.1%；其他出口1.62亿元，下降91.2%。

表四　2018年进出口情况表

商品名称	总量（亿元）	增长（%）	商品名称	总量（亿元）	增长（%）
进出口总额	13418.70	9.5	#进口总额	5463.06	4.3
#出口总额	7955.64	13.3	其中：一般贸易	1435.68	11.1
其中：一般贸易	4094.57	34.2	加工贸易	1975.07	−9.3
加工贸易	3571.30	−3.8	其中：机电产品	4252.82	5.0
其中：机电产品	6008.98	15.2	高新技术产品	3383.83	5.4
高新技术产品	3440.34	19.1	其中：国有企业	53.08	−5.8
其中：国有企业	107.84	2.0	三资企业	2170.82	−6.6
三资企业	3990.67	−0.4	集体企业	0.39	−69.6
集体企业	1.08	−55.9	民营企业	3224.11	13.3
民营企业	3856.05	32.6	进出口贸易顺差（出口减进口）	2492.58	39.2

按出口的地区分，对亚洲出口3961.20亿元，比上年增长7.4%；对北美洲出口1821.66亿元，增长11.2%；对欧洲出口1635.44亿元，增长28.0%；对拉丁美洲出口325.86亿元，增长32.7%；对大洋洲出口111.41亿元，增长21.0%。

表五　2018年主要国家和地区货物进出口总额情况表

国别（地区）	进出口总额		出口总额		进口总额	
	总量（亿元）	增长（%）	总量（亿元）	增长（%）	总量（亿元）	增长（%）
亚洲	8867.87	6.5	3961.20	7.4	4906.67	5.8
北美洲	2012.28	8.0	1821.66	11.2	190.61	-15.4
欧洲	1834.21	23.9	1635.44	28.0	198.76	-1.7
一带一路	2632.89	25.4	1720.72	34.9	912.17	10.6
欧盟（28国）	1661.04	20.8	1475.20	24.4	185.84	-1.6
东盟（10国）	1554.20	17.2	773.08	28.0	781.13	8.2
香港	1749.39	0.1	1728.55	-0.02	20.85	11.4
美国	1876.46	7.6	1717.93	10.1	158.54	-13.1
日本	1008.32	-1.3	485.72	-4.9	522.60	2.4
韩国	1323.71	9.8	246.50	-8.1	1077.21	14.9

全年机电产品出口6008.98亿元，比上年增长15.2%，占出口总额的75.5%；高新技术产品出口3440.34亿元，增长19.1%，占出口总额的43.2%。

表六　2018年主要商品出口情况

商品名称	金额（亿元）	增长（%）	商品名称	金额（亿元）	增长（%）
机电产品（包括本目录已具体列名的机电产品）	6008.98	15.2	自动数据处理设备的零件	177.83	7.0
高新技术产品	3440.34	19.1	塑料制品	173.23	15.6
电话机	1395.45	60.4	电线和电缆	164.9	7.9
自动数据处理设备及其部件	449.07	-1.4	鞋类	163.39	0.8
文化产品	445.72	4.5	箱包及类似容器	146.52	5.1
服装及衣着附件	381.89	12.3	灯具、照明装置及零件	138.32	5.0
家具及其零件	307.15	1.9	纺织纱线、织物及制品	131.44	5.7
静止式变流器	213.64	2.4	电视、收音机及无线电讯设备的零附件	123.36	-6.0
集成电路	198.70	163.7	眼镜及其零件	76.78	3.8
玩具	194.50	2.7	扬声器	76.42	10.8
通断保护电路装置及零件	187.02	10.0	蓄电池	71.71	39.3

全年全市新签外商直接投资项目1400宗，合同外资金额23.83亿美元，比上年下降8.6%。实际利用外资13.61亿美元，下降20.8%。其中，制造业实际利用外资9.36亿元，下降15.8%，占全市实际利用外资68.7%。

表七 2018年分行业利用外资情况

行业名称	合同外资金额（万美元）	增长（%）	实际利用外资（万美元）	增长（%）
总　计	238278	−8.6	136121	−20.8
制造业	142209	−13.8	93568	−15.8
纺织业	6286	−6.0	4151	30.3
纺织服装、鞋、帽制造业	10123	251.1	5267	−12.5
家具制造业	2926	58.2	1624	−5.6
通用设备制造业	4099	−88.6	6468	94.1
专用设备制造业	7691	25.5	7474	190.6
电气机械及器材制造业	17238	93.1	6829	−48.3
电子及通信设备制造业	29315	7.4	17355	−42.4
金属制品业	3794	−51.0	3892	27.2
塑料制品业	7390	−8.9	6228	−27.5
文教体育用品制造业	3330	−51.5	4259	124.5
造纸及纸制品业	2585	−67.1	8123	−1.6
其他制造业	47432	6.1	21898	−25.0
交通运输、仓储和邮政业	9632	6879.7	10062	43.5
批发和零售业	31592	83.3	9901	−13.5
租赁和商务服务业	9463	−75.9	4554	−85.3
其他行业	45039	15.2	18036	59.1

七、交通、邮电和旅游

全年全市交通运输、仓储和邮政业实现增加值265.66亿元，比上年增长1.8%。

全年全市公路通车里程5262.28公里，公路密度213.91公里/百平方公里，公路密度继续位居全省前列。年末全市机动车保有量（民用）295.35万辆，比上年末增长12.2%。其中汽车保有量294.69万辆，增长12.2%。

全年公路货物运输量10975万吨，货物周转量78.31亿吨公里；水路货物运输量6298万吨，货物周转量448.95亿吨公里。全年公路运输完成客运量3360万人，旅客周转量45.47亿人公里；水路运输完成客运量23.78万人，旅客周转量1546万人公里。全年港口旅客吞吐量21.71万人次，货物吞吐量16417.13万吨。

表八　2018年客（货）运量、周转量

指标	单位	数值	增长（%）	指标	单位	数值	增长（%）
客运量	万人	3383	−22.1	货运量	万吨	17272	3.3
#公路	万人	3360	−22.2	#公路	万吨	10975	4.3
旅客周转量	亿人公里	45.63	−33.0	货物周转量	亿吨公里	527.26	9.0
#公路	亿人公里	45.47	−33.1	#公路	亿吨公里	78.31	5.4

图五：2013-2018年移动电话用户数

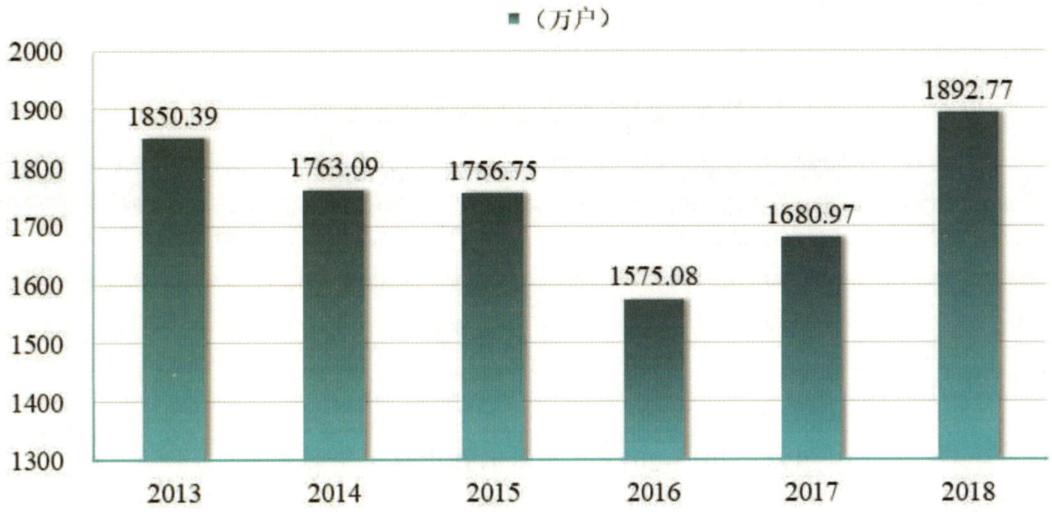

全年完成邮电业务（含快递）收入365.01亿元，比上年增长8.9%。邮政发送信函8856万件，邮政快递包裹4183万件，邮政汇款金额3.94亿元。年末全市固定电话用户231.27万户；移动电话用户1892.77万户，比上年末增加211.80万户。年末互联网用户187.64万户，增加13.28万户；宽带接入用户181.52万户，增加10.15万户。

年末全市有星级酒店31家，其中五星级酒店14家。全市旅行社163家，全年接待国际及港澳台游客401.91万人次，比上年下降0.4%。其中接待外国游客111.09万人次，下降1.3%；接待港澳台游客290.82万人次，下降0.1%。国际旅游外汇收入16.30亿美元，增长2.1%。全年接待国内游客4031.96万人次，增长7.9%。旅游总收入529.37亿元，增长8.3%。全年东莞组团外出旅游163.42万人次，增长0.7%。其中，国内旅游148.76万人次，增长1.2%；出境旅游14.66万人次，下降4.8%。

八、金融

全年全市金融业实现增加值511.45亿元，比上年增长6.9%。

年末全市各类金融机构154家，其中银行类机构43家（含1家代表处，1家法人信托机构，3家独立挂牌信用卡中心），保险类机构64家，证券期货类机构47家。上市公司45家，后备上市公司215家，“新三板”挂牌企业229家。

年末金融机构各项本外币存款余额14157.22亿元，比上年增长13.3%。其中住户存款余额5656.01亿元，增长9.6%。各项本外币贷款余额8209.70亿元，增长17.5%。在个人消费贷款余额中，个人住房按揭贷款余额3046.26亿元，增长13.3%；个人汽车消费贷款余额8.23亿元，增长407.9%。

全年股票总成交额18403.65亿元，比上年下降13.7%。年末保证金余额105.49亿元，比上年末下降19.3%；开户数达112.69万户，增长18.5%。

全年全市各类保险保费收入489.43亿元，比上年增长4.5%。其中，财产险保费收入142.73亿元，增长14.8%；人寿险保费收入346.69亿元，增长0.8%。全年共支付各项赔款和给付122.12亿元。

其中，机动车保险赔付 63.77 亿元；非车险赔付 10.95 亿元；人身险赔款支出 13.89 亿元；满期给付 28.14 亿元；死亡医疗给付 5.37 亿元。

表九　2018 年金融机构存贷款情况

指　标	总量（亿元）	增长（%）	指　标	总量（亿元）	增长（%）
金融机构各项本外币存款余额	14157.22	13.3	金融机构各项人民币存款余额	13430.56	13.5
#住户存款	5656.01	9.6	#住户存款	5601.36	9.8
金融机构各项本外币贷款余额	8209.70	17.5	金融机构各项人民币贷款余额	7999.60	16.7
本外币存贷比（%）	58.0	2.1	人民币存贷比（%）	59.6	1.6

图六：2013-2018年各项本外币存、贷款余额

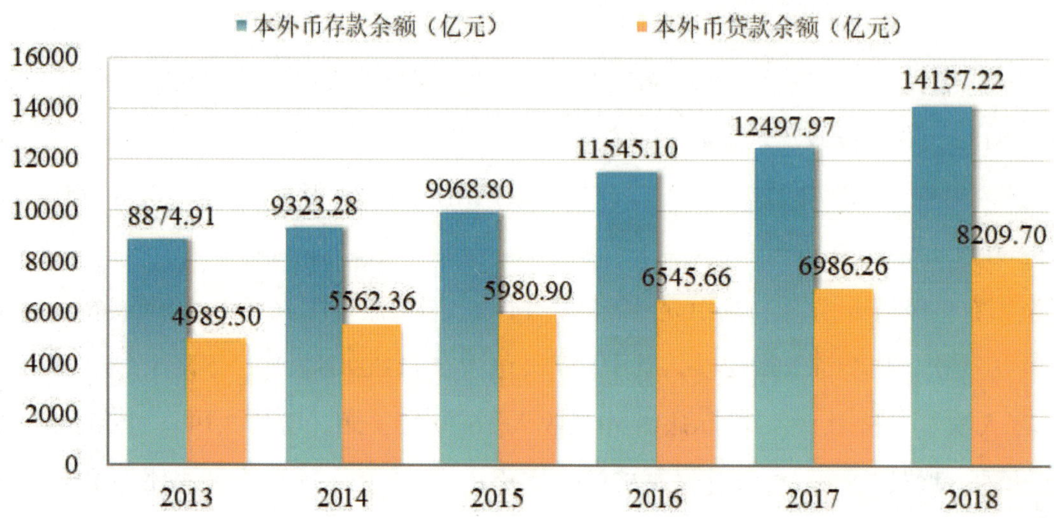

九、科技和教育

2018 年全市新增国家高新技术企业 1740 家，总数预计达 5798 家。全市专利申请量和授权量分别为 97030 件和 65985 件；其中，发明专利申请量为 24674 件，比上年增长 20.9%，占专利申请总量的 25.4%，数量排全省第 4 位；发明专利授权量为 6716 件，增长 35.2%，数量排全省第 3 位；PCT 国际专利申请量为 2698 件，增长 47.5%，数量排全省第 2 位。全市各级重点实验室和工程技术研究中心新增 98 家，累计总数达 600 家，其中国家级 2 家，省级396 家，市级 202 家；省市级新型研发机构累计总数达 58 家，其中省级 25 家，市级 33 家；引进省级创新科研团队立项 6 个，总数达 36 个；市级创新科研团队 38 个；科技企业孵化载体 111 家，其中国家级 15 家；众创空间 74 家。大力推进科技信贷、科技保险等工作，推动 15 家签约银行为我市 1113 家企业发放贷款 1794 笔，贷款金额达 86.06 亿元，推动 163 家企业购买科技保险，保额 202.24 亿元。

年末全市幼儿园 1125 所，比上年末增加 48 所；其中省、市一级幼儿园 540 所，增加 20 所。全市小学 328 所，在校学生 80.35 万人；本市户籍小学学龄儿童入学率达 100%，小学毕业生升学率达 100%。全市初中 198 所（不含完全中学），在校学生 24.97 万人；本市户籍适龄少年初中入学率 100%，初中毕业生升学率 98.41%。全市普通高中 42 所，在校生 8.27 万人；中职学校 28 所（含技工

学校 7 所)，在校生 8.23 万人。全市普通高等院校 9 所，在校学生 12.14 万人；全年普通高等院校共招收本科、专科学生 3.31 万人，毕业生 2.85 万人。

表十　教育情况

指　　标	招生（万人）	增　长（%）	在校生（万人）	增　长（%）	毕业生（万人）	增　长（%）
普通本专科	3.31	-6.5	12.14	2.5	2.85	1.1
成人本专科	1.68	58.5	3.59	36.0	0.74	12.1
中等职业技术教育	2.93	-3.6	8.23	2.5	2.24	9.3
普通高中	2.80	0.4	8.27	2.0	2.6	-1.1
初中	9.59	9.2	24.97	9.0	6.21	4.4
小学	15.84	11.2	80.35	5.0	11.13	8.0
学前教育	13.73	3.2	35.56	2.4	13.58	12.0

十、文化、卫生和体育

年末全市有文化馆 1 个，文化站 33 个，公共图书馆 607 个，公共电子阅览室 582 个，公办博物馆 17 个，民办博物馆 31 个，文化广场 755 个，电影放映单位 140 个。全市公共广播节目 42 套，公共电视节目 40 套。全年共发行报纸 7157.47 万份，其中《东莞日报》5697.34 万份。电影放映 161 万场次，观众 2400 万人次。

年末全市医疗机构 2681 个，其中，三级甲等医院 6 个，门诊部、诊所、医务室、卫生站、社区卫生服务机构等基层医疗机构 2576 个。全市卫生技术人员 5.43 万人，医疗机构实有病床 3.11 万张。全市门诊量 7031.65 万人次，比上年增长 3.5%；住院量 103.77 万人次，增长 5.0%。

全年全市运动员共获得 220 枚金牌、160 枚银牌、158 枚铜牌。其中夺得全国赛金牌 84 枚、银牌 40 枚、铜牌 47 枚；广东省赛金牌 125 枚、银牌 115 枚、铜牌 110 枚。全年举办全市全民健身活动 788 次，参加人数 65.67 万人次。全市有各类体育运动场地 15375 个（座），其中体育场 570 个，体育馆 181 座，灯光篮球场 5705 个，健身路径 1464 条，室外游泳池 546 个，室内游泳池 74 个，室外羽毛球场 1419 个。全市有体育彩票发行网点 1551 个，销售总额 19.92 亿元，体彩公益金 1.44 亿元。

十一、人民生活

2018 年东莞居民收入稳步增长，全年居民人均可支配收入 49331 元，比上年增长 8.5%。其中，城镇常住居民人均可支配收入 50721 元，增长 8.5%，农村常住居民人均可支配收入 32277 元，增长 11.0%，城乡收入差距进一步缩小。

从收入构成上看，居民人均工资性收入 35883 元，占人均可支配收入的 72.7%，是居民收入的首要来源；其次是人均财产净收入，达 8766 元，占人均可支配收入的 17.8%。

从生活消费支出来看，2018 年居民人均生活消费支出 33209 元，比上年增长 4.3%。其中，城镇常住居民人均生活消费支出33675元，增长3.6%；农村常住居民人均生活消费支出25355元，增长9.8%。全市居民恩格尔系数为31.9%，比上年下降0.9个百分点，其中城镇为31.6%，农村为36.5%。

居民生活消费呈现多样性，在八大类生活消费支出中，居住、衣着及教育文化娱乐支出增幅较大，分别达14.9%、8.0%和6.6%。

十二、社会保障

全市参加各类社会保险2510.87万人次，其中基本医疗保险583.30万人次，养老保险人数597.24万人次，失业保险418.67万人次，工伤保险437.48万人次。全年社会保险基金总收入656.77亿元，保险基金总支出312.17亿元；年末社会保险基金累计余额2092.56亿元，上年保险基金结余1747.95亿元。

年末全市有收养类福利事业单位44个，其中社会福利院1个，社会福利中心1个，敬老院31个，敬老院供养老人1490人。社会福利事业单位收养2497人，全年社会救济8805人。全市居民最低生活保障支出4590.4万元，慈善基金结余37754.02万元。全市纳入“五保户”对象有782人，“五保户”费用支出1324.6万元。

十三、人口、资源、环境和安全生产

年末全市户籍人口231.59万人。全年出生人口4.10万人，出生率为18.35‰；死亡人口1.03万人，死亡率为4.60‰；人口自然增长率为13.75‰。年末全市常住人口839.22万人，其中城镇常住人口763.86万人。人口城镇化率为91.02%。

全年水资源总量23.89亿立方米，比上年增长13.9%。日供水能力730万立方米/日。我市共有8个国控地表水监测断面：其中观澜河－企坪、茅洲河－共和村、东江北干流－石龙北河、东江干流－东岸4个断面为跨市河流边界断面，东莞运河－樟村、东江南支流－沙田泗盛、东江南支流－第六水厂和石马河－旗岭4个断面为市境内河流断面。2018年国控地表水监测断面水质状况：优良水质比例（达到或者优于Ⅲ类）为37.5%，Ⅳ类水体比例为12.5%，劣Ⅴ类水体比例为50.0%。

全年城市环境空气质量达标天数301天，空气质量达到国家二级标准的比例82.5%，可吸入颗粒物年平均值0.05毫克/立方米，细颗粒物（PM2.5）年平均值达0.036毫克/立方米，臭氧日最大八小时超标率14.0%。

全年雨日天数172天，日照时数1906.8小时，平均气温23.1摄氏度，相对湿度76%，降水量1766.1毫米。

全年共有5个镇街成功创建广东省森林小镇，总数达8个。共有市级自然保护区6个，面积达8852.2公顷；森林公园19个，面积达34139.15公顷；湿地公园达19个，面积2001公顷。

年末全市建成区土地面积1007.76平方公里，公共管理与公共服务用地面积52.07平方公里。全市建成区绿地率为47.19%，绿化覆盖率为53.59%。

全年全市共发生各类生产安全事故552起，比上年下降14.8%，未发生重大以上事故；死亡325人，与上年持平；受伤374人，下降16.5%；直接经济损失2262.14万元。全年发生道路和水上交通事故3440起，比上年下降0.9%；死亡482人，下降0.2%；受伤3225人，下降11.2%；直接经济损失934.48万元，上升42.1%。道路交通万车死亡人数为1.62人。

注：1. 本公报中2018年数据为初步统计数；统计图中2013–2017年数据为年报数；最后统计数据以本年鉴“第二部分统计资料”相关数据为准。

2. 地区生产总值、各行业增加值、农业总产值绝对数按当年价格计算，增长速度按可比价格计算；地方一般公共预算收入增长速度按可比口径计算。

3. 从2011年起,规模以上工业统计口径由年主营业务收入500万元调整为2000万元及以上的工业法人企业;固定资产投资项目统计起点由计划总投资50万元提高到500万元,增速为可比口径。

4. **五大支柱产业**包括电子信息制造业、电气机械及设备制造业（包括电气机械及器材制造业，仪器仪表制造业，通用设备制造业，专用设备制造业，铁路、船舶、航空航天和其他运输设备制造业以及汽车制造业）、纺织服装鞋帽制造业（包括纺织业，纺织服装、服饰制造业，皮革、毛皮、羽毛及其制品和制鞋业）、食品饮料加工制造业（包括食品制造业,酒、饮料和精制茶制造业,农副产品加工业）、造纸及纸制品业。**四个特色产业**包括玩具及文体用品制造业、家具制造业、化工制品制造业（包括化学原料及化学制品制造业，石油加工、炼焦业及核燃业）、包装印刷业。**先进制造业**包括高端电子信息制造业、先进装备制造业、石油化工产业、先进轻纺制造业、新材料制造业、生物医药及高性能医疗器械。**高技术制造业**包括医药制造业、航空、航天器及设备制造业、电子及通信设备制造业、计算机及办公设备制造业、医疗仪器设备及仪器仪表制造业、信息化学品制造业。

5. 阅读本公报时，请注意统计指标的时间、口径和计算方法等。

6. 资料来源:本公报中城镇实有登记失业人数、失业人员安置就业人数、城镇登记失业率、社会保障数据来自市人力资源和社会保障局；农民专业合作社、龙头企业及省级农业类名牌产品数来自市农业农村局；进出口、利用外资数据来自市商务局；公路通车里程、交通运输、公路、水路相关数据来自市公路管理局和市交通运输局；邮电业务收入、邮政发送信函、电话用户等数据来自市邮政、电信、移动等相关运营商；星级酒店及旅游情况、文化馆、文化站、公共图书馆、公共电子阅览室、博物馆、文化广场、公共广播节目、报纸、运动员获得奖牌、健身活动、体育彩票发行情况来自市文化广电旅游体育局；年末各类金融机构数据来自市金融工作局；本外币存贷款余额来自市人民银行；股票总成交额及年末保证金余额数据来自证券期货业协会；保险、保费及赔款与给付来自市保险行业协会；国家高新技术企业家数以及科研成果奖等数据来自市科学技术局；专利申请和授权量数据来自市市场监督管理局；教育数据来自市教育局；卫生医疗机构、出生和死亡人口等相关数据来自市卫生健康局；福利单位、敬老院等数据来自市民政局；户籍人口数据来自市公安局；气象数据来自市气象局；森林小镇、森林公园、湿地公园、自然保护区等数据来自市林业局；建成区及公共管理与公共服务用地面积来自市自然资源局；建成区绿地率、绿化覆盖率数据来自市城市管理和综合执法局，生产安全事故相关数据来自市应急管理局；道路交通事故等相关数据来自市公安局、海事局。

政府工作报告

REPORT ON THE WORK OF THE GOVERNMENT

——2019 年 1 月 16 日在东莞市第十六届人民代表大会第五次会议上

东莞市人民政府市长 肖亚非

各位代表：

现在，我代表东莞市人民政府向大会作政府工作报告，请予审议，并请各位政协委员和其他列席人员提出意见。

2018 年工作回顾

过去一年，面对复杂经济形势带来的严峻挑战，在省委省政府和市委的正确领导下，市政府坚持以习近平新时代中国特色社会主义思想为指导，全面贯彻党的十九大精神，深入学习贯彻习近平总书记对广东重要讲话精神，认真落实省委"1+1+9"等各项决策部署，强化执行、克难奋进，统筹推进稳增长、促改革、调结构、惠民生、防风险等各项工作，经济社会发展保持稳中有进、进中向好的良好态势。全市生产总值突破 8000 亿元大关，预计达到 8300 亿元，同比增长 7.5%左右，快于全国全省。进出口总额突破 1.3 万亿元，排名全国第 5。规上工业企业突破 1 万家，排名全省第 1。市场主体突破 115 万户，排名全省地级市第 1。各项税收总额突破 2300 亿元，排名全省第 3。实现市一般公共预算收入 650 亿元，排名全省第 4。各项存款余额突破 1.4 万亿元，增速全省第 1。虎门港综合保税区获批，东莞成为国家跨境电子商务综合试验区。28 个镇全部入围全国综合实力千强镇前 400 强，百强镇增至 15 个。村组两级纯收入突破 150 亿元，增长 14.5%。东莞被评为"全国社会治理创新示范市"，首获中国法治政府奖。在人民大学、社科院等权威机构发布的相关报告中，东莞的政商关系健康指数、"互联网 +"指数、综合经济竞争力分别排名全国第 1 位、第 8 位和第 13 位，民生发展指数排名全国地级市第 3 位。东莞发展的活力、品质和魅力不断提升。具体来说，我们抓好了以下工作：

一年来，我们坚持提高政治站位，坚决贯彻落实习近平新时代中国特色社会主义思想

在市委的统一部署下，把学习贯彻落实习近平新时代中国特色社会主义思想作为全市政府系统的首要政治任务，努力做到学懂、弄通、做实。我们认真学习贯彻总书记在全国"两会"参加广东代表团审议重要讲话精神，将其与"三个定位、两个率先"和"四个坚持、三个支撑、两个走在前列"等重要指示批示精神一体学习领会、整体贯彻落实，努力争当全省实现"四个走在全国前列"排头兵。我们认真学习贯彻总书记视察广东重要讲话精神，把参与粤港澳大湾区建设作为东莞深化改革开放的"纲"，研究制定实施方案和三年行动计划，依托滨海湾新区、中子科学城等，加快打造对接湾区的重大平台，努力在湾区合作发展中抢占先机。我们认真学习贯彻习近平新时代中国特色社会主义经济思想，主动适应高质量发展的要求，科学做好产业发展谋划，掀起产业招商新热潮，切实加大对非公经济的扶持力度，努力推动以先进制造业为核心的实体经济稳步发展。我们认真学习贯彻习近平生态文明思想，坚决打好治水攻坚战、蓝天保卫战、净土防御战和固废处理处置攻坚战，加快解决突出环境问题，认真补齐短板，改善生态环境，提升发展质量。我们认真学习贯彻总书记关于实施乡村振兴战略的重要讲话精神，按照产业兴旺、生态宜居、乡风文明、治理有效、生活富裕的总要求，明确东莞乡村振兴的时间表和路线图，努力推动农业全面升级、农村全面进步、农民全面发展。我们认真学习贯彻总书记关于做好督察工作的重要指示精神，全力做好中央和省在安全生产、扫黑除恶、海洋等方面督察巡视的迎检和整改工作，做到真查摆、真落实、真整改，得到了督察组的充分肯定。全市政府系统“四个意识”切实增强，思想自觉和行动自觉进一步强化。习近平新时代中国特色社会主义思想的光辉照耀着莞邑大地，指引着前进方向。

一年来，我们坚持发展第一要务，全力推动东莞经济高质量发展

大力抓好产业谋划招引和项目落地建设。着眼于推动产业长远健康发展，出台重点新兴产业发展规划，确定五大新兴领域和十大重点产业，规划“一核三带十区”，布局经济发展新增长点。组建市级新型招商机构，建立市镇联合、资源统筹、跟踪洽谈等新机制，出台“重特大项目招商十条”、“高质量利用外资十条”、促进总部经济发展、扶持企业上市等新政策。召开全市规模最大、规格最高的招商大会，集中签约重特大项目 29 个，涉及金额超过 4000 亿元。13 名市领导挂点服务 22 个五亿元以上项目，推动加快落地。全市新引进亿元以上内资项目 172 宗，协议金额 2052 亿元；引进千万美元以上外资项目 102 宗，协议金额 36.5 亿美元。成立建设工程总指挥部，开展“百日攻坚”大会战，完成重大项目投资 631.4 亿元，增长 22.9%。

大力推动企业倍增发展。出台“高质量倍增十条”，调整确定市级试点企业 286 家，选定协同倍增企业 910 家，创新推出全流程诊断、“倍增卡”等举措，解决问题 700 多项，新增用地指标 570 多亩，倍增企业主营业务收入增长 16%以上。着力打造智能制造全生态链，建立资源服务池，建成示范线 109 条，资助改造项目 311 个。推动中小微企业做大做强，全市新增“四上”企业 3800 家、“小升规”企业 2784 家，增量均为全省第 1。完成规上工业增加值 3900 亿元，增长 6.5%左右。其中，先进制造业、民营工业占比升至 52.3%和 49.6%。单位 GDP 能耗下降 6%左右。

大力优化非公经济发展环境。强化对企服务意识，市镇领导班子挂点服务企业，设立首席服务官，实施政策告知推送机制，主动向企业推送政策、服务和举措。召开非公经济代表人士座谈会，认真听取企业呼声，邀请 700 多名企业家参加全市非公经济大会，围绕减轻企业负担、促进企业转型、拓展企业发展空间等方面，出台 50 条 160 项扶持政策。成功举办世界莞商大会，1200 多名海内外莞商汇聚一堂，共谋发展。成立上市莞企发展投资基金，为上市企业协调化解各类债务风险 20 亿元。全年为企业减免税收 248 亿元以上。

一年来，我们坚持创新第一动力，加快建设国家创新型城市

加快推进区域创新。全面启动广深港澳科技创新走廊（东莞段）建设，加快实施 133 个沿线环境品质提升项目，出台实施空间规划，筛选出260个总投资3600多亿元的入库科技项目，努力在对接广深港澳创新资源上占得先机。散裂中子源顺利通过国家验收，填补了国内脉冲中子应用领域的空白。全面启动中子科学城建设，省政府同意将其上升为省级发展平台，并以中子科学城和深圳光明科学城、港深落马洲河套地区为核心载体创建综合性国家科学中心。与中科院高能所共同谋划建设南方光源，松山湖材料实验室和粤港澳交叉科学中心建设取得扎实进展。成功举办粤港澳大湾区院士峰会暨第四届广东院士高峰年会，为发展院士经济打下坚实基础。

加快聚集创新要素。狠抓“技能人才之都”建设，实施劳动力技能素质提升三年行动计划，着力建设知识型、技能型、创新型劳动者大军。实施高企“树标提质”行动计划，高企总量预计达5798家，居全省地级市第1。新增博士后、博士工作平台30家。入选省创新科研团队6个，获省财政资助金额达1.8亿元，创历史之最。专利申请量和授权量预计分别增长20%和40%。PCT国际专利申请量跃居全省第2。获中国专利奖银奖4项。R&D投入占比预计达2.55%。

加快推动科技、金融、产业“三融合”。强化财政和国有资本对创新的引领，设立规模100亿元以上的产业投资基金和并购基金，整合成立科技创新金融集团，贴息发放“三融合”贷款68亿元。强化金融对实体经济的支撑，制造业、小微企业贷款分别突破1000亿元、2000亿元，“倍增计划”和高企贷款均突破300亿元。专利权质押融资金额规模全省第2。强化对资本市场发展的扶持。新增境内外上市企业2家、上市后备企业33家。东莞成为全省唯一齐备港澳台资银行的地级市。

一年来，我们坚持深化改革开放，努力争创东莞改革发展新优势

着力抓好重点领域改革。把改革作为推动发展的关键一招，坚持问题导向、结果导向，谋划推进了一系列重大改革，有效破解了一大批制约发展的历史遗留问题。深化不动产登记改革，抵押和转移登记从原来的数月分别缩短到3个和5个工作日办结；深化项目审批制度改革，推行告知承诺信任审批模式，审批项目从162项压缩到60项，从8月份起审批时间减少一半以上；深化代建制改革，推动深度市场化、专业化代建，提升财政投资项目建设水平和速度；深化新型产业用地改革，出台工业大厦分割销售、5年税收奖励等工改M0特惠政策，促进新型产业发展；深化招投标改革，改进施工招标项目中标方式，提高招投标效率和择优力度；深化商事制度改革，以构建“一平台、三工程”市场监管体系为牵引，创新事中事后监管方式，实现开办企业便利度连续三年全省地级市第1；深化市属国企改革，整合组建新的交投和水务集团，更好地发挥其引领发展和服务城市的功能；创新统筹开发模式和利益平衡机制，妥善解决东部工业园（企石辖区）历史遗留问题，6520亩土地纳入松山湖统筹。

着力提升对外开放水平。出台促进外经贸稳定发展20条举措，积极应对国际贸易形势变化，全年进出口增长10%以上，较好地帮助企业在严峻形势下稳定了生产经营。东莞连续两年位列“外贸百强城市”第3位。大力培育新模式、新业态，跨境电商进出口350亿元，增长120%，总量全国第1。保税物流进出口2300亿元，增长15%。广东（石龙）铁路国际物流基地启用多式联运业务。东莞始发中欧班列货运量增长42%。大力开拓国内外市场，搭建“莞货全国行”平台，开展“乐购东莞”等促消费活动，成功举办海丝博览会、加博会、漫博会、智博会、台博会，社会消费品零售总额增长

8.1%左右。

着力推动重大平台建设。松山湖实现生产总值630亿元，增长13.9%；完成固投182.2亿元，增长22.6%；协议引资150亿元，增长29.3%，对片区带动作用进一步增强。滨海湾新区建设纳入大湾区国家战略，发展总体规划、城市总体规划通过审议，“二横五纵”骨干路网加快推进，两个滩涂开发项目实质性动工，沙角电厂两台燃煤机组关停，紫光芯云产业城、OPPO智能制造中心等项目加快推进。水乡新城片区生产总值增速快于全市0.3个百分点。水乡新城控规完成公示，启动区项目加快推进。银瓶新区完成海绵城市规划编制，粤海产业园一期建成开园。

着力提升合作发展水平。加强对口帮扶。援疆援藏工作扎实推进，兵团草湖产业园纺织项目高效建设运营，支持当地设立规模8亿元的产业发展基金；打造出林芝布久乡小康示范镇等精品项目，7个镇街与巴宜区7个乡镇结对；新增16个镇街对口帮扶云南昭通6个县区，捐赠清洁能源公交车200辆；与黑龙江牡丹江市缔结友好城市，推动20.7亿元的21个产业合作协议落地；顺利完成对口帮扶韶关十大行动计划，多项工作排名全省前列；落实韶关、揭阳精准扶贫精准脱贫资金4.68亿元，推动323个贫困村集体经济收入增长51%，预脱贫14054户、40278人。加强对内合作。加快推进深莞惠经济圈（3+2）和穗莞深化合作系列事项，并就轨道互通、环保共治等与广州、深圳进行了深入协商。举办近年来规模最大的莞港产业合作推介会，签订项目39个，金额350亿元。全方位加强对外交往。汤加国王到莞访问，美国利百伦市、韩国牙山市、德国乌波塔尔市等友城代表团来莞交流，友好关系持续深化。

一年来，我们坚持建设美丽东莞，加快提升城市品质和内涵

大力推进城市基础设施建设。实施城市品质三年提升计划，全面启动总投资1689.9亿元的582个重点项目，完工200个。东莞城市总体规划（2016–2035年）报国务院审批。大力推进轨道交通建设，积极争取将广深第二高铁纳入大湾区近期建设项目，2号线三期、3号线一期工程前期工作进展顺利。协调广铁集团在虎门站新增20多趟列车停靠，市民无需辗转便可直接乘高铁至北京、上海。大力推进高快速路建设，环莞快速二期、虎门二桥主线桥全线贯通，环莞三期华为段动工。莞番高速、深圳外环高速东莞段等加快建设。更新改造供水管网433.2公里，新建天然气管道约300公里，完成电网投资30亿元。

大力推进环境污染治理。成立污染防治攻坚战指挥部，出台三年行动计划。狠抓水污染治理。新建截污管网1525公里，通水1427公里。完成102条污染河涌整治，推进6家污水厂新建扩建、35家提标改造。开展河湖管护三大专项行动，全面铺开入河、入海排污口整治。清理整治砂场182个。茅洲河、石马河流域水质好转，综合污染指数分别下降55.5%和19.7%。7个国省考断面水质总体改善。狠抓大气污染治理。淘汰整治“散乱污”企业13073家，治理VOCs企业4870家，压减煤炭消费量118.8万吨。更换纯电动公交车2920辆。PM2.5年均浓度下降2.7个百分点。狠抓固废处理处置。开展“利剑一号”行动，严厉打击固废偷运、非法跨市转移等行为。完成10座垃圾填埋场综合整治，建成东南部卫生填埋场（一期），建筑垃圾资源化实现零突破。狠抓土壤污染防治，完成三个修复治理试点示范工程。

大力推进“两违”治理。坚持露头就打、出土就拆，对新增违建、“小产权房”实行“零容忍”、“零增量”。全市拆除（整改）新增违建98.9万平方米，治理违建1060万平方米，超额完成省下达任务。建立历史遗留违法建筑信息数据库，完善4868亩用地手续。盘活存量土地10365亩，处置闲置土地4251亩，复耕复绿土地3500多亩，有效拓展了发展空间。

大力推进城市更新改造。出台关于深化改革全力推进城市更新提升城市品质的意见，梳理出总面积1.9万亩的30个更新单元向外推介，积极打造长安科技商务区、东城牛山钟屋围、厚街楷模家居等亮点。全年投入208亿元，完成“三旧”改造6880亩，新增实施改造9837亩，力度历年最大，受省奖励用地指标3844亩。加快推进轨道交通TOD综合开发，调整优化在库储备土地规划。松山湖北站推出首期出让地块，虎门高铁站用地补偿基本完成，45个站场TOD综合开发规划编制抓紧推进。

大力提升城市精细化管理水平。全市上下众志成城，各级领导干部靠前指挥，成功抵御40多年来影响最严重的台风“山竹”，最大程度降低了灾害损失，迅速恢复了生产生活秩序。高度重视群众反映强烈的交通拥堵问题，设立综合交通运输联席会议，完成治理第一批交通拥堵节点12个，新建人行天桥13座，全市交通拥堵状况有所改善，虎门大桥疏堵保畅成效明显。开展城市精细化管理考核，查处城市“六乱”28万宗。整治易涝点15个。黄江、樟木头、麻涌、洪梅、望牛墩成功创建省森林小镇。东莞植物园一期建成开园，市民亲近自然、感受绿色更加便捷。

大力实施乡村振兴战略。出台“1+1+N”政策体系，围绕农村环卫、基础设施建设等重点，高标准推进63个亮点项目建设，全部村（社区）基本完成“三清理”、“三拆除”等环境整治任务。农村集体产权制度改革试点任务顺利完成。农村土地承包经营权确权登记颁证率达94%。次发达镇生产总值平均增速快于全市1个百分点。70个次发达村（社区）经营性纯收入增长14.7%。

一年来，我们坚持以人民为中心，致力满足市民群众日益增长的美好生活需要

加快推进教育扩容提质。编制实施新一轮学校建设规划。新增中小学幼儿园53所、学位近7万个，组建教育集团7个，规划建设未来学校3所。新招收随迁子女入读公办学位和补贴学位15.6万人，增加129.1%。向民办学校发放教师从教津贴、普惠性幼儿园补助等1.8亿元。给予困难学生助学减免1.16亿元。高考本科上线率达65.4%，创历史新高。12所中职学校实行中高职贯通培养。东莞理工学院获得硕士学位授予资格，实现零突破。

切实加大优质医疗资源供给。选定5所医院建设区域中心医院，常平医院、塘厦医院、麻涌医院纳入市属管理。完成200所社区卫生服务机构标准化建设，诊疗量占比升至28%。实施家庭医生签约服务，签约258万人。深入推进“医药分开”改革，实施药品零加成政策，为群众减负6350万元。开展健康讲座2300多场，“说医不二”微视频点击量突破1000万次。东莞公立医院综合改革成效明显，获得国务院办公厅督查激励。

着力加强公共安全防控体系建设。深入开展“扫黑除恶”专项斗争，打掉涉黑社会犯罪组织6个、恶势力犯罪团伙440个。社会治安实现“三降三升”，“两抢”立案数下降近八成、“飞抢”警情下降九成。组建公安铁骑，在交通疏堵、快速处警、震慑犯罪等方面成效明显。开展整治制毒物品非法流失问题专项行动，获公安部高度肯定。完成“二标四实”基础信息采集，基本摸清了全市实有人口、房屋、单位及设施等情况，为长治久安和精细化管理打下了坚实基础。大力推动安全生产“四个全覆盖”，深入开展建筑施工安全、有限空间作业、道路交通安全等专项治理行动，生产安全事故宗数下降 14.8%，未发生重大及以上安全事故。深入实施消防安全“个十百千万”工程，顺利完成消防部队改制转隶。启动国家食品安全示范城市创建。做好非洲猪瘟防控。“智网工程”进入常态化运作、制度化管理，发现、处置各类隐患 120.2 万个。集中开展信访矛盾化解攻坚，有效维护了社会和谐稳定。

推动文化体育社保等各项事业繁荣发展。基层综合性文化服务中心实现全覆盖。举办“时代交响”音乐会、“时代印记”图片展，组织开展“看东莞”系列活动，营造庆祝改革开放 40 周年良好氛围。亚运会上获 5 项金牌，省运会东莞金牌总数居地级市第 1，首届市民运动会成功举办。出台新的社会医疗保险办法，实行工伤和失业保险浮动费率管理。71 家定点医院实现跨省异地联网结算。为特困、低保、困难群众发放各类救助 1.5 亿元。推进住房保障体系建设，解决 6998 户困难群众住房需求。做好房地产调控，推动平稳健康发展。“四经普”单位清查圆满收官，多项指标名列全省前茅。十件民生实事 43 项任务全面完成，兑现了对市民的承诺。市妇女儿童活动中心动工建设，市老年大学投入使用。圆满完成省国防动员演习任务和征兵工作，大学生兵源占比提升至 88.1%。完善军民融合制度，双拥创建不断加强。工青妇幼、档案方志、防震减灾、残疾人、红十字会、打私人防、民族宗教等工作有效推进。

一年来，我们坚持狠抓政府建设，加快构建高效便民、廉洁清正的行政服务体系

着力推动政府工作项目化、实体化。把每项重点工作落实到明确时间、具体项目，确定任务书、施工图，一宗一件推动各项部署落到实处，政府整体运作及效能有了新的提升。2018 年政府工作报告共分解工作任务 328 项，已完成 320 项，未完成 8 项，完成率 97.6%，比上年提高 1 个百分点。

着力加强市镇协调联动。推动市民服务中心的改建，整合跨部门办理事项，部门协同进一步加强。推进优化市直管镇体制改革，设立松山湖、水乡新城 2 个统筹政务服务的功能区。将直接面向人民群众、量大面广的事项依法下放至镇街，基层积极性得到进一步发挥。市镇村三级政务服务体系基本形成，市镇协调联动进入新阶段。

着力提升服务群众水平。谋划推进 30 个上档次、上规模、高水平的重大民生项目，年内开工 17 个。启动一体化政务服务平台建设，编辑全市统一的办事指南，公布 1462 个“最多跑一次”事项清单，简化证明材料 200 项。与广州初步实现工商、发改等 11 项业务跨城通办。东莞 12345 热线在全国 334 个城市服务评比中排名第 9。

着力提升依法行政水平。深入开展宪法主题宣传活动。出台生态文明建设促进与保障条例、饮用水源水质保护条例。严格落实中央八项规定及其实施细则精神，大力整治各种隐性变异“四风”问题。认真办理好人大议案、代表建议和政协提案，加强行政监察和审计监督。基层公务员精气神有效提振，政府职能和作风进一步转变。

各位代表，过去一年，全市上下齐心协力、开拓进取，发展迈出了坚实步伐，成绩来之不易。这离不开上级和市委的正确领导，离不开历届党委政府打下的坚实基础，是全市人民共同奋斗的结果。

在此，我代表东莞市人民政府，向全市干部群众，向人大代表和政协委员，向各民主党派、各人民团体、社会各界人士，向各驻莞单位、驻莞部队和武警官兵，向所有参与和支持东莞建设发展的港澳台同胞、海外侨胞和国际友人，表示衷心的感谢和崇高的敬意！

与此同时，我们也清醒地看到，全市发展仍然存在不少困难和问题，需要引起高度重视：一是经济运行的一些短板还比较明显。受发展中不确定因素的影响，经济下行压力加大，生产总值、固定资产投资等指标的完成情况与年度计划目标存在差距，全市科技创新能力、抗御风险能力还不够强。二是污染治理和生态环保任重道远。水污染治理任务依然艰巨，黑臭水体整治任务繁重，大气、土壤、固废等污染防治水平仍需加快提升。三是城市空间需要大力拓展优化。城市发展分散化、碎片化较为严重，开发强度已经逼近极限，“两违”治理欠账较为严重，城市更新的浓厚氛围尚未形成，交通拥堵问题比较突出。四是服务企业水平还不够高。不少企业面临较大的生产经营压力，对企服务政策精准化、个性化水平有待提升，办事手续环节多、时间长的问题仍然存在，企业获得感不够强烈。五是责任意识、进取意识和效率意识仍需进一步强化。政府系统一些干部主动担当、敢于创新、攻坚克难的意识不够强，懒散安逸和不作为、慢作为的现象依然存在，执行效率和工作作风有待强化。对此，我们必须高度警醒，尽最大努力予以有效解决。

2019 年工作安排

今年是新中国成立 70 周年，也是全面建成小康社会的关键之年。机遇与挑战同在、优势与风险并存。**机遇体现在**我们有以习近平同志为核心的党中央坚强领导，有总书记对广东的一系列重要批示指示精神，为全市工作提供了正确指引和坚强保证。近期中央又不断释放出减税、降费、降准等积极信号，未来发展的环境总体宽松稳定。**机遇体现在**中央和省正大力推进粤港澳大湾区、广深港澳科技创新走廊等的建设，有效破除行政界限的束缚藩篱，促进资源要素的自由流动。东莞凭借地理区位、产业配套、科技成果转化等方面的独特优势，必将有更大的担当、更大的作为，成为大湾区东西两岸融合发展的主轴。**机遇体现在**东莞一直是社会各界普遍看好的发展热土，人口保持净流入、市场主体不断增加，城市的活力吸引力不断增强。更有历届党委政府打下的坚实基础、近年来转型升级的扎实成效，全市发展正当其时、未来可期。**从外部经济形势来看，我们面临着短期不确定性与中长期挑战叠加的更大考验。**当前经济运行稳中有变、变中有忧，外部环境复杂严峻，经济面临下行压力。既存在贸易摩擦持续、企业成本上升等因素影响，也有全市人才支撑不足、镇村组发展动力不够等内生性问题。**从区域发展格局来看，我们面临着对标先进城市与建设新一线城市的更高标准。**随着雄安新区、海南自贸区等建设的大力推进，区域间的竞争、城市间的竞争越来越激烈。粤港澳大湾区各个城市之间的竞争比拼也在不断加强。对标一流、对标一线，我们不进则是退，小进也是退。**从自身发展阶段来看，我们面临着土地空间与财政投入的更严约束。**全市可用土地资源和环境承载能力已经逼近极限，过去我们比较熟悉的土地开发、财政投入模式都发生了深刻的变化。只有在绿色发展、集约用地、拓展空间、增收节支等方面多想办法，多出实招，才能打破制约发展的“天花板”。**从工作执行落实来看，**

我们面临着改革再出发与攻坚再加力的更新要求。东莞改革开放已经步入深水区，触及的都是深层利益和矛盾。面对污染治理、“两违”整治等硬任务，面对节能减排、安全生产等硬要求，面对项目落地、“三旧”改造等硬指标，全市各级各部门必须坚持守土有责、守土尽责，拿出舍我其谁的使命感和改革开放再出发的新担当，一个一个项目去落实，一个一个难点去突破，一件一件工作去完成，踏石留痕，久久为功，全面展现新时代新东莞的新作为。

综合研判，未来三年是东莞大有可为的机遇期、黄金期，更是我们推动高质量发展的攻坚期、窗口期。经过三年左右的努力，东莞将迈入万亿 GDP 俱乐部，市一般公共预算收入逼近 800 亿元，全市服务企业、保障民生的能力进一步加强，粤港澳大湾区先进制造业中心的名片进一步擦亮，在大湾区和全国发展大局中的地位进一步提升，东莞这座千年古邑、制造名城将焕发出新的夺目光彩。

2019 年全市经济社会发展的主要预期目标为：生产总值增长 7%，实际执行时努力争取更好结果；人均生产总值增长 6.5%；城乡居民人均可支配收入增长 7.5%以上；市一般公共预算收入增长 6%；国家高企数量达 6500 家，R&D 投入占比提高至 2.65%左右；新建截污管网 1000 公里；空气质量达标天数 310 天以上；PM2.5 浓度控制在 35 微克 / 立方米以内。

上周，市委十四届八次全会胜利召开，会议对当前及今后一个时期全市各项工作进行了深入的动员部署，提出了全力打造“湾区都市、品质东莞”的战略任务和价值追求，要求大力实施城市品质提升、发展空间拓展、产业体系升级、基层基础强化、民生福祉增进、重点改革突破等“六大工程”，奋力开创新时代东莞工作新局面。根据这一总体部署，全市政府系统将坚持以习近平新时代中国特色社会主义思想为指导，全面贯彻党的十九大和十九届二中、三中全会以及中央经济工作会议精神，全面贯彻落实习近平总书记对广东重要讲话和对广东工作一系列重要指示精神，深入落实省委十二届六次全会精神和“1+1+9”工作部署，在市委的坚强领导下，以粤港澳大湾区建设为“纲”，突出强化执行、狠抓落实，坚持只争朝夕、马上就办，坚决打赢“九大攻坚战”，着力提升“九大品质”，全力打造“湾区都市、品质东莞”。

一、坚决打赢湾区建设攻坚战，着力提升开放合作品质

把参与粤港澳大湾区建设作为东莞新时代深化改革开放的“纲”，作为推动高质量发展的大机遇、大文章，更加主动地从整个湾区层面来谋划和推动自身发展，着力打造大湾区先进制造业中心、国家科技成果转移转化示范区、全面开放合作先行区、高品质低成本的现代生态都市。

加快融入大湾区一体化交通体系。立足东莞作为大湾区地理几何中心的特点，着力强化交通枢纽功能，积极打造粤港澳大湾区重要节点城市。加快深茂铁路、莲花山过江通道等跨珠江口通道建设，虎门二桥 5 月 1 日前建成通车。加快广深第二高铁及始发主站的规划和赣深客专东莞段、佛莞城际的建设，开通穗莞深城轨，抓紧完善“五纵四横六连”的高速路网，构建对接湾区主要城市“1 小时交通圈”。大力推进与广州、深圳 7 条城市轨道的连通，尽快打通与周边城市的断头路，形成与两大中心城市交通互联、产业互动的合作发展新格局。全面开工建设地铁 1 号线一期，争取开工建设 2 号线三期、完成 3 号线一期工程前期工作，加快“8”字形环城路＋多条放射状市域快速路网的建设，构建外引内联的一体化交通网络。

加快打造对接湾区三大战略平台。力争把滨海湾新区打造成为新时期代表东莞参与大湾区建设和对外开放的战略平台。坚持高起点规划、高水平建设，加快集聚高端制造业总部，大力发展现代服务业，加强与港澳台、前海、南沙合作，争取创建成为自贸区新片区，争创更多的金融、税收、产业、人才等政策红利，逐步建设成为国家级重大发展平台。力争把中子科学城打造成为东莞参与国际科技创新中心建设的重要支撑平台。推进散裂中子源二期建设，加快谋划南方光源等大科学装置，对标国家实验室加快建设松山湖材料实验室，打造世界级重大科技基础设施集群。加强与深圳光明科学城、港深落马洲河套地区的协同合作，推进"中子源－光明科学城"主通道规划建设，增强重大科学设施集聚协同效应，携手打造粤港澳大湾区综合性国家科学中心。力争把水乡新城片区打造成为解决发展不平衡不充分问题的新增长极。切实提升水乡管委会在规划制定、土地整备、招商引资等方面的统筹力度，以中心启动区 1–2 平方公里作为近期重点发展区域，示范带动片区各镇加快发展步伐，使全市经济社会发展的版图更加均衡。

加快建设"城市会客厅"。坚持高起点谋划，按照国际一流湾区和世界级城市群的标准，着力优化城市形态、提高城市档次，加快建设"湾区都市"。坚持高水平规划，着力构建"三心六片"的城市空间格局。坚持高质量建设，着力推动一批市镇重点项目成为精品建筑和品质工程。坚持高品位管理，精心打造好路灯、井盖、路牙石、道路护栏等城市小品、城市家具。聚焦中心城区"一心两轴三片区"建设，优化行政文化中心区的服务能级和综合环境，提升鸿福路、东莞大道的功能品质，实质性启动南城国际商务区建设，加快黄旗南生态科创区、"三江六岸"历史文化区的规划建设，充分彰显"半城山色半城水、一脉三江莞邑香"的山水莞邑特色。聚焦"三大沿线"综合整治，完成广深高速沿线建筑外立面改造和关键节点景观改造，启动广深港高铁、广深铁路沿线"脏乱差"问题整治，更好地展示东莞城市形象。

二、坚决打赢产业升级攻坚战，着力提升经济发展品质

把握经济高质量发展的内在要求，大力推动以先进制造业为核心的实体经济发展，加快培育新的发展动能，推动东莞的经济规模优势尽快转化为集群优势和质量优势。

积极构建面向未来的现代化产业体系。瞄准世界科技前沿，重点布局新一代信息技术、高端装备制造、新材料、新能源、生物科技等新兴产业。顺应 5G 商业化应用趋势，加快"芯屏机核"等关键技术突破，提升智能手机等优势产业发展水平。力争全市培育出若干个千亿级的新兴产业集群，各镇街形成一批百亿级产业集群。大力发展"院士经济"，引进更多优质科研资源和高新技术项目。结合城市更新，进一步优化商业布局，支持大型零售龙头企业在莞设立法人公司或结算中心，加快发展批发零售业、连锁商业，做强做旺商圈消费。用好虎门港综合保税区、跨境电子商务综合试验区政策红利，大力发展保税进口、保税物流、转口贸易等新模式。"一企一策"支持地方法人金融机构加快发展。积极筹建信用保险公司。紧抓证券发行注册制试点政策机遇，打造更多的上市企业。

积极推动重特大项目招引和落地建设。进一步理顺市镇招商体制，建立一体化专职招商队伍，梳理细化招商目录，出台招商引资实施细则，瞄准跨国公司、大型央企、大型民企和战略性新兴企业等目标，着力引进一批几十亿、上百亿元的重大产业项目。市领导挂点服务 5 亿元以上的洽谈项目，加快

推动项目落地。力争每个镇街（园区）引进2至3个大型产业项目。全年引进超亿元内资项目130宗，超千万美元外资项目100宗。开展重大项目建设“解难题、促开工”攻坚活动，每季度集中开工建设一批重大项目，实行市领导包开工和“小围合”会商机制。挑选一批财政投资项目实行代建制。强化项目履约监管，切实提高履约率、开工率、资金到位率。大力推动新能源电池、正中创新综合体、欧菲影像等90个新项目开工。完成重大项目投资700亿元，力争750亿元。

积极推进国家创新型城市建设。牢固树立“创新是第一动力”的理念，深度参与国际科技创新中心建设，打造广深港澳科技创新走廊的重要支点。推动松山湖向先进高新区看齐，强化创新人才聚集、关键技术研发、战略性新兴产业培育等方面的核心引领作用，更好地建设国家自主创新示范区。推动新型研发机构提质增效，切实提高成果转化和产业培育水平。着力开展“卡脖子”和颠覆性技术攻关，扶持一批研发项目进入国家和省布局。实施百强创新型企业培育计划，争取3年打造100家行业“隐形冠军”。大力引进具有自主知识产权、掌握关键核心技术、项目产业化前景广阔的科技人才（团队）来莞创新创业，积极汇聚全球科技创新成果在莞孵化和产业化。

积极推动制造业转型升级。加快“倍增计划”扩容提质，进一步完善政策体系，力促一批试点企业实现3年倍增。加快建设智能制造全生态链，推进智能加工装备国检中心建设，培育250个以上自动化智能化改造应用项目，认定20个市首台（套）重点技术装备产品，推广使用莞产先进装备。建立工业投资和技改投资工作台账，实行分片包干、分级督导，力争工业投资增长9%。深入推进“筑云惠企”工程，加快工业互联网应用示范，推动100家工业企业上云、10家工业企业实现核心业务数字化。深入推进珠三角大数据综试区建设。力争先进制造业、高技术制造业增加值占比分别达到53%和39.5%。

三、坚决打赢空间拓展攻坚战，着力提升集约发展品质

牢固树立城市空间集约开发理念，力争在土地整备、城市更新、“两违”治理等难点痛点问题上取得突破，全方位优化拓展城市生产、生活和生态空间。

抓紧形成自然资源管理新格局。深化管理体制改革，理顺自然资源保护、空间统一规划机制。摸清山水林田湖草等“家底”，做好第三次全国国土调查。建立健全全市建设密度分区制度，构建疏密有致、适度宜居的城市空间格局。深入推进园区统筹组团发展战略，促进产城融合、连片开发改造，打造产业新城升级版。完善地下空间使用权设定和流转政策，开展空中连廊建设研究，提高空间利用效率和开发强度。严查破坏林业、违法用海等行为。

抓紧实施土地收储整备专项行动。研究出台政策有效破解土地权属和利益问题，推动统筹式、联动式开发。发挥政府逆周期调节作用，制定规划、收储、开发联动的三年滚动计划，完善全市土地收储整备工作机制。探索实行领导挂帅督导制度和分片包干制度，加强对镇街（园区）土地收储的督促考评。市级收储土地1000亩以上，各镇街（园区）力争收储一片500亩以上、整备两片500–1000亩的土地，其中，临深片每个镇整备1–2片1000亩左右的土地。大力推进闲置土地清查整改，盘活存量土地8000亩。大力抓好在库储备土地使用规划，科学制定土地供应出让计划。研究以信托方式整合多方权益，提升土地收储整备效率。

抓紧实施城市更新专项行动。完成市镇专项规划编制。出台新型产业用地政策实施细则，率先在广深高速沿线、临深片区启动一批工改M0项目。出台TOD范围内城市更新项目利益共享机制，推进东莞火车站、虎门高铁站等TOD、TID开发，打造一批标志性更新片区和项目。支持企业或业主提高工业用地容积率，补齐老城区、城中村、城乡结合部等设施短板，进一步完善公共配套。加强相关政策宣讲，吸引更多社会力量与资源参与，争取各类险资以股权、债权等形式支持基础设施建设。大力推进30个重点更新单元建设，力争拉动固投400亿元以上。

抓紧实施“两违”整治专项行动。紧盯治理违建2700万平方米的目标，出台违法建设治理方案，强化属地网格化巡查、交叉检查等机制，强力拆除一批顶风作案、影响恶劣的违建。全面摸清历史遗留违法建筑底数，出台违建分类处理办法，以科学处置公共配套类、生产经营性历史违建为突破口，逐步消化存量违建，确保实现“零增量”、“减存量”。

四、坚决打赢对企服务攻坚战，着力提升营商环境品质

坚持把企业家作为城市最宝贵、最稀缺的资源，全面落实中央和省有关减税降费、扶持小微企业等系列部署，全力以赴为广大企业营造最优质的环境、提供最舒心的服务，切实当好莞商的“贴心娘家”、当好企业的“坚强后盾”。

切实在实施“非公经济50条”方面取得明显成效。加快出台配套细则，构建“1+N”政策体系，加大宣传和辅导力度，打通政策落实“最后一公里”，切实增强企业获得感。完善扶持非公经济工作联席会议制度，将“倍增计划”服务平台扩展为全市企业公共服务平台，覆盖企业从原来的280多家提升到超过1万家。推行重点企业首席服务官，市镇领导挂点服务企业，定期面对面协商问题，提升服务企业的精准度和实效性。组织“百会万企”评议营商环境，全面落实减税降费等惠企政策，努力把东莞打造为服务效率最高、营商环境最优的城市之一。

切实在扶持企业开拓市场方面取得明显成效。建立国际贸易动态预警与应对机制，大力推动“莞货全球行”，支持企业在海外建立品牌展销中心，加快打造华南工业展览之都。常态化开展促消费行动，整合实体商超、住宿餐饮、电商平台等资源，扩大莞货采购和推售力度。全面参与“一带一路”建设，加快建设广东（石龙）铁路国际物流基地，拓展东莞港国际航线，做强外贸邮路通道。抓好两岸冷链物流产业合作试点城市和供应链创新与应用试点城市建设。

切实在解决企业历史遗留问题方面取得明显成效。开展土地历史遗留问题专项清理行动，按照“尊重历史、实事求是、分类处理”原则，健全跨部门协调机制，一宗一件予以妥善解决。开展产权补办专项行动，修订历史遗留违法建筑补办不动产权手续实施方案，推动符合条件的建筑申办不动产登记。开展工厂周边环境专项治理行动，完善公共配套设施，加强治安管理，优化生产生活环境。

切实在营造尊崇优质企业、优秀企业家氛围方面取得明显成效。积极构建“亲”“清”新型政商关系，深入挖掘和弘扬企业家精神，开展优秀企业家表彰活动，展播优秀企业家事迹。实施面向新生代企业家的“接力工程”。建立企业首次轻微违法违规行为容错机制，保护企业和企业家合法权益。深入实施“十百千万百万”人才工程，落实企业高管和高层次人才经济贡献奖励、住房补贴等政策，优化“倍增卡”功能，让企业家和高管人才享受更多优惠待遇。

五、坚决打赢环境治理攻坚战，着力提升生态文明品质

将生态环境保护作为永续发展的根本大计，坚持问题导向、民生取向，以义无反顾、壮士断腕的决心，科学治污、系统治污，全力以赴打赢污染防治这一场硬仗。

努力推动东莞的水更清。市领导挂点督办28条重点河涌治理，918名河长和33名湖长负责全市所有河湖的水环境治理和保护。大力推进重污染河涌整治，完成20条黑臭水体整治。大力推进茅洲河、石马河治理，加大现场指挥部的统筹协调力度，全面完成茅洲河治水工程设施建设并发挥效益，石马河口断面、旗岭断面污染物指标再削减70%。大力提升截污治水能力，开展“打通最后一米”工程，新建截污管网1000公里、验收移交通水1000公里、微支管网1500公里。大力开展排污口整治，推进雨污分流工程。强化海岸线整治修复。完善饮用水源保护区区划。

努力推动东莞的天更蓝。加快推进蓝天保卫战32项强化措施。推进自备电厂煤改气，压减煤炭消费量100万吨以上。基本完成“散乱污”企业整治任务。淘汰国Ⅲ及以下柴油车，实现公交车100%纯电动化。完成燃气电厂及垃圾焚烧发电厂提标改造和生物质锅炉淘汰整治。深入推进VOCs综合整治。强化扬尘污染控制，实施在建工地和拆除工程扬尘管控措施，推动渣土运输车、垃圾收运车等运输全密闭化、规范化。单位GDP二氧化碳排放强度下降5.09%。

努力推动东莞的城更美。推广彩色林建设，打造多层次、多树种、多色彩的城市绿化景观。推进银瓶山森林公园三期、东莞植物园工程（二期）等建设，完成华阳湖国家湿地公园试点验收，争取创建省森林小镇3个，抚育森林1.5万亩。加强固体废物处理处置，编制工业固体废物污染防治规划，启动污水处理厂污泥处置设施扩建工程，建成市区有机资源再生利用一期工程、麻涌餐厨垃圾处理厂（二期），推动立沙岛危险废物综合处置项目试运营。开展重点工业园区土地污染状况调查，建立重点监管企业名录制度。落实耕地“三位一体”综合保护，提升现代农业、观光农业发展水平，保障粮食生产安全。启动国家生态园林城市创建。全力争创国家生态文明建设示范市。

六、坚决打赢城市管理攻坚战，着力提升城市内涵品质

把高品质作为孜孜不倦的追求，对标国内外一流城市，以“匠心精神”和“绣花功夫”加强城市管理，努力提升城市的品位和内涵，持续增强城市的人性化和舒适度。

进一步提升城市精细化管理水平。实施“行走东莞”计划，由市镇领导带队，以巡查抽查的方式，建立不分时段、不打招呼、直奔一线的领导督导机制，开展“地毯式”巡查督导，做到问题当场发现反馈、即时整改落实。实施“厕所革命”专项行动，新建、改造升级1000座公厕，落实“所长制”，全面提升加油站、商场、农村、餐馆等场所厕所保洁水平。实施“洁净城市”专项行动，加强对占道经营、生活噪音等的综合执法，解决背街小巷的环卫保洁常态化问题，推进生活垃圾强制分类，力争6月底前完成20个镇级填埋场整改任务。实施“点睛亮景”专项行动，抓紧推进中心广场、东莞大道、环莞快速路等区域绿化景观提升、城市灯光工程，打造东莞“十里迎宾景观带”。实施“一镇一公园、一村一景点”专项行动，完成第一批50个项目和21个街头小景。实行“大城管”精细化管理，将国省道、农贸市场和砂场管理等纳入考核，实现“数字城管”与公安视频等的全面对接。编制海绵城市规划建设管理办法，完成20个易涝点整治。

进一步提升城市拥堵治理水平。深入开展品质公交创建、学生接送绿色通道、交通秩序整治、停车管理优化、智慧交通建设、魅力慢行提升等11个专项行动。研究缓解东莞大道鸿福路口、几大学校周边、松山湖大道中医院路段、虎岗高速和龙大高速交织路段等重点路段拥堵问题。春节前完成第二批34个拥堵节点治理，梳理开展第三批拥堵节点治理。力争拥堵问题年内有较明显改善。

进一步提升公共安全水平。深化扫黑除恶专项斗争，严厉打击入室盗窃、车内财物盗窃、扒窃诈骗等违法犯罪行为，坚决扫除“黄赌毒”。完善“二标四实”数据采集更新长效机制，加快打造“科技护城墙”，实现精准打防管控，进一步提升群众安全感。加强“智网工程”队伍和机制建设，逐步完善推广至社会治理全领域。严格落实安全生产“四个全覆盖”，加强风险分级管控和隐患排查治理，抓好危化品等行业监管，积极创建安全发展示范城市。开展“打通生命通道”专项整治行动，深入排查治理“三小场所”、出租屋等消防安全隐患，确保村（社区）兼职消防队人员和装备配备100%达标。优化应急管理体制，建设应急综合平台体系，实现对全灾种的全流程、全方位管理。深入推进信访制度改革，依法及时就地解决群众合理诉求。积极创建国家食品安全示范城市。

七、坚决打赢乡村振兴攻坚战，着力提升镇村发展品质

围绕农村经济持续发展、农业高质量发展、打造生态宜居的美丽乡村、乡风文明建设、创新乡村治理、打好脱贫攻坚战等方面，突出具体项目，注重重点突破，努力形成与城市相得益彰的城乡融合发展格局。

着力推动镇村协调平衡发展。完善镇村项目引进利益共享机制，实行资金池竞争性分配，落实好用地倾斜、交通路网优化、债务化解等支持政策，力争8个次发达镇GDP增速快于全市。实施次发达村（社区）创收能力巩固提升行动，力争70个次发达村（社区）经营性纯收入增速快于全市。

着力推动镇村工业厂房改造提升。全面摸清镇村工业厂房底数，建立综合信息数据库。研究出台镇村工业厂房分类改造、土地置换、资金扶持、收益分配等政策，支持镇村集体回购厂房。设立改造专项资金，鼓励村组集体通过自行改造、单一主体挂牌招商等形式，开展旧厂房连片改造。实施工业厂房租赁市场专项整治行动，治理“二手房东”问题，严厉打击囤积厂房、哄抬租金等违规行为。力争每个镇街整合盘活厂房资源20万平方米以上，为科技型创业企业提供更多的低成本空间。

着力推动魅力小城和美丽乡村建设。强化魅力小城建设统筹指导，加快推进万江龙湾等10个示范片区建设，完成南城水濂景观路等28条示范道路提升。出台市域乡村建设规划。全方位推进农村人居环境整治，完善道路照明、停车线、绿化等配套，清理卫生死角，八成村（社区）达到干净整洁村标准。抓好美丽幸福村居建设，力争完成第一批3个特色连片示范项目。

八、坚决打赢公共服务攻坚战，着力提升民生保障品质

把广大群众视为父老乡亲兄弟姐妹，坚持把老百姓拥护不拥护、赞成不赞成、高兴不高兴作为政府工作的出发点和落脚点，做到顺应民心、尊重民意、关注民情、致力民生，让东莞这座城市更有温度、老百姓的幸福更有质感。

深切关注民生民情。对贫困人口、失独家庭、特殊儿童等弱势群体的生活状况给予更多关注和帮助。抓好救助管理站二期建设，调整最低生活保障标准，开展困难家庭重特大疾病“二次救助”，建立失能人员长期照护保险制度，健全特困供养人员护理机制，探索加强对困难群众的兜底性社工服务。实施“一降两升三配套”社保工程，完善全方位医保体系。探索建立搜集、处理、反馈民生诉求机制，市镇领导定期听取、解决群众利益诉求，对民生热点难点问题，第一时间摸底调研，第一时间拿出解决措施，打造“民生大莞家”品牌。

大力补齐“五个位”民生短板。统筹推进优质学校供给，新建扩建公办中小学（幼儿园）85所，完成13所。新提供随迁子女义务教育公办和补贴学位16万个。在农贸市场、医院、学校、公园等停车难区域规划建设一批立体车库，新增一批停车位，缓解“停车难”。加快区域中心医院建设，提升医疗服务水平。新增病床位1640张以上，市人民医院肿瘤中心和市儿童医院新住院大楼投入使用。新建改建养老院3所，新增养老床位500张以上，推广南城篁村“4050”家庭妇女组建居家养老队做法，推进居家养老“大配餐”试点，为60岁以上户籍老人购买意外伤害险。加快高技能公共实训分基地建设，开展粤菜师傅等培训，城镇新增就业岗位8万个。

大力提升教育卫生水平。加快筹建3所高标准未来学校，组建教育集团15个。探索出台政策，激发校长和一线教师积极性。制定民办教育“1+N”政策。扩充公益普惠性学前教育资源。创新职业教育人才培育模式。扩大东莞职业技术学院办学规模。推进东莞理工学院国际合作创新区建设。抓好市和片区青少年活动中心建设。实施公立医疗机构薪酬制度改革。推进医疗服务价格改革，全面取消耗材加成。加快社卫服务机构标准化建设。积极推动市人民医院和市中医院争创省高水平医院。做好国家卫生城市复审迎检。

大力提升市民对东莞的认同感、荣誉感和归属感。着力营造浓厚文化氛围，实施“基层文化百村示范工程”，完善图书馆、文化馆总分馆体系，组织庆祝新中国成立70周年系列活动，办好志交会、漫博会和文采会，加快建设文化名城。着力丰富文体活动，谋划建设一批高水平的文体项目，办好篮球世界杯（东莞赛区）、市民运动会等赛事，推动公共体育设施100%开放，更好地满足市民群众特别是年轻人的需求。着力完善商旅配套设施，建设一批高档次的酒店、民宿。着力发展全域旅游，充分利用好文物古迹和红色文化资源，抓好水乡道滘特色小镇、谢岗银瓶湖湿地公园、塘厦文旅综合项目等建设，打造一批“望得见山、看得见水、记得住乡愁”的乡村游景点。

大力推进对口支援和帮扶工作。高质量完成第八批援疆工作，推动兵团草湖产业园三期40万锭纺织项目建成投产。做好巴宜区11个援藏项目验收工作。推动昭通3个区县脱贫出列。与牡丹江市加强现代农业、旅游康养等合作。做大做强韶关“2+10”园区平台，力争三年引进投资1000亿元。抓好对韶关、揭阳精准扶贫精准脱贫工作，进一步加强驻村力量，财政到村引导资金增加50%。

大力推动其他社会事业发展。办好十件民生实事。加强退役军人管理机构建设，做好全国双拥模范城中期迎检，打造“军民融合创新示范基地”。防范化解房地产市场风险，建立健全房地产市场平稳健康发展长效机制，加大对住房困难群众的保障力度，完善公租房分配、租赁补贴政策，扩大公积金缴存覆盖面。健全扶持机制，引导社会组织有序参与基层治理。办好科普活动，提高全民科学素养。

九、坚决打赢政府建设攻坚战，着力提升行政效能品质

以打造廉洁高效人民满意的服务型政府为目标，全面优化对东莞企业、东莞企业家、东莞市民的各项服务，全力推动政府各项工作马上就办、尽快上马、办就办好，不断提升全市政府系统的执行力和公信力，推动东莞成为珠三角乃至全国行政效率最高、营商环境最优、企业和群众获得感最强的城市之一。

全面加强政府系统党的建设。坚持用习近平新时代中国特色社会主义思想武装头脑、统领政府各项工作，强化党建主责主业意识。严守政治纪律和政治规矩，牢固树立“四个意识”，坚决做到“两个维护”。狠抓执行力建设，强化目标导向、结果导向，不折不扣地将上级和市委各项决策部署落到实处。

全面推进法治政府建设。依法全面正确履行政府职能，提高政府立法质量和规范性文件管理水平。完善依法决策机制，认真倾听民意，推进行政决策科学化、民主化、法治化。推行行政执法公示，强化部门联合执法，规范行政处罚自由裁量权，建立健全权责统一、权威高效的行政执法体制。

全面提升行政服务效率。按照上级部署深化机构改革，加快完成编制划转、部门“三定”等工作。深化镇街（园区）行政管理体制改革，动态调整梳理规范下放事权。推动审批科室向政务服务大厅集中。推广应用莞家政务便民自助终端，实现政务服务事项网上全过程流转。完善市场监管协同创新平台，全面启动“数字政府”和“政务数据大脑”建设，打造“慧治名城”。

全面筑牢反腐倡廉防线。认真贯彻落实中央八项规定及其实施细则精神，严查各种隐形变异“四风”问题，坚决防止反弹回潮。强化对财政资金、国有资产、公共资源、农村集体资产等的监管，加强专项资金的审计监督。依法接受人大及其常委会监督，自觉接受政协民主监督，主动接受社会和舆论监督。严肃整治侵害群众利益的不正之风和腐败问题，推动政府系统党风廉政建设不断取得新成效。

全面提振干事创业精气神。注重运用现场督导、集中整治、专项行动等方式，完善好定期通报、末位约谈、第三方评价等机制，强力倒逼工作落实。建立镇街问题收集、反馈和解决机制。进一步提升镇村基层干部抓规划、抓产业、抓招商的能力和水平，大力整治不作为、慢作为、乱作为的问题。切实抓好年度任务分解和细化落实，确保全年发展目标圆满完成。

各位代表！风正潮平，自当扬帆破浪；任重道远，更须快马加鞭。让我们高举习近平新时代中国特色社会主义思想伟大旗帜，在中共东莞市委的坚强领导下，与全市人民一道，以闻鸡起舞、日夜兼程、风雨无阻的进取心，以逢山开路、遇水搭桥的精气神，凝心聚力，攻坚克难，真抓实干，共同谱写东莞高质量发展新篇章，以优异的成绩向新中国成立70周年献礼！

名词注解：

“1+1+9”工作部署：第一个“1”是指坚定不移加强党的领导和党的建设。第二个“1”是指以新担当新作为不断把改革开放推向深入。“9”是指扎实推进9个方面重点工作：一是举全省之力推进粤港澳大湾区建设；二是加快建设科技创新强省；三是扎实推进高质量发展；四是加快建设现代化经济体系；五是坚决打好三大攻坚战；六是实施乡村振兴战略；七是构建“一核一带一区”协调发展新格局；八是加快文化强省建设；九是营造共建共治共享社会治理格局。

五大新兴领域和十大重点产业：指新一代信息技术、高端装备制造、新材料、新能源、生命科学和生物技术等五大领域，新一代人工智能、新一代信息通信、智能终端、工业机器人、高端智能制造装备、先进材料、新能源汽车、高性能电池、生物医药、高端医疗器械等十大重点产业。

一核三带十区：“一核”指松山湖高新区，“三带”指西部高端高新产业带、中部创新创造产业带、东部智能制造产业带，“十区”指新一代人工智能、新一代信息通信等十大重点产业集聚区。

“四上”企业：指规模以上工业企业、资质等级建筑业企业、限额以上批零住餐企业、国家重点服务业企业等四类规模以上企业，是反映地区经济发展水平的重要指标。

小升规：指规模以下小微企业（即年主营业务收入2000万元以下的企业）升级为规模以上企业。

PCT：Patent Cooperation Treaty，指《专利合作条约》。

工改M0：利用“三旧”资源（旧城、旧村、旧厂房）建设新型产业用地（M0）项目。

一平台、三工程：指构建市场监管协同创新平台，推进智慧监管、协同监管、信用监管三大工程。

对口帮扶韶关十大行动计划：指深化改革、政务政风、干部培训、优质创新资源、优质农业、优质旅游、优质人力资源对接行动，以及教育、医疗、文化精准帮扶行动。

VOCs：挥发性有机物的英文简称，是生成臭氧（O3）和细颗粒物（PM2.5）二次污染物的重要前体物。

“三清理”、“三拆除”：指清理村巷道及生产工具、建筑材料乱堆乱放，清理房前屋后和村巷道杂草杂物、积存垃圾，清理沟渠池塘溪河淤泥、漂浮物和障碍物；拆除危房、废弃猪牛栏及露天厕所茅房，拆除乱搭乱建、违章建筑，拆除非法违规商业广告、招牌等。

三降三升：指命案数、两抢数、立案数下降，刑事拘留数、批准逮捕数、移送起诉数上升。

二标四实：指标准作业图、标准地址库；实有人口、实有房屋、实有单位、实有设施。

安全生产“四个全覆盖”：指安全生产巡查全覆盖、整改全覆盖、责任全覆盖、保障全覆盖。

消防安全“个十百千万”工程：“个”指开展省、市两级政府挂牌督办的3个火灾隐患重点镇街整治；“十”指开展三小场所、出租屋、“分租式”厂房、高层建筑等10个领域的专项治理；“百”指对火灾起数排名靠前的100个村（社区）挂牌督办整治；“千”指提升全市2231家消防安全重点单位微型站的建设质量；“万”指建设10000个微型消防宣传教育体验点。

五纵四横六连：指我市规划建设的以高速路为主的公路网主框架。“五纵”指沿江高速、广深高速、增莞深高速、从莞高速、博深高速；“四横”指莞番高速、深茂铁路公铁两用通道和虎岗高速、龙林高速—从莞高速龙林支线、深圳外环高速；“六连”指龙大高速、清平高速、莲花山通道、虎门港支线、虎门大桥、新派高速。

一心两轴三片区：指中心城区城市品质提升的重点地区。其中，“一心”指市区行政文化中心，“两轴”指东莞大道时代发展轴和鸿福路山水文化轴，“三片区”指南城国际商务区、三江六岸历史文化区、黄旗南生态科创区。

三江六岸：指中心片区内以东江南支流、汾溪河、东莞水道三条水系为依托的滨水空间。

TOD：Transit–Oriented–Development。即以公共交通为导向的开发。

TID：Transport–Integrated–Development。即轨道交通站场综合体。

“十百千万百万”人才工程：指从2019年起，用3年时间，引进10个国际一流水平的战略科学家团队，选拔100名博士专业人才进入党政机关和企事业单位，引进培养1000名重点领域的领军人才，引进培养10000名硕士研究生以上学历和中级以上职称的创新人才，推动100万人提升学历技能素质。

拥堵治理11个专项行动：指交通拥堵整治、品质公交创建、学生接送绿色通道、停车管理优化、智慧交通建设、货运物流精细管理、机动车维修行业监管、魅力慢行系统建设、安全行车礼让行人、交通秩序整治、客运市场治理共11项行动。

一降两升三配套：“一降”指降低企业社保成本；“两升”指提升异地就医结算水平，提升“智慧社保”建设水平；“三配套”指出台医联体社保结算、互联网医院医保支付、日间手术等配套政策。

养老“大配餐”：指向纯老、独居、孤寡、高龄、计划生育特扶、失能老人等特殊困难老年人提供助餐配餐服务。

东莞统计

第二部分 统计资料

Part Two Statistics

一、综　合

General Survey

1-1　东莞行政区划（2018年）

Divisions of Administrative Areas in Dongguan (2018)

镇　街	村（居）委会		
	个　数		名　　称
合　计	村委会	350	
	社区居委会	242	
莞　城	社区居委会	8	东正　市桥　北隅　西隅　罗沙　博厦　兴塘　创业
石　龙	村委会	7	西湖　忠维　林屋　蒲溪　新维　王屋洲　黄家山
	社区居委会	3	中山东　中山西　兴龙
虎　门	社区居委会	30	虎门寨　东方　则徐　大宁　树田　白沙　沙角　怀德　博涌　镇口　村头　新联　九门寨　居岐　金洲　南面　北栅　小捷滘　北面　陈村　东风　武山沙　黄村　南栅　龙眼　宴岗　赤岗　路东　新湾　民泰
东　城	社区居委会	23	岗贝　花园新村　东泰　温塘　桑园　周屋　余屋　鳌峙塘　峡口　柏洲边　上桥　下桥　樟村　梨川　堑头　主山　石井　同沙　光明　牛山　立新　火炼树　星城
万　江	社区居委会	29	万江墟　万江　石美　莫屋　拔蛟窝　黄粘洲　蚬涌　谷涌　小享　滘联　上甲　新村　新谷涌　共联　水蛇涌　大莲塘　牌楼基　严屋　大汾　流涌尾　金泰　曲海　坝头　胜利　官桥滘　简沙洲　新和　新城　坝新
南　城	社区居委会	18	鸿福　宏远　胜和　元美　亨美　三元里　篁村　新基　周溪　袁屋边　白马　石鼓　蛤地　西平　雅园　水濂　新城　宏图
中　堂	村委会	15	潢涌　三涌　湛翠　凤冲　袁家涌　吴家涌　鹤田　中堂　一村　东向　蕉利　槎滘　下芦　马沥　四乡
	社区居委会	5	中心　斗朗　红锋　东泊　江南
望牛墩	村委会	21	李屋　望东　扶涌　赤滘　五涌　下漕　上合　聚龙江　望联　洲湾　洲涡　杜屋　寮厦　芙蓉沙　官桥涌　横沥　福安　石排　官洲　朱平沙　锦涡
	社区居委会	1	望牛墩
麻　涌	村委会	13	麻一　麻三　麻四　大步　东太　新基　川槎　鸥涌　华阳　南洲　大盛　漳澎　黎滘
	社区居委会	2	麻涌　麻二
石　碣	村委会	14	石碣　唐洪　黄泗围　西南　单屋　梁家村　沙腰　刘屋　水南　四甲　鹤田厦　涌口　横滘　桔洲
	社区居委会	1	城中
高　埗	村委会	18	冼沙　卢溪　宝莲　塘厦　草墩　护安围　保安围　三联　横滘头　低涌　朱磡　新联　欧邓　芦村　高埗　凌屋　上江城　下江城
	社区居委会	1	新创
道　滘	村委会	13	南城　南丫　闸口　大鱼沙　小河　永庆　北永　昌平　厚德　九曲　大罗沙　大岭丫　蔡白
	社区居委会	1	兴隆
洪　梅	村委会	9	洪屋涡　新庄　梅沙　氹涌　黎洲角　夏汇　尧均　乌沙　金鳌沙
	社区居委会	1	洪梅
沙　田	村委会	16	中围　和安　大流　泥洲　杨公洲　福禄沙　阇西　民田　先锋　西大坦　穗丰年　大泥　齐沙　稔洲　义沙　西太隆
	社区居委会	2	横流　滨港
厚　街	社区居委会	24	竹溪　厚街　珊美　宝屯　三屯　陈屋　赤岭　河田　寮厦　汀山　环冈　大迳　新围　桥头　南五　新塘　涌口　双岗　溪头　沙塘　宝塘　下汴　白濠　湖景
长　安	社区居委会	13	长盛　涌头　霄边　咸西　锦厦　新安　乌沙　新民　沙头　上沙　厦岗　厦边　上角

1-1 续表

(2018年)

镇街	村（居）委会 个数		村（居）委会 名称
寮步	村委会	20	西溪 凫山 石龙坑 石步 良边 富竹山 塘唇 向西 霞边 上屯 下岭贝 竹园 上底 药勒 刘屋巷 浮竹山 陈家埔 井巷 小坑 长坑
	社区居委会	10	寮步 塘边 横坑 岭厦 新旧围 缪边 牛杨 泉塘 坑口 良平
大岭山	村委会	21	太公岭 大塘朗 下高田 连平 鸡翅岭 马蹄岗 金桔 大沙 百花洞 大塘 水朗 杨屋 矮岭冚 颜屋 大片美 梅林 元岭 大岭 新塘 旧飞鹅 大环
	社区居委会	2	大岭山 农场
大朗	村委会	16	高英 洋乌 洋坑塘 松柏朗 黎贝岭 松木山 犀牛陂 水平 宝陂 石厦 杨涌 沙步 新马莲 佛子凹 蔡边 水口
	社区居委会	12	大朗 佛新 巷头 巷尾 大井头 屏山 竹山 求富路 长塘 黄草朗 圣堂 长富
黄江	社区居委会	7	新市 田美 三新 梅塘 宝山 北岸 长龙
樟木头	社区居委会	10	圩镇 樟罗 百果洞 樟洋 石新 柏地 官仓 裕丰 金河 樟新
清溪	村委会	20	浮岗 上元 清厦 铁松 铁场 谢坑 青皇 大埔 长山头 三中 九乡 三星 渔樑围 厦坭 大利 土桥 重河 松岗 罗马 荔横
	社区居委会	1	清溪
塘厦	社区居委会	21	塘厦 林村 石潭埔 四村 振兴围 大坪 莆心湖 平山 诸佛岭 桥陇 龙背岭 石鼓 田心 横塘 蛟乙塘 凤凰岗 莲湖 沙湖 石马 清湖头 塘新
凤岗	村委会	11	雁田 官井头 油甘埔 凤德岭 塘沥 黄洞 竹塘 竹尾田 三联 五联 天堂围
	社区居委会	1	凤岗
谢岗	村委会	11	黎村 窑山 南面 大龙 大厚 赵林 稔子园 五星 曹乐 谢岗 谢山
	社区居委会	1	泰园
常平	村委会	31	岗梓 塘角 苏坑 袁山贝 金美 还珠沥 朗贝 桥沥 卢屋 九江水 朗洲 陈屋贝 司马 霞坑 漱旧 漱新 黄泥塘 元江元 横江厦 沙湖口 白石岗 松柏塘 上坑 木棆 下墟 板石 田尾 白花沥 桥梓 麦元 土塘
	社区居委会	2	常平 新民
桥头	村委会	11	田头角 李屋 朗厦 岗头 屋厦 禾坑 邓屋 邵岗头 东江 山和 石水口
	社区居委会	6	莲城 田新 桥头 大洲 迳联 岭头
横沥	村委会	16	石涌 隔坑 半仙山 田头 田坑 横沥 村头 长巷 田饶步 六甲 村尾 水边 新四 山厦 月塘 张坑
	社区居委会	1	恒泉
东坑	村委会	14	东坑 坑美 角社 塔岗 黄麻岭 初坑 凤大 黄屋 寮边头 长安塘 新门楼 井美 彭屋 丁屋
	社区居委会	2	草塘 骏达
企石	村委会	19	铁岗 深巷 湖美 博夏 上洞 江边 旧围 清湖 东平 上截 下截 东山 莫屋 杨屋 新南 南坑 铁炉坑 企石 霞朗
	社区居委会	1	宝石
石排	村委会	18	石排 下沙 福隆 庙边王 沙角 黄家壆 赤坎 向西 水贝 田寮 横山 埔心 谷吓 塘尾 李家坊 田边 中坑 燕窝
	社区居委会	1	太和
茶山	村委会	16	上元 茶山 下朗 横江 增埗 卢边 寒溪水 南社 塘角 博头 冲美 粟边 孙屋 超朗 京山 刘黄
	社区居委会	2	茶山圩 茶溪
松山湖（生态园）			

1-2 历年东莞行政区划

Divisions of Administrative Areas in Dongguan over Years

单位：个

年 份	镇 街	村（居）委会		
			村委会	社区居委会
1978	33	526	496	30
1979	33	531	501	30
1980	33	545	515	30
1981	34	554	524	30
1982	34	561	531	30
1983	34	561	531	30
1984	34	542	512	30
1985	33	546	516	30
1986	33	560	530	30
1987	34	580	537	43
1988	33	582	542	40
1989	33	583	544	39
1990	33	583	543	40
1991	33	586	546	40
1992	33	590	549	41
1993	33	590	549	41
1994	33	592	551	41
1995	33	592	551	41
1996	33	593	552	41
1997	33	594	551	43
1998	32	594	551	43
1999	32	593	546	47
2000	32	675	546	129
2001	32	678	546	132
2002	32	678	546	132
2003	32	616	487	129
2004	32	596	440	156
2005	32	596	404	192
2006	32	596	394	202
2007	32	591	386	205
2008	32	591	383	208
2009	32	598	383	215
2010	32	599	383	216
2011	32	594	350	244
2012	32	595	350	245
2013	32	597	350	247
2014	32	597	350	247
2015	32	597	350	247
2016	32	593	350	243
2017	32	592	350	242
2018	32	592	350	242

注：2013年起，虎门港社区居委会并入沙田镇；2015年起，生态园并入松山湖。

1-3 主要年份户数、人口与自然资源

Number of Households, Population and Natural Resources in Main Years

项　　目	单 位	1978年	1990年	1995年	2000年	2005年	2010年	2015年	2017年	2018年
户　数										
年末户籍总户数	万户	24.82	32.73	36.43	41.40	46.50	53.05	56.72	60.74	65.34
#城镇户数	万户	4.37	8.91	10.06	11.44	18.90	27.08	50.39	54.24	58.76
人口与劳动力										
年末常住人口	万人		175.62	336.45	644.84	656.07	822.48	825.41	834.25	839.22
#城镇常住人口	万人				387.16	479.06	727.57	733.13	749.66	763.86
年末户籍人口	万人	111.23	131.85	143.65	152.61	165.65	181.77	195.01	211.31	231.59
#城镇人口	万人	18.49	30.87	35.38	39.61	65.84	92.09	172.65	188.00	207.99
人口密度（常住人口）	人/平方公里		712	1365	2616	2662	3343	3355	3391	3411
人口密度（户籍人口）	人/平方公里	451	535	583	619	672	739	793	859	941
全社会从业人员	万人	54.97	75.10	86.92	97.88	388.13	626.25	653.41	660.39	667.17
第一产业	万人	39.35	27.15	20.29	18.99	13.91	6.05	6.08	5.79	5.65
第二产业	万人	9.26	30.52	40.79	47.14	249.78	476.94	445.81	450.78	456.41
第三产业	万人	6.37	17.43	25.83	31.75	124.45	143.26	201.52	203.82	205.11
城镇登记失业率	%				0.60	1.29	1.70	2.26	2.24	1.40
土　地										
土地面积	平方公里	2465	2465	2465	2465	2465	2460	2460	2460	2460
年末耕地面积	万亩	118.39	88.26	70.86	66.33	50.29	57.69	55.05	54.28	53.88
人均耕地面积	亩	1.06	0.67	0.49	0.43	0.30	0.32	0.28	0.26	0.23
建成区面积	平方公里			82.48	147.68	620.31	798.48	928.87	988.89	1007.76
#市区建成区面积	平方公里				28.13	108.10	91.65	119.18	121.14	122.84
气　候										
年降水量	毫米	1748.3	1602.9	1664.8	2019.3	1837.6	2165.9	2137.9	1769.4	1766.1
年平均气温	摄氏度	21.9	22.8	22.4	23.2	22.7	22.4	23.5	23.2	23.1
极端最高气温	摄氏度	35.7	37.8	36.2	37.0	37.4	36.1	36.5	37.9	36.8
极端最低气温	摄氏度	2.7	4.3	6.7	5.6	1.8	1.9	7.5	5.4	3.7
年日照时数	小时	1958.8	1910.2	1935.7	2059.5	1736.3	1699.7	1787.2	1890.7	1906.8
森　林										
有林地面积	万亩		83.48	91.48	92.16	89.23	87.30	77.32	50.56	
林木蓄积量	万立方米		167.18	123.02	136.11	175.38	255.82	352.00	331.78	329.19
森林覆盖率	%		31.4	29.7	30.6	33.1	36.7	37.4	37.4	37.4
水资源										
大陆海岸线总长度	公里	61.4	61.4	61.4	115.9	92.1	97.2	112.2	112.2	112.2
海水养殖可养面积	万亩	5.0	5.0	5.5	2.6	16.9	2.0	0.9	0.3	0.2
淡水养殖可养面积	万亩	30.0	30.0	28.0	14.3	30.7	10.0	12.0	8.7	8.4

注：1. 土地面积数据来源于市自然资源局，不包括海域面积；由于机构改革，2018年有林地面积数据需要市林业局和市自然资源局三调整合，截止年鉴发布，“三调整合”工作仍在进行中，故相关数据空缺。
2. 人均耕地面积按户籍人口计算。
3. 大陆海岸线从2000年起以咸水为界定。
4. 常住人口2006-2010年数据，根据东莞市第六次全国人口普查数据结果重新修订，下同。
5. 按建立城乡统一的户口登记制度要求，2015年起户籍户数和人口数按城镇和乡村划分，取消原来的农业和非农业的登记统计，数据与往年不可比，下同。

1-4 历年土地与自然资源

Land and Natural Resources over Years

年份	土地面积(平方公里)	气候				
		年降水量(毫米)	年平均气温(摄氏度)	极端最高气温(摄氏度)	极端最低气温(摄氏度)	年日照时数(小时)
1978	2465	1748.3	21.9	35.7	2.7	1958.8
1979	2465	2007.1	21.9	36.5	2.9	1991.4
1980	2465	1434.7	22.3	37.7	3.3	2157.1
1981	2465	2394.9	22.1	35.6	3.2	1792.2
1982	2465	1454.1	22.1	37.5	3.8	1754.1
1983	2465	1947.1	21.8	35.8	3.3	1909.7
1984	2465	1444.5	21.5	35.9	3.1	1749.2
1985	2465	1678.0	21.8	35.8	4.2	1671.7
1986	2465	1665.2	22.2	35.9	3.0	2098.1
1987	2465	1908.8	22.9	37.0	4.3	1816.6
1988	2465	1735.0	22.0	37.0	7.0	1836.5
1989	2465	1567.2	22.5	37.6	5.2	1926.0
1990	2465	1602.9	22.8	37.8	4.3	1910.2
1991	2465	1219.6	23.0	36.6	1.2	1968.8
1992	2465	1827.1	22.3	37.0	4.5	1854.5
1993	2465	2393.6	22.5	35.6	3.0	1965.7
1994	2465	1809.1	23.0	38.2	5.4	1828.6
1995	2465	1664.8	22.4	36.2	6.7	1935.7
1996	2465	1547.4	22.7	37.1	3.4	2036.0
1997	2465	2074.0	22.8	36.3	6.1	1558.1
1998	2465	1844.5	23.6	36.5	5.6	1699.0
1999	2465	1614.5	23.3	37.8	3.1	2015.8
2000	2465	2019.3	23.2	37.0	5.6	2059.5
2001	2465	2042.6	23.3	36.6	6.6	1978.2
2002	2465	1557.4	23.6	36.7	4.5	2046.9
2003	2465	1416.7	23.0	36.1	3.8	2268.7
2004	2465	1705.8	22.8	38.0	3.5	2192.9
2005	2465	1837.6	22.7	37.4	1.8	1736.3
2006	2465	2412.0	22.7	36.8	4.7	1616.4
2007	2465	1806.9	22.9	35.9	6.7	1876.7
2008	2465	2710.9	22.2	36.8	4.8	1879.3
2009	2465	1881.6	22.8	36.3	5.3	1967.8
2010	2460	2165.9	22.4	36.1	1.9	1699.7
2011	2460	1298.6	22.1	36.2	3.2	2120.1
2012	2460	1838.6	22.6	36.7	4.1	1708.7
2013	2460	2087.2	22.8	36.4	6.1	1830.0
2014	2460	1935.6	22.9	36.8	3.9	1958.8
2015	2460	2137.9	23.5	36.5	7.5	1787.2
2016	2460	2612.0	22.8	37.1	2.0	1641.6
2017	2460	1769.4	23.2	37.9	5.4	1890.7
2018	2460	1766.1	23.1	36.8	3.7	1906.8

注：土地面积数据由市自然资源局提供，不包括海域面积，下同。

1-4 续表

年 份	森 林			水 资 源		
	有林地面 积(万亩)	林木蓄积 量(万立方米)	森 林覆盖率(%)	大陆海岸线总长度(公里)	海水养殖可养面积(万亩)	淡水养殖可养面积(万亩)
1978				61.4	5.0	30.0
1979	44.4	110.3	14.7	61.4	5.0	30.0
1980				61.4	5.0	30.0
1981				61.4	5.0	30.0
1982				61.4	5.0	30.0
1983				61.4	5.0	30.0
1984	76.6	160.5	21.9	61.4	5.0	30.0
1985	78.3	156.0	28.6	61.4	5.0	30.0
1986	82.4	157.8	30.0	61.4	5.0	30.0
1987	83.9	183.9	34.5	61.4	5.0	30.0
1988	84.3	169.1	34.7	61.4	5.0	30.0
1989	80.9	164.8	31.1	61.4	5.0	30.0
1990	83.5	167.2	31.4	61.4	5.0	30.0
1991	85.0	169.2	31.6	61.4	5.0	29.0
1992	86.3	169.8	31.3	61.4	5.5	29.0
1993	87.3	168.9	31.9	61.4	5.5	28.0
1994	86.1	116.8	28.3	61.4	5.5	28.0
1995	91.5	123.0	29.7	61.4	5.5	28.0
1996	91.9	115.7	29.9	61.4	5.5	28.5
1997	93.5	121.1	29.9	61.4	5.7	28.7
1998	93.4	126.0	30.1	61.4	5.7	28.7
1999	92.2	120.4	30.1	115.9	4.8	28.7
2000	92.2	136.1	30.6	115.9	2.6	14.3
2001	93.3	146.0	31.2	116.0	2.8	12.9
2002	93.8	155.0	31.7	115.9	4.1	11.7
2003	93.3	165.1	32.2	92.1	4.2	10.4
2004	93.3	165.1	33.0	92.1	4.0	10.0
2005	89.2	175.4	33.1	92.1	16.9	30.7
2006	88.9	194.4	33.5	92.1	16.6	30.5
2007	89.1	215.1	35.5	92.1	16.9	30.7
2008	88.6	227.9	36.2	97.2	2.5	15.0
2009	90.1	241.4	36.5	97.2	2.0	10.0
2010	87.3	255.8	36.7	97.2	2.0	10.0
2011	87.4	273.0	36.9	97.2	1.1	10.0
2012	87.6	291.0	37.1	97.2	1.1	10.0
2013	79.3	262.8	37.3	97.2	0.9	8.5
2014	79.8	282.9	37.4	97.2	0.9	12.9
2015	77.3	352.0	37.4	112.2	0.9	12.0
2016	86.4	374.3	37.4	112.2	0.4	10.2
2017	50.6	331.8	37.4	112.2	0.3	8.7
2018		329.2	37.4	112.2	0.2	8.4

注：由于机构改革，2018年有林地面积数据需要市林业局和市自然资源局三调整合，截止年鉴发布，“三调整合”工作仍在进行中，故相关数据空缺。

1-5 主要年份国民经济主要指标

Main Indicators on National Economy in Main Years

项　　目	单位	1978年	1995年	2000年	2005年	2010年	2015年	2017年	2018年
国民经济核算									
地区生产总值	亿元	6.11	296.45	821.14	2188.19	4308.92	6374.29	7582.09	8278.59
第一产业	亿元	2.72	21.43	25.91	20.55	15.94	19.92	22.85	25.04
第二产业	亿元	2.68	167.11	451.47	1232.14	2218.61	3007.87	3663.23	4027.21
第三产业	亿元	0.71	107.91	343.76	935.50	2074.36	3346.51	3896.01	4226.34
农村经济									
农林牧渔业总产值	亿元	4.24	42.69	54.64	42.05	26.35	31.88	35.49	39.21
农村集体经营总收入	亿元		41.23	77.50	120.57	143.38	180.43	202.61	220.65
年末耕地面积	万亩		70.86	66.33	50.29	57.69	55.05	54.28	53.88
工　业									
规模以上工业企业指标									
工业增加值	亿元		64.99	259.44	1062.42	1708.31	2611.96	3618.19	3904.57
主营业务收入	亿元	2.69	275.84	988.91	3912.15	7708.17	12454.22	18240.15	19465.07
年末固定资产原值	亿元	0.78	60.14	728.85	1856.09	3216.25	4355.07	5009.41	
年末固定资产净值	亿元	0.51	46.26	470.19	1105.26	1783.69	2158.12	2556.13	
流动资产合计	亿元	0.26	21.28	529.82	1873.28	3788.83	6189.26	8995.67	10300.99
资产总额	亿元		52.98	1122.60	3345.33	6001.71	9134.65	12586.92	14264.07
负债总额	亿元			563.04	1858.09	3525.30	5369.92	7628.67	8840.53
资产负债率	%			50.2	55.5	58.7	58.8	60.6	62.0
利润总额	亿元			50.36	124.35	352.36	407.50	722.04	611.97
综合效益指数	%			114.0	119.9	130.3	148.7	175.3	182.0
能源消费									
单位生产总值能耗上升率或下降率	±%					-2.02	-7.90	-4.87	-5.55
规模以上工业综合能源消费量	万吨标准煤				1203.77	1496.06	1329.38	1422.24	1109.29

注：1.2018年为初步核算数，以往年份为最终核实数。2005年以前地区生产总值采用全国第一次经济普查资料修订的数据；2005—2008年采用第二次经济普查资料修订的数据；2009—2013年采用第三次经济普查资料修订的数据；2013年起，三次产业分类依据国家统计局2012年制定的《三次产业划分规定》；2016年，国家统计局改革地区研发支出的核算方法，根据新的核算方法，修订了1995—2016年全市地区生产总值数据。2018年根据全国第三次农业普查，修订了2006—2017年全市地区生产总值数据，下同。

2.规模以上工业企业1997年及以前为独立核算企业口径，1998—2005年为全部国有及年销售收入500万元以上非国有企业口径，2006—2010年为年主营业务收入500万元及以上口径，2011年起为年主营业务收入2000万元及以上口径。2005年以前工业相关数据采用第一次经济普查资料修订的数据，2008年采用第二次经济普查资料修订的数据，下同。

3.由于第四次全国经济普查数据尚未发布，工业采用年快报数，部分数据由于只有年报数据故暂时无法提供，2018年年报数据将在2020年出版的统计年鉴反映，下同。

4.根据《全国农业普查条例》，农业2007—2017年的农林牧渔业总产值、增加值和主要农产品产量等相关数据以全国第三次农业普查结果为基础做了修订，下同。

1-5 续表 1

项　　目	单 位	1978年	1990年	1995年	2000年	2005年	2010年	2015年	2017年	2018年
运输邮电										
公路通车里程	公里	1259	1325	2327	2518	2871	4751	5165	5262	5262
#高速公路	公里				89	154	217	335	387	387
旅客周转量	亿人公里	0.94	32.22	44.62	100.19	118.53	129.07	77.13	68.14	45.63
水　运	亿人公里	0.43	0.15	0.19	0.14	0.33	0.20	0.21	0.15	0.15
公　路	亿人公里	0.51	32.07	44.43	100.05	118.20	128.87	76.92	67.99	45.47
货物周转量	亿吨公里	1.51	18.47	26.46	40.47	42.48	109.03	504.85	483.62	527.26
水　运	亿吨公里	1.42	11.25	13.66	15.86	15.23	57.95	433.16	409.29	448.95
公　路	亿吨公里	0.09	7.22	12.80	24.60	27.25	51.08	71.69	74.33	78.31
港口货物吞吐量	万吨	293	233	201	746	2280	5657	13149	15714	16417
邮政业务收入(含快递)	亿元						6.32	99.25	167.20	189.18
电信业务收入	亿元						149.02	149.73	167.99	175.84
局用交换机容量	万门		6.98	52.29	103.13	286.25	365.02	358.00	58.00	48.10
年末移动电话交换机总容量	万户			4.80	154.20	1059.10	1657.00	2033.00	2425.00	2425.00
本地电话用户	万户	0.20	4.90	31.58	78.12	384.52	332.42	298.23	244.64	231.27
移动电话用户(含充值卡)	万户		0.05	4.77	123.68	1016.41	1607.60	1756.75	1680.97	1892.77
#充值卡	万户				42.71	839.58	1433.56	1004.69	910.79	1099.36
互联网用户	万户			0.05	13.78	52.90	153.92	201.74	175.67	187.64
供用电										
总供电量	亿千瓦时	1.64	18.01	68.00	178.03	415.66	556.89	661.26	753.80	799.17
#网供	亿千瓦时	1.64	11.18	38.48	134.91	342.26	547.33	648.27	735.52	776.70
全社会用电量	亿千瓦时		18.01	68.00	179.66	419.83	562.00	666.84	760.68	806.64
#工业用电	亿千瓦时				136.79	337.43	159.37	483.31	555.39	580.38
固定资产投资										
固定资产投资总额	亿元	0.23	7.51	63.14	102.89	597.24	1114.98	1446.52	1712.83	
#房地产开发	亿元			8.52	11.25	144.43	298.99	575.21	702.15	736.79
房地产开发当年房屋施工面积	万平方米					1160.20	2060.54	3921.20	4553.68	4421.66
房地产开发当年房屋竣工面积	万平方米					132.90	296.59	325.43	471.02	382.83
商品房销售面积	万平方米					321.90	511.25	1040.65	799.46	690.15
商品房销售额	亿元					119.40	373.77	1019.11	1349.22	1224.14
固定资产交付使用率	%					29.0	51.8	50.3	51.5	37.4
国内贸易										
限额以上批发和零售业销售额	亿元				135.46	568.35	1427.14	3219.18	5141.40	5745.47
社会消费品零售总额	亿元	2.13	31.97	113.01	235.16	506.29	1223.34	2184.70	2687.88	2905.61
城　镇	亿元						1129.10	2011.67	2363.38	2533.74
乡　村	亿元						94.24	173.03	324.51	371.87

注：1．2006年起公路通车里程含专用公路和村道，与往年数据不可比，下同。
2．2014年客运量和旅客周转量不含城市客运量，数据与往年不可比，下同。
3．2005年以前国内贸易相关数据采用第一次经济普查资料修订的数据，2005—2008年采用第二次经济普查资料修订的数据，2009—2013年采用第三次经济普查资料修订的数据，下同。
4．2015年起邮政业务收入采用邮管局数据，含快递业务，数据与往年不可比，下同。
5．2015年起本地电话取消小灵通用户，下同。

1－5 续表 2

项　　目	单 位	1978年	1990年	1995年	2000年	2005年	2010年	2015年	2017年	2018年
物价指数（以上年价格为100）										
商品零售物价总指数	%	100.4	94.9	109.7	100.1	103.0	103.2	99.4	101.1	102.7
居民消费价格总指数	%		96.6	113.9	101.5	102.4	102.8	101.4	101.4	102.5
消费品价格指数	%		94.9	109.7	100.1	103.0	102.8	101.2	100.6	102.5
服务项目价格指数	%		111.0	128.9	112.8	100.4	102.6	101.9	102.8	102.6
对外经济贸易、旅游										
进出口总额（美元）	亿美元		10.82	153.91	320.45	743.72	1213.38	1676.73	1811.73	2033.31
出口总额	亿美元		5.68	77.99	171.59	409.29	695.98	639.55	1038.61	1204.43
#一般贸易	亿美元			2.32	2.09	17.55	95.41	1037.19	451.20	619.97
来料加工装配	亿美元			43.46	83.43	161.17	195.54	379.63	86.12	72.84
进料加工	亿美元			32.02	85.84	230.43	394.62	105.40	462.06	467.92
进口总额	亿美元		5.14	75.92	148.86	334.42	517.40	516.77	773.12	828.88
进出口总额（人民币）	亿元							10399.92	12264.37	13418.70
出口总额	亿元							6428.91	7027.38	7955.64
进口总额	亿元							3971.19	5236.99	5463.06
新签利用外资协议（合同）数	宗					773	869	440	925	1400
合同外资金额（新口径）	亿美元					29.80	25.97	50.59	26.08	22.36
实际利用外资（新口径）	亿美元					14.68	27.32	53.20	17.19	12.72
全年接待旅游人数	万人次		125	89	291	1156	2251	3199	4142	4434
#国际及港澳台旅游者	万人次		27	27	106	169	327	373	404	402
国际旅游外汇收入	万美元				7617	28189	67592	157743	159582	163012
财政、金融										
一般公共预算收入	亿元			11.56	30.47	103.97	277.84	517.97	592.07	649.91
一般公共预算支出	亿元	0.18	2.28	12.42	33.61	117.04	289.83	581.24	667.65	765.41
金融机构各项人民币存款余额	亿元	1.05	68.07	383.68	1228.67	2933.40	5943.39	9736.24	11836.66	13430.56
#住户存款余额	亿元	0.54	45.51	232.97	672.07	1728.28	3386.85	4591.38	5103.42	5601.36
金融机构各项人民币贷款余额	亿元	1.96	63.04	254.85	630.84	1500.52	3329.82	5816.04	6855.44	7999.60
人民生活										
全市职工年平均工资	元						16108	41864	53446	58738
城镇在岗职工年平均工资	元	474	3552	9682	14051	28253	46576	53221	61619	69937
城镇常住居民人均可支配收入	元		2508	9588	14142	22882	35690	39793	46739	50721
城镇常住居民人均消费性支出	元		2038	9220	12529	21768	25733	29001	32498	33675
农村常住居民人均可支配收入	元	149	1542	4769	8484	13076	20486	24225	29078	32277
科技										
全社会R&D人员	人						38330	68211	82130	118059
全社会R&D经费支出	亿元						51.67	147.88	188.14	236.32

注：1．2013年起，将原属于乡镇企业且符合城镇非私营单位条件的“四上”企业纳入城镇单位从业人员及工资统计的范围，下同。

2．全年接待旅游人数和旅游外汇收入2002年起是旅游局口径，与往年数不可比。

3．按照国家统计局的统一部署，自2012年12月起正式启动城乡住户调查一体化改革工作。2014年起正式发布全体居民人均可支配收入和消费性支出指标。新口径指标将城市居民人均可支配收入和人均消费性支出改为城镇常住居民人均可支配收入和人均消费性支出，农民人均纯收入改为农村常住居民人均可支配收入，与往年数不可比，下同。

4．2015年起，“城乡居民储蓄存款余额”改名为“住户存款”，口径有变，数据与往年不可比。

1-6 主要年份国民经济和社会发展主要比例与效益指标

Main Indicators on National Economy and Social Development in Main Years

项目	单位	1990年	1995年	2000年	2005年	2010年	2015年	2017年	2018年
户籍人口									
出生率	‰	17.07	17.59	12.11	10.62	10.90	11.34	22.22	18.35
死亡率	‰	4.76	4.84	4.59	4.60	4.68	4.93	4.84	4.60
自然增长率	‰	12.30	12.75	7.52	6.02	6.23	6.41	17.38	13.75
人口性别比（男/女）	%	97.1	100.4	102.4	103.1	103.1	102.5	101.2	99.2
地区生产总值中三次产业比重									
第一产业	%	16.5	7.2	3.1	0.9	0.4	0.3	0.3	0.3
第二产业	%	50.4	56.4	55.0	56.3	51.5	47.2	48.3	48.6
第三产业	%	33.1	36.4	41.9	42.8	48.1	52.5	51.4	51.1
全员劳动生产率	元/人	10794	34788	86410	63250	71953	97031	115373	124719
（按全社会从业人员、增加值计算）									
第一产业	元/人	4853	10599	13018	13957	23108	33908	39106	43754
第二产业	元/人	13581	42405	102677	50872	52519	67084	81669	88785
第三产业	元/人	15380	42171	110335	105082	122376	165108	192119	206704
农　业									
农林牧渔业总产值结构									
农　业	%	54.9	45.7	39.6	25.5	55.0	66.1	74.0	76.7
林　业	%	1.8	2.1	0.7	0.4	1.1	1.2	1.0	0.8
牧　业	%	19.2	30.0	41.4	57.7	15.1	6.9	5.1	1.6
渔　业	%	13.3	16.1	14.9	14.9	25.3	22.0	16.3	17.5
农林牧渔服务业	%				1.5	3.5	3.8	3.6	3.3
工　业									
规模以上工业企业效益									
固定资产利税率	%	8.5	10.7	11.5	9.9	26.3	30.0	46.2	

1-6 续表 1

项　　目	单 位	1990年	1995年	2000年	2005年	2010年	2015年	2017年	2018年
资金利税率	%	6.3	7.7	7.5	5.5	7.8	7.8	10.2	
产值利税率	%	5.4	10.0	9.2	4.6	6.1	5.1	6.7	
固定资产投资									
固定资产投资相当于地区生产总值比例	%	9.3	21.3	12.5	27.3	25.9	22.7	22.6	21.9
全社会房屋建筑面积竣工率	%	45.2	34.1	60.7	22.5	20.7	9.4	10.9	9.1
财　政									
一般公共预算收入与地区生产总值之比	%	4.4	3.9	3.7	4.8	6.4	8.1	7.8	7.9
一般公共预算支出与地区生产总值之比	%	2.8	4.2	4.1	5.3	6.7	9.1	8.8	9.2
外经外贸									
利用外资结构									
外商直接投资	%	41.2	63.6	66.0	75.2	86.4	97.3	97.6	97.4
外商其他投资	%	58.8	36.4	34.0	24.8	13.6	2.7	2.4	2.6
实际利用外资额相当于协议规定外商投资额比例	%	80.6	31.9	89.7	78.9	103.0	107.2	67.2	58.0
进出口总额比例									
进口总额	%	47.5	49.3	46.5	45.0	42.6	38.1	42.7	40.7
出口总额	%	52.5	50.7	53.6	55.0	57.4	61.9	57.3	59.3
#一般贸易	%		3.0	1.2	4.3	13.7	36.6	43.4	51.5
来料加工装配	%		55.7	48.6	39.4	28.1	10.2	8.3	6.0
进料加工	%		41.1	50.0	56.3	56.7	49.8	44.5	38.8
保税物流	%						3.4	3.5	3.6
其他	%		0.2	0.2		1.5	0.02	0.3	0.02

1-6 续表 2

项　　目	单 位	1990年	1995年	2000年	2005年	2010年	2015年	2017年	2018年
交通运输									
货运量中各种运输方式比例									
公　路	%	58.2	55.7	63.3	71.7	82.0	68.0	62.9	63.5
水　运	%	41.8	44.3	36.7	28.3	18.0	32.0	37.1	36.5
金　融									
各项人民币存款相当于生产总值比例	%	84.6	129.4	149.6	134.1	137.9	152.7	156.1	162.2
各项人民币贷款相当于生产总值比例	%	78.4	86.0	76.8	68.6	77.3	91.2	90.4	96.6
人民币住户存款占人民币存款比例	%	66.9	60.7	54.7	58.9	57.0	47.2	43.1	41.7
科技、教育、文化、卫生									
科教文卫事业费占财政支出比例	%	28.7	24.5	25.8	17.8	27.9	33.5	36.2	34.7
学龄儿童入学率	%	99.9	100.0	100.0	100.0	100.0	100.0	100.0	100.0
小学毕业生升学率	%	95.4	99.2	99.8	99.9	100.0	100.0	100.0	100.0
初中毕业生升学率	%	44.1	85.4	90.3	94.1	97.9	98.5	98.5	98.4
普通高中毕业生升学率	%	31.2	64.9	70.5	96.5	95.1	98.0	98.3	98.4
每一教师负担学生数									
普通高等学校	人		13.7	20.1	15.4	17.6	17.4	22.5	22.3
中等职业技术学校	人	20.6	21.8	19.0	18.2	20.3	23.5	21.5	21.3
普通中学	人	20.7	21.1	22.4	19.8	17.7	16.2	15.5	15.4
小学	人	24.0	24.2	34.3	27.5	23.3	23.8	22.2	21.2
人民生活									
城镇常住居民消费结构									
食品类	%	63.5	39.5	32.3	27.7	33.9	33.2	32.4	31.6
衣着类	%	4.7	6.6	3.9	5.9	6.6	5.6	5.6	5.6
其　他	%	31.8	53.9	63.8	66.4	59.5	61.2	62.0	62.8

1-7　国民经济主要指标分月变化情况（2018年，累计绝对数）

Main Indicators on National Economy by Month

(2018, Accumulative Figures in Value Terms)

项　　目	单位	1 月	1-2 月	1-3 月	1-4 月	1-5 月	1-6 月
规模以上工业增加值	亿元		514.17	797.78	1107.57	1455.05	1786.01
#内资企业	亿元		265.23	411.39	582.28	781.13	962.27
外资企业	亿元		248.94	386.40	525.29	673.92	823.74
#民营企业	亿元		242.04	378.47	537.99	730.30	898.21
#五大支柱产业	亿元		348.13	549.24	762.07	1017.29	1247.79
#四个特色产业	亿元		47.57	73.12	102.02	126.73	154.34
#先进制造业	亿元			405.71	566.78	768.75	945.17
#高技术制造业	亿元		185.85	295.11	409.26	568.53	698.67
规模以上工业销售产值	亿元		2593.77	4003.65	5569.70	7153.90	8811.15
规模以上工业产品出口交货值	亿元		925.00	1522.22	2074.18	2705.89	3323.98
规模以上工业产品产销率	%		100.5	98.4	98.1	97.8	98.1
规模以上工业企业利润总额	亿元		97.11	166.02	243.15	284.81	350.45
房地产开发	亿元		93.59	146.85	195.07	255.37	321.13
社会消费品零售总额	亿元		453.95	685.76	908.70	1151.11	1393.44
进出口总额	亿元	992.7	1667.2	2691.5	3681.4	4764.8	5886.1
#进口总额	亿元	424.2	713.2	1162.7	1550.4	2017.4	2482.8
出口总额	亿元	568.5	954.0	1528.7	2131.0	2747.4	3403.3
实际利用外资	亿美元	1.96	2.81	4.62	5.76	6.97	8.69
金融机构各项本外币存款余额	亿元	13346.01	12854.80	13136.15	13070.29	13273.46	13677.63
#住户存款	亿元	5341.72	5183.38	5259.53	5210.83	5269.81	5383.71
金融机构各项本外币贷款余额	亿元	7188.35	7227.69	7253.39	7340.51	7432.01	7560.80
一般公共预算收入	亿元	85.85	126.58	180.40	230.89	285.85	339.82
一般公共预算支出	亿元	37.10	110.99	216.90	251.60	313.32	420.14
全社会用电量	亿千瓦时	60.88	90.32	150.47	211.88	288.77	365.92
#工业用电	亿千瓦时	46.37	68.93	105.78	153.28	211.50	262.11
工商注册登记户数	万户	101.75	102.38	103.71	105.92	107.73	109.25
#企业	万户	42.16	42.57	43.19	44.41	45.36	46.30
居民消费价格总指数	%	101.6	102.8	102.8	102.7	102.5	102.4
公路运输总周转量	亿吨公里	6.85	13.59	20.38	27.03	34.06	40.80
水路运输总周转量	亿吨公里	32.96	65.69	101.32	134.13	182.40	222.27
邮政业务收入（含快递）	亿元	16.10	24.72	39.90	54.75	70.67	86.67
快递业务量	万件	11039	16025	26590	36926	48546	59958

注：物价指数以上年同期为100；各项指标1—12月累计不等于年报数。

1-7 续表

(2018年，累计绝对数)

项　　目	单位	1-7 月	1-8 月	1-9 月	1-10 月	1-11 月	1-12 月
规模以上工业增加值	亿元	2117.96	2468.91	2827.21	3166.66	3525.74	3904.57
#内资企业	亿元	1138.29	1332.02	1522.38	1702.13	1895.27	2099.96
外资企业	亿元	979.67	1136.89	1304.83	1464.53	1630.46	1804.61
#民营企业	亿元	1060.81	1228.08	1402.18	1568.19	1747.46	1938.29
#五大支柱产业	亿元	1478.10	1719.16	1960.62	2195.03	2443.70	2706.73
#四个特色产业	亿元	182.26	213.20	245.76	275.90	307.00	340.43
#先进制造业	亿元	1114.49	1293.85	1480.17	1659.99	1850.25	2043.77
#高技术制造业	亿元	824.20	959.37	1101.01	1235.68	1376.88	1520.62
规模以上工业销售产值	亿元	10437.44	12151.27	13912.47	15539.77	17292.28	19111.94
规模以上工业产品出口交货值	亿元	3960.10	4658.46	5365.51	6033.65	6730.87	7387.78
规模以上工业产品产销率	%	98.1	98.2	98.2	97.9	98.0	98.0
规模以上工业企业利润总额	亿元	409.33	460.82	507.15	564.82	595.75	611.97
房地产开发	亿元	381.40	442.77	534.50	587.36	663.58	736.79
社会消费品零售总额	亿元	1625.57	1865.36	2114.16	2381.26	2629.86	2905.61
进出口总额	亿元	7124.9	8392.6	9722.9	11076.3	12305.5	13418.7
#进口总额	亿元	2970.2	3469.1	4019.7	4626.8	5087.9	5463.1
出口总额	亿元	4154.7	4923.5	5703.2	6449.5	7217.6	7955.6
实际利用外资	亿美元	9.89	11.30	12.35	12.95	13.53	12.72
金融机构各项本外币存款余额	亿元	13736.11	13911.11	14051.37	14167.01	14287.12	14157.22
#住户存款	亿元	5399.35	5449.70	5545.97	5574.45	5654.77	5656.01
金融机构各项本外币贷款余额	亿元	7676.60	7934.77	8026.05	8082.84	8183.39	8209.70
一般公共预算收入	亿元	400.95	427.25	478.58	529.96	589.82	649.91
一般公共预算支出	亿元	502.89	539.63	603.09	637.60	670.34	771.71
全社会用电量	亿千瓦时	450.99	536.56	612.04	678.02	742.63	806.64
#工业用电	亿千瓦时	325.56	383.38	436.10	483.27	531.21	580.46
工商注册登记户数	万户	109.41	110.03	111.37	112.79	113.90	114.68
#企业	万户	46.81	47.76	48.40	49.08	49.77	50.22
居民消费价格总指数	%	102.4	102.4	102.5	102.5	102.5	102.5
公路运输总周转量	亿吨公里	47.68	54.33	61.32	68.67	75.66	82.86
水路运输总周转量	亿吨公里	260.24	297.24	330.18	367.67	417.38	449.03
邮政业务收入（含快递）	亿元	102.24	117.82	134.62	151.50	170.11	189.18
快递业务量	万件	71176	82260	94083	106343	120517	133854

1-8 国民经济主要指标分月变化情况（2018年，比上年同期增长）

Main Indicators on National Economy by Month

(2018, Compare with Same Period of Preceding Year %)

项　　目	单位	1 月	1-2 月	1-3 月	1-4 月	1-5 月	1-6 月
规模以上工业增加值	%		5.2	6.2	8.1	8.4	7.9
#内资企业	%		8.3	11.4	15.1	15.5	15.5
外资企业	%		2.3	1.3	1.5	1.4	0.2
#民营企业	%		7.9	11.3	15.5	15.9	15.8
#五大支柱产业	%		4.9	6.6	8.7	9.7	9.2
#四个特色产业	%		5.1	3.4	5.1	3.5	1.6
#先进制造业	%			5.9	8.1	9.9	10.3
#高技术制造业	%		2.5	5.7	8.4	11.9	12.5
规模以上工业销售产值	%		9.9	8.1	10.1	11.6	10.4
规模以上工业产品出口交货值	%		2.4	2.0	3.0	6.8	5.5
规模以上工业产品产销率	%		3.3	2.1	0.9	0.7	0.4
规模以上工业企业利润总额	%		51.2	39.5	38.6	30.3	18.8
固定资产投资总额	%		11.9	12.4	10.5	9.1	6.2
#房地产开发	%		19.9	14.5	0.4	-0.7	-1.8
社会消费品零售总额	%		7.9	8.2	8.5	8.7	8.9
进出口总额（海关口径）	%	6.4	-1.8	-0.6	0.7	2.7	3.7
#进口总额	%	9.5	-10.0	-5.9	-4.5	-2.2	-1.7
出口总额	%	4.3	5.3	3.8	4.9	6.6	8.0
实际利用外资	%	3.3	3.3	3.5	1.6	1.3	1.3
金融机构各项本外币存款余额	%	16.4	10.5	10.3	10.3	10.8	12.5
#住户存款	%	8.8	6.1	5.3	4.9	5.0	4.9
金融机构各项本外币贷款余额	%	7.3	6.6	7.6	9.0	10.5	12.2
一般公共预算收入	%	8.7	16.0	14.4	11.3	11.6	12.5
一般公共预算支出	%	-30.9	12.1	27.0	15.7	12.9	6.6
全社会用电量	%	52.5	11.3	7.8	7.6	10.6	9.0
#工业用电	%	49.7	13.6	3.1	4.2	10.0	7.4
工商注册登记户数	%	19.9	20.0	19.7	20.4	20.8	20.9
#企业	%	26.1	26.1	24.8	24.9	25.0	25.1
居民消费价格总指数	%	1.6	2.8	2.8	2.7	2.5	2.4
公路运输总周转量	%	26.5	7.2	3.9	2.0	2.6	1.9
水路运输总周转量	%	9.9	-3.1	4.9	-0.03	8.4	9.8
邮政业务收入（含快递）	%	31.2	9.1	9.2	9.9	11.4	12.2
快递业务量	%	46.4	4.0	3.1	2.6	6.1	7.5

1-8 续表

(2018年，比上年同期增长)

项　　目	单位	1-7 月	1-8 月	1-9 月	1-10 月	1-11 月	1-12 月
规模以上工业增加值	%	7.2	7.2	7.1	6.6	6.3	6.4
#内资企业	%	13.5	13.4	13.2	11.8	11.0	11.0
外资企业	%	0.7	0.9	0.9	1.2	1.2	1.5
#民营企业	%	13.6	13.1	12.9	11.7	10.7	10.7
#五大支柱产业	%	8.5	8.6	8.4	8.0	7.5	7.7
#四个特色产业	%	—	-0.1	-0.6	-0.7	-0.8	-1.0
#先进制造业	%	9.5	9.3	9.6	9.1	8.7	8.6
#高技术制造业	%	11.2	11.5	12.4	12.0	11.4	11.0
规模以上工业销售产值	%	10.4	11.0	10.5	10.0	9.6	9.7
规模以上工业产品出口交货值	%	7.0	8.2	8.6	9.7	9.9	10.0
规模以上工业产品产销率	%	0.3	0.2	—	-0.5	-0.7	-0.8
规模以上工业企业利润总额	%	14.9	5.1	-1.5	-3.6	-11.2	-13.8
固定资产投资总额	%	5.3	3.3	2.8	3.1	5.1	5.8
#房地产开发	%	-0.3	-1.7	-1.2	0.3	2.4	4.9
社会消费品零售总额	%	9.1	9.0	8.8	8.8	8.4	8.1
进出口总额（海关口径）	%	6.4	8.0	9.4	12.6	12.1	9.5
#进口总额	%	-0.05	0.8	2.9	7.3	6.5	4.3
出口总额	%	11.5	13.7	14.5	16.7	16.4	13.3
实际利用外资	%	-3.0	-7.6	-9.8	-9.7	-18.8	-46.8
金融机构各项本外币存款余额	%	14.0	13.3	14.0	13.4	12.8	13.3
#住户存款	%	5.8	6.1	6.6	7.9	8.6	9.6
金融机构各项本外币贷款余额	%	13.5	16.5	16.1	15.8	16.5	17.5
一般公共预算收入	%	12.2	8.9	8.2	4.3	8.2	9.8
一般公共预算支出	%	17.9	13.3	8.8	11.7	3.4	16.7
全社会用电量	%	9.4	8.5	6.8	6.2	6.1	6.0
#工业用电	%	8.3	7.6	6.2	6.0	5.8	6.0
工商注册登记户数	%	19.0	17.7	17.3	17.1	16.2	14.6
#企业	%	23.6	23.5	23.3	23.4	22.8	21.5
居民消费价格总指数	%	2.4	2.4	2.5	2.5	2.5	2.5
公路运输总周转量	%	1.8	1.2	1.1	1.9	1.9	2.1
水路运输总周转量	%	8.8	9.5	11.6	9.7	13.5	9.7
邮政业务收入（含快递）	%	12.9	12.9	13.4	13.7	12.8	13.1
快递业务量	%	8.5	9.2	9.6	10.1	9.0	9.3

1-9 历年地区生产总值

Gross Domestic Product over Years

年 份	地区生产总值（万元）	第一产业	第二产业	第三产业	人均地区生产总值（元）
1978	61122	27235	26781	7106	553
1979	66233	26460	29244	10528	593
1980	72199	26323	33290	12586	643
1981	91131	32772	42980	15379	802
1982	114322	37257	58137	18927	991
1983	130340	39847	68962	21531	1115
1984	159632	45671	78091	35869	1350
1985	226033	61475	116584	47973	1885
1986	300167	81416	135735	83016	2462
1987	392859	98236	177249	117373	3170
1988	554583	118888	282771	152924	4408
1989	609202	126568	279724	202910	4768
1990	804401	132787	405290	266325	6173
1991	959073	134523	503220	321330	5106
1992	1108922	144115	592701	372106	5184
1993	1570491	143953	873114	553424	6447
1994	2170341	174796	1194928	800616	7823
1995	2964508	214306	1671107	1079095	9383
1996	3619867	248645	1996851	1374370	10060
1997	4489223	256388	2435592	1797243	10955
1998	5584463	259437	3060632	2264395	11966
1999	6678607	257863	3675846	2744898	12566
2000	8211390	259087	4514659	3437644	13563
2001	9934806	260968	5418709	4255129	15293
2002	11890547	248791	6506241	5135516	18164
2003	14546999	228165	8000632	6318202	22208
2004	18096091	227087	10191067	7677937	27608
2005	21881901	205546	12321389	9354966	33363
2006	26356193	123937	15128115	11104141	39287
2007	31692610	118198	17626138	13948274	45189
2008	37156805	145778	19121631	17889396	50635
2009	38110051	144076	18578966	19387009	49601
2010	43089156	159445	22186136	20743575	53575
2011	48153177	169717	24554624	23428836	58440
2012	50959555	177991	24966790	25814774	61593
2013	55905728	184322	26889395	28832011	67320
2014	59683841	191634	28740991	30751216	71651
2015	63742937	199167	30078684	33465086	76812
2016	69370818	227590	32683016	36460212	84007
2017	75820879	228500	36632267	38960112	91329
2018	82785920	250380	40272122	42263418	98939

注：1.2018年为初步核算数，以往年份为最终核实数。2005年以前地区生产总值采用全国第一次经济普查资料修订的数据；2005—2008年采用第二次经济普查资料修订的数据；2009—2013年采用第三次经济普查资料修订的数据；2013年起，三次产业分类依据国家统计局2012年制定的《三次产业划分规定》；2016年，国家统计局改革地区研发支出的核算方法，根据新的核算方法，修订了1995—2016年全市地区生产总值数据。2018年根据全国第三次农业普查，修订了2006—2017年全市地区生产总值数据，下同。

2.人均地区生产总值1990年及以前按户籍人口计算，1991年起按常住人口计算，与以前年份不可比。

1-10　历年地区生产总值指数

Indices of Gross Domestic Product over Years

年　份	地区生产总　值指　数(上年=100)	第一产业	第二产业	第三产业	人均地区生产总值指　数(上年=100)	人均地区生产总值指数与地区生产总值指数之比
1979	99.5	86.5	107.0	146.4	98.6	0.991
1980	102.7	90.3	117.3	113.9	102.0	0.993
1981	116.6	115.0	122.1	110.8	115.4	0.989
1982	116.9	105.3	131.0	117.6	115.1	0.985
1983	110.4	104.8	115.7	111.3	108.9	0.987
1984	114.2	109.0	107.0	140.9	112.9	0.988
1985	132.3	118.9	144.5	132.7	130.5	0.986
1986	126.1	111.9	110.3	174.7	124.0	0.983
1987	122.5	111.6	127.7	126.0	120.5	0.984
1988	115.7	90.6	143.7	103.0	114.0	0.985
1989	107.1	99.8	106.2	113.7	105.5	0.985
1990	123.2	104.4	127.6	128.0	120.8	0.980
1991	117.5	103.1	121.5	118.6	108.8	0.926
1992	108.3	100.0	112.6	105.1	95.1	0.878
1993	127.9	79.4	139.2	129.0	112.3	0.878
1994	122.5	107.2	124.7	122.3	107.5	0.878
1995	127.4	110.5	135.1	116.8	111.8	0.878
1996	117.5	109.4	115.5	123.6	103.2	0.878
1997	119.6	104.5	119.9	121.8	105.0	0.878
1998	121.8	100.9	122.1	124.5	106.9	0.878
1999	119.7	102.3	120.6	120.3	105.1	0.878
2000	119.7	99.8	120.7	120.0	105.1	0.878
2001	120.0	103.0	121.7	119.0	111.8	0.932
2002	120.5	97.6	122.7	119.1	119.6	0.993
2003	120.5	90.2	122.2	119.7	120.4	0.999
2004	121.1	91.2	125.7	115.8	121.0	0.999
2005	119.5	102.3	120.0	119.4	119.5	1.000
2006	119.3	60.6	121.9	117.1	116.6	0.977
2007	118.3	90.2	114.8	123.3	113.1	0.956
2008	114.0	110.3	106.2	124.0	109.0	0.956
2009	105.7	102.5	100.9	110.9	100.9	0.955
2010	110.4	101.4	117.1	103.7	105.4	0.955
2011	108.1	100.8	107.7	108.7	105.6	0.977
2012	106.3	99.9	106.6	106.1	105.9	0.996
2013	109.9	100.1	111.7	108.0	109.5	0.996
2014	107.9	103.1	109.3	106.3	107.6	0.997
2015	108.0	102.6	106.0	110.3	108.5	1.005
2016	108.0	106.0	108.6	107.6	108.6	1.006
2017	108.1	102.1	110.7	105.7	107.5	0.995
2018	107.4	107.4	106.9	107.9	106.6	0.992

1-11 历年地区生产总值产业构成

Composition of Gross Domestic Product over Years

单位：%

年　份	地区生产总值	第一产业	第二产业	第三产业
1978	100.0	44.6	43.8	11.6
1979	100.0	39.9	44.2	15.9
1980	100.0	36.5	46.1	17.4
1981	100.0	35.9	47.2	16.9
1982	100.0	32.6	50.8	16.6
1983	100.0	30.6	52.9	16.5
1984	100.0	28.6	48.9	22.5
1985	100.0	27.2	51.6	21.2
1986	100.0	27.1	45.2	27.7
1987	100.0	25.0	45.1	29.9
1988	100.0	21.4	51.0	27.6
1989	100.0	20.8	45.9	33.3
1990	100.0	16.5	50.4	33.1
1991	100.0	14.0	52.5	33.5
1992	100.0	13.0	53.4	33.6
1993	100.0	9.2	55.6	35.2
1994	100.0	8.0	55.1	36.9
1995	100.0	7.2	56.4	36.4
1996	100.0	6.9	55.1	38.0
1997	100.0	5.7	54.3	40.0
1998	100.0	4.6	54.8	40.6
1999	100.0	3.9	55.0	41.1
2000	100.0	3.1	55.0	41.9
2001	100.0	2.6	54.6	42.8
2002	100.0	2.1	54.7	43.2
2003	100.0	1.6	55.0	43.4
2004	100.0	1.3	56.3	42.4
2005	100.0	0.9	56.3	42.8
2006	100.0	0.5	57.4	42.1
2007	100.0	0.4	55.6	44.0
2008	100.0	0.4	51.5	48.1
2009	100.0	0.4	48.7	50.9
2010	100.0	0.4	51.5	48.1
2011	100.0	0.3	51.0	48.7
2012	100.0	0.3	49.0	50.7
2013	100.0	0.3	48.1	51.6
2014	100.0	0.3	48.2	51.5
2015	100.0	0.3	47.2	52.5
2016	100.0	0.3	47.1	52.6
2017	100.0	0.3	48.3	51.4
2018	100.0	0.3	48.6	51.1

1-12 主要年份支出法地区生产总值

Gross Domestic Product by Expenditure Approach in Main Years

项　　目	1995年	2000年	2005年	2010年	2015年	2016年	2017年
支出法地区生产总值（万元）	2964508	8211390	21881901	43089156	63742937	69370818	75820879
最终消费	1502524	4342480	11203316	22996481	34482428	38373222	41335557
资本形成总额	1210078	2369818	7196527	13059008	19527321	24219307	27187468
货物和服务净出口	251906	1499092	3482058	7033667	9733188	6778289	7297854
资本形成率（投资率）(%)	40.8	28.9	32.9	30.3	30.6	34.9	35.9
最终消费率（消费率）(%)	50.7	52.9	51.2	53.4	54.1	55.3	54.5

1-13 主要年份资本形成总额及构成

Gross Capital Formation and Its Composition in Main Years

项　　目	1995年	2000年	2005年	2010年	2015年	2016年	2017年
资本形成总额（万元）	1210078	2369818	7196527	13059008	19527321	24219307	27187468
固定资产形成总额	884671	1775228	6163320	10815223	16893175	19039622	23920293
存货增加	325407	594590	1033207	2243785	2634146	5179685	3267175
比重（资本形成总额=100）							
固定资产形成总额	73.1	74.9	85.6	82.8	86.5	78.6	88.0
存货增加	26.9	25.1	14.4	17.2	13.5	21.4	12.0

1-14 主要年份最终消费支出及构成

Final Consumption Expenditure and Its Composition in Main Years

项　　目	1995年	2000年	2005年	2010年	2015年	2016年	2017年
最终消费（万元）	1502524	4342480	11203316	22996481	34482428	38373222	41335557
居民消费	1262972	3752814	9798031	19852461	29347377	31333711	34291132
政府消费	239552	589666	1405285	3144020	5135051	7039511	7044425
比重（最终消费=100）							
居民消费	84.1	86.4	87.5	86.3	85.1	81.7	83.0
政府消费	15.9	13.6	12.5	13.7	14.9	18.3	17.0

1-15 主要年份全市企业和个体工商户登记注册年末实有数量

Enterprises and Self-employed Individuals Registered in Main Years

单位：户

项　　目	2005年	2010年	2015年	2017年	2018年
工商登记户数合计	353266	518544	713298	1000940	1146802
#内资企业	13898	12439	16096	22292	26222
#国有	1977	1058	815	795	665
集体	6478	2180	1471	1333	1247
有限责任公司	1606	7649	11764	17947	22064
外商投资企业	7675	10113	12279	13417	14547
#中外合资	1013	1120	476	590	689
中外合作	482	179	91	85	85
“三来一补”企业	9552	4906	1535	1287	1178
私营企业	29017	88650	226499	376328	460211
个体工商户	293124	402405	456055	586893	643983

注：本表数据来源于市市场监管局。

1-16 个体工商户情况（2018年）

Statistics on Self-employed Individuals (2018)

项　　目	户　数（户）	从　业人　员（人）	资　金数　额（万元）	其中城镇		
				户　数（户）	从业人员（人）	资金数额（万元）
合　　计	643983	1291661	2155473	294190	560381	912609
农、林、牧、渔业	764	2005	12532	200	446	3522
工　业	91846	300939	437028	27590	89679	122369
建筑业	549	1262	2686	247	562	1124
交通运输、仓储和邮政业	4565	9258	22811	1790	3797	8305
信息传输、软件和信息技术服务业	1121	1678	2580	645	931	1366
批发和零售业	404336	656081	1122833	199018	316851	519707
住宿和餐饮业	84323	194407	343483	37318	89134	156673
房地产业	42	73	126	26	45	73
租赁和商务服务业	8032	14808	33048	4130	7591	16324
居民服务、修理和其他服务业	42588	93582	145594	20268	45032	66552
卫生和社会工作	497	1529	8338	284	924	5041
文化、体育和娱乐业	1057	2593	8712	564	1369	4266
其他行业	4263	13446	15704	2110	4020	7288

注：本表数据来源于市市场监管局。

1-17 私营工商企业基本情况（2018年）

Basic Statistics on Private Industrial & Commercial Enterprises (2018)

项目	户数（户）	投资者人数（人）	雇工人数（人）	注册资本（万元）	其中：1. 独资企业 户数（户）	投资者人数（人）	雇工人数（人）	注册资本（万元）
合计	460211	735851	2641708	130154605	9722	9574	62093	322197
农、林、牧、渔业	1062	1808	9114	727542	198	198	4172	16278
工业	161128	260573	958885	32502502	3636	3629	29865	99755
建筑业	22812	33985	134577	10118546	29	29	101	680
交通运输、仓储和邮政业	7778	11768	41383	2180274	52	52	116	30358
信息传输、软件和信息技术服务业	10901	17707	60239	3156274	1152	1143	5067	49224
批发和零售业	149371	221952	849776	33628232	2121	2075	5444	22866
住宿和餐饮业	5991	9393	33790	848698	589	563	5193	41534
房地产业	8512	13145	45280	4571218	4	4	17	70
租赁和商务服务业	52470	97120	287691	26932702	312	302	893	5180
居民服务、修理和其他服务业	9213	13558	50442	1437959	825	787	6003	21609
卫生和社会工作	356	578	2379	189172	13	13	67	1348
文化、体育和娱乐业	6949	11472	39603	1417296	711	709	4920	30124
其他行业	23668	42792	128549	12444189	80	70	235	3173

1-17 续表

项目	2. 合伙企业				3. 有限责任公司			
	户数（户）	合伙人数（人）	雇工人数（人）	注册资本（万元）	户数（户）	投资者人数（人）	雇工人数（人）	注册资本（万元）
合计	2418	13717	9481	8276036	447167	709152	2564933	118364479
农、林、牧、渔业	51	127	847	4012	810	1455	4085	453576
工业	244	610	1926	20499	156973	255072	925196	31133785
建筑业	2	7	5	55	22746	33907	134284	10070721
交通运输、仓储和邮政业	6	56	12	380	7702	11637	41160	2137956
信息传输、软件和信息技术服务业	116	274	685	24139	9588	16147	54274	2968384
批发和零售业	89	268	321	9981	147016	218924	843382	33068652
住宿和餐饮业	83	208	739	20875	5317	8617	27855	785289
房地产业	8	26	25	1734	8489	13096	45194	4542177
租赁和商务服务业	1446	10208	3759	7397897	50601	86066	282570	19183950
居民服务、修理和其他服务业	84	308	488	7343	8292	12439	43912	1401571
卫生和社会工作					341	545	2306	183487
文化、体育和娱乐业	42	129	150	5887	6185	10599	34483	1353096
其他行业	247	1496	524	783233	23107	40648	126232	11081836

注：本表数据来源于市市场监管局。

1-18 历年总供用电

Gross Electricity Supply over Years

单位：万千瓦时

年　份	总供电量	#网供	全社会用电量	#工业用电	照明用电
1978	16375	16376			1741
1979	19271	19271			2338
1980	21659	21569			3372
1981	22247	22247			4650
1982	26871	26351			6272
1983	31527	31527			8052
1984	32617	28566			9484
1985	38183	33907			9934
1986	39305	35100			10204
1987	64258	45129			16657
1988	94842	66295			22347
1989	120861	76762			26139
1990	180142	111800	180142		39677
1991	240471	139841	240471		56504
1992	320003	180902	320003		25578
1993	436231	242205	436231		103583
1994	585763	393312	585763		110357
1995	680030	384764	680004		125135
1996	800300	506062	800300		153093
1997	949296	612907	948296		180583
1998	1094816	724758	1094818		221750
1999	1327788	973427	1343746	1017261	261629
2000	1780290	1349134	1796578	1367883	337044
2001	2077248	1649458	2091668	1616179	584700
2002	2585474	2219054	2598555	2004227	392879
2003	3216468	2846679	3235342	2499705	424869
2004	3728441	3196454	3758498	2822014	527332
2005	4156629	3422603	4198289	3374306	652514
2006	4644506	3676492	4720112	3735651	759384
2007	5078933	4167125	5154025	4061784	859851
2008	5073489	4423085	5141578	3962669	935510
2009	4888467	4318868	4955750	3673716	1011494
2010	5568902	5473261	5619996	4262339	1070692
2011	5793482	5699321	5860652	4351290	1196914
2012	6005828	5911793	6042842	4429317	1274923
2013	6172030	6061530	6225139	4537990	1338917
2014	6557176	6450483	6609853	4829488	1473307
2015	6612570	6482740	6668438	4833053	1530443
2016	6955925	6813874	7020063	5060048	1618277
2017	7538049	7355160	7606805	5553946	1736807
2018	7991661	7766950	8066430	5803832	1886064

1-19 历年国民经济主要指标人均水平

The Per Capita Level of Main National Economic Indicators over Years

年 份	人均地区生产总值（元）	人均一般公共预算收入（元）	人均出口总 额（美元）	人均消费品零售额（元）	人均固定资产投资额（元）	人 均用电量（千瓦时）	年末人均人民币住户存款余额（元）
1978	553	60	36	192	21		49
1979	593	59	48	224	15		64
1980	643	60	69	281	21		104
1981	802	60	81	354	33		178
1982	991	70	94	417	157		238
1983	1115	73	102	447	157		328
1984	1350	72	110	625	254		520
1985	1885	93	146	781	589		761
1986	2462	132	191	1004	945		1068
1987	3170	163	216	1214	1145		1519
1988	4408	215	253	1959	1315		1965
1989	4768	250	273	2116	392		2529
1990	6173	274	436	2454	576		2592
1991	5106	236	879	1943	732	1280	3074
1992	5184	263	1217	2073	883	1496	3580
1993	6447	385	1318	2615	1345	1791	4131
1994	7823	277	1548	3070	5074	2111	5130
1995	9383	366	2468	3577	1998	2152	6924
1996	10060	268	2553	3489	1879	2224	8300
1997	10955	278	2774	3564	1608	2314	9758
1998	11966	324	2799	3753	1650	2509	10740
1999	12566	344	2851	3806	1662	2528	10890
2000	13563	503	2834	3884	1700	2968	10422
2001	15293	693	2923	4244	1932	3220	12212
2002	18164	845	3626	4907	2926	3971	15297
2003	22208	1030	4275	5645	4876	4939	18788
2004	27608	1101	5369	6506	6940	5734	21836
2005	33363	1585	6240	7719	9106	6401	26343
2006	39287	1922	7062	8934	10516	7036	29364
2007	45189	2658	8588	10301	11994	7349	29577
2008	50635	2851	8931	12008	12869	7007	35146
2009	49601	3009	7180	13393	14239	6450	36950
2010	53575	3455	8653	15210	13863	6988	41179
2011	58440	3799	9506	17491	13099	7113	44956
2012	61593	4307	10282	19344	14267	7304	50700
2013	67320	4929	10942	21514	16665	7496	53825
2014	71651	5465	11653	23317	17132	7935	55217
2015	76812	6242	12498	26326	17431	8036	55626
2016	84007	6597	11993	29921	18861	8501	59105
2017	91329	7132	12510	32377	20632	9163	61174
2018	98939	7767	14394	34726	21649	9640	66745

注：1. 人均指标1991年以前按户籍人口计算，1991年起按常住人口计算；时点数按年末人口计算，时期数按年平均人口计算。
2. 人均指标2006—2010年数据，根据东莞市第六次全国人口普查数据结果重新修订，下同。
3. 2018年人民币口径的人均出口总额为95080元。

主要统计指标解释

Explanatory Notes on Main Statistical Indicators

国内（地区）生产总值 指按市场价格计算的一个国家（或地区）所有常住单位在一定时期内生产活动的最终成果。国内（地区）生产总值有三种计算方法，即生产法、收入法和支出法。三种方法分别从不同的方面反映国内（地区）生产总值及其构成。

本年鉴**国内（地区）生产总值及相关数据** 2018 年为初步核算数，以往年份为最终核实数。如果在开展全国经济普查，发现对地区生产总值数据有较大影响的新的基础资料，或核算方法及分类标准发生变化后，也要对年度地区生产总值历史数据进行修订。1996 年，根据第一次第三产业普查结果，对 1992 年以前全市生产总值的历史数据作了修订；2005 年，根据全国第一次经济普查结果， 对 1993-2004 年的全市生产总值历史数据作了修订；2008 年，根据全国第二次经济普查结果，对 2005-2008 年全市生产总值进行了修订。2013 年，根据全国第三次经济普查结果，对 2009-2013 年全市生产总值进行了修订。2016 年，国家统计局改革地区研发支出的核算方法，将能够为所有者带来经济利益的研发支出不再作为中间消耗，而是作为固定资本形成处理。根据新的核算方法，修订了 1995-2016 年全市地区生产总值数据。2018 年根据全国第三次农业普查，修订了 2006-2017 年全市地区生产总值数据。本年鉴数据是修订后的数据。

增加值 指常住单位生产过程创造的新增价值和固定资产的转移价值。它可以按生产法计算，也可以按收入法计算，按生产法计算，它等于总产出减去中间投入；按收入法计算，它等于劳动者报酬、生产税净额、固定资产折旧和营业盈余之和。

劳动者报酬 指劳动者因从事生产活动所获得的全部报酬，包括劳动者获得的各种形式的工资、奖金和津贴，既包括货币形式的，也包括实物形式的，还包括劳动者所享受的公费医疗和医药卫生费、上下班交通补贴和单位支付的社会保险费、住房公积金等。对于个体经济来说，其所有者所获得的劳动报酬和经营利润不易区分，这两部分统一作为劳动者报酬处理。

生产税净额 指生产税减生产补贴后的差额。生产税指政府对生产单位从事生产、销售和经营活动以及因从事生产活动使用某些生产要素（如固定资产、土地、劳动力）所征收的各种税、附加费和规费。生产补贴与生产税相反，指政府对生产单位的单方面转移支付，因此视为负生产税，包括政策性亏损补贴、价格补贴等。

固定资产折旧 指一定时期内为弥补固定资产损耗按照规定的固定资产折旧率提取的固定资产折旧，或按国民经济核算统一规定的折旧率虚拟计算的固定资产折旧。它反映了固定资产在当期生产中的转移价值。各类企业和企业化管理的事业单位的固定资产折旧是指实际计提的折旧费；不计提折旧的政府机关、非企业化管理的事业单位和居民住房的固定资产折旧是按照统一规定的折旧率和固定资产原值计算的虚拟折旧。

营业盈余 指常住单位创造的增加值扣除劳动者报酬、固定资产折旧和生产税净额后的余额。它相当于企业的营业利润加上生产补贴，但要扣除从利润中开支的工资和福利等。

三次产业 三次产业的划分是世界上较为常用的产业结构分类，但各国的划分不尽一致。根据《国民经济行业分类》（GB/T 4754—2011），我国的三产产业划分是：

第一产业：指农、林、牧、渔业（不含农、林、牧、渔服务业）；

第二产业：指采矿业（不含开采辅助活动），制造业（不含金属制品、机械和设备修理业），电力、热力、燃气及水生产和供应业，建筑业；

第三产业：指服务业，是指除第一产业、第二产业以外的其他行业。第三产业包括：批发和零售业，交通运输、仓储和邮政业，住宿和餐饮业，信息传输、软件和信息技术服务业，金融业，房地产业，租赁和商务服务业，科学研究和技术服务业，水利、环境和公共设施管理业，居民服务、修理和其他服务业，教育，卫生和社会工作，文化、体育和娱乐业，公共管理、社会保障和社会组织，国际组织，以及农、林、牧、渔业中的农、林、牧、渔服务业，采矿业中的开采辅助活动，制造业中的金属制品、机械和设备修理业。

支出法国内（地区）生产总值 是从最终使用的角度反映一个国家（或地区）一定时期内生产活动最终成果的一种方法，包括最终消费支出、资本形成总额及货物和服务净出口三部分。计算公式为：

支出法国内（地区）生产总值=最终消费支出+资本形成总额+货物和服务净出口

最终消费支出 指常住单位为满足物质、文化和精神生活的需要，从本国经济领土和国外购买的货物和服务的支出。不包括非常住单位在本国经济领土内的消费支出。最终消费支出分为居民消费支出和政府消费支出。

居民消费支出 指常住住户在一定时期内对于货物和服务的全部最终消费支出。居民消费支出除了直接以货币形式购买的货物和服务的消费之外，还包括以其他方式获得的货物和服务的消费，即所谓的虚拟消费支出。居民虚拟消费支出包括如下几种类型：单位以实物报酬及实物转移的形式提供给劳动者的货物和服务；住户生产并由本住户消费发的货物和服务，其中的服务仅指住户的自有住房服务和付酬的家庭雇员提供的家庭和个人服务；金融机构提供的金融媒介服务等。

政府消费支出 指政府部门为全社会提供公共服务的消费支出和免费或以较低价格向住户提供的货物和服务的净支出。前者等于政府服务的产出价值减去政府单位所获得的经营收入后的价值，后者等于政府部门免费或以较低价格向住户提供的货物和服务的市场价值减去向住户收取的价值。

资本形成总额 指常住单位在一定时期内获得的减去处置的固定资产和存货的净额，包括固定资本形成总额和存货变动两部分。

固定资本形成总额 指生产者在一定时期内获得的固定资产减处置的固定资产的价值总额。固定资产是通过生产活动生产出来的，且其使用年限在一年以上、单位价值在规定标准以上的资产，不包括自然资产。可分为有形固定资本形成总额和无形固定资本形成总额。有形固定资本形成总额包括一定时期内完成的建筑工程、安装工程、设备工器具购置（减处置）价值，以及土地改良、新增役、种、奶、毛、娱乐用牲畜和新增经济林木价值。无形固定资本形成总额包括矿藏的勘探、计算机软件等获得减处置的价值。

存货变动 指常住单位存货实物量变动的市场价值，即期末价值减期初价值的差额，再扣除当期由于价格变动而产生的持有收益。存货增加可以是正值，也可以是负值；正值表示存货上升，负值表示存货下降。存货包括生产单位购进的原材料、燃料和储备物资等存货，以及生产单位生产的产成品、在制品和半成品等存货。

货物和服务净出口 指货物和服务出口减货物和服务进口的差额。出口包括常住单位向非常住单位出售或无偿转让的各种货物和服务的价值；进口包括常住单位从非常住单位购买或无偿得到的各种货物和服务价值。由于服务活动的提供与使用同时发生，一般把常住单位从非常住单位得到的服务作为进口，非常住单位从常住单位得到的服务作为出口。货物的出口和进口都按离岸价格计算。

发展速度 用以反映社会经济发展程度的相对指标，根据两个时期发展水平的对比而得。由于比较的标准时期不同，发展速度可分为定基发展速度和环比发展速度两种。

增长速度 发展速度 - 1（或 100%）就是增长速度。即增长速度=发展速度 - 1（或 100%）。

平均每年增长速度 我国计算平均增长速度有两种方法，一种是习惯上经常使用的“水平法”，又称几何平均法，是以间隔最后一年的水平同基期水平对比来计算平均每年增长（或下降）的速度；另一种是“累计法”又称代数平均法或方程法，是以间隔年内各年水平的总和同基期水平对比来计算平均每年增长（或下降）的速度。具体计算方法，可参照中国财经出版社出版的《平均增长速度查对表》。

在一般正常情况下，两种方法计算的平均每年增长速度比较接近，但在经济发展不平衡出现大起大落时，两种方法计算的结果差别较大。

本《年鉴》内所列的平均每年增长速度都是用水平法计算的。从某年到某年平均增长速度的年份，均不包基期年在内。如 1981-2018 年平均每年增长速度，是以 1980 年为基期，2018 年为报告期，年份从 1981 年算起，共 38 年。

二、人口与劳动力

Population and Labor Force

2-1 历年总人口数与人口密度

Total Population and Density over Years

单位：万人

年份	户籍人口	按性别分		按城镇、乡村分		外来暂住人口	常住人口	人口密度（人/平方公里）
		男	女	城镇人口	乡村人口			
1949	68.24	32.87	35.37	11.95	56.29			
1952	71.68	34.53	37.15	12.99	58.69			
1957	77.48	37.50	39.98	14.96	62.52			
1962	79.64	38.07	41.57	15.22	64.42			
1965	86.46	41.83	44.63	16.18	70.28			
1970	98.56	47.91	50.65	17.30	81.26			
1975	107.94	52.70	55.24	17.57	90.37			
1978	111.23	54.34	56.89	18.29	92.74			451
1979	112.04	54.45	57.59	19.18	92.86			455
1980	112.70	54.43	58.27	19.83	92.87			457
1981	114.46	55.36	59.10	20.38	94.08			464
1982	116.19	56.28	59.91	20.87	95.32			471
1983	117.59	57.05	60.54	21.23	96.36			477
1984	118.95	57.80	61.15	22.48	96.47			483
1985	120.85	58.84	62.01	25.49	95.36			490
1986	123.01	59.95	63.06	26.48	96.53	15.62		499
1987	124.86	61.02	63.84	27.66	97.20	25.29		507
1988	126.76	62.09	64.67	28.80	97.96	36.89		514
1989	128.76	63.27	65.49	29.94	98.82	47.19		522
1990	131.85	64.96	66.89	30.86	100.99	65.59	175.62	712
1991	133.65	66.10	67.55	31.86	101.79	80.58	200.01	811
1992	136.06	67.55	68.51	32.71	103.35	114.48	227.78	924
1993	138.92	69.20	69.72	33.74	105.18	121.70	259.41	1052
1994	141.40	70.64	70.76	34.55	106.85	139.09	295.43	1198
1995	143.65	71.97	71.68	35.38	108.27	142.18	336.45	1365
1996	145.25	72.92	72.33	36.14	109.11	143.32	383.17	1554
1997	147.12	74.04	73.08	36.97	110.15	144.68	436.38	1770
1998	148.77	74.99	73.78	37.84	110.93	199.11	496.97	2016
1999	150.82	76.18	74.64	38.73	112.09	244.81	565.98	2296
2000	152.61	77.22	75.39	39.61	113.00	254.72	644.84	2616
2001	153.89	77.94	75.95	40.37	113.52	457.82	654.43	2655
2002	156.19	79.14	77.05	41.02	115.17	433.65	654.84	2657
2003	158.96	80.65	78.31	56.87	102.09	440.45	655.25	2658
2004	161.97	82.25	79.72	61.48	100.49	486.95	655.66	2660
2005	165.65	84.07	81.58	65.84	99.81	584.98	656.07	2662
2006	168.31	85.43	82.88	70.42	97.89	586.76	685.66	2782
2007	171.26	87.00	84.26	73.67	97.59	557.80	717.02	2909
2008	174.86	88.88	85.98	76.80	98.06	552.50	750.60	3045
2009	178.73	90.78	87.95	81.46	97.27	429.96	786.08	3189
2010	181.77	92.27	89.50	92.09	89.68	411.47	822.48	3343
2011	184.77	93.76	91.01	94.46	90.31	413.62	825.48	3356
2012	187.02	94.92	92.10	95.96	91.05	416.74	829.23	3371
2013	188.93	95.83	93.10	97.34	91.59	434.68	831.66	3381
2014	191.39	97.02	94.37	99.17	92.21	415.86	834.31	3392
2015	195.01	98.71	96.30	172.65	22.36	400.81	825.41	3355
2016	200.94	101.47	99.47	178.20	22.74	428.39	826.14	3358
2017	211.31	106.30	105.01	188.00	23.31	438.60	834.25	3391
2018	231.59	115.34	116.25	207.99	23.60	453.45	839.22	3411

注：1.人口密度1990年以前户籍人口计算，1990年起按常住人口计算。
2.常住人口2006—2010年数据，根据东莞市第六次全国人口普查数据结果重新修订，下同。
3.按建立城乡统一的户口登记制度要求，2015年起户籍户数和人口数按城镇和乡村划分，取消原来的农业和非农业的登记统计，数据与往年不可比，下同。

2-2 主要年份户籍人口与劳动力指标

Main Indicators of Household Population and Labor in Main Years

指　　标	单 位	1990年	1995年	2000年	2005年	2010年	2015年	2017年	2018年
年末户籍人口	人	1318526	1436525	1526090	1656541	1817709	1950089	2113081	2315867
#乡村人口	人	1009857	1082703	1130002	998159	896789	223575	233078	235979
人口性别比（女性人口=100）	%	97.1	100.4	102.4	103.1	103.1	102.5	101.2	99.2
人口密度	人/平方公里	535	583	619	672	739	793	859	941
人口出生率	‰	17.1	17.6	12.1	10.6	10.9	11.3	22.2	18.4
人口死亡率	‰	4.8	4.8	4.6	4.6	4.7	4.9	4.8	4.6
人口自然增长率	‰	12.3	12.8	7.5	6.0	6.2	6.4	17.4	13.8
人口净迁移率	‰	1.9	1.9	2.2	16.4	12.0	7.8	30.6	78.5
城镇本年新登记的失业人员人数	人		6536	6524	7080	3207	10143	11310	13635
城镇失业人员安置就业人数	人			5683	6088	3796	9276	11445	13944

2-3 历年户籍人口自然变动情况

Changes of Household Population over Years

年 份	出 生		死 亡		自然增长	
	人 数 (人)	出生率 (‰)	人 数 (人)	死亡率 (‰)	人 数 (人)	自然增长率 (‰)
1978	20728	18.73	5451	4.92	15277	13.81
1979	26931	24.13	5755	5.13	21176	19.00
1980	27428	24.41	5747	5.10	21681	19.31
1981	24828	21.86	6016	5.29	18812	16.57
1982	21991	19.07	5681	4.93	16310	14.14
1983	19573	16.74	6100	5.21	13473	11.53
1984	18380	15.54	5841	4.94	12539	10.60
1985	18432	15.37	5439	4.54	12993	10.83
1986	20049	16.44	5955	4.88	14094	11.56
1987	19962	16.11	5502	4.44	14459	11.67
1988	21077	16.75	5863	4.66	15214	12.09
1989	23457	17.06	5966	4.67	17491	12.57
1990	22238	17.07	6208	4.76	16030	12.30
1991	23771	17.91	6070	4.57	17701	13.33
1992	26040	19.31	6485	4.81	19555	13.38
1993	25270	18.38	6833	4.97	18437	13.30
1994	24152	17.88	6319	4.51	17833	13.01
1995	25312	17.59	6898	4.84	18414	12.75
1996	24635	17.05	7333	5.08	17302	11.97
1997	24106	16.50	6448	4.41	17658	12.09
1998	22563	15.31	6553	4.45	16010	10.86
1999	21673	14.55	6460	4.34	15213	10.22
2000	18260	12.11	6923	4.59	11337	7.52
2001	17083	11.16	6344	4.14	10739	7.01
2002	16029	10.35	6873	4.44	9156	5.91
2003	16204	10.34	7346	4.69	8858	5.65
2004	17312	10.86	7814	4.90	9498	5.96
2005	17301	10.62	7497	4.60	9804	6.02
2006	16819	10.14	7103	4.28	9716	5.85
2007	17482	10.39	7418	4.41	10064	5.98
2008	18382	10.77	7752	4.54	10630	6.23
2009	18584	10.67	7587	4.36	10997	6.31
2010	19509	10.90	8367	4.68	11142	6.23
2011	19884	10.92	8728	4.79	11156	6.13
2012	24712	13.32	9684	5.22	15028	8.10
2013	22222	11.79	8693	4.61	13529	7.18
2014	21383	11.20	10253	5.37	11130	5.83
2015	21951	11.34	9545	4.93	12406	6.41
2016	27613	13.92	10475	5.28	17138	8.64
2017	47101	22.22	10250	4.84	36851	17.38
2018	41033	18.35	10286	4.60	30747	13.75

注：本表数据来源于市卫生健康局。

2-4 历年户籍人口迁移变动情况

Changes of Household Migration over Years

年 份	迁 入		迁 出		总迁移		净迁移	
	人 数 (人)	迁入率 (‰)	人 数 (人)	迁出率 (‰)	人 数 (人)	总迁移率 (‰)	人 数 (人)	净迁移率 (‰)
1978	10148	9.2	13179	11.9	23327	21.1	-3031	-2.7
1980	13345	11.9	28624	25.5	41969	37.4	-15279	-13.6
1985	19205	16.0	15636	13.0	34841	29.1	3569	3.0
1990	13485	10.4	11061	8.5	24546	18.8	2424	1.9
1991	12628	9.5	12531	9.4	25159	19.0	97	0.1
1992	14622	10.8	11168	8.3	25790	19.1	3454	2.5
1993	10801	7.9	4886	3.6	15687	11.4	5915	4.3
1994	10127	7.2	6406	4.6	16533	11.8	3721	2.7
1995	10312	7.2	7675	5.4	17987	12.6	2637	1.9
1996	9273	6.4	11508	8.0	20781	14.4	-2235	-1.6
1997	10284	7.0	9469	6.5	19753	13.5	815	0.6
1998	12400	8.4	11253	7.6	23653	16.0	1147	0.8
1999	15049	10.0	11497	7.6	26546	17.6	3552	2.4
2000	15618	10.2	12314	8.1	27932	18.3	3304	2.2
2001	15968	10.4	11099	7.2	27067	17.6	4869	3.2
2002	20214	12.9	8033	5.1	28247	18.1	12181	7.8
2003	27143	17.1	7173	4.5	34316	21.6	19970	12.6
2004	29621	18.3	7618	4.7	37239	23.0	22003	13.6
2005	43026	26.0	15798	9.5	58824	35.5	27228	16.4
2006	30710	18.2	11442	6.8	42152	25.0	19268	11.4
2007	26940	15.7	4847	2.8	31787	18.6	22093	12.9
2008	33595	19.2	5974	3.4	39569	22.6	27621	15.8
2009	36387	20.4	7381	4.1	43768	24.5	29006	16.2
2010	28534	15.7	6651	3.7	35185	19.4	21883	12.0
2011	28623	15.5	7425	4.0	36048	19.5	21198	11.5
2012	20698	11.1	8326	4.5	29024	15.5	12372	6.6
2013	18812	10.0	11035	5.8	29847	15.8	7777	4.1
2014	25530	13.3	10748	5.6	36278	19.0	14782	7.7
2015	21654	11.1	6480	3.3	28134	14.4	15174	7.8
2016	43738	21.8	6630	3.3	50368	25.1	37108	18.5
2017	71868	34.0	7194	3.4	79062	37.4	64674	30.6
2018	173662	75.0	8114	3.5	181776	78.5	165548	71.5

注：本表数据来源于市公安局。

2-5 历年外来暂住人口与外来劳动力

Temporary Residents and Labor over Years

单位：人

年 份	外来暂住人口总 计	按性别分		按省内省外分						
		男 性	女 性	本 省	外 省	#湖南省	四川省	广 西自治区	湖北省	江西省
1986	156222									
1987	252895									
1988	368913									
1989	481850									
1990	655902			333180	322722					
1991	805790			360379	445411					
1992	1144753	440500	704253	494278	650475					
1993	1217010	529096	687914	370770	846240					
1994	1390884	547435	843449	380790	1010094	257348	227793	139137	66189	60638
1995	1421754	581304	840450	371816	1023510	253574	223727	149478	84727	67562
1996	1433157	606524	826633	305821	1106749	232329	223315	137933	90528	79730
1997	1446830	554193	892637	298510	1130981	243384	227077	140483	89140	83272
1998	1991122	850266	1140856	402267	1569963	330241	294149	183734	143662	118685
1999	2448134	1084492	1363642	504722	1921206	391491	387730	236936	173787	149000
2000	2547221	1155277	1391944	485889	2041959	377257	319039	240923	196697	157323
2001	4578163	2138218	2439945	731931	3826830	718295	622166	442904	359872	294740
2002	4336453	1973316	2363137	722894	3593034	685311	555569	394088	389735	294086
2003	4404467	2198324	2206143	665549	3720408	663487	591145	432738	443603	339518
2004	4869462	2347115	2522347	747804	4096599	812976	581272	483329	490063	329715
2005	5849785	2746833	3102952	1036417	4747692	844053	642170	574634	514760	376526
2006	5867555	2775718	3091837	1012637	4807064	875904	617644	556961	531987	367094
2007	5577988	2666292	2911696	986062	4551507	816688	553907	497438	521529	355798
2008	5525022	2657712	2867310	1012341	4468505	828779	533496	488226	517519	353738
2009	4299615	2093055	2206560	889160	3367565	604891	441758	396425	391650	269133
2010	4114745	2010869	2103876	791665	3275768	587153	411005	405051	353414	252936
2011	4136177	2054179	2081998	900560	3194930	571601	370717	387198	350490	264965
2012	4167396	2072592	2094804	940956	3183488	587921	387226	398858	352191	236544
2013	4346839	2186786	2160053	949443	3356719	629746	387979	438718	380395	258666
2014	4158580	2103624	2054956	927905	3189809	570631	350809	441886	356586	252054
2015	4008120	2047374	1960746	867677	3099936	549724	330102	430882	334220	233460
2016	4283923	2274363	2009560	1112539	3171384	561944	319526	446556	334267	235517
2017	4386025	2301003	2085022	1214871	3171154	548885	328635	449460	332869	234864
2018	4534459	2400554	2133905	1278478	3255981	584832	320506	472695	331208	213808

注：外来暂住人口相关数据来源于市公安局，下同。

2-5 续表

单位：人

年 份	外 来劳动力	工 业	农 业	商 业	服务业
1986	104091	87154	9849	2509	4579
1987	180285	154842	13110	4181	8152
1988	292499	260237	16911	5797	9554
1989	405287	365840	19893	7763	11791
1990	572044	518971	25576	10793	16704
1991	701982	633400	25838	17945	24799
1992	1071048	874149	62324	88087	46488
1993	1126813	933147	40177	88524	64965
1994	1241814	1069478	52146	39869	80321
1995	1265368	1084860	54714	52965	72829
1996	1276626	1084330	64732	61092	66472
1997	1307279	1114235	57214	67242	68588
1998	1831939	1577922	68143	100041	85833
1999	2161487	1609539	113324	282938	155686
2000	2448415	2043270	88195	187015	129935
2001	4496771	3681099	174936	283277	357459
2002	4260142	3573355	127584	300642	258561
2003	4327312	3753904	85109	278632	209667
2004	4733903	4078400	98272	315021	242210
2005	5534248	4676454	107933	420810	329051
2006	5669798	4820388	124942	412180	312288
2007	5389490	4480800	102519	460114	346057
2008	5303008	4227211	97597	560345	417855
2009	4134581	3361306	74982	430183	268110
2010	3912274	3191436	92451	402786	225601
2011	3947135	3277984	82025	358941	228185
2012	3979414	3278448	85557	390327	225082
2013	4127952	3431195	93051	397091	206615
2014	3893258	3243831	63386	377854	208187
2015	3765415	3147707	55658	365507	196543
2016	3953862	3016145	65948	352141	259544
2017	3999898	3162514	66525	328735	249029
2018	3994334	3108326	63505	377629	259891

2-6 全社会从业人员

Number of Employed Persons of the Whole City by Sector

单位：人

指　　标	2010年	2015年	2017年	2018年
全社会从业人员	6262527	6534121	6603923	6671660
#农、林、牧、渔业	60497	60857	58198	56770
采矿业	830		35	32
制造业	4650613	4334996	4383487	4439189
电力、热力、燃气及水的生产和供应业	20937	12935	13080	13161
建筑业	97018	110207	111441	112135
交通运输、仓储和邮政业	78872	135001	136512	137362
信息传输、软件和信息技术服务业	26167	49099	49648	49957
批发和零售业	630398	460303	465455	468354
住宿和餐饮业	215599	157018	158776	159765
金融业	36628	26308	26602	26768
房地产业	47851	129925	131380	132198
租赁和商务服务业	32401	300588	303953	305846
科学研究和技术服务	6515	65829	66566	66981
水利、环境和公共设施管理业	15898	23024	23281	23426
居民服务、修理和其他服务业	89676	76071	76923	77402
教育	65895	184372	186437	187598
卫生和社会工作	39119	82633	83558	84078
文化、体育和娱乐业	21732	40560	41014	41270
公共管理、社会保障和社会组织	125881	284394	287577	289368
国际组织				
#第一产业	60497	60772	57938	56510
第二产业	4769398	4458138	4507789	4564075
第三产业	1432632	2015210	2038196	2051075

注：全社会从业人员统计范围为东莞市辖区内城乡各类法人单位、城乡个体从业人员及农村从事农林牧渔业的从业人员。

2-7 主要年份城镇在岗职工年末人数

Number of Employed Persons in Urban Areas at Year-end in Main Years

单位：人

项　　目	1985年	1990年	1995年	2000年	2005年	2010年	2015年	2017年	2018年
合　　计	122951	131631	178724	164080	188579	226268	2267844	2371619	2372090
#工　业	60571	68508	105782	68354	79359	84992	1840487	1872609	1840144
采矿业			130	62	59	52	35	35	32
制造业			99194	62790	71569	77544	1831287	1864556	1830247
电力、热力、燃气及水的生产和供应业			6458	5502	7731	7396	9165	8018	9865
建筑业			5103	7799	1237	2144	42163	55048	63495
交通运输、仓储和邮政业						6427	28719	27873	31379
信息传输、软件和信息技术服务业						2535	8406	24747	11360
批发和零售业						6215	56306	70476	73723
住宿和餐饮业						739	27861	26700	26366
金融业	2270	4291	9487	13945	16584	20706	27169	26056	26532
房地产业	1551	2529	73	387	427	488	22879	30035	33807
租赁和商务服务业						2270	39146	50585	62297
科学研究和技术服务						1984	13991	15999	18169
水利、环境和公共设施管理业						654	2764	4243	6488
居民服务、修理和其他服务业						105	12471	12840	12114
教育						26138	35671	41753	44972
卫生和社会工作						26859	45983	49368	50491
文化、体育和娱乐业						1711	6812	6168	5780
公共管理、社会保障和社会组织	5854	7887	9711	15733	28542	41676	56670	56838	64670
国际组织									
#第一产业	2432	2053	620	476	483	625		48	56
第二产业	64525	72993	110885	76153	80596	87136	1882650	1927193	1903035
第三产业	55994	56585	67219	87451	107500	138507	385194	444378	468999

注：1.2012年起城镇在岗职工含劳务派遣人员。
　　2.2013年起，将原属于乡镇企业且符合城镇非私营单位条件的“四上”企业纳入城镇单位从业人员及工资统计的范围，下同。

2-8 历年分行业城镇在岗职工人数

Numbers of Employers by Sector in Urban Areas over Years

单位：人

年 份	年末城镇在岗职工人数合计	#第一产业	第二产业	第三产业	#工业
1978	81971	2875	41179	37917	38729
1979	96807	3051	44905	48851	42251
1980	98587	2637	47374	48576	44737
1981	106626	2897	52638	51091	50370
1982	114119	2133	56391	55595	52418
1983	115926	1978	58139	55809	53246
1984	117627	1933	59129	56565	54916
1985	122951	2432	64525	55994	60571
1986	132744	2252	73922	56570	65674
1987	136666	2359	76393	57914	69985
1988	127098	2702	69385	55011	64631
1989	131039	2397	73042	55600	68738
1990	131631	2053	72993	56585	68508
1991	145873	2083	84992	58798	79389
1992	154712	2043	89713	62956	82611
1993	176578	1933	107296	67349	92212
1994	160872	621	95378	64873	83322
1995	178724	620	110885	67219	105782
1996	174964	497	98061	76406	91228
1997	164987	616	82513	81858	76619
1998	164047	779	80510	82758	70499
1999	163917	583	76905	86429	68860
2000	164080	476	76153	87451	68354
2001	164226	444	76181	87601	69260
2002	164209	431	75384	88394	68348
2003	165978	522	73357	92099	72118
2004	175415	565	78003	96847	76786
2005	188579	483	80596	107500	79359
2006	199878	483	84618	114777	83328
2007	205640	487	81448	123705	79949
2008	207234	459	77982	128793	76563
2009	225990	477	94365	131148	92943
2010	226268	625	87136	138507	84992
2011	246083	966	82164	162953	80648
2012	250225	925	85582	163718	82647
2013	2398215	575	2001324	396316	1968085
2014	2342549	28	1956590	385931	1922112
2015	2267844		1882650	385194	1840487
2016	2269355		1871092	398263	1830149
2017	2371619	48	1927193	444378	1872609
2018	2372090	56	1903035	468999	1840144

2-9 主要年份国有单位分行业年末城镇在岗职工人数

Number of Employed Persons in Urban State-owned Units at Year-end by Sector in Main Years

单位：人

指标	1985年	1990年	1995年	2000年	2005年	2010年	2015年	2017年	2018年
合计	56534	63469	71165	78216	94902	121690	141037	142611	151451
按企业、事业、机关单位分									
企业	40201	43538	38022	31988	20401	20348	15922	15157	15169
事业	11362	13072	23147	31506	46382	60310	69850	71902	74024
机关	4971	6859	9996	14722	28119	41032	55265	55552	62258
按国民经济行业分									
#工业	20919	19390	14610	10119	3471	3638	615	483	390
采矿业	423	72	130	62	59	52			
制造业	19625	16912	12908	6611	1217	981	615	483	390
电力、热力、燃气及水的生产和供应业	871	2406	1572	3446	2195	2605			
建筑业	1454	3487	2753	1539	971	1250	38	131	
交通运输、仓储和邮政业					3381	2182	5166	3971	3646
信息传输、软件和信息技术服务业					2243	2275	243	7	7
批发和零售业					1582	1790	128	130	11
住宿和餐饮业									
金融业	943	2215	5634	7343	9401	9319	10231	10901	11531
房地产业	138	149	44	98	244	329	17	16	17
租赁和商务服务业					676	1437	442	422	443
科学研究和技术服务					1496	1928	1001	1092	1005
水利、环境和公共设施管理业					484	542	693	463	832
居民服务、修理和其他服务业					95	105	119	126	128
教育					23301	26138	26795	27497	27712
卫生和社会工作					17134	26795	37102	38816	39270
文化、体育和娱乐业					1398	1661	1566	1448	1519
公共管理、社会保障和社会组织	4971	6859	9563	15372	28542	41676	56670	56838	64670
国际组织									
#第一产业	2264	1956	712	476	483	625		48	56
第二产业	22373	22877	17363	11658	4442	4888	653	614	390
第三产业	31897	38571	53090	66082	89977	116177	140384	141949	151005

2-10 主要年份集体单位分行业年末城镇在岗职工人数

Number of Employed Persons in Urban Collective-owned Units at Year-end by Sector in Main Years

单位：人

指　　标	1985年	1990年	1995年	2000年	2005年	2010年	2015年	2017年	2018年
合　　计	63383	58749	64923	50592	44251	35106	39317	33368	41170
按企业、事业、机关单位分									
企业	58258	54671	63194	49257	43200	34245	35833	29493	37046
事业	4062	3050	1581	974	1051	861	236	125	148
机关	1063	1028	148	361					
按国民经济行业分									
#工　业	37358	40979	49984	28698	32527	22879	13825	7147	11936
采矿业		433							
制造业		40458	48600	27268	30772	21497	11624	5296	10035
电力、热力、燃气及水的生产和供应业		88	1384	1430	1755	1382	2201	1851	1901
建筑业	2500	998	2350	6260	251	886	5025	3651	1259
交通运输、仓储和邮政业					3446	3543	464	326	144
信息传输、软件和信息技术服务业					45	40		100	
批发和零售业					2078	1818	1376	1453	1386
住宿和餐饮业					307	289	663	396	403
金融业	1327	2076	3844	3437	4184	4533	5932	9178	9083
房地产业			29	289	183	159	743	776	833
租赁和商务服务业					843	677	7126	7287	13995
科学研究和技术服务					16	56	1467	361	471
水利、环境和公共设施管理业					237	112	109		68
居民服务、修理和其他服务业							5	5	5
教育									
卫生和社会工作					92	64	2485	2599	1543
文化、体育和娱乐业					42	50	97	89	44
公共管理、社会保障和社会组织	1063	1028	148	361					
国际组织									
#第一产业	168	97	33						
第二产业	39858	41795	52334	34958	32778	23765	18850	10798	13195
第三产业	23357	16857	12556	15634	11473	11341	20467	22570	27975

2-11 主要年份其他所有制单位分行业年末城镇在岗职工人数

Number of Employed Persons in Urban Other Ownership Units at Year-end by Sector in Main Years

单位：人

指　　标	1985年	1990年	1995年	2000年	2005年	2010年	2015年	2017年	2018年
合　　计	3034	9413	42636	35272	49426	69472	2087490	2195640	2179469
按企业、事业、机关单位分									
企业	2312	9413	42597	35272	49426	69472	2080290	2185603	2175083
事业	722		39				320	266	194
机关									
其他							6880	9771	4192
按国民经济行业分									
#工　业	2294	8321	41188	29537	43361	58475	1826047	1864979	1827818
采矿业		48					35	35	32
制造业		8273	37686	28911	39580	55066	1819048	1858777	1819822
电力、热力、燃气及水的生产和供应业			3502	626	3781	3409	6964	6167	7964
建筑业					15	8	37100	51266	62236
交通运输、仓储和邮政业					412	702	23089	23576	27589
信息传输、软件和信息技术服务业					240	220	8163	24640	11353
批发和零售业					1530	2607	54802	68893	72326
住宿和餐饮业					678	450	27198	26304	25963
金融业			9	3165	2999	6854	11006	5977	5918
房地产业	722						22119	29243	32957
租赁和商务服务业					191	156	31578	42876	47859
科学研究、技术服务业							11523	14546	16693
水利、环境和公共设施管理业							1962	3780	5588
居民服务、修理和其他服务业							12347	12709	11981
教育							8876	14256	17260
卫生和社会工作							6396	7953	9678
文化、体育和娱乐业							5149	4631	4217
国际组织									
公共管理、社会保障和社会组织									
#第一产业									
第二产业	2294	8321	41188	29537	43376	58483	1863147	1915781	1889450
第三产业	740	1092	1448	5735	6050	10989	224343	279859	290019

2-12 工业、建筑业企业年末城镇在岗职工人数（2017–2018年）

Number of Urban Employed Persons in Industrial and Construction Enterprises at Year-end (2017-2018)

单位：人

指 标	2017年	2018年
工业总计	1872609	1840144
按经济类型分		
国有经济单位	483	390
城镇集体经济单位	7147	11936
其他各种经济单位	1864979	1827818
按工业行业分（大类）		
非金属矿采选业	35	32
农副食品加工业	4584	4116
食品制造业	15346	15983
酒、饮料和精制茶制造业	4361	4004
烟草制品业		
纺织业	26974	31781
纺织服装、服饰业	75686	68406
皮革、毛皮、羽毛及其制品和制鞋业	118997	110787
木材加工和木、竹、藤、棕、草制品业	2170	2684
家具制造业	55886	48480
造纸和纸制品业	40942	44787
印刷和记录媒介复制业	40545	38342
文教、工美、体育和娱乐用品制造业	132885	128004
石油加工、炼焦和核燃料加工业	418	2051
化学原料和化学制品制造业	17257	19229
医药制造业	2823	2946
化学纤维制造业	1104	1354
橡胶和塑料制品业	152725	155770
非金属矿物制品业	22825	32791
黑色金属冶炼和压延加工业	2463	1362
有色金属冶炼和压延加工业	7704	8481
金属制品业	116006	124762
通用设备制造业	75253	73420
专用设备制造业	80780	93418
汽车制造业	22027	22444
铁路、船舶、航空航天和其他运输设备制造业	6649	6488
电气机械和器材制造业	197607	208484
计算机、通信和其他电子设备制造业	579367	528762
仪器仪表制造业	51783	33815
其他制造业	8794	16568
废弃资源综合利用业	131	124
电力、热力生产和供应业	1964	3793
燃气生产和供应业	1545	1379
水的生产和供应业	4509	4693
建筑业总计	55048	63495
国有经济单位	131	
城镇集体经济单位	3651	1259
其他各种经济单位	51266	62236

2-13 按经济类型分行业城镇在岗职工人数及构成（2018年）

Employed Persons in Urban Areas by Registration Status and Sector (2018)

项 目	合 计	国有经济单位	城镇集体经济单位	其他经济单位
合 计（人）	2372090	151451	41170	2179469
#工 业	1840144	390	11936	1827818
采矿业	32			32
制造业	1830247	390	10035	1819822
电力、热力、燃气及水的生产和供应业	9865		1901	7964
建筑业	63495		1259	62236
交通运输、仓储和邮政业	31379	3646	144	27589
信息传输、软件和信息技术服务业	11360	7		11353
批发和零售业	73723	11	1386	72326
住宿和餐饮业	26366		403	25963
金融业	26532	11531	9083	5918
房地产业	33807	17	833	32957
租赁和商务服务业	62297	443	13995	47859
科学研究和技术服务	18169	1005	471	16693
水利、环境和公共设施管理业	6488	832	68	5588
居民服务、修理和其他服务业	12114	128	5	11981
教育	44972	27712		17260
卫生和社会工作	50491	39270	1543	9678
文化、体育和娱乐业	5780	1519	44	4217
公共管理、社会保障和社会组织	64670	64670		
国际组织				
#第一产业	56	56		
第二产业	1903035	390	13195	1889450
第三产业	468999	151005	27975	290019
各项比重（%）				
#工 业	77.57	0.26	28.99	83.87
采矿业				
制造业	77.16	0.26	24.37	83.50
电力、燃气及水的生产和供应业	0.42		4.62	0.37
建筑业	2.68		3.06	2.86
交通运输、仓储和邮政业	1.32	2.41	0.35	1.27
信息传输、软件和信息技术服务业	0.48	0.005		0.52
批发和零售业	3.11	0.01	3.37	3.32
住宿和餐饮业	1.11		0.98	1.19
金融业	1.12	7.61	22.06	0.27
房地产业	1.43	0.01	2.02	1.51
租赁和商务服务业	2.63	0.29	33.99	2.20
科学研究和技术服务	0.77	0.66	1.14	0.77
水利、环境和公共设施管理业	0.27	0.55	0.17	0.26
居民服务、修理和其他服务业	0.51	0.08	0.01	0.55
教育	1.90	18.30		0.79
卫生和社会工作	2.13	25.93	3.75	0.44
文化、体育和娱乐业	0.24	1.00	0.11	0.19
公共管理、社会保障和社会组织	2.73	42.70		
国际组织				
#第一产业	0.002	0.04		
第二产业	80.23	0.26	32.05	86.69
第三产业	19.77	99.71	67.95	13.31

主要统计指标解释

Explanatory Notes on Main Statistical Indicators

总人口数 指一定时点、一定地区范围内的有生命的个人的总和。按不同的统计范围可分为常住人口和户籍人口；统计时点通常为每年 12 月 31 日 24 时。

常住人口 指实际居住在某地区半年以上的人口，应抱括：1.居住在本乡、镇、街道，并已在本乡、镇街道办理常住户口登记的人；2.已在本乡、镇 、街道居住半年以上，常住户口在本乡、镇 、街道以外的人；3.在本乡、镇 、街道居住不满半年，但已离开常住户口登记地半年以上的人；4.居住在本乡、镇 、街道，常住户口待定的人；5.原住本乡、镇、街道，人口统计（或登记）时在国外工作或学习的人。

户籍人口 指公民依照《中华人民共和国户口登记条例》在公安户籍管理机关登记了常住户口的人。这类人口不管其是否外出，也不管外出时间长短，只要在某地注册有常住户口，则为该地区的户籍人口。

外来暂住人口 指户口登记地在外县、市，目前在本市暂住的人口。

性别比 反映两性人口之间比例的指标。指在总人口中或在各年龄人口中，男性人数与女性人数之比。通常用每 100 个女性人口相应有多少男性人口表示。

出生率（又称粗出生率） 指在一定时期（通常为一年）内活产婴儿数与同期总人口的生存人口数（或同期平均总人口、年中人口数）之比，一般用千分率表示。

死亡率（又称粗死亡率） 指在一定时期内（通常为一年）一定地区的死亡人数与同期平均人数（或期中人数）之比，一般用千分率表示。

人口自然增长率 指在一定时期内（通常为一年）人口自然增加数（出生人数减死亡人数）与该时期内平均人口数（或期中人数）之比，一般用千分率表示。

总迁移率 是反映人口迁移变动总规模的相对指标，是某地区一定时期内（通常为一年）迁入人数及迁出人数之和与同时期平均人口数之比，一般用千分率表示。

净迁移率 是反映人口迁移变动的相对指标之一，是某地区一定时期内（通常为一年）迁入与迁出相抵销后（迁入人口减迁出人口）与同时期平均总人口数之比，一般用千分率表示。

在岗职工 指在本单位工作且与本单位签订劳动合同，并由单位支付各项工资和社会保险、住房公积金的人员，以及上述人员中由于学习、病伤、产假等原因暂未工作仍由单位支付工资的人员。在岗职工还包括：

(1)应订立劳动合同而未订立劳动合同人员（如使用的农村户籍人员）；

(2)处于试用期人员；

(3)编制外招用的人员；

(4)派往外单位工作，但工资仍由本单位发放的人员（如挂职锻炼、外派工作等情况）。

东莞统计

三、农　业

Agriculture

3-1 主要年份农业指标

Main Indicators of Agriculture in Main Years

指　　标	单　位	1978年	1980年	1985年	1990年	1995年	2000年
乡镇从业人员	人	467757	478599	544734	598911	639985	727328
第一产业	人	390585	368322	283425	269460	202138	189349
第二产业	人	51422	94576	167116	228114	283050	362666
第三产业	人	25750	15701	94193	101337	154797	175313
年末耕地面积	亩	1183926	1177400	966725	882602	708595	663304
农业机械总动力	千瓦	248760	354250	667750	1003980	795120	586063
水利建设总投资	万元	413	927	886	5428	16900	35550
化肥施用量（实物量）	吨	113296	100776	150083	235836	124263	103570
农药施用量	吨	4276	3382	2951	3453	1924	1836
农村用电量	万千瓦时	5667	7355	14365	82545	406327	1312931
农林牧渔业总产值	万元	42394	41943	91244	236412	426901	546383
主要农产品产量							
粮　食	吨	532308	529381	488705	494259	227441	204136
糖　蔗	吨	508976	447318	526033	538712	233803	49359
花　生	吨	14157	29015	20963	13411	3724	1960
水　果	吨	26457	23688	189350	282410	243231	129367
水产品	吨	30900	25471	32641	68508	74778	95076
肉　类	吨	26920	27652	33298	62191	97572	179032
#猪　肉	吨	22790	23461	25759	40130	68649	149648
禽　蛋	吨	425	398	2424	6906	5431	4367
森林覆盖率	%			28.6	31.4	29.2	30.6

注：本表乡镇从业人员含部分外来从业人员，下同。

3-1 续表

指　　标	单　位	2005年	2010年	2015年	2017年	2018年
乡镇从业人员	人	830705	878912	963509	982945	1024103
#从事农业人员	人	110612	72856	60857	58198	56770
年末耕地面积	亩	502937	576883	550482	542789	538751
农业机械总动力	千瓦	229297	367988	450375	473025	478025
水利建设总投资	万元	59437	78308	90322	85799	90423
化肥施用量（实物量）	吨	52749	41445	28149	22786	21442
农药施用量	吨	1090	819	757	703	542
农村用电量	万千瓦时	2970738	3950486	4765174	5440628	5620836
农林牧渔业总产值	万元	420496	263544	318815	354888	392133
主要农产品产量						
粮　食	吨	20004	10554	5500	4790	5846
花　生	吨	114	129	263	219	186
水　果	吨	151255	73288	58835	54583	67675
水产品	吨	67381	76268	68946	45536	45991
肉　类	吨	171737	12228	7544	6624	2235
#猪　肉	吨	159169	6609	3018	2465	1083
森林覆盖率	%	33.1	36.7	37.4	37.4	37.4

注：1. 2010年起，农业机械总动力数据采用农业局统计口径，下同。
2. 2011年起，农村用电量数据采用供电局统计口径，下同。
3. 根据《全国农业普查条例》，农业2007—2017年的农林牧渔业总产值、增加值和主要农产品产量等相关数据以全国第三次农业普查结果为基础做了修订，下同。

3-2 主要年份农村经济比例和效益指标

Main Indicators of Proportions and Efficiency in Rural Economy in Main Years

指　　标	单　位	1990年	1995年	2000年	2005年	2010年	2015年	2017年	2018年
农村基层组织									
镇街政府	个	33	33	32	32	32	32	32	32
社区居委会、村委会	个	583	594	593	596	599	597	592	592
镇街户籍总户数	户	327344	364273	414007	465008	530497	567171	607373	653392
#乡村户	户	238221	263669	299576	275988	259691	63280	64976	65805
镇街户籍总人口	人	1318526	1436525	1526090	1656541	1817709	1950089	2113081	2315867
#乡村人口	人	1009857	1082703	1130002	998159	896789	223575	233078	235978
乡镇从业人员	人	598911	639985	727328	830705	878912	963509	982945	1024103
按性别分									
男性	人	289258	315892	364866	427840	475996	512145	523011	547958
女性	人	309653	324093	362462	402865	402916	451364	459934	476145
劳动生产条件									
平均每一农业人口用电量	千瓦时	826	3778	11666	29762	44051	213135	233425	238193
每亩耕地农业机械总动力	瓦特	1138	1122	884	455	638	818	871	887
平均每亩耕地化肥施用量	公斤	267	175	156	105	72	51	42	40
平均每亩耕地农药施用量	公斤	3.91	2.72	2.77	2.17	1.42	1.38	1.30	1.00
农林牧渔业增加值率	%		57.8	56.9	51.9	60.5	64.0	65.9	67.0
劳动生产率									
人均农林牧渔业总产值	元/人	3977	6737	7828	5062	2999	3309	3610	3829
人均农林牧渔业增加值	元/人		3892	4453	2627	1814	2119	2378	2565
人均粮食产量	公斤/人	379	160	135	12	6	3	2	3
人均蔬菜（含菜用瓜）产量	公斤/人	337	338	431	278	181	182	186	173
人均水果产量	公斤/人	218	171	85	91	40	30	26	29
人均畜牧总肉产量	公斤/人	47	68	117	104	7	4	3	1
#猪　肉	公斤/人	31	48	97	96	4	2	1	0.5
人均水产品产量	公斤/人	53	52	61	41	42	35	22	20

注：1．平均每亩耕地化肥施用量按化肥施用实物量计算；人均农产品产量按户籍人口计算。
2．按建立城乡统一的户口登记制度要求，2015年起户籍户数和人口数按城镇和乡村划分，取消原来的农业和非农业的登记统计，数据与往年不可比，下同。

3-3 主要年份农村集体(经联社、经济社两级)资产负债及收益分配

Assets, Liabilities and Income Distribution of Rural Collective Economy in Main Years

单位：亿元

指　标	2005年	2010年	2015年	2017年	2018年
资产负债情况					
资产总额	929.60	1228.20	1436.83	1603.47	1725.89
负债总额	221.56	292.15	253.69	265.74	281.64
资产负债率 (%)	23.83	23.79	17.66	16.60	16.32
净资产	708.04	936.05	1183.14	1337.73	1444.25
收益分配情况					
经营总收入	120.57	143.38	180.43	202.61	220.65
#销售收入	12.83	14.39	6.17	6.56	7.69
出租收入	77.02	91.65	130.21	143.58	155.69
#协作服务款	13.07	7.51	7.41	6.77	6.91
农业发包及上交收入	3.17	2.09	2.29	2.56	2.97
投资收益	5.07	7.07	15.90	19.75	23.48
其他收入	9.40	17.15	22.44	25.39	26.07
经营总费用	48.05	66.45	66.70	68.54	67.05
#销售成本	6.46	8.59	5.97	6.09	6.89
出租成本	24.05	32.62	36.78	37.84	37.70
经营税金		1.90	2.84	2.52	2.28
管理费用	9.34	12.46	11.90	14.46	13.14
其他支出	7.92	10.89	6.72	4.94	4.51
经营纯收入	72.52	76.93	113.73	134.07	153.60
收益分配总额	64.57	92.79	110.71	124.77	135.46
可弥补分配的收益总额	3.29	15.79	20.19	20.62	20.14

3-4 历年莞产农产品户籍人口人均拥有量

Per Capita Possession of Agricultural Products over Years

单位：公斤/人

年 份	粮 食		#稻 谷		蔬 菜（含菜用瓜）	
	按总人口	按乡村人口	按总人口	按乡村人口	按总人口	按乡村人口
1949	312	378	304	368		
1952	379	463	364	444		
1957	373	463	337	419		
1962	414	514	392	486		
1965	513	632	502	618		
1970	463	562	451	546		
1975	473	565	452	539		
1980	471	570	462	558	111	134
1985	408	510	397	497	260	330
1990	379	495	368	480	337	440
1995	160	211	148	196	388	515
1996	168	224	155	207	411	548
1997	169	225	155	207	436	582
1998	167	224	151	203	450	603
1999	165	222	149	200	443	597
2000	135	181	121	163	431	582
2001	83	113	71	97	459	623
2002	34	54	27	43	418	653
2003	19	30	13	20	352	549
2004	19	30	8	12	329	530
2005	12	20	7	12	278	461
2006	6	10	4	8	212	364
2007	6	10	4	7	182	320
2008	7	12	3	6	198	353
2009	6	12	4	7	196	361
2010	6	12	5	9	181	368
2011	6	12	5	10	183	374
2012	5	10	4	9	175	360
2013	4	9	3	7	169	350
2014	3	7	2	5	185	384
2015	3	25	2	17	182	1587
2016	2	21	2	14	199	1759
2017	2	21	2	14	186	1684
2018	3	25	1	14	173	1696

注：本表按户籍人口计算。按建立城乡统一的户口登记制度要求，2015年起户籍户数和人口数按城镇和乡村划分，取消原来的农业和非农业的登记统计，数据与往年不可比，下同。

3-4 续表

单位：公斤/人

年份	水果		猪肉		水产品	
	按总人口	按乡村人口	按总人口	按乡村人口	按总人口	按乡村人口
1949					5	6
1952					5	6
1957					5	7
1962					8	10
1965	53	66			12	14
1970	71	87			17	20
1975	34	41			20	24
1980	21	26	21	25	23	27
1985	158	197	21	27	27	34
1990	218	283	31	40	53	69
1995	171	226	48	64	52	70
1996	143	190	58	77	56	76
1997	113	151	68	91	63	84
1998	77	103	84	112	65	88
1999	91	122	87	117	63	84
2000	85	115	97	131	61	82
2001	98	132	109	148	58	79
2002	121	190	106	165	53	82
2003	92	143	85	133	48	74
2004	108	175	79	128	44	71
2005	91	152	96	159	41	68
2006	83	143	18	31	28	48
2007	76	134	3	5	28	48
2008	57	102	3	5	41	74
2009	50	92	3	6	41	75
2010	40	82	4	7	42	85
2011	38	79	3	6	42	87
2012	33	68	3	6	41	85
2013	31	63	3	6	39	81
2014	31	64	2	5	38	79
2015	30	263	2	13	35	308
2016	27	242	1	11	25	221
2017	26	234	1	11	22	195
2018	29	287	0.5	5	20	195

3-5 历年耕地面积

Area of Cultivated Land over Years

单位：亩

年 份	年末实有耕地面积	当 年新增面积	当 年减少面积	粮 食耕地面积
1949	1398338			1260357
1952	1445016			1283151
1957	1435861			1199575
1962	1214417	15405	75905	1053985
1965	1199611	4142	11473	956906
1970	1203350	11359	8818	944903
1975	1193180	1246	6402	922916
1978	1183926	288	6515	874967
1979	1182292	120	1754	896347
1980	1177400	177	5069	856824
1981	1159963	279	17716	824166
1982	1146458	1086	14591	834028
1983	1121311	216	25363	837642
1984	1077659	664	44316	784763
1985	966725	1655	112589	691895
1986	889780	2350	79295	624471
1987	887369	1986	22271	618066
1988	877308	12374	22435	609332
1989	885694	13885	5499	626334
1990	882602	6991	10083	621564
1991	878980	962	4584	614994
1992	845159	100	33921	532296
1993	753746	6319	97732	391736
1994	718144	11169	46771	382238
1995	708595	12227	21776	394913
1996	674588	6270	40277	391610
1997	663013	6350	17925	382890
1998	663045	156	124	376133
1999	663122	1684	1607	381933
2000	663304	1632	1450	354980
2001	643648	4410	24066	255771
2002	500694		150	116989
2003	492433	1922	10183	81939
2004	489448	625	3610	85988
2005	502937	291	4302	76037
2006	491535		11403	34366
2007	483740		7795	31223
2008	479260	375	4855	39049
2009	516623	9	1212	38886
2010	576883	65649	5362	33839
2011	571850		5033	32103
2012	564267	12181	19621	28729
2013	560884	67	3421	24027
2014	554163	5	6326	19906
2015	550482	42	3702	16933
2016	546163	17	4336	15047
2017	542789	85	3398	14600
2018	538751		4035	18138

注：根据《全国农业普查条例》，2007—2017年的粮食耕地面积数据以全国第三次农业普查结果为基础做了修订，下同。

3-6 历年耕地面积变动情况

Changes of Cultivated Land over Years

单位：亩

年 份	当年增加耕地面积	#新开荒	围海造田	当年减少耕地面积	#国家基建占用	种果占用	鱼塘占用
“六五”时期累计	3900	1152		214575	6687	148244	33462
1981	279	91		17716	1275	7577	4507
1982	1086	215		14591	505	3345	8073
1983	216	135		25363	788	19590	2152
1984	664	148		44316	1122	31072	7694
1985	1655	563		112589	2997	86660	11036
“七五”时期累计	33250	2507	600	38017	9587	9138	2698
1986							
1987							
1988	12374	1199		22435	6971	5379	1871
1989	13885	651	100	5499	1433	330	151
1990	6991	657	500	10083	1183	3429	676
“八五”时期累计	30777	569	150	204784	5339	101880	44542
1991	962	95	150	4584	1463	430	57
1992	100	5		33921	1090	17435	3154
1993	6319	270		97732	808	64790	19032
1994	11169	139		46771	645	16031	16162
1995	12227	60		21776	1333	3194	6137
“九五”时期累计	16092	443	175	61383	2824	26550	9637
1996	6270	194	19	40277	532	16382	5597
1997	6350			17925	797	10168	4027
1998	156		156	124	85		
1999	1684	148		1607	128		
2000	1632	101		1450	1282		13
“十五”时期累计	7248			42311	3114	14531	5704
2001	4410			24066	1406	14434	5704
2002				150			
2003	1922			10183	1587		
2004	625			3610	121		
2005	291			4302		97	
“十一五”时期累计	66033	23627		30627			
2006				11403			
2007				7795			
2008	375			4855			
2009	9			1212			
2010	65649	23627		5362			
“十二五”时期累计	12295	251		38103			
2011				5033			
2012	12181	138		19621			
2013	67	67		3421			
2014	5	4		6326			
2015	42	42		3702			
“十三五”时期累计							
2016	17	17		4336			
2017	85	85		3398			
2018				4035			

3-7 历年乡镇从业人员

Towmship Employees over Years

单位：人

年 份	合 计	#从事农业人员	#男	女
1978	467757	390585		
1979	468059	373438		
1980	478599	368322	227496	251103
1981	484346	367225	231033	253313
1982	502066	360387	239398	262668
1983	512240	305715	262608	249632
1984	526766	248406	253922	272844
1985	544734	283425	260439	284295
1986	557048	277085	265132	291916
1987	571077	269984	272044	299033
1988	582425	270357	281299	301126
1989	589920	273377	281420	308500
1990	598911	269460	289258	309653
1991	601467	261271	286328	315139
1992	612142	239845	298997	313145
1993	625571	219230	311208	314363
1994	627366	200833	313942	313424
1995	639985	202138	315892	324093
1996	639492	206543	316928	322564
1997	643671	208030	320844	322827
1998	661604	205300	329713	331891
1999	668473	207432	333136	335337
2000	727328	189349	364866	362462
2001	743662	174786	377491	366171
2002	754294	151487	384417	369877
2003	851484	130930	439406	412078
2004	798954	119347	412687	386267
2005	830705	110612	427840	402865
2006	847361	92819	445915	401446
2007	837283	85246	446755	390528
2008	842933	82059	451325	390608
2009	870156	77502	468137	402019
2010	878912	72856	475996	402916
2011	913251	58767	490951	422300
2012	944317	60062	506083	438234
2013	951610	59340	509024	442586
2014	927522	56786	496671	430851
2015	963509	60857	512145	451364
2016	970192	59460	515985	454207
2017	982945	58198	523011	459934
2018	1024103	56770	547958	476145

注：本表乡镇从业人员包含部分外来从业人员，下同。

3-8 历年农林牧渔业总产值及指数

Gross Output Value and Indices of Agriculture over Years

年份	农林牧渔业总产值(万元)	农业	林业	牧业	渔业	农林牧渔服务业
1978	42394	29425	312	5665	3149	
1979	41527	27144	293	7782	2600	
1980	41943	28054	238	6313	2878	
1981	50388	33238	219	6637	4382	
1982	55881	37462	424	6932	4642	
1983	56439	35893	463	8222	4862	
1984	70180	45205	709	8786	5081	
1985	91244	57684	759	12652	6219	
1986	122988	79251	2425	18078	8940	
1987	148414	90502	2330	23324	11930	
1988	203685	109531	4732	36915	26500	
1989	221079	117464	4316	45313	28495	
1990	236412	129032	4324	45405	31449	
1991	242587	130986	4038	47839	32640	
1992	271293	148412	5307	57163	38026	
1993	284539	130666	5489	78919	46737	
1994	347451	158315	6735	101117	60263	
1995	426901	194921	8850	128089	68547	
1996	497161	213018	9149	155112	86992	
1997	514373	232721	4383	176254	81573	
1998	536047	220614	5472	193404	93090	
1999	537442	236429	5640	197474	75495	
2000	546383	216318	3649	226293	81118	
2001	559280	228740	5309	245444	72132	
2002	536729	224452	2346	242928	67003	
2003	490206	209739	1414	203477	67276	8300
2004	441912	163246	2247	199912	67272	9235
2005	420496	107174	1746	242534	62639	6403
2006	212632	116110	3101	50638	31968	10815
2007	195712	113231	3238	35214	33578	10451
2008	244953	128399	3586	44465	59917	8587
2009	239756	129849	2232	38962	59889	8824
2010	263544	144942	2937	39719	66671	9276
2011	280401	155773	2109	42671	69719	10129
2012	292133	164957	1675	40250	74622	10628
2013	303070	182976	3626	31656	73704	11108
2014	311261	195611	3579	26890	73570	11610
2015	318815	210824	3651	22100	70212	12028
2016	354657	258923	3889	19130	60134	12580
2017	354888	262810	3521	18065	57726	12767
2018	392133	300832	3197	6238	68754	13113

注：1. 绝对值按当年价格计算，指数按可比价格计。
2. 从2003年起新增农林牧渔服务业。
3. 根据《全国农业普查条例》，2007—2017年的农林牧渔业总产值及指数以全国第三次农业普查结果为基础做了修订。

3-8 续表

年　份	农林牧渔业总产值(%)	农业	林业	牧业	渔业	农林牧渔服务业
指数（1978=100）						
1978	100.0	100.0	100.0	100.0	100.0	
1979	96.5	97.0	81.0	100.4	79.8	
1980	98.0	100.3	65.6	81.4	88.3	
1981	102.1	108.4	47.7	54.7	88.7	
1982	117.6	120.4	100.3	91.1	101.2	
1983	117.4	115.0	98.8	111.9	111.6	
1984	126.7	122.6	138.8	115.1	120.6	
1985	138.9	131.3	154.2	130.7	127.5	
1986	174.6	158.0	677.2	183.5	166.7	
1987	186.4	160.1	416.9	194.9	241.0	
1988	182.1	143.5	476.4	215.1	262.2	
1989	181.9	138.0	372.4	225.4	288.4	
1990	195.3	150.6	320.6	238.5	316.2	
1991	199.5	149.4	286.4	262.1	335.9	
1992	211.3	163.7	325.7	289.3	356.7	
1993	175.5	115.7	281.8	320.1	332.3	
1994	188.4	123.9	235.5	364.3	382.1	
1995	207.8	132.8	337.0	410.4	407.0	
1996	216.3	122.6	312.7	465.1	467.4	
1997	225.0	129.1	167.7	532.0	540.4	
1998	227.3	103.6	225.3	612.8	659.7	
1999	242.8	140.2	297.4	616.2	686.0	
2000	243.3	111.5	214.9	697.5	769.6	
2001	246.3	111.8	233.4	750.0	766.0	
2002	263.2	150.9	124.5	730.2	652.5	
2003	209.7	105.7	62.1	600.5	666.2	100.0
2004	213.5	118.0	123.9	563.1	647.9	108.0
2005	222.2	107.7	171.4	662.2	653.8	72.9
2006	121.0	108.3	246.6	155.2	590.7	121.2
2007	105.6	102.7	261.7	93.6	584.9	111.5
2008	118.3	104.3	286.3	109.6	899.9	84.1
2009	122.1	107.6	179.0	117.1	929.6	84.7
2010	125.6	105.9	205.3	132.4	982.5	84.7
2011	125.9	109.4	144.5	121.3	983.5	86.0
2012	126.5	107.0	111.7	125.2	1034.5	86.0
2013	126.0	109.4	240.5	107.3	1023.2	86.0
2014	128.2	116.6	236.6	94.9	981.2	86.0
2015	129.4	124.0	242.8	74.0	931.2	86.0
2016	134.4	139.4	251.4	62.8	787.2	86.1
2017	136.8	145.3	243.4	63.6	727.6	86.1
2018	145.9	161.7	220.3	21.6	804.2	86.5

3-9 历年农林牧渔业增加值

Added Value of Agriculture over Years

单位：万元

年 份	农林牧渔业增加值	农业	林业	牧业	渔业	农林牧渔服务业
1978	27235	18903	200	3639	2023	
1980	26323	17606	149	3962	1806	
1985	61475	38864	511	8524	4190	
1986	81416	52463	1605	11967	5918	
1987	98236	59904	1542	15438	7897	
1988	118888	63932	2762	21547	15468	
1989	126568	67248	2471	25942	16313	
1990	132787	72474	2429	25503	17664	
1991	134523	72636	2239	26528	18100	
1992	144115	78839	2819	30366	20200	
1993	143953	66106	2777	39926	23645	
1994	174796	79645	3388	50870	30317	
1995	214306	97851	4443	64301	34411	
1996	248645	106537	4576	77576	43507	
1997	256388	115999	2185	87853	40660	
1998	259437	106773	2648	93604	45054	
1999	257863	113438	2706	94747	36222	
2000	259087	102575	1730	107305	38465	
2001	260968	106733	2477	114528	33658	
2002	248791	104041	1087	112605	31058	
2003	228165	96676	658	94708	31313	4810
2004	227087	84939	1155	102730	34569	3694
2005	218212	82306	1162	97864	34412	2468
2006	123936	83612	1913	17938	16011	4462
2007	118198	81560	2106	12471	17747	4314
2008	145778	92486	2332	15747	31668	3545
2009	144076	93530	1451	13798	31654	3643
2010	159445	104402	1910	14066	35238	3829
2011	169717	112203	1372	15112	36849	4181
2012	177991	118819	1089	14255	39441	4387
2013	188907	131797	2358	11211	38955	4586
2014	196427	140899	2328	9523	38884	4793
2015	204133	151857	2374	7827	37110	4965
2016	232783	186502	2529	6775	31783	5193
2017	233770	189302	2290	6398	30510	5270
2018	262729	216689	2079	2209	36339	5413

注：1．绝对值按当年价格计算。

2．根据《全国农业普查条例》，2007-2017年的农林牧渔业增加值数据以全国第三次农业普查结果为基础做了修订。

3-10 历年农作物播种面积

Total Sown Area of Farm Crops over Years

单位：亩

年份	农作物总播种面积	#粮食				甘蔗	花生	蔬菜(含菜用瓜)
			#稻谷	薯类	大豆			
1978	2859494	2072184	1715230	66400	36764	131200	155021	68743
1979	2585334	1937441	1676936	62537	37993	110580	185434	63959
1980	2436118	1756854	1624873	49665	39261	92397	232541	58550
1981	2267521	1606926	1525072	48999	32143	131453	264903	63768
1982	2204381	1600137	1511345	57188	35450	125787	217612	82982
1983	2193087	1635344	1530918	71430	32029	110684	152335	119370
1984	2165276	1576777	1468801	77105	31718	98449	173198	153636
1985	1950081	1395692	1293847	70997	28982	96627	159918	139795
1986	1791221	1257126	1174464	54993	31469	67920	152214	159100
1987	1795990	1250934	1165554	57850	28471	63655	130292	184744
1988	1792952	1236359	1151493	55368	27929	69694	113882	208930
1989	1834039	1284184	1199979	55964	26200	85238	101077	211217
1990	1848814	1286028	1194153	61281	26444	85977	97808	229532
1991	1791266	1226573	1138043	60107	22785	90137	85537	238418
1992	1561497	963947	889074	51273	20688	76184	67897	318193
1993	1068053	551155	499223	34449	12843	43720	39062	361826
1994	1009468	536191	482051	32615	7542	36346	25344	367122
1995	1078363	598547	527594	43346	7058	28521	24779	379362
1996	1083418	628347	559499	37989	8276	32620	20805	363331
1997	1082610	624091	560506	32629	8190	41427	18490	369113
1998	1101826	624383	558668	34799	7028	48602	16824	385151
1999	1088854	626481	558508	36329	5597	31641	14305	388173
2000	986022	527689	465616	31754	5290	7566	11969	407304
2001	854229	338467	283351	31214	3947	4610	9405	465659
2002	634205	148184	112388	18265	1983	3193	4746	445447
2003	509504	84782	54970	11154	1550	1879	2823	380252
2004	462244	81207	31108	24683	816	868	1544	350412
2005	410648	62084	34356	9390	1006	950	574	315537
2006	333854	34366	25159	4100	183	575	556	241070
2007	285188	31223	19356	4434	236	1766	381	212894
2008	311254	39049	18440	3032	387	2588	621	249296
2009	322609	38886	18124	2905	112	4852	915	262095
2010	301142	33839	25184	1529		3633	801	242636
2011	300806	32103	25230	1692	289	3115	528	242905
2012	294768	28729	22409	2666	618	3337	1108	240986
2013	282876	24027	16858	3441	692	2504	1257	238146
2014	306279	19906	12744	3906	729	1599	1455	268406
2015	302828	16933	10181	4040	1148	2088	1199	268817
2016	329330	15047	8441	3761	944	1311	1023	293956
2017	326220	14600	8437	3797	1004	1796	1004	287594
2018	336092	18138	8412	6787	1247	796	822	290470

注：1．2006年及以前年份，粮食数据不含大豆。
2．根据《全国农业普查条例》，2007—2017年的农作物播种面积数据以全国第三次农业普查结果为基础做了修订。

3-11 历年农作物产量

Total Output of Farm Crops over Years

单位：吨

年 份	粮食	#稻谷	薯类	大豆	甘蔗	花生	蔬菜（含菜用瓜）
1978	532308	501074	6458	1948	511492	14157	135603
1979	535342	516263	6568	1982	366424	19100	127918
1980	529381	518591	5432	2245	449907	29015	124859
1981	447540	439534	6318	1722	678160	35506	132846
1982	543349	532998	8430	2162	707764	29930	123117
1983	561246	548073	11345	1875	553174	19662	168878
1984	558216	545548	10946	1980	569225	23076	230454
1985	488705	476399	10304	1771	556983	20963	314539
1986	455243	443760	9422	2050	382608	20056	427138
1987	462830	451032	10058	1920	378094	17019	414261
1988	460929	448923	9950	1965	420391	15119	412436
1989	487648	474476	11052	2023	528463	13746	410879
1990	494259	479350	12452	2184	557102	13411	444377
1991	473663	458425	12998	1838	619884	11510	446204
1992	368083	354298	11070	1763	543657	9323	523806
1993	202097	192018	7366	1035	343133	5594	572376
1994	202356	189688	7929	668	313851	3678	537442
1995	227441	210876	10758	647	246707	3724	557807
1996	243204	224469	11271	806	285732	3120	597732
1997	246901	227163	11487	811	354420	2879	641403
1998	247194	223938	13916	758	411555	2588	668753
1999	247287	223403	14580	566	242773	2204	668822
2000	204136	183485	9730	610	54095	1960	658196
2001	128366	109881	9920	426	33387	1556	706775
2002	53732	42508	5420	244	20224	865	653272
2003	30500	20423	3415	215	8019	395	560523
2004	30374	12230	9803	138	4763	216	532116
2005	20004	11941	2733	147	4433	114	460204
2006	10040	7548	1314	31	3167	99	356347
2007	10200	6408	1432	43	11585	106	312510
2008	11637	5898	943	82	17479	138	346622
2009	11226	6382	812	17	28177	123	350725
2010	10554	8453	312		20857	129	329799
2011	10426	8728	342	36	19908	90	337360
2012	9355	7910	515	111	19484	335	327656
2013	7813	6049	841	93	15111	296	320186
2014	6451	4614	1035	109	9178	267	354134
2015	5500	3781	1095	176	12763	263	354786
2016	4806	3130	1034	158	7997	216	400016
2017	4790	3247	1026	156	7874	219	392431
2018	5846	3314	1893	193	3148	186	400136

注：根据《全国农业普查条例》，2007—2017年的农作物产量数据以全国第三次农业普查结果为基础做了修订。

3-12 主要年份农作物播种面积、亩产及总产量

Sown Area, Yield Per Acreage and Total Output of Farm Crops in Main Years

单位：亩、公斤/亩、吨

指　标	1978年			1985年			1990年		
	播种面积	亩产	总产量	播种面积	亩产	总产量	播种面积	亩产	总产量
粮食作物	2072184	257	532308	1395692	350	488705	1286028	384	494259
按品种分									
稻谷	1715230	292	501074	1293847	368	476399	1194153	401	479350
旱粮	290554	85	24776	30848	65	2002	30594	80	2457
薯类	66400	97	6458	70997	145	10304	61281	203	12452
大豆	36764	53	1948	28982	61	1771	26444	83	2184
按季节分									
春收				30978	131	4042	33352	174	5790
夏收	1127790	248	279552	649856	377	244755	614059	399	244890
#早稻	814852	309	251907	620409	389	241413	587821	410	241018
秋收	944394	268	252757	714858	336	239907	638617	381	243579
#晚稻	900378	277	249167	673438	349	234985	606332	393	238332
经济作物				306406			209120		
#甘蔗	131200	3899	511492	96627	5765	556983	85977	6480	557102
糖蔗	130676	3895	508976	91884	5725	526033	83246	6471	538712
果蔗	524	4802	2516	4743	6525	30950	2731	6734	18390
油料作物				160186	131	20974	97808	137	13411
#花生	155021	91	14157	159918	131	20963	97808	137	13411
其他作物				219001			327222		
#蔬菜（含菜用瓜）	68743	1973	135603	139795	2250	314539	229532	1936	444377

3-12 续表 1

单位：亩、公斤/亩、吨

指标	1995年			2000年			2005年		
	播种面积	亩产	总产量	播种面积	亩产	总产量	播种面积	亩产	总产量
粮食作物	598547	380	227441	527689	387	204136	62084	322	20004
按品种分									
稻谷	527594	400	210876	465616	394	183485	34356	348	11941
旱粮	27607	210	5807	30319	360	10921	18338	291	5330
薯类	43346	248	10758	31754	306	9730	9390	291	2733
大豆	7058	92	647	5290	115	610	1006	146	147
按季节分									
春收	17880	224	4008	20787	287	5966	9665	312	3019
夏收	282978	388	109914	245110	392	96015	23286	306	7136
#早稻	255886	405	103592	225985	397	89729	14713	351	5164
秋收	297689	381	113519	261792	390	102155	29133	338	9850
#晚稻	271708	395	107284	239631	391	93756	19643	345	6777
经济作物	62092			35221			18011		
#甘蔗	28521	8650	246707	7566	7150	54095	950	4666	4433
糖蔗	26488	8827	233803	6775	7285	49359	55	8182	450
果蔗	2033	6347	12904	791	5987	4736	895	4450	3983
油料作物	24779	150	3724	11969	164	1960	574	199	114
#花生	24779	150	3724	11969	164	1960	574	199	114
其他作物	410666			417822			329547		
#蔬菜（含菜用瓜）	379362	1470	557807	407304	1616	658196	315537	1458	460204

3-12 续表 2

单位：亩、公斤/亩、吨

指 标	2010年			2015年			2018年		
	播种面积	亩产	总产量	播种面积	亩产	总产量	播种面积	亩产	总产量
粮食作物	41922	298	12482	42089	301	12675	18138	322	5846
按品种分									
稻谷	26124	336	8768	11056	371	4106	8412	394	3314
旱粮	12606	242	3046	7734	286	2214	1291	288	372
薯类	3192	209	668	21177	285	6030	6787	279	1893
大豆				2122	153	325	1247	155	193
按季节分									
春收	5202	221	1150	6740	266	1794	3151	257	811
夏收	17948	306	5501	17296	295	5104	7761	322	2498
#早稻	12017	330	3965	5574	372	2073	3870	383	1481
秋收	18772	311	5831	18575	316	5864	7226	351	2537
#晚稻	14107	340	4803	5482	371	2033	4542	404	1833
经济作物	14084			15545			26347		
#甘蔗	2944	5418	15952	1301	5367	6982	796	3955	3148
果蔗	2844	5328	15152	1301	5367	6982	796	3955	3148
油料作物	713	161	115	922	219	202	822	226	186
#花生	713	161	115	922	219	202	822	226	186
其他作物	313251			316857			291607		
#蔬菜（含菜用瓜）	300622	1307	392904	313509	1281	401640	290470	1378	400136

3-13 主要年份农机总动力、水利、化肥、农药及农村用电量

Basic Statistics on Total Power of Agricultural Machinery, Water Conservancy, Consumption of Chemical Fertilizers and Pesticides, and Electricity Consumed in Rural Areas in Main Years

指标	单位	1978年	1990年	1995年	2000年	2005年	2010年	2015年	2017年	2018年
农业机械总动力	千瓦	248760	1003980	795120	586063	229297	367988	450375	473025	478025
#耕作机械	千瓦	42550	157910	83482	51848	16386	24079	25863	32352	54686
收获机械	千瓦	6180	84130	54722	51084	969	2280	766	750	766
水利建设总投资	万元	413	5428	16900	35550	59437	78308	90322	85799	90423
化肥施用实物量	吨	113296	235836	124263	103570	52749	41445	28149	22786	21442
氮肥	吨	86371	84642	43441	30214	14439	10214	6336	4970	4643
磷肥	吨	23164	52483	28939	23939	10967	8055	5842	3952	3644
钾肥	吨	3761	26131	16915	14606	6403	5030	3466	2892	2843
复合肥	吨		39098	34968	34811	20940	18146	12505	10972	10312
农药施用量	吨	4276	3453	1924	1836	1090	819	757	703	542
农村用电量	亿千瓦时	0.57	8.25	40.63	131.29	297.07	395.05	476.52	544.06	562.08
平均每一农业人口用电量	千瓦时		826	3778	11666	29762	44051	213135	233425	238193

注：农业机械总动力数据从2010年起采用农业局统计口径，数据与往年不可比，下同。

3-14 历年水果面积及产量

Planted Area and Output of Fruits over Years

年　份	年末种植水果面积(亩)	#香（大）蕉	荔　枝	水　果总产量(吨)	#香（大）蕉	荔　枝
1978	93245	18828	46678	26457	18867	4959
1979	91021	17977	46697	23346	12165	8667
1980	88444	15582	46743	23688	10894	7884
1981	97468	18042	48230	46909	25513	15599
1982	114730	28439	50669	58196	40872	7042
1983	159260	39749	63349	77225	42079	20724
1984	235311	66506	84183	105851	69186	14714
1985	407416	125998	115428	189350	133503	19304
1986	609347	171168	168820	307743	210439	18577
1987	609569	158874	175366	363085	222826	17439
1988	548482	99256	176979	263710	126655	7699
1989	476598	54867	164782	221418	69410	6165
1990	452729	54185	160355	282410	73555	16994
1991	440442	56481	154456	343155	85702	6201
1992	420661	81331	139584	344751	97986	22972
1993	360130	86299	117557	271346	80982	717
1994	325336	67595	121236	264875	92072	12703
1995	322876	62351	142370	243231	86466	23324
1996	326291	59822	159403	206276	77768	14804
1997	319556	57583	188220	165016	80355	22572
1998	310873	46377	208899	114106	78978	2885
1999	285514	48975	198144	136317	82169	35218
2000	297618	71454	189862	129367	108913	9107
2001	275428	86578	156019	150115	132292	7059
2002	209924	76764	109948	189343	135209	45339
2003	199634	82024	95812	146414	130688	9012
2004	183375	84812	80115	175389	150669	18312
2005	176845	75452	83357	151255	123986	21026
2006	173470	73493	81395	139582	124601	8615
2007	162987	66203	80313	130579	115606	10107
2008	177332	62804	94953	100016	85004	8498
2009	175784	51120	103364	89490	72993	10240
2010	168619	45463	100136	73288	57746	8266
2011	165314	40674	101458	71124	52449	11032
2012	175740	34416	118158	62035	48700	6333
2013	190520	32466	133793	57990	43375	7910
2014	193855	29142	140915	58806	39922	11500
2015	190965	28231	138273	58835	39121	11280
2016	193328	27977	138981	55081	38804	5492
2017	190927	25381	138151	54583	39051	2962
2018	193456	28806	134860	67675	37102	16917

注：根据《全国农业普查条例》，2007—2017年的水果面积及产量数据以全国第三次农业普查结果为基础做了修订。

3-15 历年林业生产

Basic Statistics on Forestry Production over Years

年 份	林业用地面积（亩）	#杉	松	桉	当年育苗面积（亩）	当年幼林抚育面积（亩）	当年四旁植树（万株）
1978	700570	63994	541492	49008	485	32900	44
1979	705764	67104	543210	50439	880	14900	30
1980	740052	70665	568729	56272	316	9500	15
1981	743697	67236	584674	49994	133	12500	12
1982	698715	63730	535072	52925	500	11945	19
1983	769893	67423	574171	56724	361	40464	17
1984	739402	66107	552721	58092	501	106982	16
1985	761460				801	120000	150
1986	706823	61438	510042	60581	33231	210540	22
1987	714664	57824	526254	75498	1728	53759	35
1988	729896	59351	512451	90998	3667	70275	37
1989	691944	53293	490370	103887	2101	64950	58
1990	709240	47054	484397	133706	3464	56647	54
1991	709306	44432	459015	148127	609	53827	63
1992	662919	39326	422527	149944	762	60764	49
1993	628612	36213	400816	144346	677	28511	57
1994	1016138	43815	382482	129473	2492	28127	34
1995	1015223	43661	360591	125133	4273	25130	48
1996	1014972	9654	248288	115878	699	21000	133
1997	1014954	8843	235410	113928	823	23745	218
1998	1014876	8367	222147	112005	387	36000	417
1999	1009965	10890	221585	133500	506	29863	522
2000	1009037	29940	526797	280618	625	47145	425
2001	1007298	9678	189930	133464	705	45000	357
2002	900335	8265	187665	138525	516	46500	98
2003	890877	6540	66206	105666	420	38910	147
2004	980942				255	60000	625
2005	934700	3086	2860	100145	195	61005	253
2006	930162	3716	60890	162125	15	25320	480
2007	926760	3870	62363	149440	255	43320	600
2008	923097	3873	59864	145340	255	49571	610
2009	921000	3719	58375	143690	610	56545	60
2010	909900	3719	56987	142971	285	37278	18
2011	905370	3719	56801	141945	345	41085	22
2012	902927	2934	41480	99353	360	35790	19
2013	902148	3719	56433	144674	390	39920	309
2014	803735	1091	10821	101783	885	39810	316
2015	803735	1091	10821	101783	906	31403	320
2016	733000	323	7915	40172	456	31021	344
2017	729397	1072	10679	97525	306	24332	354
2018					304	13346	360

注：由于机构改革，2018年林业面积数据需要市林业局和市自然资源局三调整合，截止年鉴发布，“三调整合”工作仍在进行中，故相关数据空缺。

3-16 历年畜牧业生产及产品产量

Production of Animal Husbandry and Output of Livestock Products over Years

年　份	牛年末存栏量（头）	羊年末存栏量（头）	生　猪饲养量（头）	生　猪存栏量（头）	生　猪出栏量（头）	三　鸟饲养量（万只）	三　鸟出栏量（万只）	畜　牧总肉量（吨）	#猪肉
1978	53004		1018060	672919	345141	428	219	26920	22790
1979	50595		995408	626435	368973	379	187	29209	25647
1980	53385		799568	501380	298188	420	209	27652	23461
1981	58619		703659	449638	254021	476	252	28011	23387
1982	64067		791518	526106	265412	568	309	33037	27374
1983	69117		842198	489887	352311	630	370	35695	28872
1984	70992		784473	458804	325669	652	369	33260	26301
1985	62763		790505	471268	319237	832	414	33298	25759
1986	62874		812102	428545	383557	940	655	43302	30920
1987	58577		781957	396082	385875	1235	862	46120	32588
1988	54723		811945	402035	409910	1400	1020	56125	35067
1989	52713		846598	407317	439281	1565	1136	58563	38270
1990	48760	1559	870782	410875	459907	1592	1188	62191	40130
1991	44121	1396	930377	420919	509458	1806	1336	68844	44702
1992	32259	1068	981698	448586	533112	1889	1419	67983	45492
1993	18688	783	982084	404352	577732	2185	1647	76562	49470
1994	14219	863	1089793	434904	654889	2334	1730	85448	57920
1995	12207	1593	1250597	469355	781242	2501	1881	97572	68649
1996	12945	1806	1407080	490161	916919	2418	1851	116058	83404
1997	12675	2391	1772892	619114	1153778	2608	1863	128992	99300
1998	10522	2159	2217247	776851	1440396	2291	1742	153513	123874
1999	6811	1508	2573310	900285	1673025	2228	1667	159889	130494
2000	5550	1675	2894126	967056	1927070	2362	1784	179032	149648
2001	4618	1851	3255780	1079397	2176383	2226	1683	198423	168353
2002	2919	1931	3075523	927477	2148046	1962	1557	188774	165344
2003	1727	1789	2525252	742101	1783151	1652	1282	154615	135344
2004	1024	1936	2444990	785289	1659701	1396	1048	146184	128286
2005	827	998	2487962	214120	2273842	1314	1072	171737	159169
2006	82	242	530959	110396	420563	485	312	34891	30199
2007	111		122915	53484	69431	569	485	9640	4802
2008	108		132012	56445	75567	625	532	10421	5227
2009	209		136193	53650	82543	648	551	11072	5607
2010	491	100	151024	51387	99637	636	548	12228	6609
2011	322	90	135495	52325	83170	627	541	11721	5682
2012	151	156	128400	42469	85931	664	578	12638	5873
2013	326	63	90070	19786	70284	405	334	10726	5131
2014	709	3021	86466	23325	63141	384	316	9558	4500
2015	905	2069	60690	19088	41602	373	298	7544	3018
2016	560	2328	54347	19082	35265	345	299	6573	2556
2017	563	2340	51977	17981	33995	370	313	6624	2465
2018		308	22737	8320	14417	85	76	2235	1083

注：根据《全国农业普查条例》，2007—2017年的畜牧业生产及产品产量数据以全国第三次农业普查结果为基础做了修订。

3-17 历年水产品产量及养殖面积

Output and Cultured Area of Aquatic Products over Years

年 份	水产品产量(吨)	海水			淡水			养殖面积(亩)		
		产量	捕捞	养殖	产量	捕捞	养殖		海水养殖	淡水养殖
1978	30900	23307	23307		7593		7593	89040		89040
1979	22309	13878	13878		8431		8431	94916		94916
1980	25471	17069	17069		8402		8402	95549		95549
1981	24905	15669	15669		9236		9236	104069		104069
1982	27695	16120	16120		11575		11575	112586		112586
1983	30292	17330	17330		12962		12962	116943		116943
1984	32465	18025	18025		14440		14440	119456		119456
1985	32641	15422	15214	208	17219		17219	131350	5301	126049
1986	46534	28439	25918	2521	18095		18095	138651	16078	122573
1987	65679	45214	42793	2421	20465		20465	163225	15036	148189
1988	68087	44111	42926	1185	23976	182	23794	137966	9670	128296
1989	62306	37189	35372	1817	25117	1194	23923	123090	10350	112740
1990	68508	41002	38423	2579	27506	2177	25329	136174	19286	116888
1991	69025	39906	37209	2697	29119	2147	26972	131849	18446	113403
1992	73164	42429	38033	4396	30735	2590	28145	134558	20400	114158
1993	64973	33745	28192	5553	31228	3120	28108	143696	25855	117841
1994	67420	31284	24059	7225	36136	2565	33571	144869	26583	118286
1995	74778	32132	24637	7495	42646	2084	40562	162609	27795	134814
1996	81067	33363	25471	7892	47704	1940	45764	172656	27791	144865
1997	91901	35407	26704	8703	56494	5157	51337	184889	30326	154563
1998	96872	33618	24319	9299	63254	3146	60108	192381	29223	163158
1999	94023	31332	24257	7075	62691	2747	59944	167880	19440	148440
2000	95076	33234	24180	9054	61842	3135	58707	167841	25695	142146
2001	89599	30877	23726	7151	58722	2285	56437	155720	27928	127792
2002	82361	30800	23474	7326	51561	2762	48799	142167	26696	115471
2003	75756	30151	22826	7325	45605	2121	43484	126660	27097	99563
2004	71526	29289	22382	6907	42237	3078	39159	125116	25652	99464
2005	67381	28319	21622	6697	39062	1783	37279	102023	23530	78493
2006	47059	21152	15256	5897	25907	1062	24845	71745	6345	65400
2007	47292	21637	15992	5645	25655	857	24797	71100	5925	65175
2008	72282	21297	14322	6975	50985	512	50473	137718	17559	120159
2009	73323	19034	13205	5829	54289		54289	129136	4197	124939
2010	76268	19300	13257	6043	56968	1563	55405	132960	4147	128813
2011	78229	17816	12255	5561	60413	1801	58612	118676	3473	115203
2012	76967	17131	11664	5467	59836	1513	58323	131640	10175	121465
2013	74526	14672	10783	3889	59854	1494	58360	144005	9395	134610
2014	72660	13838	9386	4452	58822	1442	57380	137818	9114	128704
2015	68946	12662	8375	4287	56284	1560	54724	128550	8850	119700
2016	50171	8169	6305	1864	42002	1373	40629	105833	3873	101960
2017	45536	7482	6203	1279	38054	770	37284	90176	2768	87408
2018	45991	6542	6542		39449	832	38617	83940		83940

3-18 主要农产品产量与最高年份比较（2018年）

Output of Main Agricultural Products in Comparison with Peak Year (2018)

指　　标	单位	2018年	建国以来最高年份		
			年　份	产　量	2018年为最高年份的(%)
粮食总产量	吨	5846	1977	563463	1.0
#稻　谷	吨	3314	1973	548073	0.6
#早　稻	吨	1481	1983	279723	0.5
晚　稻	吨	1833	1984	279898	0.7
大　豆	吨	193	1954	2790	6.9
经济作物					
#甘　蔗	吨	3148	1982	707764	0.4
花　生	吨	186	1981	35506	0.5
其他作物					
#蔬　菜（含菜用瓜）	吨	400136	2001	706775	56.6
水果总产量	吨	67675	1987	363085	18.6
#香（大）蕉	吨	37102	1987	222826	16.7
荔　枝	吨	16917	2002	45339	37.3
水产品	吨	45991	1998	96872	47.5
生猪年末存栏量	头	8320	2001	1079397	0.8
生猪年出栏头数	头	14417	2005	2273842	0.6
猪肉产量	吨	1083	2001	168353	0.6
三鸟饲养量	万只	85	2000	2362	3.6
三鸟出栏量	万只	76	2000	1784	4.2

主要统计指标解释

Explanatory Notes on Main Statistical Indicators

耕地面积 指可以用来种植农作物、经常进行耕锄的田地，包括熟地、当年新开荒地、连续撂荒未满三年的耕地和当年的休闲地(轮歇地)，还包括以种植农作物为主并附带种植桑树、茶树、果树和其他林木的土地，以及沿海、沿湖地区已围垦利用的“海涂”、“湖田”等面积。不包括属于专业性的桑园、茶园、果园、果木苗圃、林地、芦苇地、天然或人工草地面积。

农作物播种面积 指实际播种或移植有农作物的面积。凡是实际种植有农作物的面积，不论种植在耕地上还是种植在非耕地上，均包括在农作物播种面积中。在播种季节基本结束后，因遭灾而重新改种和补种的农作物面积，也包括在内。

粮食产量 指全社会的产量。包括国有经济经营的、集体统一经营的和农民家庭经营的粮食产量，还包括工矿企业办的农场和其他生产单位的产量。粮食除包括稻谷、小麦、玉米、高粱、谷子及其他杂粮外，还包括薯类和豆类。其产量计算方法，豆类按去豆荚后的干豆计算；薯类(包括甘薯和马铃薯，不包括芋头和木薯)1963年以前按每4公斤鲜薯折1公斤粮食计算，从1964年开始改为按5公斤鲜薯折1公斤粮食计算。城市郊区作为蔬菜的薯类(如马铃薯等)按鲜品计算，并且不作粮食统计。其他粮食一律按脱粒后的原粮计算。

水产品产量 指人工养殖的水产品和天然生长的水产品的捕捞量。包括海水的鱼类、虾蟹类、贝类和藻类以及内陆水域的鱼类、虾蟹类和贝类，不包括淡水生植物。

猪、牛、羊肉产量 指当年出栏并已屠宰、除去头蹄下水后带骨肉(即胴体重)的重量。

期初(末)畜禽存栏头(只)数 指报告期初(末)农村各种合作经济组织和国营农场、农民个人、机关、团体、学校、工矿企业、部队等单位以及城镇居民饲养的大牲畜、猪、羊、家禽等畜禽的存栏数。

农业机械总动力 指主要用于农、林、牧、渔业的各种动力机械的动力总和。包括耕作机械、排灌机械、收获机械、农用运输机械、植物保护机械、牧业机械、林业机械、渔业机械和其他农业机械〔内燃机按引擎马力折成瓦(特)计算、电动机按功率折成瓦(特)计算〕。不包括专门用于乡、镇、村、组办工业、基本建设、非农业运输、科学试验和教学等非农业生产方面用的动力机械与作业机械。

农林牧渔业总产值 指以货币表现的农、林、牧、渔业全部产品的总量，它反映一定时期内农业生产总规模和总成果。农业总产值的计算方法通常是按农林牧渔业产品及其副产品的产量分别乘以各自单位产品价格求得；少数生产周期较长，当年没有产品或产品产量不易统计的，则采用间接方法匡算其产值；然后将四业产品产值相加即为农业总产值。

农林牧渔业增加值 是指农、林、牧、渔及农林牧渔服务业在一定时期内生产货物或提供服务活动而增加的价值。它反映了农业生产经营活动的最终成果和对社会的贡献。

农业增加值的计算方法有两种：(1)生产法，是从生产角度进行计算的一种方法。即用农业总产出减去农业中间消耗求得。由于农户没有健全的核算记录，故农业增加值一般是采用生产法计算。(2)分配法，是从分配角度进行计算的一种方法。是通过农业生产单位在生产经营和劳务活动过程中形成的不含中间消耗的各种收入来计算。具体包括农业劳动者收入、福利基金、利税、固定资产折旧及大修理和其他。

四、工　业

Industry

4-1 主要年份工业主要指标

Main Indicators of Industry in Main Years

指　　标	单位	1998年	2000年	2005年	2010年	2015年	2017年	2018年
全市工业企业单位数	个	16406	16975	21868	38273	97944	151533	174368
规模以上工业:								
企业单位数	个	1500	1663	4505	5899	5688	7669	7704
年末固定资产原值合计	万元	6257040	7288486	18560858	32162507	43550738	50094077	
年末固定资产	万元	4392164	4701886	11052566	17836928	22538217	25140928	
年末流动资产	万元	3798813	5298239	18732801	37888251	61892638	89956725	103009892
年末资产总额	万元	9267121	11225950	33453291	60017098	91346482	125869201	142640660
年末负债总额	万元	4752964	5630399	18580908	35252952	53699190	76286654	88405296
所有者权益	万元	4514157	5595551	14872383	24750103	37005020	49287199	
工业增加值	万元	1687134	2594352	10624190	17083110	26119633	36181853	39045697
主营业务收入	万元	6399088	9889058	39121487	77081695	124542179	182401487	194650740
利润总额	万元	255715	503589	1243516	3523632	4075012	7220424	6119749
全员劳动生产率（按增加值计算）	元/人	26688	36101	53340	60854	102756	133936	158565
综合效益指数	%	94.1	114.0	119.9	130.3	148.7	175.3	182.0

注：1. 2005年以前数据根据东莞市第一次经济普查取得，2008年数据根据第二次经济普查取得，下同。
2. 规模以上工业企业1997年及以前年份为独立核算工业企业口径， 1998—2005年为全部国有工业及年销售收入500万元以上非国有工业企业口径， 2006—2010年为年主营业务收入500万元及以上工业企业口径，2011年起为年主营业务收入2000万元及以上的工业企业口径,下同。
3. 由于第四次全国经济普查数据尚未发布，工业采用年快报数，部分数据由于只有年报数据故暂时无法提供，2018年年报数据将在2020年出版的统计年鉴反映，下同。

4-2　历年工业企业单位数

Number of Industrial Enterprises over Years

单位：个

年　份	全市工业企　　业单位数	#规模以上工业企业	#国　有	集体企业	外商企业
1949	1		1		
1952	23		20	3	
1957	262		76	186	
1962	280		57	223	
1965	260		61	199	
1970	220		57	163	
1975	324		61	263	
1978	1290	377	64	1226	
1979	1250	428	63	1187	
1980	1293	506	64	1229	
1981	1479	539	64	1415	
1982	1862	574	66	1796	
1983	1964	594	68	1896	
1984	2329	664	69	2109	
1985	4187	763	73	2990	79
1986	5949	831	81	4263	89
1987	8106	912	74	5123	175
1988	8408	972	72	5424	241
1989	8757	1049	76	5835	323
1990	9892	1129	78	6165	525
1991	10094	1213	77	6404	758
1992	11639	1251	72	6400	936
1993	12449	1348	75	7129	1412
1994	14086	1287	45	7185	2193
1995	15215	2431	70	9345	2841
1996	15326	1495	40	8958	2381
1997	16857	1572	41	9949	2379
1998	16406	1500	29	8814	2511
1999	16877	1545	29	10325	3358
2000	16975	1663	23	10184	3610
2001	18094	1680	20	9978	4791
2002	21313	1993	19	198	11737
2003	21935	2042	19	200	11927
2004	22156	4224	13	211	10872
2005	21868	4505	10	220	12234
2006	22447	4580	10	211	12461
2007	22587	4987	16	151	12569
2008	26372	5954	35	484	7611
2009	31160	5801	26	313	7580
2010	38273	5899	21	262	7864
2011	46413	4243	20	215	8676
2012	57808	4526	20	254	8965
2013	67332	5361	17	222	9151
2014	80567	5377	16	194	8911
2015	97944	5688	15	138	8978
2016	121762	5869	14	170	8987
2017	151533	7669	13	165	8920
2018	174368	7704	11	155	8819

注：2002年起集体企业不包括“三来一补”企业。

4-3 主要年份工业企业单位数（按不同类型分）

Number of Industrial Enterprises in Main Years (by Ownership)

单位：个

指　　标	1998年	2000年	2005年	2010年	2015年	2017年	2018年
全市企业单位数	16406	16975	21868	38273	97944	151533	174368
轻工业	14389	14440	12651	20651	50091	70659	83427
重工业	2017	2535	9217	17622	47853	80874	90941
在总计中：							
（一）规模以上工业企业	1500	1663	4505	5899	5688	7669	7704
按轻重工业分							
轻工业	1082	1124	2569	3183	2909	3576	3686
重工业	418	539	1936	2716	2779	4093	4018
按登记注册类型分							
国有	29	16	5	10	2	2	2
集体	204	248	162	151	31	28	28
私营	24	44	621	1159	1434	2322	2342
联营	5	6	2	5			
股份合作	9	6	1	2			
股份有限公司	6	3	18	20	84	163	163
外商投资	134	201	820	1321	1057	1056	1058
港澳台商投资	1082	1119	2481	2564	1918	2083	2085
其他	7	20	395	667	1162	2015	2026
按企业规模分							
大型企业	16	28	39	84	240	297	299
中型企业	27	19	579	1327	1701	1675	1690
小型企业	1457	1616	3887	4488	3557	5454	5536
微型企业					190	243	179
（二）规模以下工业企业	14906	15312	17363	32374	92256	143864	166664

注：2011年起采用新的企业规模划分标准，共分大型、中型、小型、微型四类企业规模，下同。

4-4 历年规模以上工业企业主要指标

Main Indicators of Industrial Enterprises above Designated Size over Years

年 份	企业单位数 (个)	工业总产值 (万元)	工业增加值 (万元)	工业销售产值 (万元)	利润总额 (万元)
1978	377	34589	10149	27746	2564
1979	428	39655	13341	31320	2767
1980	506	43631	14647	35299	3344
1981	539	49958	17131	42545	3886
1982	574	57997	20074	49145	4025
1983	594	65653	21309	52676	4107
1984	664	76602	24310	60449	3724
1985	736	120375	34919	92323	2303
1986	831	157965	42826	117814	4529
1987	912	233619	56671	179262	7079
1988	972	339559	79262	258338	10998
1989	1049	442282	93572	367730	23480
1990	1129	597726	134392	474459	6577
1991	1213	837538	176255	675667	25525
1992	1251	1259351	256615	960928	52730
1993	1348	1907897	350460	1496844	70382
1994	1287	2755275	566108	2125156	140047
1995	2431	3762595	649943	2540566	130705
1996	1495	5071395	841401	2960514	115994
1997	1572	6149355	1038982	3488063	238867
1998	1500	8162888	1687134	5979353	257715
1999	1545	10395384	2321454	7419604	357952
2000	1663	12714419	2594352	9125730	503589
2001	1680	14669051	2906664	10378741	433640
2002	1993	20016645	4666142	16704243	670514
2003	2042	25574017	5954787	21460231	747504
2004	4224	31454169	8004475	31402443	966646
2005	4505	39420346	10624190	39212800	1243516
2006	4580	48397003	13185849	48177825	1600791
2007	4987	58515055	14305996	58087957	1913921
2008	5954	66328201	16898996	63289873	1430566
2009	5801	60711098	14533667	60238631	2972487
2010	5899	77390869	17083110	77273008	3523632
2011	4243	84696933	16424508	84357680	3165403
2012	4526	94925533	19781297	95234082	2916748
2013	5361	110234490	24256174	108423080	3137479
2014	5377	121337147	24908441	118842699	3659798
2015	5688	127444179	26119633	124816789	4075012
2016	5869	146924605	29681560	143507573	5027329
2017	7669	176285285	36181853	174330958	7220424
2018	7704	194971961	39045697	191119448	6119749

4-5 规模以上工业企业单位数（2018年）

Number of Industrial Enterprises above Designated Size (2018)

单位：个

项目	工业单位数	按登记注册类型分		
		内资企业	港澳台商投资企业	外商投资企业
总计	7704	4561	2085	1058
按轻重工业分				
轻工业	3686	2143	1111	432
重工业	4018	2418	974	626
按企业规模分				
大型企业	299	95	138	66
中型企业	1690	614	724	352
小型企业	5536	3710	1203	623
微型企业	179	142	20	17
按工业行业分（大类）				
煤炭开采和洗选业				
石油和天然气开采业				
黑色金属矿采选业				
有色金属矿采选业				
非金属矿采选业	1	1		
开采专业及辅助性活动				
其他采矿业				
农副食品加工业	63	45	7	11
食品制造业	50	33	14	3
酒、饮料和精制茶制造业	16	9	4	3
烟草制品业				
纺织业	137	74	55	8
纺织服装、服饰业	401	271	112	18
皮革、毛皮、羽毛及其制品和制鞋业	382	196	115	71
木材加工和木、竹、藤、棕、草制品业	47	34	8	5
家具制造业	377	276	66	35
造纸和纸制品业	260	186	63	11
印刷和记录媒介复制业	166	92	56	18
文教、工美、体育和娱乐用品制造业	325	126	151	48
石油、煤炭及其他燃料加工业	8	3	5	
化学原料和化学制品制造业	266	185	45	36
医药制造业	14	10	2	2
化学纤维制造业	13	6	5	2
橡胶和塑料制品业	890	505	273	112
非金属矿物制品业	171	125	31	15
黑色金属冶炼和压延加工业	29	18	4	7
有色金属冶炼和压延加工业	83	51	17	15
金属制品业	623	389	166	68
通用设备制造业	382	250	89	43
专用设备制造业	435	271	103	61
汽车制造业	80	34	20	26
铁路、船舶、航空航天和其他运输设备制造业	34	19	5	10
电气机械和器材制造业	862	490	242	130
计算机、通信和其他电子设备制造业	1301	684	355	262
仪器仪表制造业	116	65	34	17
其他制造业	83	44	27	12
废弃资源综合利用业	4	4		
金属制品、机械和设备修理业	4	3	1	
电力、热力生产和供应业	19	8	9	2
燃气生产和供应业	24	16	1	7
水的生产和供应业	38	38		

4-6 规模以上工业增加值（2018年）

Value-added of Industrial Enterprises above Designated Size (2018)

单位：万元

项　　目	工业增加值	按登记注册类型分		
		内资企业	港澳台商投资企业	外商投资企业
总　计	39045697	20999644	11642161	6403892
按轻重工业分				
轻工业	14150996	6236567	5860420	2054008
重工业	24894701	14763077	5781741	4349883
按企业规模分				
大型企业	18982900	10685263	5639765	2657872
中型企业	10040590	3894258	3726233	2420099
小型企业	9812737	6236697	2259675	1316366
微型企业	209470	183426	16488	9555
按工业行业分（大类）				
煤炭开采和洗选业				
石油和天然气开采业				
黑色金属矿采选业				
有色金属矿采选业				
非金属矿采选业	920	920		
开采专业及辅助性活动				
其他采矿业				
农副食品加工业	508729	330803	69888	108037
食品制造业	442278	148272	246468	47537
酒、饮料和精制茶制造业	156899	50164	29544	77190
烟草制品业				
纺织业	576029	148729	294092	133207
纺织服装、服饰业	1107924	602137	450690	55096
皮革、毛皮、羽毛及其制品和制鞋业	1131641	444346	403744	283551
木材加工和木、竹、藤、棕、草制品业	98280	65342	7183	25755
家具制造业	867744	514669	227499	125577
造纸和纸制品业	2104998	981352	1088734	34912
印刷和记录媒介复制业	601002	207811	289569	103622
文教、工美、体育和娱乐用品制造业	1229474	364154	711328	153992
石油、煤炭及其他燃料加工业	39905	7009	32895	
化学原料和化学制品制造业	666214	289983	208225	168007
医药制造业	146295	100082	33777	12437
化学纤维制造业	31160	16551	11863	2746
橡胶和塑料制品业	2478816	1136267	1010507	332041
非金属矿物制品业	833397	521525	253080	58792
黑色金属冶炼和压延加工业	86218	39745	20056	26417
有色金属冶炼和压延加工业	254071	126369	92976	34726
金属制品业	2394391	1374724	722683	296984
通用设备制造业	1274588	484226	496444	293918
专用设备制造业	1414939	742119	381960	290860
汽车制造业	731091	236706	58943	435443
铁路、船舶、航空航天和其他运输设备制造业	183864	72923	67778	43163
电气机械和器材制造业	3186240	1312670	1158748	714822
计算机、通信和其他电子设备制造业	13742739	8912974	2782652	2047112
仪器仪表制造业	505298	156498	186208	162592
其他制造业	526584	79420	255496	191668
废弃资源综合利用业	3703	3703		
金属制品、机械和设备修理业	12130	9910	2221	
电力、热力生产和供应业	1411581	1318651	42672	50259
燃气生产和供应业	144885	47233	4237	93415
水的生产和供应业	151672	151658		14

4-7 规模以上工业企业主要财务指标（2018年）

Main Financial Indicators of Industrial Enterprises above Designated Size (2018)

指标	全市总计	按登记注册类型分			按轻重工业分	
		内资企业	港澳台商投资企业	外商投资企业	轻工业	重工业
企业单位数（个）	7704	4561	2085	1058	3686	4018
年末资产（万元）						
流动资产合计	103009892	60715894	27627057	14666941	32321458	70688434
#产成品存货	7651040	4184165	2254225	1212650	3178292	4472748
年末资产总额	142640660	81770037	40672502	20198121	46226595	96414065
年末负债总额（万元）						
年末负债总额	88405296	58436164	20148901	9820232	25112702	63292594
损益及分配（万元）						
主营业务收入	194650740	118297618	47636108	28717013	54099752	140550988
主营业务成本	169586799	102521739	41643802	25421258	46688063	122898736
主营业务税金及附加	741458	395923	218260	127275	263480	477977
主营业务利润	24322483	15379957	5774047	3168480	7148209	17174274
销售费用	5569728	4135584	892484	541660	1592730	3976998
管理费用	11776464	6914278	3167362	1694825	3686459	8090005
财务费用	146846	46534	77357	22954	137456	9390
#利息支出	555828	359460	146983	49385	212273	343555
利润总额	6119749	3057987	1955724	1106038	2046310	4073439
亏损企业亏损总额	1203270	587544	392059	223667	469586	733683

4-8 规模以上工业企业主要指标（2018年）

Main Indicators of Industrial Enterprises above Designated Size (2018)

项目	企业单位数（个）	#亏损企业	工业销售产值（万元）	工业增加值（万元）
总　计	7704	1239	191119448	39045697
按轻重工业分				
轻工业	3686	629	53608135	14150996
重工业	4018	610	137511314	24894701
按企业规模分				
大型企业	299	47	107642761	18982900
中型企业	1690	307	41661373	10040590
小型企业	5536	857	41021546	9812737
微型企业	179	28	793768	209470
按工业行业分（大类）				
煤炭开采和洗选业				
石油和天然气开采业				
黑色金属矿采选业				
有色金属矿采选业				
非金属矿采选业	1		3571	920
开采专业及辅助性活动				
其他采矿业				
农副食品加工业	63	12	5753059	508729
食品制造业	50	7	1204835	442278
酒、饮料和精制茶制造业	16	2	805775	156899
烟草制品业				
纺织业	137	18	1773446	576029
纺织服装、服饰业	401	76	4414890	1107924
皮革、毛皮、羽毛及其制品和制鞋业	382	89	3156321	1131641
木材加工和木、竹、藤、棕、草制品业	47	9	391864	98280
家具制造业	377	65	3094334	867744
造纸和纸制品业	260	25	8931334	2104998
印刷和记录媒介复制业	166	20	2305472	601002
文教、工美、体育和娱乐用品制造业	325	65	4314620	1229474
石油、煤炭及其他燃料加工业	8		137975	39905
化学原料和化学制品制造业	266	33	3396891	666214
医药制造业	14	1	265144	146295
化学纤维制造业	13	2	138872	31160
橡胶和塑料制品业	890	126	8617616	2478816
非金属矿物制品业	171	25	3033776	833397
黑色金属冶炼和压延加工业	29	6	498155	86218
有色金属冶炼和压延加工业	83	13	1285088	254071
金属制品业	623	78	6843927	2394391
通用设备制造业	382	62	7145107	1274588
专用设备制造业	435	64	5198398	1414939
汽车制造业	80	9	2224515	731091
铁路、船舶、航空航天和其他运输设备制造业	34	9	727940	183864
电气机械和器材制造业	862	133	13953669	3186240
计算机、通信和其他电子设备制造业	1301	249	91854192	13742739
仪器仪表制造业	116	18	1704896	505298
其他制造业	83	12	598620	526584
废弃资源综合利用业	4		16240	3703
金属制品、机械和设备修理业	4		16151	12130
电力、热力生产和供应业	19	6	6314305	1411581
燃气生产和供应业	24		615089	144885
水的生产和供应业	38	5	383360	151672

4-8 续表 1

(2018年)

单位：万元

项目	年末资产合计	#流动资产合计	#产成品	年末负债合计
总计	142640660	103009892	7651040	88405296
按轻重工业分				
轻工业	46226595	32321458	3178292	25112702
重工业	96414065	70688434	4472748	63292594
按企业规模分				
大型企业	70600748	51084627	3282368	45886497
中型企业	36651741	25092375	2281904	19844752
小型企业	34432720	26376725	2058249	22110728
微型企业	955452	456165	28519	563319
按工业行业分（大类）				
煤炭开采和洗选业				
石油和天然气开采业				
黑色金属矿采选业				
有色金属矿采选业				
非金属矿采选业	4092	1741		510
开采专业及辅助性活动				
其他采矿业				
农副食品加工业	3594976	2627282	279510	2551593
食品制造业	1152842	762413	58576	658502
酒、饮料和精制茶制造业	659479	371000	10531	386522
烟草制品业				
纺织业	1711666	1245579	130334	735738
纺织服装、服饰业	4585193	3585845	475765	2579208
皮革、毛皮、羽毛及其制品和制鞋业	2138931	1659645	135019	1333611
木材加工和木、竹、藤、棕、草制品业	273093	226040	22002	194733
家具制造业	2411652	1886687	157821	1394966
造纸和纸制品业	7081821	4198229	314908	3125427
印刷和记录媒介复制业	2128812	1523674	93634	1004651
文教、工美、体育和娱乐用品制造业	3258016	2599717	609213	1968748
石油、煤炭及其他燃料加工业	128195	93318	8638	73096
化学原料和化学制品制造业	3117423	2316402	160642	1509440
医药制造业	1035142	483028	10377	561616
化学纤维制造业	99009	70186	7551	50982
橡胶和塑料制品业	7002837	5008122	411098	4444198
非金属矿物制品业	3181962	2145871	108296	1613530
黑色金属冶炼和压延加工业	290133	234333	24167	156335
有色金属冶炼和压延加工业	599336	482343	52957	352595
金属制品业	6594189	4400282	365951	3612647
通用设备制造业	5261400	4156185	319343	3079834
专用设备制造业	5243650	3693988	358858	2722147
汽车制造业	2274497	1693645	79812	1339291
铁路、船舶、航空航天和其他运输设备制造业	888836	602882	69432	712491
电气机械和器材制造业	13275287	9674957	712011	6914908
计算机、通信和其他电子设备制造业	54153798	44355103	2544825	39455913
仪器仪表制造业	1424858	1001326	96092	715129
其他制造业	457474	302403	29525	252603
废弃资源综合利用业	14140	9123	381	5587
金属制品、机械和设备修理业	33048	22713	2032	20449
电力、热力生产和供应业	6941823	979794	16	3834350
燃气生产和供应业	518628	172063	552	319972
水的生产和供应业	1104422	423972	1170	723976

4-8 续表 2

(2018年)

单位：万元

项　　目	主营业务收入	主营业务税金及附加	成本费用总额	本年应交增值税
总　　计	194650740	741458	191651635	2661006
按轻重工业分				
轻工业	54099752	263480	52407170	1009971
重工业	140550988	477977	139244465	1651034
按企业规模分				
大型企业	110921992	354256	109673776	1340463
中型企业	41661516	207205	40479402	602529
小型企业	41294350	175856	40684210	731224
微型企业	772881	4141	814246	-13210
按工业行业分（大类）				
煤炭开采和洗选业				
石油和天然气开采业				
黑色金属矿采选业				
有色金属矿采选业				
非金属矿采选业	3571	265	1566	533
开采专业及辅助性活动				
其他采矿业				
农副食品加工业	6621475	6309	6467234	13275
食品制造业	1233669	9615	1146320	58338
酒、饮料和精制茶制造业	809269	16261	730074	40447
烟草制品业				
纺织业	1769029	10834	1727941	16656
纺织服装、服饰业	4318504	19995	4133154	96134
皮革、毛皮、羽毛及其制品和制鞋业	3167083	17862	3152619	28244
木材加工和木、竹、藤、棕、草制品业	391777	1788	378294	10225
家具制造业	3056483	16000	2971108	47165
造纸和纸制品业	8897018	48476	8464400	395704
印刷和记录媒介复制业	2243178	10414	2170514	33713
文教、工美、体育和娱乐用品制造业	4276817	21295	4218886	22743
石油、煤炭及其他燃料加工业	136422	1522	131327	2932
化学原料和化学制品制造业	3355607	17540	3209572	77085
医药制造业	340762	3099	289283	21482
化学纤维制造业	146853	755	143537	4669
橡胶和塑料制品业	8492462	39106	8343433	134948
非金属矿物制品业	2982832	17269	2830226	72764
黑色金属冶炼和压延加工业	496712	1190	484221	5708
有色金属冶炼和压延加工业	1282418	2622	1276960	11006
金属制品业	6851017	35271	6618427	108533
通用设备制造业	7057611	28492	6812965	75232
专用设备制造业	5121853	28447	4849665	117640
汽车制造业	2343717	9943	2171184	33698
铁路、船舶、航空航天和其他运输设备制造业	721358	3060	743617	8975
电气机械和器材制造业	13769034	62815	13363231	131055
计算机、通信和其他电子设备制造业	95151436	269948	95225535	895291
仪器仪表制造业	1681087	7577	1615123	17573
其他制造业	591698	3087	584381	7717
废弃资源综合利用业	16003	64	14546	452
金属制品、机械和设备修理业	23461	184	22099	1592
电力、热力生产和供应业	6318733	26269	6465854	150175
燃气生产和供应业	598445	1492	557916	6422
水的生产和供应业	383345	2593	336423	12881

4-8 续表 3

(2018年)

项　　目	亏损企业亏损总额(万元)	平均用工人数(人)	利润总额(万元)	人均利润(元)
总　计	1203270	2462447	6119749	24852
按轻重工业分				
轻工业	469586	1086773	2046310	18829
重工业	733683	1375674	4073439	29610
按企业规模分				
大型企业	321889	880906	3606083	40936
中型企业	447222	928730	1485941	16000
小型企业	321223	638720	1123246	17586
微型企业	112935	14091	-95521	-67789
按工业行业分（大类）				
煤炭开采和洗选业				
石油和天然气开采业				
黑色金属矿采选业				
有色金属矿采选业				
非金属矿采选业		32	1801	562813
开采专业及辅助性活动				
其他采矿业				
农副食品加工业	10320	10005	200095	199995
食品制造业	15981	18579	78956	42497
酒、饮料和精制茶制造业	3206	5665	70246	124000
烟草制品业				
纺织业	10142	38554	67645	17545
纺织服装、服饰业	27104	120248	202868	16871
皮革、毛皮、羽毛及其制品和制鞋业	43954	130676	11629	890
木材加工和木、竹、藤、棕、草制品业	1716	5561	14212	25557
家具制造业	34040	79637	86870	10908
造纸和纸制品业	9792	63158	645831	102256
印刷和记录媒介复制业	10025	53501	98069	18330
文教、工美、体育和娱乐用品制造业	32987	149742	93234	6226
石油、煤炭及其他燃料加工业		2823	4350	15409
化学原料和化学制品制造业	24659	28991	149196	51463
医药制造业	339	3239	59900	184934
化学纤维制造业	388	2762	7247	26237
橡胶和塑料制品业	174200	195864	128735	6573
非金属矿物制品业	21520	39756	181344	45614
黑色金属冶炼和压延加工业	1469	2246	13608	60586
有色金属冶炼和压延加工业	3508	9535	17389	18237
金属制品业	48391	161463	278860	17271
通用设备制造业	29139	96185	268288	27893
专用设备制造业	40460	125292	292918	23379
汽车制造业	3766	26689	178354	66827
铁路、船舶、航空航天和其他运输设备制造业	43321	10716	-24694	-23044
电气机械和器材制造业	102393	273269	483838	17706
计算机、通信和其他电子设备制造业	449486	726453	2162541	29768
仪器仪表制造业	31918	36946	75954	20558
其他制造业	6350	15731	9254	5883
废弃资源综合利用业		142	1832	129035
金属制品、机械和设备修理业		606	1536	25348
电力、热力生产和供应业	21367	21616	151527	70100
燃气生产和供应业		1540	57132	370987
水的生产和供应业	1328	5225	49184	94132

4-9 规模以上工业企业主要经济效益指标（2018年）

Main Indicators on Economic Benefit of Industrial Enterprises above Designated Size (2018)

项 目	工业增加值率(%)	总资产贡献率(%)	资 产负债率(%)	流动资产周转率(次/年)	成本费用利润率(%)	全员劳动生产率(元/人)	产 品销售率(%)
总 计	20.0	7.6	62.0	2.0	3.2	158565	98.0
按轻重工业分							
轻工业	25.3	8.1	54.3	1.8	3.9	130211	98.1
重工业	17.9	7.3	65.6	2.2	2.9	180964	98.0
按企业规模分							
大型企业	17.3	8.4	65.0	2.4	3.3	215493	98.2
中型企业	23.4	7.2	54.1	1.8	3.7	108111	97.2
小型企业	23.5	6.8	64.2	1.7	2.8	153631	98.4
微型企业	25.8	-11.1	59.0	1.7	-11.7	148655	97.9
按工业行业分（大类）							
煤炭开采和洗选业							
石油和天然气开采业							
黑色金属矿采选业							
有色金属矿采选业							
非金属矿采选业	25.8	60.4	12.5	1.9	115.0	287500	100.0
开采专业及辅助性活动							
其他采矿业							
农副食品加工业	8.9	7.7	71.0	2.9	3.1	508475	97.7
食品制造业	29.2	13.9	57.1	1.7	6.9	238053	96.4
酒、饮料和精制茶制造业	21.8	19.5	58.6	2.2	9.6	276962	98.9
烟草制品业							
纺织业	28.4	6.0	43.0	1.5	3.9	149408	98.5
纺织服装、服饰业	24.9	7.9	56.3	1.3	4.9	92137	95.4
皮革、毛皮、羽毛及其制品和制鞋业	34.6	3.0	62.3	2.0	0.4	86599	99.1
木材加工和木、竹、藤、棕、草制品业	23.4	10.9	71.3	2.0	3.8	176731	98.1
家具制造业	25.2	7.3	57.8	1.8	2.9	108962	98.4
造纸和纸制品业	22.8	16.6	44.1	2.2	7.6	333291	99.7
印刷和记录媒介复制业	31.1	7.2	47.2	1.5	4.5	112335	98.8
文教、工美、体育和娱乐用品制造业	28.7	5.1	60.4	1.7	2.2	82106	98.4
石油、煤炭及其他燃料加工业	40.9	7.9	57.0	1.4	3.3	141357	104.6
化学原料和化学制品制造业	20.6	8.5	48.4	1.5	4.6	229800	98.4
医药制造业	47.5	9.4	54.3	0.9	20.7	451667	100.7
化学纤维制造业	21.8	13.6	51.5	2.2	5.0	112817	97.1
橡胶和塑料制品业	26.9	4.8	63.5	1.8	1.5	126558	97.9
非金属矿物制品业	26.1	9.9	50.7	1.6	6.4	209628	100.0
黑色金属冶炼和压延加工业	15.7	8.0	53.9	2.2	2.8	383874	98.7
有色金属冶炼和压延加工业	17.8	5.8	58.8	2.7	1.4	266461	100.4
金属制品业	33.4	7.0	54.8	1.6	4.2	148293	98.0
通用设备制造业	18.8	7.9	58.5	1.8	3.9	132514	97.7
专用设备制造业	31.3	9.6	51.9	1.5	6.0	112931	96.6
汽车制造业	27.0	12.0	58.9	1.7	8.2	273930	94.7
铁路、船舶、航空航天和其他运输设备制造业	23.3	0.1	80.2	1.2	-3.3	171579	96.9
电气机械和器材制造业	22.5	5.9	52.1	1.5	3.6	116597	96.3
计算机、通信和其他电子设备制造业	14.8	6.9	72.9	2.4	2.3	189176	98.2
仪器仪表制造业	28.0	8.4	50.2	2.0	4.7	136767	96.8
其他制造业	28.3	4.9	55.2	2.1	1.6	334743	97.8
废弃资源综合利用业	20.1	17.0	39.5	1.8	12.6	260775	99.3
金属制品、机械和设备修理业	23.7	11.8	61.9	1.3	7.0	200165	66.9
电力、热力生产和供应业	22.2	6.4	55.2	6.2	2.3	653026	99.6
燃气生产和供应业	23.5	14.0	61.7	3.8	10.2	940812	99.9
水的生产和供应业	38.9	7.4	65.6	0.9	14.6	290281	98.3

4-10 规模以上国有及国有控股工业企业主要经济指标（2018年）

Main Indicators of State-owned and State-holding Industrial Enterprises above Designated Size (2018)

项目	企业单位数（个）	#亏损企业	工业增加值（万元）	主营业务收入（万元）
总计	42	9	1753511	8566612
按轻重工业分				
轻工业	13	4	67509	674817
重工业	29	5	1686003	7891795
按企业规模分				
大型企业	6	1	1493923	7107743
中型企业	12	2	176538	902909
小型企业	24	6	83050	555960
微型企业				
按主营业务收入分				
10亿元以上	8	3	1559770	7708285
5-10亿元	6	1	92925	466555
1-5亿元	14	4	82608	330399
1亿元以下	14	1	18208	61373
按工业行业分（大类）				
煤炭开采和洗选业				
石油和天然气开采业				
黑色金属矿采选业				
有色金属矿采选业				
非金属矿采选业				
开采专业及辅助性活动				
其他采矿业				
农副食品加工业	4	2	29018	527324
食品制造业				
酒、饮料和精制茶制造业	2	1	17141	64452
烟草制品业				
纺织业				
纺织服装、服饰业	1		5019	14267
皮革、毛皮、羽毛及其制品和制鞋业	1		3170	9001
木材加工和木、竹、藤、棕、草制品业				
家具制造业				
造纸和纸制品业				
印刷和记录媒介复制业	1		671	6002
文教、工美、体育和娱乐用品制造业	2		1907	16620
石油、煤炭及其他燃料加工业				
化学原料和化学制品制造业	2		2245	10745
医药制造业				
化学纤维制造业				
橡胶和塑料制品业	1		2175	7977
非金属矿物制品业				
黑色金属冶炼和压延加工业	2		19197	122118
有色金属冶炼和压延加工业				
金属制品业	4	1	7307	103919
通用设备制造业	1		12844	85531
专用设备制造业				
汽车制造业				
铁路、船舶、航空航天和其他运输设备制造业	1	1	51488	170555
电气机械和器材制造业	3	1	14416	79514
计算机、通信和其他电子设备制造业	4	1	212869	1377022
仪器仪表制造业				
其他制造业				
废弃资源综合利用业				
金属制品、机械和设备修理业	1		1209	7663
电力、热力生产和供应业	5	2	1300168	5789304
燃气生产和供应业				
水的生产和供应业	7		71783	174598

4-10 续表

(2018年)

项　　目	亏损企业亏损总额(万元)	利润总额(万元)	人均利润(元)
总　　计	53450	140183	32704
按轻重工业分			
轻工业	6552	4522	16716
重工业	46898	135661	33781
按企业规模分			
大型企业	3713	134369	39347
中型企业	41614	-3259	-4606
小型企业	8123	9073	55389
微型企业			
按主营业务收入分			
10亿元以上	41607	92778	26760
5-10亿元	935	29905	117642
1-5亿元	10758	9234	20187
1亿元以下	151	8267	76684
按工业行业分（大类）			
煤炭开采和洗选业			
石油和天然气开采业			
黑色金属矿采选业			
有色金属矿采选业			
非金属矿采选业			
开采专业及辅助性活动			
其他采矿业			
农副食品加工业	1476	874	14421
食品制造业			
酒、饮料和精制茶制造业	151	534	13722
烟草制品业			
纺织业			
纺织服装、服饰业		1839	47162
皮革、毛皮、羽毛及其制品和制鞋业		55	3410
木材加工和木、竹、藤、棕、草制品业			
家具制造业			
造纸和纸制品业			
印刷和记录媒介复制业		255	34013
文教、工美、体育和娱乐用品制造业		5615	136941
石油、煤炭及其他燃料加工业			
化学原料和化学制品制造业		539	49907
医药制造业			
化学纤维制造业			
橡胶和塑料制品业		275	32714
非金属矿物制品业			
黑色金属冶炼和压延加工业		1310	163688
有色金属冶炼和压延加工业			
金属制品业	410	196	4370
通用设备制造业		6047	57048
专用设备制造业			
汽车制造业			
铁路、船舶、航空航天和其他运输设备制造业	36690	-36690	-355865
电气机械和器材制造业	4925	-2552	-11979
计算机、通信和其他电子设备制造业	3713	13578	9812
仪器仪表制造业			
其他制造业			
废弃资源综合利用业			
金属制品、机械和设备修理业		399	11652
电力、热力生产和供应业	6086	113913	58393
燃气生产和供应业			
水的生产和供应业		33997	154390

4-11 规模以上国有及国有控股工业企业主要经济效益指标（2018年）

Main Indicators on Economic Benefit of State-owned and State-holding Industrial Enterprises above Designated Size (2018)

项目	工业增加值率(%)	总资产贡献率(%)	资产负债率(%)	流动资产周转率(次/年)	成本费用利润率(%)	全员劳动生产率(元/人)	产品销售率(%)
总计	20.8	5.2	58.4	4.1	1.7	409087	99.8
按轻重工业分							
轻工业	11.3	3.4	58.3	2.5	0.7	249571	101.8
重工业	21.5	5.3	58.5	4.3	1.7	419832	99.7
按企业规模分							
大型企业	21.0	6.0	53.8	7.4	1.9	437459	99.9
中型企业	19.8	2.9	74.8	1.4	-0.4	249488	99.3
小型企业	19.2	3.2	67.0	1.2	1.7	507021	99.9
微型企业							
按工业行业分（大类）							
煤炭开采和洗选业							
石油和天然气开采业							
黑色金属矿采选业							
有色金属矿采选业							
非金属矿采选业							
开采专业及辅助性活动							
其他采矿业							
农副食品加工业	6.4	0.5	60.4	3.0	0.2	478845	102.5
食品制造业							
酒、饮料和精制茶制造业	27.9	15.0	42.6	3.8	0.8	440643	101.6
烟草制品业							
纺织业							
纺织服装、服饰业	33.4	16.4	22.7	1.5	14.8	128692	95.0
皮革、毛皮、羽毛及其制品和制鞋业	37.6	2.4	87.7	2.3	0.6	196894	100.0
木材加工和木、竹、藤、棕、草制品业							
家具制造业							
造纸和纸制品业							
印刷和记录媒介复制业	12.8	5.6	15.2	1.6	4.2	89467	120.5
文教、工美、体育和娱乐用品制造业	10.7	38.2	53.6	0.9	51.6	46512	92.9
石油、煤炭及其他燃料加工业							
化学原料和化学制品制造业	20.9	16.6	71.9	2.0	5.2	207870	96.5
医药制造业							
化学纤维制造业							
橡胶和塑料制品业	27.1	7.0	46.2	1.3	3.4	258929	99.2
非金属矿物制品业							
黑色金属冶炼和压延加工业	15.7	5.1	66.6	4.5	1.1	2399625	100.0
有色金属冶炼和压延加工业	17.2						
金属制品业	23.4	-0.5	84.9	0.6	0.2	162739	99.4
通用设备制造业	15.2	16.5	51.0	1.8	7.5	121170	98.9
专用设备制造业							
汽车制造业							
铁路、船舶、航空航天和其他运输设备制造业	30.4	-4.4	97.6	0.5	-18.4	499399	100.1
电气机械和器材制造业	23.0	-0.6	59.1	1.0	-3.2	67681	95.7
计算机、通信和其他电子设备制造业	15.3	3.0	68.0	2.5	1.0	153818	99.5
仪器仪表制造业							
其他制造业							
废弃资源综合利用业							
金属制品、机械和设备修理业	15.8	50.3	44.9	2.7	5.6	35351	100.0
电力、热力生产和供应业	22.4	6.3	52.0	11.3	2.0	666479	100.0
燃气生产和供应业							
水的生产和供应业	38.9	9.4	60.6	1.2	24.0	325990	97.2

4-12 规模以上集体工业企业主要经济指标（2018年）

Main Indicators of Collective-owned Industrial Enterprises above Designated Size (2018)

项　　目	企　业 单位数 （个）	#亏　损 企　业	工　业 增加值 （万元）	主营业 务收入 （万元）
总　　计	28	7	82280	211128
按轻重工业分				
轻工业	5	3	25902	66576
重工业	23	4	56379	144552
按企业规模分				
大型企业				
中型企业	3	2	14999	40619
小型企业	25	5	67281	170509
微型企业				
按主营业务收入分				
10亿元以上				
5-10亿元				
1-5亿元	5	1	41608	106323
1亿元以下	23	6	40672	104805
按工业行业分（大类）				
煤炭开采和洗选业				
石油和天然气开采业				
黑色金属矿采选业				
有色金属矿采选业				
非金属矿采选业				
开采专业及辅助性活动				
其他采矿业				
农副食品加工业	1	1	9459	23421
食品制造业				
酒、饮料和精制茶制造业				
烟草制品业				
纺织业				
纺织服装、服饰业				
皮革、毛皮、羽毛及其制品和制鞋业	1	1	1889	6126
木材加工和木、竹、藤、棕、草制品业				
家具制造业				
造纸和纸制品业				
印刷和记录媒介复制业	1		792	2536
文教、工美、体育和娱乐用品制造业	2	1	13110	34493
石油、煤炭及其他燃料加工业				
化学原料和化学制品制造业	1		480	2399
医药制造业				
化学纤维制造业				
橡胶和塑料制品业				
非金属矿物制品业				
黑色金属冶炼和压延加工业				
有色金属冶炼和压延加工业				
金属制品业				
通用设备制造业				
专用设备制造业				
汽车制造业				
铁路、船舶、航空航天和其他运输设备制造业				
电气机械和器材制造业				
计算机、通信和其他电子设备制造业				
仪器仪表制造业				
其他制造业				
废弃资源综合利用业				
金属制品、机械和设备修理业				
电力、热力生产和供应业				
燃气生产和供应业				
水的生产和供应业	22	4	56379	142153

4-12 续表

(2018年)

项 目	亏损企业亏损总额(万元)	利润总额(万元)	人均利润(元)
总 计	6158	5901	9344
按轻重工业分			
轻工业	5013	-2945	-7230
重工业	1145	8846	39473
按企业规模分			
大型企业			
中型企业	4964	-3066	-7643
小型企业	1193	8967	38936
微型企业			
按主营业务收入分			
10亿元以上			
5-10亿元			
1-5亿元	48	7269	21577
1亿元以下	6109	-1369	-4646
按工业行业分（大类）			
煤炭开采和洗选业			
石油和天然气开采业			
黑色金属矿采选业			
有色金属矿采选业			
非金属矿采选业			
开采专业及辅助性活动			
其他采矿业			
农副食品加工业	48	-48	-23000
食品制造业			
酒、饮料和精制茶制造业			
烟草制品业			
纺织业			
纺织服装、服饰业			
皮革、毛皮、羽毛及其制品和制鞋业	565	-565	-16291
木材加工和木、竹、藤、棕、草制品业			
家具制造业			
造纸和纸制品业			
印刷和记录媒介复制业		169	41293
文教、工美、体育和娱乐用品制造业	4399	-2501	-6825
石油、煤炭及其他燃料加工业			
化学原料和化学制品制造业		47	6542
医药制造业			
化学纤维制造业			
橡胶和塑料制品业			
非金属矿物制品业			
黑色金属冶炼和压延加工业			
有色金属冶炼和压延加工业			
金属制品业			
通用设备制造业			
专用设备制造业			
汽车制造业			
铁路、船舶、航空航天和其他运输设备制造业			
电气机械和器材制造业			
计算机、通信和其他电子设备制造业			
仪器仪表制造业			
其他制造业			
废弃资源综合利用业			
金属制品、机械和设备修理业			
电力、热力生产和供应业			
燃气生产和供应业			
水的生产和供应业	1145	8799	40567

4-13 规模以上集体工业企业主要经济效益指标（2018年）

Main Indicators on Economic Benefit of Collective-owned Industrial Enterprises above Designated Size (2018)

项目	工业增加值率(%)	总资产贡献率(%)	资产负债率(%)	流动资产周转率(次/年)	成本费用利润率(%)	全员劳动生产率(元/人)	产品销售率(%)
总计	38.4	3.4	76.1	0.9	2.9	130293	99.3
按轻重工业分							
轻工业	37.6	-7.7	123.9	3.5	-4.2	63579	100.0
重工业	38.8	4.5	71.3	0.7	6.5	251580	99.0
按企业规模分							
大型企业							
中型企业	37.0	-9.1	135.6	2.5	-7.0	37385	100.0
小型企业	38.8	4.4	71.0	0.8	5.5	292145	99.1
微型企业							
按工业行业分（大类）							
煤炭开采和洗选业							
石油和天然气开采业							
黑色金属矿采选业							
有色金属矿采选业							
非金属矿采选业							
开采专业及辅助性活动							
其他采矿业							
农副食品加工业	40.4	-4.1	141.4	713.0	-0.2	4504286	100.0
食品制造业							
酒、饮料和精制茶制造业							
烟草制品业							
纺织业							
纺织服装、服饰业							
皮革、毛皮、羽毛及其制品和制鞋业	31.0	-30.9	82.0	6.4	-8.4	54438	100.0
木材加工和木、竹、藤、棕、草制品业							
家具制造业							
造纸和纸制品业							
印刷和记录媒介复制业	31.2	4.6	9.5	0.9	6.1	193171	100.0
文教、工美、体育和娱乐用品制造业	38.0	-7.9	138.6	2.3	-6.8	35771	100.0
石油、煤炭及其他燃料加工业							
化学原料和化学制品制造业	38.4	11.3	47.6	2.1	2.0	130293	100.0
医药制造业							
化学纤维制造业							
橡胶和塑料制品业							
非金属矿物制品业							
黑色金属冶炼和压延加工业							
有色金属冶炼和压延加工业							
金属制品业							
通用设备制造业							
专用设备制造业							
汽车制造业							
铁路、船舶、航空航天和其他运输设备制造业							
电气机械和器材制造业							
计算机、通信和其他电子设备制造业							
仪器仪表制造业							
其他制造业							
废弃资源综合利用业							
金属制品、机械和设备修理业							
电力、热力生产和供应业							
燃气生产和供应业							
水的生产和供应业	38.8	4.4	71.4	0.6	6.6	259931	98.9

4-14 规模以上外商投资工业企业主要经济指标（2018年）

Main Indicators of Industrial Enterprises above Designated Size with Foreign Funds (2018)

项　　目	企业单位数（个）	#亏损企业	工业增加值（万元）	主营业务收入（万元）
总　　计	1058	241	6403892	28717013
按轻重工业分				
轻工业	432	113	2054008	8122150
重工业	626	128	4349883	20594863
按企业规模分				
大型企业	66	10	2657872	12009039
中型企业	352	72	2420099	10811836
小型企业	623	152	1316366	5859583
微型企业	17	7	9555	36556
按主营业务收入分				
10亿元以上	48	4	2926381	14510218
5-10亿元	50	11	787975	3383008
1-5亿元	390	63	1972908	8121683
1亿元以下	570	163	716628	2702104
按工业行业分（大类）				
煤炭开采和洗选业				
石油和天然气开采业				
黑色金属矿采选业				
有色金属矿采选业				
非金属矿采选业				
开采专业及辅助性活动				
其他采矿业				
农副食品加工业	11	3	108037	1795291
食品制造业	3	1	47537	26736
酒、饮料和精制茶制造业	3		77190	363154
烟草制品业				
纺织业	8	2	133207	442586
纺织服装、服饰业	18	2	55096	202779
皮革、毛皮、羽毛及其制品和制鞋业	71	26	283551	846472
木材加工和木、竹、藤、棕、草制品业	5	2	25755	83275
家具制造业	35	10	125577	437938
造纸和纸制品业	11	2	34912	137628
印刷和记录媒介复制业	18	3	103622	329119
文教、工美、体育和娱乐用品制造业	48	9	153992	521387
石油、煤炭及其他燃料加工业				
化学原料和化学制品制造业	36	9	168007	879849
医药制造业	2		12437	22453
化学纤维制造业	2		2746	11919
橡胶和塑料制品业	112	28	332041	1152310
非金属矿物制品业	15	3	58792	203551
黑色金属冶炼和压延加工业	7	3	26417	160800
有色金属冶炼和压延加工业	15	3	34726	166962
金属制品业	68	12	296984	940673
通用设备制造业	43	11	293918	1637238
专用设备制造业	61	12	290860	917937
汽车制造业	26	2	435443	1165707
铁路、船舶、航空航天和其他运输设备制造业	10	4	43163	191641
电气机械和器材制造业	130	27	714822	2600716
计算机、通信和其他电子设备制造业	262	63	2047112	12115319
仪器仪表制造业	17	2	162592	613848
其他制造业	12	1	191668	105887
废弃资源综合利用业				
金属制品、机械和设备修理业				
电力、热力生产和供应业	2	1	50259	248587
燃气生产和供应业	7		93415	395251
水的生产和供应业				

4-14 续表

(2018年)

项　　目	亏损企业亏损总额(万元)	利　润总　额(万元)	人　均利　润(元)
总　　计	223667	1106038	23240
按轻重工业分			
轻工业	86831	288688	16475
重工业	136836	817350	27183
按企业规模分			
大型企业	23207	563836	28918
中型企业	125818	367491	18899
小型企业	69714	177616	20642
微型企业	4929	-2906	-66490
按主营业务收入分			
10亿元以上	19586	743407	51083
5-10亿元	31136	97967	18666
1-5亿元	93809	254750	13589
1亿元以下	79136	9915	1096
按工业行业分（大类）			
煤炭开采和洗选业			
石油和天然气开采业			
黑色金属矿采选业			
有色金属矿采选业			
非金属矿采选业			
开采专业及辅助性活动			
其他采矿业			
农副食品加工业	6857	46803	218909
食品制造业	749	1362	18792
酒、饮料和精制茶制造业		57434	540811
烟草制品业			
纺织业	1374	19361	21471
纺织服装、服饰业	765	4037	5153
皮革、毛皮、羽毛及其制品和制鞋业	26793	-10424	-2722
木材加工和木、竹、藤、棕、草制品业	745	4773	40384
家具制造业	10727	4495	3630
造纸和纸制品业	248	7112	38466
印刷和记录媒介复制业	553	20421	20530
文教、工美、体育和娱乐用品制造业	8059	11610	5021
石油、煤炭及其他燃料加工业			
化学原料和化学制品制造业	5449	34489	52438
医药制造业		1596	19223
化学纤维制造业		295	6244
橡胶和塑料制品业	16222	32196	11136
非金属矿物制品业	3404	13119	31758
黑色金属冶炼和压延加工业	1360	4365	85747
有色金属冶炼和压延加工业	1381	2676	15505
金属制品业	3602	34455	20947
通用设备制造业	7682	51623	25009
专用设备制造业	7684	57122	25373
汽车制造业	144	105420	74354
铁路、船舶、航空航天和其他运输设备制造业	4204	2661	6866
电气机械和器材制造业	16318	114897	20318
计算机、通信和其他电子设备制造业	97756	410349	22537
仪器仪表制造业	244	27535	45065
其他制造业	413	3792	19884
废弃资源综合利用业			
金属制品、机械和设备修理业			
电力、热力生产和供应业	935	2527	173075
燃气生产和供应业		39938	540433
水的生产和供应业			

4-15 规模以上外商投资工业企业主要经济效益指标（2018年）

Main Indicators on Economic Benefit of Industrial Enterprises above Designated Size with Foreign Funds (2018)

项　　目	工业增加值率 (%)	总资产贡献率 (%)	资　产负债率 (%)	流动资产周转率 (次/年)	成本费用利润率 (%)	全员劳动生产率 (元/人)	产　品销售率 (%)
总　　计	22.0	7.7	48.6	2.0	4.0	134560	97.9
按轻重工业分							
轻工业	25.9	7.2	46.4	2.0	3.6	117217	97.9
重工业	21.5	7.8	49.6	2.1	4.1	144668	97.9
按企业规模分							
大型企业	21.3	8.6	45.3	2.2	4.9	136316	98.3
中型企业	22.4	7.6	50.0	2.2	3.5	124457	97.0
小型企业	22.5	6.3	51.8	1.6	3.1	152988	99.0
微型企业	26.7	-4.8	46.6	1.0	-7.9	218650	101.8
按工业行业分（大类）							
煤炭开采和洗选业							
石油和天然气开采业							
黑色金属矿采选业							
有色金属矿采选业							
非金属矿采选业							
开采专业及辅助性活动							
其他采矿业							
农副食品加工业	9.0	9.2	53.7	4.9	2.6	505318	99.5
食品制造业	22.9	7.4	17.0	1.7	5.5	655683	100.5
酒、饮料和精制茶制造业	22.3	34.5	39.1	2.2	18.8	726836	88.3
烟草制品业							
纺织业	27.5	4.9	35.9	1.1	4.5	147729	98.3
纺织服装、服饰业	25.2	5.6	45.7	2.0	2.0	70320	97.5
皮革、毛皮、羽毛及其制品和制鞋业	35.2	0.2	51.5	1.7	-1.2	74028	99.2
木材加工和木、竹、藤、棕、草制品业	29.7	8.4	69.9	1.4	6.0	217893	95.0
家具制造业	25.4	2.0	51.2	1.4	1.0	101419	99.1
造纸和纸制品业	22.3	9.5	35.3	1.7	4.6	188816	87.2
印刷和记录媒介复制业	30.9	11.2	43.3	1.8	6.6	104174	99.4
文教、工美、体育和娱乐用品制造业	32.7	3.3	58.9	1.2	2.3	66591	99.3
石油、煤炭及其他燃料加工业							
化学原料和化学制品制造业	21.3	8.0	40.1	1.5	4.1	255446	97.7
医药制造业	55.5	15.2	64.0	2.1	7.3	149843	100.1
化学纤维制造业	21.8	8.1	48.1	1.7	2.4	58178	100.0
橡胶和塑料制品业	26.9	5.3	46.5	1.7	2.9	114849	98.1
非金属矿物制品业	29.3	10.5	23.7	2.0	6.9	142319	95.8
黑色金属冶炼和压延加工业	15.7	6.3	44.1	1.7	2.8	518998	100.3
有色金属冶炼和压延加工业	16.4	4.2	51.5	1.7	1.6	201194	100.6
金属制品业	29.9	6.6	44.3	1.8	3.8	180548	98.4
通用设备制造业	18.2	7.8	50.6	2.6	3.2	142388	98.1
专用设备制造业	34.8	8.2	37.8	1.6	6.6	129196	98.6
汽车制造业	28.6	15.8	38.1	2.1	9.9	307126	98.3
铁路、船舶、航空航天和其他运输设备制造业	23.6	4.1	41.1	1.6	1.4	111388	99.7
电气机械和器材制造业	22.7	8.2	45.8	1.9	4.6	126405	93.9
计算机、通信和其他电子设备制造业	17.9	6.8	52.0	2.2	3.5	112428	98.7
仪器仪表制造业	23.4	10.7	57.8	2.6	4.7	266108	95.5
其他制造业	30.6	8.7	59.7	2.3	3.7	1005076	98.9
废弃资源综合利用业							
金属制品、机械和设备修理业							
电力、热力生产和供应业	20.2	7.1	60.1	1.1	1.0	3442397	100.0
燃气生产和供应业	23.5	13.7	63.8	3.5	10.8	1264073	100.0
水的生产和供应业							

4-16 规模以上港澳台商投资工业企业主要经济指标（2018年）

Main Indicators of Industrial Enterprises above Designated Size with Hong Kong, Macao and Taiwan Funds (2018)

项目	企业单位数（个）	#亏损企业	工业增加值（万元）	主营业务收入（万元）
总计	2085	422	11642161	47636108
按轻重工业分				
轻工业	1111	234	5860420	21164221
重工业	974	188	5781741	26471888
按企业规模分				
大型企业	138	17	5639765	24061068
中型企业	724	135	3726233	14265465
小型企业	1203	263	2259675	9248164
微型企业	20	7	16488	61411
按主营业务收入分				
10亿元以上	68	3	4738444	21611450
5-10亿元	98	16	1692623	6696909
1-5亿元	628	82	3537770	13154972
1亿元以下	1291	321	1673324	6172778
按工业行业分（大类）				
煤炭开采和洗选业				
石油和天然气开采业				
黑色金属矿采选业				
有色金属矿采选业				
非金属矿采选业				
开采专业及辅助性活动				
其他采矿业				
农副食品加工业	7	1	69888	932077
食品制造业	14	4	246468	652921
酒、饮料和精制茶制造业	4	1	29544	224260
烟草制品业				
纺织业	55	9	294092	953968
纺织服装、服饰业	112	28	450690	1766155
皮革、毛皮、羽毛及其制品和制鞋业	115	31	403744	1161425
木材加工和木、竹、藤、棕、草制品业	8	4	7183	40456
家具制造业	66	19	227499	702481
造纸和纸制品业	63	9	1088734	4851044
印刷和记录媒介复制业	56	10	289569	926075
文教、工美、体育和娱乐用品制造业	151	39	711328	2020079
石油、煤炭及其他燃料加工业	5		32895	120168
化学原料和化学制品制造业	45	10	208225	857404
医药制造业	2		33777	108448
化学纤维制造业	5	1	11863	51639
橡胶和塑料制品业	273	44	1010507	3654024
非金属矿物制品业	31	7	253080	996811
黑色金属冶炼和压延加工业	4		20056	94864
有色金属冶炼和压延加工业	17	5	92976	627252
金属制品业	166	28	722683	2249052
通用设备制造业	89	15	496444	3246499
专用设备制造业	103	20	381960	1871802
汽车制造业	20	4	58943	214862
铁路、船舶、航空航天和其他运输设备制造业	5	1	67778	228823
电气机械和器材制造业	242	42	1158748	5182314
计算机、通信和其他电子设备制造业	355	71	2782652	12897875
仪器仪表制造业	34	8	186208	565534
其他制造业	27	6	255496	210723
废弃资源综合利用业				
金属制品、机械和设备修理业	1		2221	4741
电力、热力生产和供应业	9	5	42672	205728
燃气生产和供应业	1		4237	16603
水的生产和供应业				

4-16 续表

(2018年)

项目	亏损企业亏损总额（万元）	利润总额（万元）	人均利润（元）
总计	392059	1955724	19728
按轻重工业分			
轻工业	196941	1022261	19844
重工业	195118	933463	19603
按企业规模分			
大型企业	123894	1263327	32794
中型企业	165289	424140	9733
小型企业	101594	268624	15811
微型企业	1282	-367	-8622
按主营业务收入分			
10亿元以上	111586	1250202	56063
5-10亿元	61804	248340	14690
1-5亿元	95463	446832	12248
1亿元以下	123207	10351	441
按工业行业分（大类）			
煤炭开采和洗选业			
石油和天然气开采业			
黑色金属矿采选业			
有色金属矿采选业			
非金属矿采选业			
开采专业及辅助性活动			
其他采矿业			
农副食品加工业	557	27419	210271
食品制造业	8406	56841	55379
酒、饮料和精制茶制造业	3055	6407	24623
烟草制品业			
纺织业	5386	43346	19749
纺织服装、服饰业	14151	50728	9356
皮革、毛皮、羽毛及其制品和制鞋业	13137	8717	1497
木材加工和木、竹、藤、棕、草制品业	836	-572	-7033
家具制造业	7472	21287	10025
造纸和纸制品业	5646	541596	206220
印刷和记录媒介复制业	6483	40348	17055
文教、工美、体育和娱乐用品制造业	18144	29813	2963
石油、煤炭及其他燃料加工业		2350	8579
化学原料和化学制品制造业	11721	53839	75564
医药制造业		11393	188005
化学纤维制造业	32	6747	51266
橡胶和塑料制品业	87100	59408	6061
非金属矿物制品业	4076	117129	100299
黑色金属冶炼和压延加工业		3216	50479
有色金属冶炼和压延加工业	1607	4333	17449
金属制品业	10046	128663	20931
通用设备制造业	6038	96476	23936
专用设备制造业	16892	67928	12574
汽车制造业	1014	3472	6235
铁路、船舶、航空航天和其他运输设备制造业	36690	-33837	-94463
电气机械和器材制造业	18418	199269	16407
计算机、通信和其他电子设备制造业	76181	375432	16263
仪器仪表制造业	18239	8754	4413
其他制造业	300	5801	7978
废弃资源综合利用业			
金属制品、机械和设备修理业		772	154360
电力、热力生产和供应业	20432	17345	153227
燃气生产和供应业		1306	435367
水的生产和供应业			

4-17 规模以上港澳台商投资工业企业主要经济效益指标（2018年）

Main Indicators on Economic Benefit of Industrial Enterprises above Designated Size with Hong Kong, Macao and Taiwan Funds (2018)

项　　目	工业增加值率(%)	总资产贡献率(%)	资　产负债率(%)	流动资产周转率(次/年)	成本费用利润率(%)	全员劳动生产率(元/人)	产　品销售率(%)
总　计	23.7	7.6	49.5	1.9	4.2	117441	98.1
按轻重工业分							
轻工业	26.7	8.4	45.2	1.7	5.0	113763	99.0
重工业	21.2	6.7	53.8	2.0	3.6	121420	97.3
按企业规模分							
大型企业	22.4	9.8	46.8	2.1	5.5	146399	97.8
中型企业	25.6	5.5	52.1	1.6	3.1	85510	97.9
小型企业	24.2	6.0	51.2	1.7	2.9	133000	99.0
微型企业	27.5	2.0	57.5	1.4	-0.6	387042	98.9
按工业行业分（大类）							
煤炭开采和洗选业							
石油和天然气开采业							
黑色金属矿采选业							
有色金属矿采选业							
非金属矿采选业							
开采专业及辅助性活动							
其他采矿业							
农副食品加工业	7.0	6.4	51.8	4.1	3.0	535951	93.4
食品制造业	34.5	13.8	55.5	1.3	9.8	240129	96.8
酒、饮料和精制茶制造业	19.9	6.3	80.3	1.6	3.0	113543	125.0
烟草制品业							
纺织业	28.2	6.5	34.3	1.7	4.7	133989	98.5
纺织服装、服饰业	23.9	6.0	53.9	1.7	2.9	83127	94.2
皮革、毛皮、羽毛及其制品和制鞋业	34.2	2.6	65.4	2.0	0.8	69346	99.2
木材加工和木、竹、藤、棕、草制品业	20.6	1.9	48.8	2.3	-1.4	88352	92.2
家具制造业	25.6	6.2	42.6	1.8	3.1	107139	98.8
造纸和纸制品业	22.9	17.8	33.3	2.1	12.3	414551	102.4
印刷和记录媒介复制业	31.1	6.0	38.9	1.2	4.5	122403	98.4
文教、工美、体育和娱乐用品制造业	34.9	3.3	55.1	1.8	1.5	70697	96.9
石油、煤炭及其他燃料加工业	40.9	5.9	55.7	1.3	2.0	120099	104.2
化学原料和化学制品制造业	22.8	9.7	36.7	1.5	6.7	292246	97.2
医药制造业	48.2	3.5	86.4	0.7	11.6	557376	100.0
化学纤维制造业	21.8	15.3	35.1	1.8	14.1	90144	95.0
橡胶和塑料制品业	27.0	4.2	50.7	1.7	1.6	103096	99.6
非金属矿物制品业	25.4	12.6	42.7	1.5	13.2	216715	99.0
黑色金属冶炼和压延加工业	15.7	7.9	50.1	1.9	3.5	314851	99.2
有色金属冶炼和压延加工业	16.1	3.4	48.7	3.5	0.7	374450	101.1
金属制品业	34.3	6.8	39.0	1.6	6.0	117567	97.8
通用设备制造业	16.7	6.8	59.8	2.1	3.1	123169	98.3
专用设备制造业	31.3	7.7	50.3	1.8	3.8	70702	95.7
汽车制造业	28.3	3.6	40.1	1.8	1.6	105841	100.3
铁路、船舶、航空航天和其他运输设备制造业	28.1	-3.3	91.4	0.6	-13.3	189218	98.7
电气机械和器材制造业	22.5	5.8	45.2	1.7	4.0	95407	97.0
计算机、通信和其他电子设备制造业	19.3	6.1	55.1	2.2	3.0	120537	97.2
仪器仪表制造业	36.4	4.1	54.3	2.3	1.6	93860	97.0
其他制造业	27.0	4.5	41.8	1.7	2.8	351390	99.0
废弃资源综合利用业							
金属制品、机械和设备修理业	46.8	10.2	27.1	0.6	19.6	444200	100.0
电力、热力生产和供应业	20.3	5.3	72.8	0.7	3.6	376961	99.3
燃气生产和供应业	23.5	8.6	47.4	3.7	8.5	1412333	100.0
水的生产和供应业							

4-18 规模以上私营工业企业主要经济指标（2018年）

Main Indicators of Private Industrial Enterprises above Designated Size (2018)

项目	企业单位数（个）	#亏损企业	工业增加值（万元）	主营业务收入（万元）
总计	2342	278	11061180	67636136
按轻重工业分				
轻工业	1103	131	2783870	10288635
重工业	1239	147	8277310	57347501
按企业规模分				
大型企业	35	8	6251446	48288876
中型企业	285	38	1642388	6395764
小型企业	1943	227	3102662	12699588
微型企业	79	5	64684	251909
按主营业务收入分				
10亿元以上	21	2	6123157	48562180
5-10亿元	31	2	574541	2117333
1-5亿元	464	38	2282212	8996470
1亿元以下	1826	236	2081270	7960154
按工业行业分（大类）				
煤炭开采和洗选业				
石油和天然气开采业				
黑色金属矿采选业				
有色金属矿采选业				
非金属矿采选业				
开采专业及辅助性活动				
其他采矿业				
农副食品加工业	18	3	92275	885164
食品制造业	17		51832	190233
酒、饮料和精制茶制造业	4		22206	112696
烟草制品业				
纺织业	31	2	78966	150133
纺织服装、服饰业	194	31	491908	1851605
皮革、毛皮、羽毛及其制品和制鞋业	79	7	231787	612051
木材加工和木、竹、藤、棕、草制品业	14	1	20139	97157
家具制造业	133	14	217083	804472
造纸和纸制品业	98	7	340857	1379120
印刷和记录媒介复制业	46	2	117801	445317
文教、工美、体育和娱乐用品制造业	63	11	112226	407403
石油、煤炭及其他燃料加工业				
化学原料和化学制品制造业	83	7	132437	625237
医药制造业	4	1	11444	13600
化学纤维制造业	5	1	16342	73831
橡胶和塑料制品业	254	22	532878	1846324
非金属矿物制品业	61	7	182181	708450
黑色金属冶炼和压延加工业	13	2	19424	105492
有色金属冶炼和压延加工业	27	2	59883	251830
金属制品业	200	22	632820	1391034
通用设备制造业	141	21	250913	1028186
专用设备制造业	151	17	481437	1309638
汽车制造业	11	1	94303	344488
铁路、船舶、航空航天和其他运输设备制造业	11	2	38415	143615
电气机械和器材制造业	272	30	760068	3567807
计算机、通信和其他电子设备制造业	352	59	5956000	48889232
仪器仪表制造业	32	2	57863	255613
其他制造业	23	4	46686	116456
废弃资源综合利用业	1		2309	4150
金属制品、机械和设备修理业	1		2707	5868
电力、热力生产和供应业	1		502	2327
燃气生产和供应业				
水的生产和供应业	2		4574	17610

4−18 续表

(2018年)

项　　目	亏损企业亏损总额(万元)	利　润总　额(万元)	人　均利　润(元)
总　　计	215927	1651527	35647
按轻重工业分			
轻工业	67952	325595	16570
重工业	147975	1325933	49698
按企业规模分			
大型企业	97385	1116617	95743
中型企业	58202	220622	15785
小型企业	59181	309929	15136
微型企业	1159	4359	20406
按主营业务收入分			
10亿元以上	6431	1191080	134497
5−10亿元	31597	127582	41154
1−5亿元	106310	231945	14380
1亿元以下	71589	100921	5532
按工业行业分（大类）			
煤炭开采和洗选业			
石油和天然气开采业			
黑色金属矿采选业			
有色金属矿采选业			
非金属矿采选业			
开采专业及辅助性活动			
其他采矿业			
农副食品加工业	279	54237	195167
食品制造业		5875	17935
酒、饮料和精制茶制造业		1905	16945
烟草制品业			
纺织业	2224	1598	4400
纺织服装、服饰业	2992	147273	31862
皮革、毛皮、羽毛及其制品和制鞋业	222	11241	6483
木材加工和木、竹、藤、棕、草制品业	73	663	5758
家具制造业	1079	11504	6044
造纸和纸制品业	685	25795	18621
印刷和记录媒介复制业	368	13587	13442
文教、工美、体育和娱乐用品制造业	1544	7083	5957
石油、煤炭及其他燃料加工业			
化学原料和化学制品制造业	2882	22948	33678
医药制造业	339	988	23129
化学纤维制造业	356	53	617
橡胶和塑料制品业	34951	22992	6361
非金属矿物制品业	3995	15241	14468
黑色金属冶炼和压延加工业	80	4475	45895
有色金属冶炼和压延加工业	224	4219	16801
金属制品业	30572	21353	6281
通用设备制造业	7215	60846	34903
专用设备制造业	3488	98958	37469
汽车制造业	529	11269	67843
铁路、船舶、航空航天和其他运输设备制造业	2270	1621	7800
电气机械和器材制造业	25701	120693	24802
计算机、通信和其他电子设备制造业	86083	965622	71044
仪器仪表制造业	2145	19056	40245
其他制造业	5635	-4310	-13014
废弃资源综合利用业		1518	583846
金属制品、机械和设备修理业		100	7511
电力、热力生产和供应业		58	11520
燃气生产和供应业			
水的生产和供应业		3069	151916

4-19 规模以上私营工业企业主要经济效益指标（2018年）

Main Indicators on Economic Benefit of Private Industrial Enterprises above Designated Size (2018)

项　　目	工业增加值率(%)	总资产贡献率(%)	资　产负债率(%)	流动资产周转率(次/年)	成本费用利润率(%)	全员劳动生产率(元/人)	产　品销售率(%)
总　　计	16.6	7.6	77.1	2.1	2.4	238750	98.2
按轻重工业分							
轻工业	26.2	8.2	68.7	1.8	3.3	141673	97.4
重工业	14.8	7.5	79.0	2.1	2.3	310247	98.3
按企业规模分							
大型企业	13.4	7.5	81.5	2.2	2.3	536020	98.6
中型企业	23.8	8.0	60.3	1.8	3.6	117511	96.1
小型企业	24.3	7.8	73.8	1.8	2.5	151521	97.7
微型企业	24.4	4.8	84.3	1.5	1.8	302828	100.1
按工业行业分（大类）							
煤炭开采和洗选业							
石油和天然气开采业							
黑色金属矿采选业							
有色金属矿采选业							
非金属矿采选业							
开采专业及辅助性活动							
其他采矿业							
农副食品加工业	15.5	13.0	60.4	2.8	6.5	332044	101.8
食品制造业	27.5	13.0	59.3	2.7	3.2	158217	95.4
酒、饮料和精制茶制造业	20.0	13.1	43.0	3.5	1.7	197562	99.9
烟草制品业							
纺织业	31.0	4.8	97.3	1.4	1.1	217417	97.2
纺织服装、服饰业	25.9	11.0	49.1	1.1	8.7	106423	95.3
皮革、毛皮、羽毛及其制品和制鞋业	34.4	6.9	62.6	2.3	1.9	133687	98.5
木材加工和木、竹、藤、棕、草制品业	18.4	8.6	77.9	2.6	0.7	174970	98.8
家具制造业	25.0	5.6	72.3	1.6	1.5	114050	98.0
造纸和纸制品业	22.6	10.3	74.1	2.9	1.8	246053	99.1
印刷和记录媒介复制业	31.2	8.1	74.7	2.3	3.1	116542	98.8
文教、工美、体育和娱乐用品制造业	32.5	7.2	77.6	2.4	1.8	94387	99.0
石油、煤炭及其他燃料加工业							
化学原料和化学制品制造业	20.8	8.0	62.7	1.5	3.8	194360	97.1
医药制造业	50.0	9.3	68.8	0.8	7.1	268009	91.8
化学纤维制造业	21.8	14.6	73.2	3.1	0.1	189803	98.3
橡胶和塑料制品业	26.9	5.6	93.5	1.8	1.3	147424	96.7
非金属矿物制品业	26.1	7.3	71.3	1.6	2.2	172946	101.5
黑色金属冶炼和压延加工业	15.7	13.7	67.9	2.2	4.4	199221	94.1
有色金属冶炼和压延加工业	19.2	9.0	67.0	2.5	1.7	238483	99.4
金属制品业	34.4	6.7	79.6	1.9	1.6	186134	98.9
通用设备制造业	21.8	10.2	57.8	1.3	6.2	143930	95.0
专用设备制造业	30.3	12.0	55.7	1.4	8.1	182287	95.6
汽车制造业	25.1	4.2	89.9	1.0	3.4	567748	76.8
铁路、船舶、航空航天和其他运输设备制造业	20.3	4.1	95.8	2.2	1.1	184865	94.4
电气机械和器材制造业	22.1	6.3	64.7	1.3	3.5	156190	97.3
计算机、通信和其他电子设备制造业	12.7	7.3	83.7	2.3	1.9	438202	98.6
仪器仪表制造业	27.4	7.2	40.0	1.4	7.7	122203	97.5
其他制造业	27.2	-2.9	75.5	2.2	-3.6	140960	98.3
废弃资源综合利用业	20.6	69.8	14.4	5.4	58.1	888077	100.0
金属制品、机械和设备修理业	29.5	3.6	89.9	1.6	1.6	203534	95.2
电力、热力生产和供应业	21.1	3.0	32.3	1.5	2.5	100400	100.0
燃气生产和供应业							
水的生产和供应业	39.3	11.5	72.5	1.9	20.4	226436	100.0

4-20 大中型工业企业主要经济指标（2018年）

Main Indicators of Large and Medium-sized Industrial Enterprises (2018)

项　　目	企业单位数（个）	#亏损企业	工业增加值（万元）	主营业务收入（万元）
总　计	1989	354	29023490	152583508
按轻重工业分				
轻工业	1006	175	9519404	35443773
重工业	983	179	19504086	117139736
按企业规模分				
大型企业	299	47	18982900	110921992
中型企业	1690	307	10040590	41661516
按工业行业分（大类）				
煤炭开采和洗选业				
石油和天然气开采业				
黑色金属矿采选业				
有色金属矿采选业				
非金属矿采选业				
开采专业及辅助性活动				
其他采矿业				
农副食品加工业	10		238018	3349886
食品制造业	15	2	329090	955118
酒、饮料和精制茶制造业	7	1	129578	664191
烟草制品业				
纺织业	29	5	401376	1260798
纺织服装、服饰业	104	18	809993	3002598
皮革、毛皮、羽毛及其制品和制鞋业	129	29	779131	2204781
木材加工和木、竹、藤、棕、草制品业	3	1	37929	114744
家具制造业	78	12	495160	1686201
造纸和纸制品业	57	7	1552422	6543620
印刷和记录媒介复制业	49	5	379112	1493671
文教、工美、体育和娱乐用品制造业	140	23	952335	3411526
石油、煤炭及其他燃料加工业	1		6336	31682
化学原料和化学制品制造业	21	4	120011	665412
医药制造业	3		93683	238812
化学纤维制造业	3	1	13722	59055
橡胶和塑料制品业	169	25	1285164	4260839
非金属矿物制品业	31	4	411919	1359355
黑色金属冶炼和压延加工业				
有色金属冶炼和压延加工业	5	2	19388	82991
金属制品业	104	11	1426670	3579387
通用设备制造业	63	13	821730	5162525
专用设备制造业	87	19	802661	3213767
汽车制造业	24	2	567782	1689535
铁路、船舶、航空航天和其他运输设备制造业	14	5	137214	530948
电气机械和器材制造业	269	51	2345372	9807569
计算机、通信和其他电子设备制造业	511	99	12690775	89550267
仪器仪表制造业	42	12	357426	1208746
其他制造业	15	3	384431	212660
废弃资源综合利用业				
金属制品、机械和设备修理业	1		6632	7663
电力、热力生产和供应业	2		1298615	5757854
燃气生产和供应业	1		79223	336283
水的生产和供应业	2		56767	141025

4-20 续表

(2018年)

项目	亏损企业亏损总额(万元)	利润总额(万元)	人均利润(元)
总计	769111	5092024	28138
按轻重工业分			
轻工业	330556	1673056	21312
重工业	438555	3418967	33369
按企业规模分			
大型企业	321889	3606083	40936
中型企业	447222	1485941	16000
按工业行业分（大类）			
煤炭开采和洗选业			
石油和天然气开采业			
黑色金属矿采选业			
有色金属矿采选业			
非金属矿采选业			
开采专业及辅助性活动			
其他采矿业			
农副食品加工业		107142	213899
食品制造业	7523	74366	51622
酒、饮料和精制茶制造业	3055	58909	133430
烟草制品业			
纺织业	4198	63295	22118
纺织服装、服饰业	14314	193360	21785
皮革、毛皮、羽毛及其制品和制鞋业	29779	7459	750
木材加工和木、竹、藤、棕、草制品业	261	13224	63393
家具制造业	22916	78676	16614
造纸和纸制品业	6165	603415	147758
印刷和记录媒介复制业	4889	70161	18066
文教、工美、体育和娱乐用品制造业	21216	87800	7078
石油、煤炭及其他燃料加工业		172	731
化学原料和化学制品制造业	4695	30540	30222
医药制造业		44982	245669
化学纤维制造业	356	2137	17057
橡胶和塑料制品业	151257	22567	1824
非金属矿物制品业	9220	131482	55881
黑色金属冶炼和压延加工业			
有色金属冶炼和压延加工业	1028	1140	5329
金属制品业	29918	188497	18754
通用设备制造业	19554	178678	28023
专用设备制造业	25689	215710	25339
汽车制造业	859	154026	79101
铁路、船舶、航空航天和其他运输设备制造业	40217	-27826	-33913
电气机械和器材制造业	66270	409950	20270
计算机、通信和其他电子设备制造业	272270	2164335	35289
仪器仪表制造业	28110	44889	16156
其他制造业	5353	141	173
废弃资源综合利用业			
金属制品、机械和设备修理业		399	11652
电力、热力生产和供应业		117780	60015
燃气生产和供应业		29576	655794
水的生产和供应业		25040	137735

4-21 大中型工业企业主要经济效益指标（2018年）

Main Indicators on Economic Benefit of Large and Medium-sized Industrial Enterprises (2018)

项目	工业增加值率(%)	总资产贡献率(%)	资产负债率(%)	流动资产周转率(次/年)	成本费用利润率(%)	全员劳动生产率(元/人)	产品销售率(%)
总计	19.0	8.0	61.3	2.2	3.4	160383	97.9
按轻重工业分							
轻工业	25.8	9.0	48.6	1.8	4.9	121260	97.9
重工业	16.9	7.6	66.7	2.3	2.9	190359	97.9
按企业规模分							
大型企业	17.3	8.4	65.0	2.4	3.3	215493	98.2
中型企业	23.4	7.2	54.1	1.8	3.7	108111	97.2
按工业行业分（大类）							
煤炭开采和洗选业							
石油和天然气开采业							
黑色金属矿采选业							
有色金属矿采选业							
非金属矿采选业							
开采专业及辅助性活动							
其他采矿业							
农副食品加工业	8.1	10.6	57.4	4.4	3.3	475181	98.6
食品制造业	31.3	15.5	58.8	1.6	8.6	228440	95.8
酒、饮料和精制茶制造业	21.9	26.8	77.5	2.5	9.8	293495	98.1
烟草制品业							
纺织业	28.2	6.1	39.2	1.4	5.2	140258	98.4
纺织服装、服饰业	25.2	9.4	47.2	1.3	6.8	91257	93.6
皮革、毛皮、羽毛及其制品和制鞋业	35.1	2.6	59.8	2.0	0.3	78290	99.0
木材加工和木、竹、藤、棕、草制品业	30.4	25.8	55.9	2.1	13.0	181826	100.0
家具制造业	25.1	9.5	50.5	1.8	4.9	104561	98.0
造纸和纸制品业	22.9	18.4	38.1	2.2	10.0	380142	100.0
印刷和记录媒介复制业	31.1	6.6	43.7	1.4	4.8	97621	98.7
文教、工美、体育和娱乐用品制造业	27.9	5.9	57.1	1.9	2.6	76778	98.0
石油、煤炭及其他燃料加工业	19.0	0.9	68.5	1.5	0.5	160383	97.0
化学原料和化学制品制造业	20.9	8.8	41.4	1.7	4.8	118764	98.9
医药制造业	48.9	8.4	53.2	0.8	22.6	511649	101.3
化学纤维制造业	21.8	12.0	40.8	2.4	3.7	109513	95.2
橡胶和塑料制品业	27.0	3.0	64.1	1.7	0.5	103849	97.5
非金属矿物制品业	30.2	10.2	47.0	1.3	10.6	175069	100.8
黑色金属冶炼和压延加工业							
有色金属冶炼和压延加工业	22.8	4.1	79.9	1.9	1.4	90598	103.3
金属制品业	35.7	7.4	47.1	1.6	5.5	141940	97.5
通用设备制造业	17.3	7.2	58.7	2.0	3.6	128875	97.5
专用设备制造业	32.4	10.3	46.7	1.6	7.2	94289	96.0
汽车制造业	27.4	15.9	43.9	2.2	10.0	291589	98.2
铁路、船舶、航空航天和其他运输设备制造业	23.3	-0.7	82.1	1.1	-5.0	167232	96.5
电气机械和器材制造业	22.9	6.0	48.6	1.5	4.3	115967	95.4
计算机、通信和其他电子设备制造业	14.5	7.3	73.7	2.4	2.4	206922	98.2
仪器仪表制造业	27.3	6.5	46.1	2.2	3.8	128640	95.6
其他制造业	28.1	1.2	54.5	1.8	0.1	472332	95.3
废弃资源综合利用业							
金属制品、机械和设备修理业	19.3	50.3	44.9	2.7	5.6	193918	100.0
电力、热力生产和供应业	22.4	6.4	51.4	13.9	2.1	661715	99.6
燃气生产和供应业	23.5	12.0	66.9	3.4	9.2	1756608	100.0
水的生产和供应业	38.8	11.4	61.3	1.9	21.6	312250	96.5

4-22 主要年份规模以上工业企业经济效益指标

Main Indicators on Economic Benefit of Industrial Enterprises above Designated Size in Main Years

项　　目	单位	1985年	1990年	1995年	2000年	2005年	2010年	2015年	2017年	2018年
产品销售率	%	85.6	94.7	98.7	99.8	99.5	99.9	97.9	98.9	98.0
成本费用利润率	%	6.5	1.5	5.0	5.4	3.3	4.8	3.3	4.1	3.2
产值利税率	%	6.9	6.4	9.8	9.2	4.6	6.1	5.1	6.7	4.9
资金利税率	%	9.0	6.3	6.9	7.5	5.5	7.8	7.8	10.2	
销售利税率	%	8.2	6.7	9.1	9.2	4.7	6.1	5.2	6.5	4.9
每百元固定资产原值实现的产值	元	174.85	133.63	108.70	125.49	212.40	240.60	292.63	351.91	
每百元固定资产原值实现的利税	元	14.24	8.48	10.65	11.54	9.90	14.60	14.88	23.56	
每百元固定资产原值实现的利润	元	4.36	1.76	5.52	6.90	6.70	11.00	9.36	14.41	
每百元流动资产实现的产值	元	210.15	247.80	169.43	178.59	216.30	204.30	205.91	195.97	189.27
每百元流动资产实现的利税	元	17.12	15.73	16.59	16.42	10.00	12.40	10.47	13.12	9.26
每百元流动资产实现的利润	元	4.89	3.29	8.60	9.83	6.80	9.30	6.58	8.03	5.94
亏损企业亏损面	%	7.2	11.1	25.9	31.3	30.1	16.2	15.0	11.5	16.1
全部流动资产周转天数	天	173.69	155.62	201.07	189.04	169.80	179.40	175.88	175.38	161.94
全员劳动生产率	元/人	2906	6439	13778	36101	53340	60854	102756	133936	158565

注：由于1993年财务会计制度改革，本表中有关财务指标1993年起数据与往年不可比；全员劳动生产率1993年起按增加值计算，以前年份按净产值计算；1993年以前的流动资产按定额资金计算，下同。

4-23 主要年份规模以上国有经济工业企业经济效益指标

Main Indicators on Economic Benefit of State-owned and State-holding Industrial Enterprises above Designated Size in Main Years

项　　目	单位	1985年	1990年	1995年	2000年	2005年	2010年	2015年	2017年	2018年
产品销售率	%	89.6	102.0	100.8	98.3	100.0	99.8	99.7	100.8	99.8
成本费用利润率	%	8.0	-0.8	15.5	7.0	5.8	3.2	5.4	3.0	1.7
产值利税率	%	13.2	9.2	40.6	69.4	11.3	7.3	10.0	5.9	3.8
资金利税率	%	20.4	8.3	14.9	21.6	10.6	6.7	12.2	6.7	
销售利税率	%	14.8	9.0	20.6	19.2	11.3	7.3	9.6	5.6	3.7
每百元固定资产原值实现的产值	元	142.93	85.48	61.08	63.42	105.00	79.00	70.94	81.58	
每百元固定资产原值实现的利税	元	21.11	7.82	24.82	43.98	11.80	5.70	7.07	4.78	
每百元固定资产原值实现的利润	元	9.55	-0.63	10.81	14.46	5.60	2.40	3.79	2.50	
每百元流动资产实现的产值	元	445.06	397.84	96.27	73.38	443.40	794.50	417.58	375.52	391.85
每百元流动资产实现的利税	元	65.73	36.41	39.12	50.89	50.00	57.70	41.60	22.01	14.88
每百元流动资产实现的利润	元	27.46	-2.44	17.03	16.73	23.80	24.60	22.33	11.53	6.51
亏损企业亏损面	%	9.9	16.7	20.9		20.0		25.8	19.0	21.4
全部流动资产周转天数	天	80.86	88.69	299.83	137.70	83.00	46.10	82.33	91.81	76.94
全员劳动生产率	元/人	3641	11253	73910	456736	2320312	405232	533494	316288	409087

4-24 主要年份规模以上集体经济工业企业经济效益指标

Main Indicators on Economic Benefit of Collective-owned Industrial Enterprises above Designated Size in Main Years

项　　目	单位	1985年	1990年	1995年	2000年	2005年	2010年	2015年	2017年	2018年
产品销售率	%	85.1	92.2	98.0	97.0	100.5	97.4	99.0	99.0	99.3
成本费用利润率	%	5.9	3.3	5.2	2.7	3.3	9.7	-1.4	4.6	2.9
产值利税率	%	9.3	6.9	9.0	5.1	5.8	10.4	0.3	6.4	4.8
资金利税率	%	15.1	9.7	6.0	2.9	3.2	9.7	0.3	3.5	
销售利税率	%	11.0	7.5	8.7	5.2	5.8	10.7	0.4	6.4	4.9
每百元固定资产原值实现的产值	元	236.65	159.39	127.97	99.30	98.10	131.10	71.76	60.59	
每百元固定资产原值实现的利税	元	22.07	10.98	11.46	5.01	5.70	13.60	0.25	3.85	
每百元固定资产原值实现的利润	元	10.77	4.54	6.43	2.44	3.00	11.50	-0.85	2.64	
每百元流动资产实现的产值	元	509.04	225.69	179.47	113.76	157.70	214.90	145.21	86.39	89.12
每百元流动资产实现的利税	元	47.47	15.55	16.07	5.74	9.10	22.40	0.50	5.49	4.30
每百元流动资产实现的利润	元	23.16	6.44	9.02	2.79	4.80	18.80	-1.72	3.77	2.46
亏损企业亏损面	%	6.6	8.8	12.8	18.6	25.9	22.5	41.9	14.3	25.0
全部流动资产周转天数	天	84.25	175.32	197.36	340.07	241.70	175.10	293.10	416.09	348.14
全员劳动生产率	元/人	2664	5437	5820	16344	28414	31412	80545	102486	130293

4-25 主要年份大中型工业企业经济效益指标

Main Indicators on Economic Benefit of Large and Medium-sized Industrial Enterprises in Main Years

项　　目	单位	1985年	1990年	1995年	2000年	2005年	2010年	2015年	2017年	2018年
产品销售率	%	104.3	103.5	99.7	98.6	99.5	100.6	98.0	98.9	97.9
成本费用利润率	%	14.3	2.2	12.9	12.0	3.8	5.1	3.4	4.4	3.4
产值利税率	%	16.1	8.7	19.9	21.4	4.7	6.4	5.1	7.2	5.0
资金利税率	%	14.8	6.5	14.0	15.3	6.1	8.4	8.1	11.4	
销售利税率	%	15.5	8.4	19.8	21.7	4.7	6.4	5.2	6.9	5.0
每百元固定资产原值实现的产值	元	106.02	87.07	112.80	98.43	229.80	221.60	286.90	346.12	
每百元固定资产原值实现的利税	元	17.10	7.57	22.40	21.06	10.70	14.20	14.59	24.95	
每百元固定资产原值实现的利润	元	11.50	1.69	13.09	12.98	8.40	10.90	9.34	15.45	
每百元流动资产实现的产值	元	758.81	329.30	174.27	183.41	227.40	220.60	221.16	204.96	200.15
每百元流动资产实现的利税	元	122.37	28.61	34.60	39.24	10.60	14.20	11.24	14.78	9.99
每百元流动资产实现的利润	元	82.34	6.39	20.22	24.18	8.30	10.90	7.20	9.15	6.68
亏损企业亏损面	%		17.2	22.2	12.8	20.1	12.2	14.8	12.1	17.8
全部流动资产周转天数	天	46.12	107.14	209.45	210.16	160.80	164.80	163.80	166.52	152.77
全员劳动生产率	元/人	6202	16492	81787	280810	72657	66101	98655	136857	160383

4-26 主要年份规模以上港澳台商投资工业企业经济效益指标

Main Indicators on Economic Benefit of Industrial Enterprises above Designated Size with Hong Kong, Macao and Taiwan Funds in Main Years

项　　目	单位	1995年	2000年	2005年	2010年	2015年	2017年	2018年
产品销售率	%	99.6	100.8	99.4	99.7	97.6	98.9	98.1
成本费用利润率	%	2.1	4.6	3.2	5.4	3.5	4.4	4.2
产值利税率	%	4.9	6.6	4.0	6.3	4.8	6.0	5.6
资金利税率	%	3.8	5.4	4.6	7.6	6.5	8.3	
销售利税率	%	4.9	6.5	4.1	6.3	5.0	6.1	5.8
每百元固定资产原值实现的产值	元	114.79	114.54	198.10	216.60	221.70	248.56	
每百元固定资产原值实现的利税	元	5.61	7.54	8.00	13.60	10.68	14.88	
每百元固定资产原值实现的利润	元	2.58	5.07	6.00	11.10	7.22	10.39	
每百元流动资产实现的产值	元	165.18	182.24	192.30	189.10	187.80	187.71	177.92
每百元流动资产实现的利税	元	8.08	12.00	7.80	11.80	9.05	11.24	9.98
每百元流动资产实现的利润	元	3.71	8.09	5.80	9.70	6.12	7.84	7.08
亏损企业亏损面	%	46.4	36.1	35.1	20.2	19.9	14.6	20.2
全部流动资产周转天数	天	199.12	199.88	191.10	194.10	196.26	192.73	177.47
全员劳动生产率	元/人	17478	28933	41933	54793	86953	104085	117441

4-27 主要年份规模以上外商投资工业企业经济效益指标

Main Indicators on Economic Benefit of Foreign-funded Industrial Enterprises above Designated Size in Main Years

项　　目	单位	1995年	2000年	2005年	2010年	2015年	2017年	2018年
产品销售率	%	91.0	99.2	99.4	100.1	97.6	98.2	97.9
成本费用利润率	%	-2.6	4.7	2.8	4.4	3.1	4.1	4.0
产值利税率	%	-0.6	5.7	3.2	5.3	4.2	5.2	5.0
资金利税率	%	-0.5	7.4	4.1	7.5	7.0	8.3	
销售利税率	%	-0.6	5.7	3.2	5.3	4.3	5.2	5.0
每百元固定资产原值实现的产值	元	155.45	231.22	285.20	286.90	310.33	293.88	
每百元固定资产原值实现的利税	元	-0.87	13.08	9.20	15.30	12.93	15.25	
每百元固定资产原值实现的利润	元	-1.90	10.26	7.60	12.10	9.23	11.63	
每百元流动资产实现的产值	元	94.26	250.96	223.60	211.10	224.39	208.78	198.79
每百元流动资产实现的利税	元	-1.53	14.20	7.20	11.20	9.35	10.84	9.88
每百元流动资产实现的利润	元	5.53	11.14	5.90	8.90	6.67	8.26	7.54
亏损企业亏损面	%	38.2	31.3	34.5	18.8	20.2	18.7	22.8
全部流动资产周转天数	天	174.06	148.44	164.40	173.00	163.11	171.43	156.29
全员劳动生产率	元/人	3646	50318	70722	66212	95545	114715	134560

4-28 主要年份规模以上工业产品产量

Output of Main Industrial Products of Industrial Enterprises above Designated Size in Main Years

产 品 名 称	单 位	1985年	1990年	1995年	2000年	2005年	2010年	2017年	2018年
精制食用植物油	吨	5571	4431	6824	5180	181869	1135677	1196503	2855507
饮料酒	千升	4034	2441	1720			493644	390405	343769
饮料	吨		44061	71566	158599	861853	3142076	494275	372394
棉 纱	吨		321	9902	3048	49383	11252	683	1322
布	万米		82	31045	28139	65669	15794	4310	4622
服 装	万件	108	1835	112177	85635	70054	140556	137314	124987
#衬 衫	万件			2518	3624	2210	6372	6234	6188
西服套装	万件			205	1761	555	204	172	178
轻 革	万平方米		5	1076	378	1391	744	230	80
皮革鞋靴	万双	17	457	27184	23474	31942	43062	12453	11683
人造板	立方米		7100	40666		167088	266113	247278	263165
家 具	万件	815	8657	77501	151374	7974	7390	3852	3746
机制纸及纸板	万吨	3	11	34	62	408	933	1518	1427
中成药	吨		216	6268	2354	1759	2478	3590	4162
塑料制品	吨	3089	17335	624476	571900	1265865	3998208	1224851	1735488
#塑料薄膜	吨		1928	59128	71394	83954	134737	151571	137800
水 泥	万吨	41	140	283	435	305	249	245	745
卫生陶瓷制品	万件	561	480	2414	1860	5745	2426		
钢 材	吨	4678	1730	19690	14550	1087242	191656	160782	66627
铝 材	吨		881	3536	4080	61510	69933	220817	269642
输送机械	吨		8622	3736		33200		2665	848
电动手提式工具	万台		1.89	471	357	6	1520	2999	3553
滚动轴承	万套	36	373	691	594	1333	4232	17581	20106
民用钢质船舶	载重吨	1916	841	3620	2894		18186	2900	8240

注：2000年以前家具的计量单位为“万元”。

4–28 续表

产品名称	单位	1985年	1990年	1995年	2000年	2005年	2010年	2017年	2018年
交流电动机	万千瓦	23	19	43	87		193	238	240
变压器	千伏安				6730	816409	2980343	2498703	2890944
电力电缆	千米		15091	20694	61996	78266	383829	3641508	4038866
原电池及原电池组	万只	12354	7607	63237	69401	214507	417215	534646	574543
家用吸尘器	万台	0.13	7.35	483	67	464	428	82	68
家用电风扇	万台		106	474	436	964	2081	1039	1141
房间空气调节器	台	31		26480	39582	4941		1141352	
自行车	辆			95439	185608	885211	1014533	1103767	1394824
白炽灯泡	万只			5778	8560	45164	13198	8380	31328
灯具及照明装置	万套(万台、万个)		87	42407	25135	14017	22819	24060	21266
电话单机	万部		17	877	1074	3651	4809	3056	2613
移动通信手持机（手机）	万部				619	639	1995	35443	36808
电子计算机整机	万台				27	180	44	603	1038
电子元件	亿只	0.14	2.05	72	104	4642	9185	14511	17198
显示器	万台						157	231	356
打印机	万台						57	50	46
硬盘存储器	万台						30	458	542
半导体分立器件	亿只			248.48	3.23	220.32	404.44	610.43	663.29
彩色电视机	万台		1.04	81	134	135	536	481	284
组合音响	万台			1136	1572	2446	3637	2032	1828
照相机	万台		3	374	122	1355	210	2	0.4
表	万只		15	8514	954	1370	2168	1726	1709
钟	万只			1986	984	1193	3776	345	357
发电量	亿千瓦时	0.29	93	139	269	344	356	350.20	173.00
自来水生产量	万立方米			21070	102083	94962	179639	167969	168896

4-29 规模以上五大支柱产业及四个特色产业主要经济指标（2018年）

Main Indicators of Five Pillar Industries & Four Characteristic Industries above Designated Size (2018)

项　　目	企　业单位数（个）	#亏　损企　业	工　业增加值（万元）	主营业务收入（万元）
总　　计	5661	956	30471594	165730653
按轻重工业分				
轻工业	2637	473	10650271	43341371
重工业	3024	483	19821322	122389281
按企业规模分				
大型企业	260	38	15924825	101269361
中型企业	1390	269	7984361	35163479
小型企业	3913	630	6492426	28830159
微型企业	98	19	69981	467653
按工业行业分（大类）				
五大支柱产业	4519	773	27067255	152662146
电子信息制造业	1301	249	13742739	95151436
电气机械及设备制造业	1909	295	7296020	30694662
纺织服装鞋帽制造业	920	183	2815593	9254616
食品饮料加工制造业	129	21	1107905	8664413
造纸及纸制品业	260	25	2104998	8897018
四个特色产业	1142	183	3404339	13068507
玩具及文体用品制造业	325	65	1229474	4276817
家具制造业	377	65	867744	3056483
化工制品制造业	274	33	706119	3492029
包装印刷业	166	20	601002	2243178

4-29 续表

(2018年)

项目	亏损企业亏损总额(万元)	利润总额(万元)	人均利润(元)
总计	922695	5146187	25768
按轻重工业分			
轻工业	273669	1778559	21380
重工业	649026	3367629	28900
按企业规模分			
大型企业	163921	3427265	44846
中型企业	407797	1087794	14314
小型企业	238585	737851	16018
微型企业	112392	-106722	-86632
按工业行业分（大类）			
五大支柱产业	820984	4714469	28022
电子信息制造业	449486	2162541	29768
电气机械及设备制造业	250997	1274659	22398
纺织服装鞋帽制造业	81201	282141	9747
食品饮料加工制造业	29508	349296	101987
造纸及纸制品业	9792	645831	102256
四个特色产业	101711	431718	13719
玩具及文体用品制造业	32987	93234	6226
家具制造业	34040	86870	10908
化工制品制造业	24659	153546	48264
包装印刷业	10025	98069	18330

4-30 规模以上电子信息、电气机械及仪器仪表制造业主要指标

Main Indicators of Electronic Information，Machinery and Instrument Manufacturing above Designated Size

指　　标	单位	2010年	2015年	2017年	2018年
企业单位数	个	1616	1728	2286	2279
#亏损企业单位数	个	289	287	295	400
工业增加值	亿元	624.72	1039.00	1683.16	1743.43
主营业务收入	亿元	3219.91	6236.17	10334.55	11060.16
成本费用总额	亿元	3110.48	6173.07	10118.83	11020.39
#营业成本及销售费用	亿元	2955.35	5659.08	9550.29	10396.65
管理费用	亿元	153.14	341.81	573.00	648.82
财务费用	亿元	1.99	-2.91	-4.47	-25.08
利润总额	亿元	122.56	174.91	363.59	272.23
应交增值税	亿元	21.11	65.44	215.78	104.39
亏损企业亏损总额	亿元	10.19	22.86	37.25	58.38
企业资产总额	亿元	2026.27	3801.31	5912.54	6885.39
#流动资产	亿元	1390.37	2916.84	4745.23	5503.14
#应收帐款余额	亿元	580.85	1219.75	1624.23	1975.54
产成品存货	亿元	103.57	777.49	259.62	335.29
企业负债总额	亿元	1209.40	2439.83	3975.88	4708.59
企业资产负债率	%	59.7	64.2	67.2	68.4
成本费用利润率	%	3.9	2.8	3.6	2.6

注：本表统计范围为规模以上计算机、通信和其他电子设备制造业、电气机械和器材制造业、仪器仪表制造业。

4-31 规模以上先进制造业企业主要经济指标（2018年）

Main Indicators of Advanced Manufacturing Enterprises above Designated Size (2018)

项目	企业单位数（个）	#亏损企业	工业增加值（万元）	主营业务收入（万元）
总计	4705	782	20437717	117824007
按企业规模分				
大型企业	181	31	11790102	82074166
中型企业	997	191	4287342	17551658
小型企业	3419	543	4247354	17736743
微型企业	108	17	112919	461439
按工业行业分				
高端电子信息制造业	882	171	11816574	84755746
集成电路及关键元器件	792	148	4648888	21369022
信息通信设备	81	20	7063596	62917097
新型显示	9	3	104091	469627
先进装备制造业	1110	157	4802353	21082073
智能制造装备	262	39	1018998	2922968
船舶与海洋工程装备	7	2	56711	187987
节能环保装备	102	12	489350	1733381
轨道交通设备				
航空装备	3		32842	114595
新能源装备	251	35	818441	4237643
汽车制造	80	9	731091	2343717
卫星及应用	65	13	795664	6411950
重要基础件	340	47	859257	3129832
石油化工产业	253	28	637105	3129386
先进轻纺制造业	1535	292	1652180	7315802
绿色食品饮料	130	22	335140	2610445
高附加值纺织服装	933	184	854877	2833623
环保多功能家具	377	65	260323	916945
智能节能型家电	95	21	201840	954790
新材料制造业	1066	154	2455057	8424156
高端精品钢材	28	5	68975	395864
高性能复合材料及特种功能材料	1038	149	2384935	8028293
战略前沿材料				
生物医药及高性能医疗器械	47	9	333164	817363
生物制药	14	1	117036	272609
高性能医疗器械	33	8	216127	544753

4-31 续表 1

(2018年)

项　　目	亏损企业亏损总额(万元)	利　润总　额(万元)	人　均利　润(元)	工业增加值率(%)	产　品销售率(%)
总　　计	749084	3244169	21602	17.6	98.0
按企业规模分					
大型企业	219036	2201671	38878	14.8	98.1
中型企业	266537	612263	11359	23.7	97.5
小型企业	156284	531652	13841	23.6	98.0
微型企业	107228	-101416	-82452	25.3	96.6
按工业行业分					
高端电子信息制造业	397407	1900065	35429	14.4	98.3
集成电路及关键元器件	297304	811135	21567	20.4	97.3
信息通信设备	77676	1109411	70844	12.0	98.7
新型显示	22428	-20481	-56891	17.7	95.3
先进装备制造业	150361	869833	24135	22.4	97.1
智能制造装备	22363	210582	31762	30.9	97.8
船舶与海洋工程装备	36722	-36022	-180112	30.4	98.7
节能环保装备	2837	79078	24407	25.0	93.4
轨道交通设备					
航空装备		6497	92819	28.0	97.8
新能源装备	39918	162496	18237	21.2	96.7
汽车制造	3766	178354	66799	27.0	94.7
卫星及应用	16657	150323	21913	12.8	98.8
重要基础件	28098	118526	15888	28.1	97.6
石油化工产业	20144	152742	58522	21.3	98.5
先进轻纺制造业	50950	241638	5566	22.6	97.6
绿色食品饮料	8868	104773	30457	14.0	97.5
高附加值纺织服装	24414	86613	2978	28.7	97.2
环保多功能家具	10212	26061	3274	25.2	98.4
智能节能型家电	7456	24191	8256	22.3	97.9
新材料制造业	145851	218591	9430	26.6	98.2
高端精品钢材	1130	10931	49685	15.7	98.8
高性能复合材料及特种功能材料	144721	207660	9044	27.2	98.1
战略前沿材料					
生物医药及高性能医疗器械	3190	77043	26116	43.1	100.1
生物制药	271	47920	149750	47.5	100.7
高性能医疗器械	2919	29123	11073	41.1	99.9

4-31 续表 2

(2018年)

项　　　目	总资产贡献率(%)	资　产负债率(%)	流动资产周 转 率(次/年)	成本费用利 润 率(%)	全员劳动生 产 率(元/人)
总　　计	6.6	67.1	2.1	2.8	136088
按企业规模分					
大型企业	7.2	73.8	2.4	2.7	208195
中型企业	5.9	54.6	1.7	3.6	79543
小型企业	6.6	61.0	1.6	3.1	110579
微型企业	-15.9	55.6	2.5	-19.9	91804
按工业行业分					
高端电子信息制造业	6.3	74.6	2.4	2.2	220335
集成电路及关键元器件	6.6	51.7	2.0	3.9	123608
信息通信设备	6.4	87.0	2.6	1.7	451060
新型显示	-3.4	84.0	1.1	-4.2	289142
先进装备制造业	8.4	58.9	1.8	4.3	133251
智能制造装备	9.1	48.0	1.4	7.7	153695
船舶与海洋工程装备	-4.0	97.1	0.6	-16.7	283555
节能环保装备	8.3	42.7	1.7	4.7	151034
轨道交通设备					
航空装备	10.6	30.8	1.9	6.0	469171
新能源装备	6.0	61.0	1.4	3.9	91856
汽车制造	10.2	58.9	1.7	8.2	273817
卫星及应用	12.9	71.3	4.1	2.4	115986
重要基础件	7.6	58.8	1.5	3.9	115182
石油化工产业	8.8	45.5	1.5	5.1	244102
先进轻纺制造业	6.3	55.7	1.8	3.4	38060
绿色食品饮料	9.7	66.8	2.6	4.2	97424
高附加值纺织服装	6.0	55.3	1.5	3.1	29397
环保多功能家具	6.7	57.8	1.7	2.9	32704
智能节能型家电	2.5	42.2	1.5	2.6	68887
新材料制造业	5.7	59.2	1.7	2.7	105913
高端精品钢材	7.7	54.1	2.2	2.8	313523
高性能复合材料及特种功能材料	5.6	59.4	1.7	2.6	103873
战略前沿材料					
生物医药及高性能医疗器械	8.0	49.4	1.4	10.3	112937
生物制药	8.7	54.3	0.9	20.7	365738
高性能医疗器械	6.6	41.2	2.2	5.6	82178

4-32 规模以上高技术制造业企业主要经济指标（2018年）

Main Indicators of High-tech Manufacturing Enterprises above Designated Size (2018)

项　目	企业单位数（个）	#亏损企业	工业增加值（万元）	主营业务收入（万元）
总　计	1566	299	15206160	100693283
按企业规模分				
大型企业	143	21	11154304	82460247
中型企业	445	98	2555141	11353878
小型企业	952	172	1472530	6581215
微型企业	26	8	24186	297943
按工业行业分				
医药制造业	14	1	146295	340762
化学药品制造	5		28072	61314
中药饮片加工	1		1008	6336
中成药生产	4		78627	151842
兽用药品制造				
生物药品制造	1		20995	104974
卫生材料及医药用品制造	2	1	38052	12821
药用辅料及包装材料	1		536	3474
航空、航天器及设备制造业	3		32842	114595
飞机制造	1		4722	23612
航天器制造				
航空、航天相关设备制造				
其他航空航天器制造	2		25505	90983
航空航天器修理				
电子及通信设备制造业	1256	246	13517925	92676907
电子工业专用设备制造	59	10	233081	568511
光纤、光缆及锂离子电池制造	71	23	515452	1690202
通信设备、雷达及配套设备制造	84	21	7068147	63005458
广播电视设备制造	31	7	58383	541237
非专业视听设备制造	120	20	522456	2931121
电子器件制造	236	50	1030080	7572054
电子元件及电子专用材料制造	438	83	3288700	12408823
智能消费设备制造	36	5	97981	909820
其他电子设备制造	181	27	703646	3049683
计算机及办公设备制造业	187	36	1090822	5980527
计算机整机制造	6	3	85618	125247
计算机零部件制造	103	19	513376	3374997
计算机外围设备制造	52	11	339171	997898
工业控制计算机及系统制造				
信息安全设备制造	1		1996	6103
其他计算机制造	11	2	32799	222759
办公设备制造	14	1	117863	1253523
医疗仪器设备及仪器仪表制造业	104	15	418276	1474877
医疗仪器设备及器械制造	17	3	59779	170437
通用仪器仪表制造	40	6	127094	481613
专用仪器仪表制造	18	1	51169	160092
光学仪器制造	19	4	150986	564525
其他仪器仪表制造业	10	1	29247	98210
信息化学品制造业	2	1	21123	105615
信息化学品制造	2	1	21123	105615

4-32 续表 1

(2018年)

项目	亏损企业亏损总额(万元)	利润总额(万元)	人均利润(元)	工业增加值率(%)	产品销售率(%)
总计	507141	2483270	30473	15.5	98.1
按企业规模分					
大型企业	127480	2101220	47367	14.1	98.3
中型企业	188071	325020	13772	21.2	96.8
小型企业	85353	160094	12869	22.2	98.2
微型企业	106238	-103065	-95430	22.1	95.5
按工业行业分					
医药制造业	339	59900	187188	47.5	100.7
化学药品制造		12097	172811	34.9	97.3
中药饮片加工		141	29894	19.9	125.0
中成药生产		36374	330670	49.9	101.5
兽用药品制造					
生物药品制造		11347	226946	15.5	100.0
卫生材料及医药用品制造	339	-104	-1300	61.8	99.2
药用辅料及包装材料		46	4580	15.4	100.0
航空、航天器及设备制造业		6497	92819	28.0	97.8
飞机制造		280	13990	15.5	90.1
航天器制造					
航空、航天相关设备制造					
其他航空航天器制造		6218	124350	28.0	100.0
航空航天器修理					
电子及通信设备制造业	454539	2205884	32435	15.1	98.1
电子工业专用设备制造	4197	43193	33744	29.6	94.6
光纤、光缆及锂离子电池制造	27207	72643	23974	28.0	95.0
通信设备、雷达及配套设备制造	78165	1110444	70237	12.0	98.6
广播电视设备制造	7080	17759	13983	26.1	97.0
非专业视听设备制造	32074	18103	3435	17.6	98.6
电子器件制造	190038	113265	10536	14.7	98.8
电子元件及电子专用材料制造	93825	648360	27839	23.2	96.6
智能消费设备制造	4943	15823	9475	17.2	97.6
其他电子设备制造	17010	166295	29485	25.0	96.1
计算机及办公设备制造业	26176	133466	12735	16.4	98.0
计算机整机制造	2119	-433	-849	16.4	99.5
计算机零部件制造	15712	61432	10537	16.4	97.3
计算机外围设备制造	7665	7510	3851	16.4	97.6
工业控制计算机及系统制造					
信息安全设备制造		1144	286000	16.4	100.0
其他计算机制造	670	2999	4614	16.4	97.7
办公设备制造	11	60814	39490	16.4	100.0
医疗仪器设备及仪器仪表制造业	24301	78654	30605	25.9	96.9
医疗仪器设备及器械制造	1951	5409	10205	41.1	98.8
通用仪器仪表制造	2556	45276	46676	29.3	97.3
专用仪器仪表制造	8386	535	1671	26.2	100.4
光学仪器制造	11223	14302	25540	20.2	94.3
其他仪器仪表制造业	186	13132	72958	31.8	102.0
信息化学品制造业	1787	-1132	-22638	15.5	99.8
信息化学品制造	1787	-1132	-22638	15.5	99.8

4–32 续表 2

(2018年)

项　　目	总资产贡献率(%)	资　产负债率(%)	流动资产周 转 率(次/年)	成本费用利 润 率(%)	全员劳动生 产 率(元/人)
总　　计	6.4	71.0	2.3	2.5	186602
按企业规模分					
大型企业	7.1	74.8	2.5	2.5	251450
中型企业	5.2	58.5	1.6	2.9	108269
小型企业	6.1	65.1	1.7	2.5	118371
微型企业	-19.6	50.1	2.3	-29.5	22394
按工业行业分					
医药制造业	8.7	54.3	0.9	20.7	457172
化学药品制造	13.2	58.3	0.6	23.6	401029
中药饮片加工	7.1	55.6	2.2	2.3	214468
中成药生产	12.2	26.9	0.9	30.2	714791
兽用药品制造					
生物药品制造	3.1	86.1	0.9	11.9	186602
卫生材料及医药用品制造	10.6	54.3	1.4	-0.8	475650
药用辅料及包装材料	0.9	101.8	0.7	1.3	53600
航空、航天器及设备制造业	10.6	30.8	1.9	6.0	469171
飞机制造	-2.9	104.7	3.3	1.2	186602
航天器制造					
航空、航天相关设备制造					
其他航空航天器制造	12.0	23.2	1.7	7.4	510100
航空航天器修理					
电子及通信设备制造业	6.5	72.8	2.3	2.4	198764
电子工业专用设备制造	10.5	65.2	1.3	8.1	182095
光纤、光缆及锂离子电池制造	5.6	53.3	1.2	4.5	170116
通信设备、雷达及配套设备制造	6.4	86.7	2.6	1.7	447068
广播电视设备制造	8.3	54.0	1.9	3.3	45971
非专业视听设备制造	2.2	66.7	1.9	0.6	99138
电子器件制造	3.2	52.4	2.2	1.5	95821
电子元件及电子专用材料制造	8.4	50.2	1.9	5.4	141207
智能消费设备制造	5.9	73.7	2.6	1.8	58671
其他电子设备制造	10.9	60.9	2.2	5.7	124760
计算机及办公设备制造业	4.9	57.9	2.0	2.3	104086
计算机整机制造	-1.0	62.1	1.6	-0.3	167878
计算机零部件制造	3.8	60.3	1.9	1.8	88058
计算机外围设备制造	3.8	67.8	2.3	0.8	173934
工业控制计算机及系统制造					
信息安全设备制造	14.5	12.3	0.8	18.4	499000
其他计算机制造	7.1	39.0	3.3	1.4	50460
办公设备制造	10.4	46.1	2.0	5.1	76534
医疗仪器设备及仪器仪表制造业	8.0	50.7	1.9	5.6	162753
医疗仪器设备及器械制造	6.0	48.0	2.0	3.3	112791
通用仪器仪表制造	10.2	42.7	1.6	10.1	131025
专用仪器仪表制造	4.0	48.4	2.0	0.3	159903
光学仪器制造	4.2	64.6	2.3	2.6	269618
其他仪器仪表制造业	22.7	42.3	1.9	15.5	162483
信息化学品制造业	-1.6	44.5	2.2	-1.1	186602
信息化学品制造	-1.6	44.5	2.2	-1.1	186602

4-33 规模以上IT制造业企业主要经济指标（2018年）

Main Indicators of IT Manufacturing Enterprises above Designated Size (2018)

项　　目	企业单位数（个）	#亏损企业	工业增加值（万元）	主营业务收入（万元）
总　计	1646	310	15535347	99278152
按企业规模分				
大型企业	139	18	11231309	80482981
中型企业	504	114	2742193	11583059
小型企业	981	171	1548902	6961452
微型企业	22	7	12942	250661
按工业行业分（小类）				
训练健身器材制造	4	1	8940	24960
玩具制造	162	38	714241	1810441
信息化学品制造	2	1	21123	105615
照相机及器材制造	9	3	13264	204507
复印和胶印设备制造	10		112338	929796
计算器及货币专用设备制造	4	1	5525	323728
医疗诊断、监护及治疗设备制造	4		4232	18923
微电机及其他电机制造	29	2	329550	906846
电线、电缆制造	181	21	556405	2874621
光纤、光缆制造	5		694	42172
锂离子电池制造	64	23	495013	1565680
镍氢电池制造	2		8108	47802
其他电池制造	18	4	100928	319940
计算机整机制造	6	3	85618	125247
其他计算机制造	12	2	34795	228862
通信系统设备制造	26	5	703563	5722942
通信终端设备制造	55	15	6360033	57194154
电视机制造	7	2	106182	481801
音响设备制造	93	13	369251	1941243
影视录放设备制造	20	5	47024	508077
电子真空器件制造	45	4	98711	943016
集成电路制造	17	7	139983	913702
光电子器件及其他电子器件制造	164	39	733889	5294580
电子元件及组件制造	366	69	2972797	10255862
印制电路板制造	72	14	315903	2152961
其他电子设备制造	217	32	801626	3959502
电子测量仪器制造	6		27390	66429
其他未列明制造业	46	6	389347	314745

4-33 续表 1

(2018年)

项　　目	亏损企业亏损总额(万元)	利　润总　额(万元)	人　均利　润(元)	工业增加值率(%)	产　品销售率(%)
总　　计	486600	2361159	27896	16.0	98.1
按企业规模分					
大型企业	117074	2092346	47891	14.4	98.3
中型企业	186917	243447	8957	22.6	96.8
小型企业	77442	129156	10170	22.1	98.5
微型企业	105167	-103790	-97000	18.5	94.7
按工业行业分（小类）					
训练健身器材制造	477	142	2373	32.5	101.3
玩具制造	19404	21809	2404	38.0	97.5
信息化学品制造	1787	-1132	-22638	16.0	99.8
照相机及器材制造	5023	2264	5391	16.4	97.1
复印和胶印设备制造		55273	48914	16.4	100.0
计算器及货币专用设备制造	11	5541	13515	16.4	100.0
医疗诊断、监护及治疗设备制造		528	8797	41.1	101.0
微电机及其他电机制造	1124	51704	30236	26.0	90.0
电线、电缆制造	3208	84607	17887	18.1	96.1
光纤、光缆制造		2082	16016	18.1	97.1
锂离子电池制造	27207	63588	22234	28.6	95.5
镍氢电池制造		162	1469	28.6	100.1
其他电池制造	4277	21280	59110	28.6	97.8
计算机整机制造	2119	-433	-849	16.4	99.5
其他计算机制造	670	4143	6374	16.4	97.8
通信系统设备制造	2405	135407	25452	12.0	99.4
通信终端设备制造	75271	974004	94198	12.0	98.6
电视机制造	21906	-19988	-62463	17.6	95.1
音响设备制造	8728	32414	7469	17.6	99.6
影视录放设备制造	1440	5677	9307	17.6	97.9
电子真空器件制造	1807	39534	25181	14.7	98.0
集成电路制造	15527	18917	23354	14.7	98.9
光电子器件及其他电子器件制造	172705	26015	3441	14.7	98.9
电子元件及组件制造	81268	581899	29095	23.2	96.3
印制电路板制造	12557	66461	20201	23.2	98.1
其他电子设备制造	21953	182118	24914	23.7	96.5
电子测量仪器制造		2874	23948	26.2	99.8
其他未列明制造业	5729	4270	5272	30.6	98.6

4-33 续表 2

(2018年)

项　　目	总资产贡献率(%)	资　产负债率(%)	流动资产周转率(次/年)	成本费用利润率(%)	全员劳动生产率(元/人)
总　　计	6.4	71.4	2.3	2.4	183546
按企业规模分					
大型企业	7.2	74.8	2.5	2.6	257068
中型企业	4.6	60.1	1.7	2.1	100890
小型企业	5.2	66.7	1.7	1.9	121961
微型企业	-20.8	49.1	2.1	-34.2	12096
按工业行业分（小类）					
训练健身器材制造	3.1	61.6	1.5	0.6	149005
玩具制造	2.9	65.9	1.6	1.2	78748
信息化学品制造	-1.6	44.5	2.2	-1.1	183546
照相机及器材制造	4.3	53.1	2.0	1.1	31581
复印和胶印设备制造	14.4	50.2	3.1	6.3	99414
计算器及货币专用设备制造	3.0	38.7	1.0	1.75	13475
医疗诊断、监护及治疗设备制造	5.9	29.5	1.3	2.8	70540
微电机及其他电机制造	9.1	35.7	1.7	6.0	192719
电线、电缆制造	6.2	57.5	1.8	3.0	117633
光纤、光缆制造	8.6	73.3	1.0	5.2	5339
锂离子电池制造	5.1	52.8	1.2	4.2	173081
镍氢电池制造	2.7	44.0	1.5	0.3	73705
其他电池制造	10.9	51.9	1.9	7.1	280355
计算机整机制造	-1.0	62.1	1.6	-0.3	167877
其他计算机制造	7.4	37.7	3.1	1.8	53530
通信系统设备制造	14.9	76.7	4.8	2.4	132249
通信终端设备制造	5.7	87.8	2.5	1.7	615090
电视机制造	-3.3	84.8	1.1	-4.0	331817
音响设备制造	4.3	60.8	2.2	1.7	85081
影视录放设备制造	3.0	57.4	2.0	1.1	77088
电子真空器件制造	8.4	67.0	3.6	4.3	62873
集成电路制造	3.7	50.4	1.7	2.1	172818
光电子器件及其他电子器件制造	1.7	51.5	2.2	0.5	97075
电子元件及组件制造	9.5	48.3	1.9	5.9	148640
印制电路板制造	4.2	57.7	1.9	3.2	96019
其他电子设备制造	10.1	63.1	2.2	4.8	109662
电子测量仪器制造	12.2	50.6	2.8	4.5	228252
其他未列明制造业	4.2	59.3	2.4	1.4	480675

主要统计指标解释

Explanatory Notes on Main Statistical Indicators

工业 指从事自然资源的开采，对采掘品和农产品进行加工和再加工的物质生产部门。具体包括：对自然资源的开采，如采矿、晒盐、森林采伐等（但不包括禽兽捕猎和水产捕捞）；对农副产品的加工、再加工，如粮油加工、食品加工、轧花、缫丝、纺织、制革等；对采掘品的加工、再加工，如炼铁、炼钢、化工生产、石油加工、机器制造、木材加工等，以及电力、自来水、煤气的生产和供应等；对工业品的修理、翻新，如机器制造设备的修理、交通运输工具（包括小卧车）的修理等。

轻工业 是指主要提供生活消费品和制作手工工具的工业。按其所使用的原料不同，可分为两大类：以农产品为原料的轻工业，是指直接或以农产品为基本原料的轻工业，主要包括食品制造、饮料制造、烟草加工、纺织、缝纫、皮革和毛皮制作、造纸以及印刷等工业；以非农产品为原料的轻工业，是以工业品为原料的轻工业，主要包括文教体育用品、化学药品制造、合成纤维制造、日用化学制品、日用玻璃制品、日用金属制品、手工工具制造、医疗器械制造、文化和办公用机械制造等工业。

重工业 是指为国民经济各部门提供物质技术基础的主要生产资料的工业。按其生产性质和产品用途，可以分为下列三类：采掘（伐）工业，是对自然资源的开采，包括石油开采、煤炭开采、金属矿开采等工业；原材料工业，指向国民经济各部门提供基本材料、动力和燃料的工业，包括金属冶炼及加工、炼焦及焦炭化学、化学原料、水泥、人造板以及电力、石油和煤炭加工等工业；加工工业，是指对工业原材料进行再加工制造的工业，包括装备国民经济各部门的机械设备制造工业、金属结构、水泥制造等工业，以及为农业提供的生产资料如化肥、农药等工业。

资产总额 是指企业拥有或控制的能以货币计量的经济资源，包括各种财产、债权和其他权利。资产按其流动性（即资产的变现能力和支付能力）划分为：流动资产、长期投资、固定资产、无形资产、递延资产和其他资产，即为企业资产负债表中的资产总计项。

流动资产 是企业资产的重要组成部分，通常是指一年内或超过一年的一个营业周期内可以变现或耗用的资产。其特点是在企业的生产经营或者业务活动中不断地在生产循环中周转，不断改变其形态。其价值一次性消耗、转移或者实现。包括：货币资金、短期投资、应收票据、应收账款、预付账款、其他应收款、存货、待摊费用、待处理流动资产损失、一年内到期的本期债券投资及其他流动资产。

固定资产原价 是指企业在建造、购置、安装、改建、扩建、技术改造某项固定资产时实际支出的全部货币总额。它一般包括买价、包装费、运杂费和安装费等。

固定资产合计 包括固定资产净值、固定资产清理、在建工程、待处理固定资产净损失所占用的资金合计。

固定资产净值 是指固定资产原价减去历年已提折旧额后的净额。

负债 是指企业所承担的能以货币计量，将以资产或劳务偿付的债务。其偿还形式可以用货币，也可以用资产或提供劳务的方式进行。包括流动负债、长期负债和递延税款贷项等，即为企业资产负债表的负债合计项。

实收资本 是指企业实际收到的投资人投入的资本。包括有国家资本、集体资本、法人资本、个人资本、外商资本、港澳台资本等。

主营业务收入 是企业在销售商品、提供劳务及让渡资产使用权等日常活动中所产生的收入。

主营业务税金及附加 是指企业日常活动应负担的税金及附加，包括营业税、消费税、城市维护建设税、资源税、土地增值税和教育费附加等。

主营业务成本 是指企业因销售商品、提供劳务或让渡资产使用权等日常活动而发生的实际成本。

营业利润 是企业生产经营活动所取得的利润，包括主营业务利润和其他业务利润。

利润总额 是指企业在一定时期内生产经营活动的最终的财务成果，是企业的收入减去有关成本与费用后的差额，收入大于相关的成本费用，企业就盈利，反之则亏损。包括营业利润、补贴收入、投资净收益、营业外收支净额、以前年度损失调整。

应交增值税 是指企业按税法规定，从事货物销售或提供加工、修理修配劳务等增加货物价值的活动本期应交纳的税金，即企业在报告期应交的增值税额。计算公式为：

应交增值税 = 销项税额-(进项税额-进项税额转出)-出口抵减内销产品应纳税额-减免税款+出口退税

从业人员平均人数 从业人员指企业工作并取得劳动报酬的全部人员数。包括在岗职工、再就业的离退休人员、民办教师及在企业工作的外方人员和港澳台方人员、兼职人员、借用的外单位人员和第二职业者。不包括离开本单位但仍保留劳动关系的职工。而从业人员平均人数指报告期内每天平均拥有的从业人员人数。其计算公式为：

月平均人数=报告月内每天实有人数之和÷报告月日历日数

季平均人数=季内各月平均人数之和÷3

年平均人数=全年各月平均人数之和÷12

资产利税率 是在一定时期内已实现的利润、税金总额与同期的资产总额之比。计算公式：

$$\text{资产利税率（\%）} = \frac{\text{报告期累计实现利税总额}}{\text{资产总额}} \times 100\%$$

资产利税率反映每单位（通常是每万元）资产所提供的利税金额。它是考察和评价部门或企业资金运用的经济效益，分析资金投入效果的主要分析指标。

产值利税率 是报告期已实现的利润、税金总额（包括利润总额、产品销售税金及附加和应交增值税）占同期全部工业总产值的百分比，计算公式为：

$$\text{产值利税率（\%）} = \frac{\text{利税总额}}{\text{工业总产值（现价）}} \times 100\%$$

工业经济效益综合指数 是现行综合评价工业经济效益总体水平及工业经济运行质量的指数，它是以若干项代表性经济效益指标，分别除以各项指标的标准值，再乘以各自的权数，加总后除以总权数求得。其计算公式为：

$$\text{工业经济效益综合指数} = \Sigma\left(\frac{\text{某项经济效益指标报告期数值}}{\text{该项指标标准值}} \times \text{权数}\right) \div \text{总权数}$$

上式总权数为100。

工业产品销售率 是反映工业产品已实现销售的程度，是分析工业产销衔接情况、研究工业产品满足社会需求的指标。计算公式是：

$$\text{产品销售率（\%）} = \frac{\text{现价工业销售产值}}{\text{现价工业总产值}} \times 100\%$$

总资产贡献率 是指企业一定时期内全部资产获利能力，是企业经营业绩和管理水平的集中体现，是评价和考核企业盈利能力的核心指标。计算公式为：

$$\text{总资产贡献率（\%）}=\frac{\text{利润总额+税金总额+利息支出}}{\text{平均资产总额}}\times 100\%\times\frac{12}{\text{累计月数}}$$

注：税金总额为主营业务税金及附加与应交增值税之和，平均资产总额为期初、期末资产总计的算术平均值。

资本保值增值率 是反映企业净资产变动状况的一个重要指标，是企业发展能力的集中体现。是指期末所有者权益总额与期初所有者权益总额的比率。计算公式为：

$$\text{资本保值增值率（\%）}=\frac{\text{期末所有者权益}}{\text{期初所有者权益}}\times 100\%$$

所有者权益等于资产总计减负债总计。

资产负债率 是指反映企业经营风险的大小，反映企业利用债权人提供的资金从事经营活动的能力。计算公式为：

$$\text{资产负债率（\%）}=\frac{\text{负债总额}}{\text{资产总额}}\times 100\%$$

资产及负债均为报告期期末数。

流动资产周转率 是指一定时期内流动资产完成的周转次数，反映投入工业企业流动资金的周转速度，一般以一年内周转多少次表示。计算公式为：

$$\text{流动资产周转率（次）}=\frac{\text{产品销售收入}}{\text{流动资产平均余额}}\times\frac{12}{\text{累计月数}}$$

成本费用利润率 是指工业企业投入的生产成本及费用的经济效益，同时也反映企业降低成本所取得的经济效益。计算公式为：

$$\text{成本费用利润率（\%）}=\frac{\text{利润总额}}{\text{成本费用总额}}\times 100\%$$

注：成本费用总额为产品销售成本、销售费用、管理费用、财务费用之和。

全员劳动生产率 是指反映企业的生产效率和劳动投入的经济效益。一般用平均每人一年创造的工业增加值表示。计算公式为：

$$\text{全员劳动生产率（元/人）}=\frac{\text{工业增加值}}{\text{全部职工平均人数}}\times\frac{12}{\text{累计月数}}$$

东莞统计

五、固定资产投资与建筑业

Investment in Fixed Assets and Construction

5-1　主要年份固定资产投资主要指标

Main Indicators of Investment in Fixed in Main Years

项　　目	单　位	1990年	2000年	2005年	2010年	2015年	2017年	2018年比2017年增长(%)
固定资产投资总额	万元	75052	1028914	5972443	11149822	14465180	17128291	5.8
#国有单位	万元	50658	197658	686333	1479886	1782379	1933879	24.9
私营个体经济	万元			1027969	2077250	3304853	4780861	-10.2
港澳台投资经济	万元		130501	1246450	1326063	1343480	1931125	-3.9
外商投资经济	万元		92699	507322	938943	1336845	1211838	-6.0
新增固定资产	万元			1732967	5778616	7269377	8812628	-11.2
固定资产交付使用率	%			29.0	51.8	50.3	51.5	37.4
房屋竣工面积	万平方米			696.99	686.22	499.49	611.53	-21.8
房屋面积竣工率	%			22.5	20.7	9.4	10.9	9.1
固定资产计划总投资	万元			13905355	45000174	68582894	86603509	17.8
固定资产投资建设周期	年			2.32	4.04	4.74	5.06	5.63
固定资产投资资金来源	万元	50100	1047861	6717711	18550102	26149934	33984528	0.6
#国家预算内资金	万元	3600	10490	536	130717	553110	390664	45.8
国内贷款	万元	2900	122561	651723	1882278	2087480	3409565	-8.5
利用外资	万元	17000	207444	940432	1400920	698707	410709	-19.5
自筹资金	万元	25400	587176	3901138	8390847	8998227	10037157	3.3
房地产开发投资	万元		112498	1444277	2989853	5752145	7021544	4.9
房地产开发当年房屋施工面积	万平方米		315.45	1160.17	2060.54	3921.20	4553.68	-2.9
房地产开发当年房屋竣工面积	万平方米		103.20	132.88	296.59	325.43	471.02	-18.7
#住宅	万平方米		77.97	115.23	256.09	266.01	363.39	-30.4
商品房销售面积	万平方米		63.21	321.85	511.25	1040.65	799.46	-13.7
#住宅	万平方米		51.02	297.19	469.90	948.50	588.81	-9.2

注：1.2011年起，固定资产投资统计起点由计划投资50万元提高到计划投资500万元，2018年起，资金来源指标以及新增固定资产指标不包含5000万元以下项目数据，增速为可比口径，下同。
2.固定资产交付使用率、固定资产投资建设周期、房屋面积竣工率为当年值，非增长速度。

5-2 历年固定资产投资

Total Investment in Fixed Assets over Years

单位：万元

年 份	固定资产投资总额						
	总 量	增长速度(%)	#房地产开发		#民营	#外资	
			总 量	增长速度(%)			#港澳台
1978	2319						
1979	1641	-29.2					
1980	2395	45.9					
1981	3756	56.8					
1982	18102	381.9					
1983	18370	1.5					
1984	30050	63.6					
1985	70600	134.9					
1986	115173	63.1					
1987	141856	23.2					
1988	165459	16.6					
1989	50135	-69.7					
1990	75052	49.7					
1991	137464	83.2					
1992	188824	37.4					
1993	327630	73.5	52110			62600	
1994	1407621	329.6	78392	50.4		1038599	
1995	631355	-55.1	85163	8.6		240690	
1996	676185	7.1	86258	1.3		259705	
1997	658941	-2.6	86662	0.5		69055	
1998	769953	16.8	95451	10.1		91719	35868
1999	883201	14.7	104411	9.4		188036	116708
2000	1028914	16.5	112498	7.7		146887	96112
2001	1254945	22.0	148544	32.0		224812	181822
2002	1915741	52.7	268350	80.7		466569	213458
2003	3193889	66.7	551184	105.4		888664	619193
2004	4548691	42.4	1144195	107.6		1094045	716611
2005	5972443	31.3	1444277	26.2		1753772	1246450
2006	7054511	18.1	1642398	13.7	2410417	2297486	1584104
2007	8412074	19.2	2094187	27.5	2841860	2356983	1136955
2008	9443426	12.3	2714197	29.6	3240949	2710398	1469186
2009	10940753	13.0	2776623	2.3	4279669	2038232	1114631
2010	11149822	1.9	2989853	7.7	4847208	2265006	1326063
2011	10793144	8.1	3733062	25.0	4438880	2228117	1460388
2012	11803493	9.4	3773210	1.1	6662441	2942143	1891724
2013	13839352	18.3	4976593	31.9	8835235	2566790	1460423
2014	14271099	10.0	5880630	18.2	9496756	2234743	1174881
2015	14465180	3.3	5752145	-2.2	9475855	2680325	1343480
2016	15574580	7.7	6427591	11.7	10610512	2931385	1851731
2017	17128291	10.0	7021544	9.2	11469734	3142963	1931125
2018年比2017年增长	—	5.8	—	4.9	1.8	-4.7	-3.9

5-3 按登记类型和行业分的固定资产投资增长速度(2017-2018年)

Growth Rate of Total Investment in Fixed Assets by Registration Status and Sector (2017-2018)

单位：%

项　　目	2017年	2018年
合　　计	10.0	5.8
按登记注册类型分		
内资	10.6	8.1
国有	80.7	42.3
集体	-25.3	-26.3
股份合作	326.6	-71.9
国有联营	-100.0	—
集体联营	3206.5	-20.3
国有与集体联营	-66.4	-16.2
其他联营		
国有独资公司	40.6	-5.7
其他有限责任公司	7.3	15.5
股份有限公司	18.9	63.0
私营	15.7	-10.3
其他	-49.3	77.9
个体经营：个体户	-76.9	38.5
个人合伙	-100.0	—
港澳台商投资	4.3	-3.9
#合资经营	36.5	33.6
合作经营	-33.9	-4.3
独资	13.8	-9.9
股份有限公司	—	-53.5
外商投资	12.2	-6.0
#合资经营	19.8	-23.4
合作经营	635.2	-72.7
独资	-0.2	-3.2
股份有限公司	—	154.1
按国民经济行业分		
第一产业	-61.6	-99.6
第二产业	14.3	-5.7
制造业	10.2	-1.9
电力、热力、燃气及水的生产和供应业	48.7	-28.7
建筑业	-84.5	-90.5
第三产业	7.6	12.8
交通运输、仓储和邮政业	-4.6	10.6
信息传输、软件和信息技术服务业	18.8	48.5
批发和零售业	7.9	-35.4
住宿和餐饮业	7.4	225.7
金融业	-66.0	29.9
房地产业	8.2	5.8
租赁和商务服务业	188.0	71.8
科学研究和技术服务业	20.2	-11.5
水利、环境和公共设施管理业	52.4	76.2
居民服务、修理和其他服务业	100.8	72.7
教育	-30.7	77.3
卫生和社会工作	15.9	8.6
文化、体育和娱乐业	-66.5	0.5
公共管理、社会保障和社会组织	-8.8	-51.5

5-4 按构成和行业分工业投资增长速度(2017-2018年)

Growth Rate of Industrial Investment in Fixed Assets by Structure and Sector (2017-2018)

单位：%

项　　目	2017年	2018年
工业合计	14.4	-5.7
#技术改造	30.1	-0.1
先进制造业	20.1	-2.8
高技术制造业	24.5	-3.5
按国民经济行业分		
#制造业	10.2	-1.9
农副食品加工业	-22.9	2.7
食品制造业	-26.4	-6.7
酒饮料和精致茶制造业	-64.4	291.8
纺织业	103.6	-48.0
纺织服装服饰业	19.7	-30.0
皮革毛皮羽毛及其制品和制鞋业	10.7	-40.3
木材加工和木竹藤棕草制品业	-100.0	—
家具制造业	-17.7	45.6
造纸和纸制品业	40.6	23.9
印刷和记录媒介复制业	7.8	43.1
文教工美和体育娱乐用品制造业	-2.5	-24.2
石油煤炭及其它燃料加工业	—	28.2
化学原料和化学制品制造业	10.5	134.2
医药制造业	-17.3	-41.3
化学纤维制造业	-70.5	323.7
橡胶和塑料制品业	-31.4	-32.3
非金属矿物制品业	29.8	38.1
黑色金属冶炼和压延加工业	-60.2	149.5
有色金属冶炼和压延加工业	-84.9	371.3
金属制品业	7.1	-20.6
通用设备制造业	26.0	-40.6
专用设备制造业	-0.4	-15.2
汽车制造业	18.0	22.0
铁路传播航空航天和其它运输设备制造业	-77.1	205.0
电气机械和器材制造业	-15.0	2.7
计算机通信和其它电子设备制造业	30.5	-3.5
仪器仪表制造业	6.0	-5.4
其它制造业	114.5	45.9
废弃资源综合利用业	-80.9	69.5
金属制品机械和设备修理业	-93.5	310.8
#电力、热力、燃气及水的生产和供应业	48.7	-28.7
电力热力生产和供应业	59.3	-33.5
燃气生产和供应业	-15.3	119.8
水的生产和供应业	1.9	-8.6

5-5 按登记注册类型和行业分财务拨贷款资金来源主要指标(2018年)

Main Indicators on Sources of Funds and Loans for Investment by Status of Registration And Sector (2018)

单位：万元

项目	本年资金来源合计	国家预算内资金	国内贷款	利用外资	自筹资金	其他资金来源
合　　计	8210446	471833	1420020	181229	5522720	614644
按登记注册类型分						
内资	6562210	471833	1324388	4465	4219633	541891
国有	1454541	400032	142160		628932	283417
集体	70902	7652		4465	49610	9175
股份合作	2160				1793	367
国有联营						
集体联营	6600				6600	
国有与集体联营						
其他联营						
国有独资公司	577624	690	518130		42306	16498
其他有限责任公司	2569633	63459	520277		1810801	175096
股份有限公司	167060		8950		156682	1428
私营个体	1520810		119671		1360779	40360
其他	192880		15200		162130	15550
港澳台商投资	1194221		42583	111477	990869	49292
外商投资	454015		53049	65287	312218	23461
按国民经济行业分						
第一产业	20				20	
第二产业	4553227	4200	831818	126202	3465908	125099
制造业	3962808		378907	126202	3337347	120352
电力、热力、燃气及水的生产和供应业	590168	4200	452911		128310	4747
建筑业	251				251	
第三产业	3657199	467633	588202	55027	2056792	489545
交通运输、仓储和邮政业	1248858	200120	467451	38836	511999	30452
信息传输、软件和信息技术服务业	84656		6038		69938	8680
批发和零售业	76915		16200	5730	53477	1508
住宿和餐饮业	96599				96499	100
金融业	31041				31041	
房地产业	538352	7238	23900		387706	119508
租赁和商务服务业	53152		4600		22754	25798
科学研究和技术服务业	251708	663	17720	10461	201151	21713
水利、环境和公共设施管理业	871271	215420	15293		413646	226912
居民服务、修理和其他服务业	37902		32000		5902	
教育	278680	26762	5000		195912	51006
卫生和社会工作	70797	13500			57097	200
文化、体育和娱乐业	12050	2650			9400	
公共管理、社会保障和社会组织	5218	1280			270	3668

注：本表不含计划总投资5000万元以下和房地产开发项目数据。

5-6 房地产开发主要指标

Main Indicators of Real Estate Development

项　　目	单位	2005年	2010年	2015年	2017年	2018年
本年土地购置面积	万平方米	45	136	122	119	67
本年完成投资额	万元	1444277	2989853	5752145	7021544	7367857
#住宅	万元	1197154	2504525	4016931	5124443	5258491
资金来源	万元	1632570	6533564	10836961	14996934	14534891
#国内贷款	万元	114755	1271530	1112220	2439451	1653610
利用外资	万元	2075	75182	2960	8751	
自筹资金	万元	867824	2025670	2405896	2974914	2060958
房屋施工面积	万平方米	1160	2061	3921	4554	4422
#住宅	万平方米	890	1687	2831	3211	3076
房屋竣工面积	万平方米	133	297	325	471	383
#住宅	万平方米	115	256	266	363	253
商品房屋销售额	万元	1193991	3737742	10191063	13492246	12241387
#住宅	万元	1091095	3341485	9145019	10169560	9647500
商品房屋销售面积	万平方米	322	511	1041	799	690
#住宅	万平方米	297	470	949	589	535

5-7 房地产开发企业主要经济指标(2018年)

Main Indicators of Real Estate Enterprises (2018)

单位：万元

项　　目	资产总计	负债总计	主营业务收入	主营业务税金及附加	利润总额
合　　计	56569255	47270538	13687777	2029761	3070610
按登记注册类型分					
#内资	50576146	42775262	12515659	1847027	2767246
港澳台商投资	3578126	2697696	946385	123502	259884
外商投资	2414983	1797580	225733	59232	43480
民营经济	49295993	41533481	12659521	1859474	2807219
按控股情况分					
国有控股	3005897	1272236	274705	111718	7383
集体控股	10119615	9428966	729502	81545	326848
私人控股	5041564	4025299	907073	149103	264268
港澳台控股	7179814	4912820	1934723	292615	509324
外商控股	26946856	23832184	8667829	1175007	1703501
其他控股	4275510	3799032	1173946	219774	259285
按资质等级分					
一级	1824315	1673980	160973	25957	53701
二级	1516684	1113456	470070	91511	138760
三级	30265415	25868976	8755138	1323880	1672016
四级	3356283	2469372	797906	110260	232440
暂定	2092665	1593705	69378	34071	-22750
其他	17513893	14551048	3434314	444083	996443

5-8 房地产开发投资情况（2017-2018年）

Investment in Real Estate Development (2017-2018)

项　　目	2017年		2018年	
	房地产开发投资（万元）	#住宅	房地产开发投资（万元）	#住宅
合　　计	7021544	5124443	7367857	5258491
内资	6364818	4602977	6630245	4667009
国有				
集体	256898	220781	219526	186664
国有独资公司	5486	5486	908	908
其他有限责任公司	3636472	2669799	3874073	2719498
私营独资	112291	90404	11575	11000
私营有限责任公司	2275348	1580746	2161655	1610608
私营股份有限公司	4376	3308	7108	5419
其他(内资企业)	2900	1100	69793	69793
港澳台商投资	421249	309558	341585	238437
外商投资	235477	211908	396027	353045

5-9 房地产开发企业、房屋建筑面积及价值(2017-2018年)

Floor Space and Value of Buildings in Real Estate Development (2017-2018)

项　　目	2017年			2018年		
	房屋建筑面积(平方米)		竣工房屋价值（万元）	房屋建筑面积(平方米)		竣工房屋价值（万元）
	施工面积	竣工面积		施工面积	竣工面积	
合　　计	45536809	4710153	2186990	44216586	3828305	1659617
内资	41456974	3852974	1925082	40341589	3710015	1625017
国有						
集体	1585175	497761	242154	1181518	110685	68211
国有独资公司	104976					
其他有限责任公司	24637489	2323502	1164627	24672527	2565454	1088282
私营独资	146971			68471		
私营有限责任公司	14483252	882492	432142	14002388	1033876	468524
私营股份有限公司	136579			136579		
其他(内资企业)	52847					
港澳台商投资	2580278	659303	187099	2340441	101284	29792
外商投资	1499557	197876	74809	1534556	17006	4808

5-10　商品房屋销售情况(2018年)

Sale of Commercialized Buildings (2018)

项　　目	商品房屋销售面积（平方米）	#住宅	商品房屋销售额（万元）	#住宅
合　　计	6901462	5347165	12241387	9647500
内资	5936723	4564909	10386084	8156713
国有				
集体	184651	132146	256559	200934
国有独资公司	426	426	507	507
其他有限责任公司	3656541	2891129	6352784	5137756
私营独资				
私营有限责任公司	1897211	1348686	3430525	2481587
私营股份有限公司	2906	2372	4703	4126
其他内资企业	55530	55530	87386	87386
港澳台商投资	619968	565518	1194359	1091078
外商投资	344771	216738	660944	399709

5-11　建筑业企业主要指标

Main Indicators on Construction Enterprises

项　　目	单　位	1990年	2000年	2005年	2010年	2015年	2017年	2018年
建筑企业（单位）个数	个	8	99	361	431	540	627	868
建筑企业平均人数	人	6803	64300	79965	57473	81440	133203	151456
建筑企业总产值	万元	12678	404493	843540	1220569	2245873	3240350	4738439
劳动生产率（按总产值计算）	元/人	18636	60849	108136	218076	275770	243264	312859
建筑业房屋施工面积	万平方米	66.30	1218.00	1234.98	733.44	1072.42	946.91	1287.07
建筑业房屋竣工面积	万平方米	29.95	53.76	707.77	311.94	453.13	407.00	430.00

5-12 劳务分包建筑业企业主要指标(2017–2018年)

Main Indicators of Labour Subcontract Construction Enterprises (2017-2018)

指　　标	单　位	2017年	2018年
企业单位数	个	72	77
年平均人数	人	36617	28971
固定资产原价	万元	4959	8691
建筑业总产值	万元	266186	257868
资产合计	万元	152473	176487
主营业务收入	万元	267500	260611
利润总额	万元	6062	6937

5-13 总承包和专业承包建筑业企业主要指标(2017–2018年)

Main Indicators of Construction Enterprises Qualified for General Contracts and Specialized Contracts (2017-2018)

指　　标	单　位	2017年	2018年
企业单位数	个	555	791
年平均人数	人	96586	122485
固定资产原价	万元	371029	420619
固定资产净值	万元	178356	211803
自有施工机械设备年末总台数	台	12781	13249
自有施工机械设备年末净值	万元	91123	92730
自有施工机械设备年末总功率	万千瓦	27	30
建筑业总产值	万元	2974164	4480571
建筑工程产值	万元	2535134	3936394
安装工程产值	万元	340978	471165
其他产值	万元	98052	73012
建筑业竣工产值	万元	2098313	2891266
房屋建筑施工面积	万平方米	947	1287
房屋建筑竣工面积	万平方米	407	430
资产合计	万元	5716290	6482735
主营业务收入	万元	3235371	4613647
利润总额	万元	188405	174055

主要统计指标解释

Explanatory Notes on Main Statistical Indicators

固定资产投资额 是以货币形式表现的在一定时期内建造和购置固定资产的工作量以及与此有关的费用的总称。它是反映固定资产投资规模、结构和发展速度的综合性指标，又是观察工程进度和考核投资效果的重要依据。

新增固定资产 指已经完成建造和购置过程，并已交付生产或使用单位的固定资产的价值。它是表示固定资产投资成果的价值指标，也是反映建设进度，计算固定资产投资效果的重要依据。

固定资产交付使用率 指一定时期新增固定资产与同期完成投资额的比率。它是反映各个时期固定资产动用速度，衡量建设过程中投资效果的一个综合性指标。

基础设施 基础设施投资指在电力、热水的生产和供应业，燃气生产和供应业，水的生产和供应业，铁路运输业，道路运输业，水上运输业，航空运输业，管道运输业，装卸搬运和运输代理业，邮政业，电信、广播电视和卫星传输服务，互联网和相关服务，水利管理业，生态保护和环境治理业和公共设施管理业等行业方面的固定资产投资。

房地产开发投资 各种登记注册类型的房地产开发公司 、商品房建设公司及其他房地产开发单位统一开发的包括统代建、拆迁还建的住宅、厂房、仓库、饭店、宾馆、度假村、写字楼、办公楼等房屋建筑物和配套的服务设施、土地开发工程，如道路、给水、排水、供电 、供热、通讯、平整场地等基础设施工程的投资。包括实际从事房地产开发或经营活动的附营房地产开发单位。不包括单纯的土地交易活动。

房屋建筑施工面积 指报告期内施工的全部房屋建筑面积。包括本期新开工的面积和上期开工跨入本期继续施工的房屋面积，以及上期已停建在本期复工的房屋面积。本期竣工和本期施工后又停缓建的房屋，其建筑面积仍计入本期施工房屋面积中。

住宅 指供人们居住的房屋，包括职工家属宿舍、集体宿舍（包括职工单身宿舍和学生宿舍）及供居住的各种公寓等。住宅建筑面积中不包括作为人防用、不住人的地下室面积和供办公用的公寓。

房屋建筑竣工面积 指在报告期内房屋建筑按照设计要求已全部完工，达到住人和使用条件，经验收鉴定合格(或达到竣工验收标准)，可正式移交使用的各栋房屋建筑面积的总和。

房屋建筑面积竣工率 指一定时期内房屋竣工面积占同期房屋施工面积的比率。它是从房屋建筑施工速度的角度反映投资效果和建筑业经济效益的指标。

建筑业总产值 是以货币表现的建筑业企业在一定时期内生产的建筑业产品和服务的总和。建筑业总产值包括三部分内容：

⑴建筑工程产值：指列入建筑工程预算内的各种工程价值。

⑵设备安装工程产值：指设备安装工程价值，但不包括设备本身的价值。

⑶其他产值：建筑业总产值中除建筑工程、安装工程以外的产值。包括房屋构筑物修理产值、非标准设备制造产值、总包企业向分包企业收取的管理费以及不能明确划分的施工活动所完成的产值。

①房屋构筑物修理产值：指房屋和构筑物的修理所完成的价值，但不包括被修理房屋构筑物的本身价值和生产设备的修理价值。

②非标准设备制造产值：指加工制造没有定型的非标准生产设备的加工费和原材料价值以及附属加工厂为本企业承建工程制作的非标准设备的价值。

东莞统计

六、运输邮电

Transport, Postal and Telecommunication Services

6-1　主要年份运输邮电主要指标

Main Indicators of Transport, Postal and Telecommunication Services in Main Years

项　　目	单　位	1985年	1990年	1995年	2000年	2005年	2010年	2015年	2017年	2018年
公路通车里程	公里	1240	1325	2327	2519	2871	4751	5165	5262	5262
#高速公路	公里				89	154	217	335	387	387
一级公路	公里		6	679	782	1315	2394	2601	2624	2633
内河通航里程	公里	532	598	598	798	664	643	643	643	643
公路桥梁	座	211	267	338	538	826	1211	1422	1452	1505
民用汽车	辆	7897	19394	88311	153684	406577	920766	1844948	2627618	2946909
#载客	辆	1878	7225	25366	69658	268918	772701	1694322	2449663	2753765
载货	辆	5980	12087	52242	80405	129298	143005	145659	172735	187428
摩托车	辆	11786	47881	255591	482636	775838	423766	32698	536	354
机动船	艘	2883	5885	5292	806	467	286	422	423	397
机动船净载重	吨位	80324	186056	259329	152661	148737	557846	1767170	1952667	1956714
邮电局(所)	处	52	53	273	594	702	555	797	535	564
邮路长度	公里	790	459	685	3550	6835	4667	5168	9587	11658
局用交换机容量	万门	1.14	6.98	52.29	103.13	286.25	365.02	358.00	58.00	48.10
移动电话交换机总容量	万户			4.8	154.2	1059.1	1657.0	2033.0	2425.0	2425.0
本地电话用户	万户	0.77	4.90	31.57	78.12	384.52	332.42	298.23	244.64	231.27
移动电话用户(含充值卡)	万户		0.05	4.77	123.68	1016.41	1607.60	1756.75	1680.97	1892.77
互联网用户	万户			0.05	13.78	52.90	153.92	201.74	175.67	187.64
邮政业务收入(含快递)	万元						63178	992490	1672002	1891786
电信业务收入	万元						1490174	1497315	1679919	1758353
客运量	万人	2072	5758	10237	30697	33551	77446	4961	4342	3383
#公路	万人	1940	5728	10210	30680	33510	77415	4928	4319	3360
旅客周转量	万人公里	95237	322236	446230	1001906	1185290	1290692	771316	681427	456292
#公路	万人公里	90950	320690	444293	1000492	1182000	1288675	769168	679900	454745
货运量	万吨	2913	2701	4266	5431	6400	9312	15385	16725	17272
#公路	万吨	1922	1571	2377	3440	4586	7640	10469	10521	10975
货物周转量	万吨公里	171591	184700	264605	404678	424829	1090340	5048509	4836221	5272636
#公路	万吨公里	113038	72162	128026	246046	272500	510801	716902	743334	783118
港口货物吞吐量	万吨	276	233	201	746	2280	5657	13149	15714	16417

注：1. 2006年起公路通车里程含专用公路和村道，下同。

2. 2010年起，邮政业务相关指标不包括速递物流及邮政储蓄银行独立运营部分；2015年起采用邮管局数据，含快递业务，下同。

3. 2014年起，客运量和旅客周转量不含城市客运量，数据与往年不可比，下同。

6-2 历年运输线路长度与公路密度

Length of Transportation Routes and Road Density over Years

年 份	公路通车里程（公里）	等级公路	#一级	等外公路	高级、次高级路面通车里程（公里）	内河通航里程（公里）	公路密度（公里/百平方公里）
1978	1259	287		972		530	51.08
1979	1225	355		870		603	49.70
1980	1225	355		870		603	49.70
1981	1225	845		380		415	49.70
1982	1225	845		380		115	49.70
1983	1225	872		353		132	49.70
1984	1240	896		344		132	50.30
1985	1240	490		750		132	50.30
1986	1248	977		271		274	50.63
1987	1261	991		270		598	51.16
1988	1302	1068	6	234		598	52.82
1989	1325	1091	6	234		598	53.75
1990	1325	1102	6	223	750	598	53.75
1991	1759	1226	6	533	1137	598	71.36
1992	2055	1431	151	624	1442	599	83.37
1993	2260	1673	315	587	1675	598	91.68
1994	2292	1868	599	424	1773	598	92.98
1995	2327	1930	679	397	1650	598	94.40
1996	2330	2087	689	243	1653	598	94.50
1997	2330	2087	690	243	1563	598	94.50
1998	2429	1897	714	480	1958	598	98.52
1999	2467	1935	717	480	2048	798	100.06
2000	2519	2339	782	91	2253	798	102.15
2001	2570	2393	845	78	2321	798	104.26
2002	2641	2464	908	78	2406	798	107.14
2003	2688	2508	967	75	2472	716	109.05
2004	2759	2609	1148	37	2637	798	111.93
2005	2871	2686	1315	31	2774	664	116.47
2006	3891	3619	1585	117	3823	664	157.85
2007	3924	3650	1591	116	3860	535	159.19
2008	4001	3884	1639	117	3864	643	162.31
2009	4713	4598	2389	115	4643	643	191.21
2010	4751	4637	2394	114	4681	643	192.74
2011	4828	4716	2420	112	4759	643	196.24
2012	4966	4861	2484	108	4800	643	201.98
2013	5002	4896	2507	106	4937	643	202.94
2014	5145	5058	2580	87	5093	643	208.72
2015	5165	5078	2601	86	5165	643	209.53
2016	5265	5180	2649	86	5225	643	214.08
2017	5262	5179	2624	83	5227	643	213.92
2018	5262	5248	2633	15	5261	643	213.91

注：公路密度数据来源于交通运输局，下同。

6–3 主要年份运输线路长度

Length of Transport Routes in Main Years

项　　目	单　位	1980年	1990年	1995年	2000年	2005年	2010年	2015年	2017年	2018年
公路通车里程合计	公里	1225	1325	2327	2519	2871	4751	5165	5262.33	5262.28
#按等级分										
等级公路	公里	355	1102	1930	2339	2686	4637	5078	5179.24	5247.60
高速公路	公里				89	154	217	335	386.79	386.61
一　级	公里		6	679	782	1315	2394	2601	2624.49	2633.36
二　级	公里		65	361	684	703	1317	1366	1398.05	1415.85
三　级	公里		60	135	310	297	178	256	266.97	294.00
四　级	公里	355	971	755	563	371	532	520	502.94	517.78
等外公路	公里	870	223	397	91	31	114	86	83.09	14.69
#按路面分										
有路面里程	公里		800	1808	2508	2858	4689	5165	5227.28	5260.61
#高级、次高级	公里		750	1650	2253	2774	4681	5165	5227.28	5260.61
无路面里程	公里		524	519	11	13	62	41	35.05	1.67
桥梁合计	座		267	338	538	826	1211	1422	1452	1505
	延米				39956	112385	162767	242319	249120	280207
公路密度	公里/百平方公里	49.70	53.75	94.40	102.15	116.47	192.74	209.53	213.92	213.91
#等级公路密度	公里/百平方公里	14.40	44.71	78.30	94.89	108.97	188.12	206.00	210.54	213.32
内河通航里程	公里	603	598	598	798	664	643	643	643	643

6–4 主要年份运输工具拥有量

Possession of Main Means of Transport in Main Years

项　　目	单　位	1985年	1990年	1995年	2000年	2005年	2010年	2015年	2017年	2018年
民用车辆拥有量										
汽车	辆	7897	19394	88311	153684	406577	920766	1844948	2627618	2946909
载客汽车	辆	1878	7225	25366	69658	268918	772701	1694322	2449663	2753765
	客位	23462	66361	302844	560155	2420591	5101240	9742352	13618571	15131186
载货汽车	辆	5980	12087	55000	81623	129298	143005	145659	172735	187428
	吨位	20428	38010	133757	332621	243390	253879	305135	391463	434442
其他汽车	辆	39	82	7945	2403	8361	5060	4967	5220	5716
摩托车	辆	11786	47881	255591	482636	775838	423766	32698	536	354
挂车	辆				8	2222	2983	3757	5150	4235
民用运输船舶拥有量										
机动船	艘	2883	5885	5292	806	467	286	422	423	397
	净载重吨位	80323	186056	259329	152661	148737	557846	1767170	1952667	1956714
	客位	2056	776	1881	1054	604	902	550	517	717
#货船	艘	2866	5875	5259	796	465	283	420	421	394
	净载重吨位	80285	186038	259314	152661	148431	557236	1766865	1952496	1956543
客船	艘			26	10	2	3	2	2	3
	客位			1295	1054	604	902	550	517	717
期末机动车驾驶员	人	44186	118229	351947	563564	798086	1287738	2254668	2712209	2981600
#汽车驾驶员	人	10661	28768	94778	173865	428912	1110932	2202712	2672092	2951696

注：2002年起民用汽车拥有量按新的口径分类，部分指标数值与往年不可比。

6-5 历年客货运输量

Passenger and Freight Traffic over Years

年 份	客运量（万人）	公 路	水 运	旅客周转量（万人公里）	公 路	水 运
1978	403	224	179	9425	5097	4328
1979	467	272	195	11162	6354	4808
1980	572	362	210	13584	8285	5299
1981	578	349	229	13845	7943	5902
1982	639	405	234	16026	9683	6343
1983	1281	1071	210	54075	47939	6136
1984	1287	1130	157	62107	56890	5217
1985	2072	1940	132	95237	90950	4287
1986	2304	2224	80	127458	124322	3136
1987	3359	3283	76	159117	156578	2539
1988	3223	3176	47	173335	171575	1760
1989	5288	5254	34	240999	239193	1806
1990	5758	5728	30	322236	320690	1546
1991	6749	6719	30	373284	371720	1564
1992	9267	9247	20	503973	502607	1366
1993	10907	10897	10	577800	576116	1684
1994	11234	11229	5	595134	594100	1034
1995	10237	10210	27	446230	444293	1937
1996	10749	10723	26	477466	476072	1394
1997	11300	11273	27	511592	509614	1978
1998	17485	17463	22	577452	575541	1911
1999	25404	25385	19	804278	802590	1688
2000	30697	30680	17	1001906	1000492	1414
2001	31220	31203	17	1031579	1030192	1387
2002	32100	32081	19	1091821	1090155	1666
2003	32588	32566	22	1126964	1125098	1866
2004	33240	33200	40	1166262	1163010	3352
2005	33551	33510	41	1185290	1182000	3290
2006	35182	35143	39	1213809	1210944	2865
2007	37182	37136	46	1264982	1261777	3205
2008	122468	122431	37	2248521	2246128	2393
2009	73324	73291	33	1053469	1051324	2145
2010	77446	77415	31	1290692	1288675	2017
2011	80337	80306	31	1458811	1456782	2029
2012	79739	79707	32	1568758	1566652	2106
2013	78113	78082	31	1559856	1557823	2033
2014	5555	5524	31	854595	852594	2004
2015	4961	4928	33	771316	769168	2148
2016	4874	4847	27	773196	771437	1757
2017	4342	4319	23	681427	679900	1527
2018	3383	3360	23	456292	454745	1547

6-5 续表 1

年 份	货运量(万吨)	公 路	#个体及联户	水 运	#个体及联户
1978	394	73		321	
1979	399	68		331	
1980	349	51		298	
1981	317	37		280	
1982	319	35		284	
1983	2366	1519	1515	847	535
1984	2738	1728	1710	1018	718
1985	3110	1922	1906	1188	814
1986	3296	2208	2190	1088	725
1987	2618	1304	1288	1314	928
1988	2685	1374	1358	1311	912
1989	3233	1516	1501	1717	1375
1990	2701	1571	1557	1130	837
1991	2456	1300	1286	1156	282
1992	2895	1703	1688	1192	902
1993	3256	1976	1960	1280	1011
1994	3646	2233	2222	1413	1147
1995	4266	2377	2368	1889	1599
1996	4451	2645	2636	1806	1556
1997	4644	2748	2740	1896	1622
1998	4776	2808	2808	1968	1678
1999	5016	3039	3039	1977	1653
2000	5431	3440	3440	1991	1660
2001	5527	3539	3539	1988	1659
2002	5857	4015	4015	1842	1504
2003	5877	4046	4046	1831	1496
2004	6054	4250	4250	1804	721
2005	6400	4586	4586	1814	1484
2006	5481	4930	4930	551	
2007	5676	5115	1194	561	75
2008	9273	8010	1273	1263	86
2009	8733	6944	1973	1789	159
2010	9312	7640	2080	1672	158
2011	10165	8210	2155	1955	133
2012	11191	8421	2310	2770	84
2013	12863	9162	2897	3701	80
2014	15375	10915	4033	4460	81
2015	15385	10469	4523	4916	100
2016	15593	10325	4493	5269	90
2017	16725	10521	4368	6204	171
2018	17272	10975	3872	6298	180

6–5 续表 2

年份	货物周转量（万吨公里）	公路	#个体及联户	水运	#个体及联户	港口货物吞吐量（万吨）
1978	15148	924		14224		293
1979	15390	636		14654		297
1980	16353	1479		14874		295
1981	15606	304		15302		272
1982	17185	252		16933		253
1983	108634	70723	70572	37911	20317	319
1984	140113	91774	91702	48339	29179	268
1985	171591	113038	113002	58553	31784	276
1986	126898	71392	71358	55506	27916	268
1987	174942	101285	101253	73657	41049	296
1988	169112	69014	68986	100098	82351	320
1989	186626	70942	70921	115684	82351	297
1990	184700	72162	72141	112538	83094	233
1991	194101	82555	82534	111546	82075	267
1992	232752	116698	116673	116054	85084	292
1993	248230	134918	134890	113312	87574	313
1994	273053	151108	148152	121945	93235	370
1995	264605	128026	127928	136579	105099	201
1996	267193	121625	121603	145568	118169	289
1997	278649	126336	126244	152313	122428	338
1998	285889	130378	130378	155511	123343	516
1999	300410	143465	143465	156945	119120	654
2000	404678	246046	246046	158632	119855	746
2001	406247	250121	250121	156126	118112	883
2002	420684	265908	265908	154776	115444	1611
2003	422822	268998	268998	153824	114812	2352
2004	423669	272220	272220	151449	48377	2600
2005	424829	272500	272500	152329	113249	2280
2006	336783	278566	278566	58217		1951
2007	356677	297223	50803	59454	6414	2017
2008	1747489	462797	38398	1284692	5598	3208
2009	1016490	452880	126052	563610	8787	3530
2010	1090340	510801	131929	579539	9399	5657
2011	1874802	531304	138976	1343498	9606	6848
2012	2967132	543633	147604	2423499	5941	9228
2013	4322745	683889	216590	3638856	5296	11187
2014	4480053	755240	389342	3724812	4103	12900
2015	5048509	716902	307772	4331607	5629	13149
2016	4552332	716734	311885	3835597	4909	14584
2017	4836221	743334	312111	4092888	8133	15714
2018	5272636	783118	275042	4489519	8860	16417

6-6 历年主要运输工具年末拥有量

Possession of Main Means of Transport at Year-end over Years

年　份	民用汽车(辆)	#客车	货车	摩托车(辆)	机动船(艘)	市区万人拥有公共汽(电)车数量(标台)
1978	623	78	506	134	2169	
1979	1115	178	1089	156	2034	
1980	2009	516	1457	170	1948	
1981	3039	751	2031	517	2107	
1982	3419	791	2724	1168	2285	
1983	4473	854	3580	1636	2313	
1984	6059	1243	4822	7060	2563	
1985	7897	1878	5980	11786	2883	
1986	8632	2245	6334	18006	4368	
1987	9983	2954	6973	21308	4884	
1988	13581	3456	8690	26995	4911	
1989	16340	4214	10434	36820	4901	
1990	19394	7225	12087	47881	5885	
1991	20734	5206	15423	65770	4405	
1992	32625	5753	25048	106013	4351	
1993	48145	8710	35421	153014	4379	
1994	61572	11550	43925	200543	4562	
1995	88311	25366	55000	255591	5292	
1996	90793	29430	54870	249492	5313	
1997	103425	40101	62507	287076	5064	
1998	113435	47769	64434	382010	456	
1999	127007	55715	69470	399324	690	
2000	153684	69658	82841	482636	806	
2001	183638	89677	91304	560310	536	
2002	220134	116783	102253	642034	483	
2003	255603	155206	97047	692562	392	
2004	319725	210531	105050	687651	417	
2005	406577	268918	129298	775838	467	
2006	489306	351265	131704	697175	440	
2007	608933	466999	134825	567002	393	
2008	701600	557359	136295	521118	326	
2009	795554	653273	137334	470818	293	
2010	920766	772701	143005	423766	286	
2011	1061373	906454	149635	352553	312	
2012	1207044	1047922	153655	276401	333	
2013	1389103	1225695	158298	154568	351	17.47
2014	1559588	1405878	148612	88339	386	18.36
2015	1844948	1694322	145659	32698	422	16.88
2016	2246220	2082986	158212	772	424	19.73
2017	2627618	2449663	172735	536	423	18.94
2018	2946909	2753765	187428	354	397	19.73

6-7 主要年份邮电通信业务基本情况

Basic Statistics on Postal and Telecommunication Services in Main Years

项　　目	单位	1978年	1990年	1995年	2000年	2005年	2010年	2015年	2017年	2018年
邮电通信网										
邮电局、所	处	50	53	273	594	702	555	797	535	564
邮路长度	公里	513	459	685	3550	6835	4667	5168	9587	11658
农村投递线路长度	公里	1985	1812	2057	8865	19722	13261	21549	28279	34798
邮电通信工具										
邮政汽车	辆		7	10	35	192	131	190	254	247
移动电话交换机总容量	万户			5	154	1059	1657	2033	2425	2425
移动电话用户(含充值卡)	万户				123.68	1016.41	1607.60	1756.75	1680.97	1892.77
移动电话用户(不含充值卡)	万户		0.05	4.77	80.97	176.83	174.04	752.06	770.18	793.41
局用交换机容量	万门		6.98	52.29	103.13	286.25	365.02	358.00	58.00	48.10
本地电话用户	万户	0.20	4.90	31.57	78.12	384.52	332.42	298.23	244.64	231.27
市内电话用户	万户	0.04	1.50	9.78	19.69	68.30	85.76	65.12	54.07	54.40
农村电话用户	万户	0.16	3.40	21.80	58.43	316.22	246.66	233.10	186.84	173.89
数字数据用户(DDN)	端口				2741	2170	1098	375	375	375
互联网用户	万户			0.05	13.78	52.90	153.92	201.74	175.67	187.64
邮电业务量										
邮电业务收入(含快递)	亿元					132.82	155.34	248.98	335.19	365.01
#电信业务	亿元						149.02	149.73	167.99	175.84
#移动通信业务	亿元						105.78	108.99	125.56	133.40
邮政业务收入(含快递)	亿元							99.25	167.20	197.14
邮政函件业务量	万件		3372	10407	8124	9429.79	4507.00	6718.32	9429.40	8856.00
快递业务量	万件							75122	122486	133854
快递业务收入	万元							854642	1476834	1669023

6-8 历年邮电通信业务主要指标

Main Indicators of Postal and Telecommunication Services over Years

年 份	邮 电 局、所 (处)	局用交换机容量 (万门)	本地电话用户 (万户)	移动电话用户 (万户)	邮电业务收入 (亿元)	邮电业务总量 (亿元)
1978	50		0.20			0.07
1979	50		0.21			0.08
1980	50		0.31			0.09
1981	50		0.34			0.10
1982	51		0.35			0.09
1983	51		0.39			0.10
1984	52		0.48			0.13
1985	52		0.77			0.16
1986	53		0.88			0.20
1987	45		1.63			0.34
1988	48		2.52			0.57
1989	50		4.30	0.02		0.96
1990	53	6.98	4.90	0.05		1.76
1991	60	9.82	7.50	0.11		2.77
1992	91	11.07	9.70	0.30		4.22
1993	161	21.24	14.98	0.72		6.57
1994	216	36.37	23.19	2.41		10.22
1995	273	52.29	31.57	4.77		15.28
1996	310	52.79	36.91	8.24		20.76
1997	339	57.76	42.65	15.29		28.43
1998	397	73.09	50.13	26.17		37.67
1999	458	84.79	60.87	51.01		51.59
2000	594	103.13	78.12	123.68		74.05
2001	689	155.29	98.96	295.76		88.64
2002	696	176.94	127.93	412.39	90.56	109.45
2003	846	220.28	206.11	660.86	105.12	157.05
2004	854	265.66	281.35	856.09	120.78	245.52
2005	702	286.25	384.52	1016.41	132.82	304.76
2006	560	299.19	461.31	1216.34	146.69	368.25
2007	567	329.50	469.17	1408.23	161.90	400.93
2008	547	340.71	439.41	1454.29	172.38	525.79
2009	546	347.15	378.40	1409.29	156.31	563.47
2010	555	365.02	332.42	1607.60	155.34	674.09
2011	626	357.00	319.55	1677.77	164.86	218.36
2012	595	364.00	330.79	1797.75	169.96	250.47
2013	611	295.26	314.48	1850.39	175.78	254.73
2014	715	363.83	327.22	1763.09	169.46	359.56
2015	797	358.00	298.23	1756.75	248.98	475.59
2016	787	358.00	272.63	1575.08	295.13	756.06
2017	535	58.00	244.64	1680.97	335.19	694.35
2018	564	48.10	231.27	1892.77	365.01	1282.22

注：1.邮电业务总量1978—2000年按1990年不变价格计算，2001—2010年按2000年不变价格计算，2011—2016年按2010年不变价格计算；2017年起，电信业务总量按2015年不变价格计算，邮政业务总量仍按2010年不变价格计算。
2.本地电话2015年起取消小灵通用户。

6-9 邮电通信企业财务指标（2017-2018年）

Main Financial Indicators of Postal and Telecommunication Enterprises（2017-2018）

单位：万元

指　　标	2017年	2018年
年初存货	3234	3808
期末资产负债		
流动资产合计	190685	440395
#应收账款	133216	73738
存货	3795	5056
固定资产原价	3951723	4008956
本年折旧	281453	327036
资产总计	1899237	2104202
负债合计	1560044	1302489
所有者权益合计	339193	801713
损益及分配		
营业收入	1897448	1994514
#主营业务收入	1882323	1931512
营业成本	864024	953579
#主营业务成本	851749	935895
税金及附加	4457	1846
销售费用	193507	170125
管理费用	59053	64940
财务费用	-942	-836
#利息收入	202	103
利息支出	-852	-815
投资收益（损失以“-”号记）		
营业利润	694039	747062
营业外收入	7223	1258
营业外支出	14581	3697
利润总额	686681	744623
所得税费用	117614	121871
人工成本及增值税		
应付职工薪酬（本年贷方累计发生额）	155801	171325
应交增值税	77804	62714
从事服务业活动的从业人员平均人数（人）	8343	8171

主要统计指标解释

Explanatory Notes on Main Statistical Indicators

公路通车里程　指在一定时点上实际达到交通部规定的公路技术等级标准，并经公路主管部门正式验收交付使用的公路里程数。包括大、中城市的郊区公路以及公路通过城镇（指县城、集镇）街道的里程数。但不包括大、中城市街道，厂矿、林区内部生产用道、农业生产用道，以及新建公路尚未进行验收交付使用的路段里程。公路按工程技术等级分为高速、一、二、三、四级公路；按公路是否铺设路面分为有路面和无路面公路；按公路通车情况分为晴雨通车里程和晴通雨阻里程。

民用汽车拥有量　指报告期末，在公安交通管理部门按照《机动车注册登记工作规范》，已注册登记领有民用车辆牌照的全部汽车数量。汽车拥有量统计的主要分类：根据汽车结构分为载客汽车、载货汽车及其他汽车；根据汽车所有者不同分为个人（私人）汽车、单位汽车；根据汽车的使用性质分为营运汽车、非营运汽车；根据汽车大小规格不同，载客汽车分为大型、中型、小型和微型，载货汽车分为重型、中型、轻型和微型。

机动船　又称自航船，指装有各种发动机推进装置，以机械动力行驶的船舶。

货（客）运量　在一定时期内，各运输部门实际运送的货物（旅客）数量。货运按吨计算，客运按人计算。货物不论运输距离长短，货物类型，均按实际重量统计；旅客不论行程远近或票价多少，均按一人一次作为客运量统计。半价票，小孩票也按一人统计。货（客）运量反映运输业为国民经济和人民生活服务的数量，也是制定和检查运输生产计划，研究运输发展规模和速度的重要指标。

货物（旅客）周转量　指在一定时期内，由各种运输工具运输业运送的货物（旅客）数量与其相应运输距离的乘积，通常以吨公里和人公里为计算单位。计算货物周转量通常按发出站与到达站之间的最短距离，也就是计费距离计算。它是反映运输业生产总成果的重要指标，也是编制和检查运输生产计划，计算运输效率，劳动生产率以及核算运输单位成本的主要基础资料。

港口货物吞吐量　是指经由水运运进、运出港区范围，并经过装卸的货物数量。货物吞吐量分别按国内进口（装卸）、出口（装船），外贸进口、出口统计。货物吞吐量按货物实际重量吨统计，以货物交接清单或货单上记载的重量吨为准。如无实际重量吨，可根据船舶装载情况来推算。在本港区内的水运转口分别按进口和出口各计算一次吞吐量。货物吞吐量是衡量港口生产规模的一个主要数量指标。

邮电业务收入　是指邮电营运企业从事邮政、电信、移动及其他邮电业务所取得的营业收入。

局用交换机容量　指安装在本地电信运营商内用于接读本地固定电话的电话交换机容量，有倍增设备按倍增后的数量计数。包括现用和备用的人工或自动交换全部容量。

本地电话用户　是指接入本地电信运营商固定电话网上的电话用户。包括：住宅电话、单位用户、公用电话用户等。按电话用户位置又分城市电话用户和乡村电话用户。按通信手段又分为固定电话用户和无线电话用户。

移动电话用户　是指在移动通信部门办理登记手续，通过移动电话交换机进入移动电话网，占用移动电话号码的电话用户。包括签约用户和智能网预付费用户。一个移动电话号码统计为一户。

移动电话交换机容量　是指移动电话交换机根据一定话务模型和交换机处理能力计算出来的最大同时服务用户的数量。

邮政局所　指经邮政部门审批许可，有固定的地址，领有上级发给的邮政日戳或邮政戳记，对外营业直接为用户办理邮政业务（至少办理出售邮票和收寄给据函件）的服务机构。邮政局所按经营方式分为自办局所和代办局所；按设置地点分为城市局所和农村局所。

七、国内贸易

Domestic Trade

7-1 历年社会消费品零售总额

Total Retail Sales of Consumer Goods over Years

年份	社会消费品零售总额		按城乡分	
	绝对值（万元）	增速（%）	城镇（万元）	乡村（万元）
1978	21269			
1979	24956	17.3		
1980	31595	26.6		
1981	40201	27.2		
1982	48126	19.7		
1983	52255	8.6		
1984	73930	41.5		
1985	93640	26.7		
1986	122420	30.7		
1987	150511	23.0		
1988	246518	63.8		
1989	270354	9.7		
1990	319738	18.3		
1991	364972	14.2		
1992	443464	21.5		
1993	636882	43.6		
1994	851556	33.7		
1995	1130081	32.7		
1996	1255311	11.1		
1997	1460396	16.3		
1998	1751551	19.9		
1999	2023008	15.5		
2000	2351634	16.2		
2001	2757143	17.2		
2002	3212436	16.5		
2003	3697814	15.1		
2004	4264704	15.3		
2005	5062917	18.7		
2006	5993201	18.4		
2007	7224491	20.5		
2008	8811519	22.0		
2009	10290420	16.7		
2010	12233380	18.9	11290960	942420
2011	14412451	17.8	13418775	993676
2012	16004124	11.0	14932002	1072122
2013	17866589	11.6	16684394	1182195
2014	19422889	8.7	17867090	1555799
2015	21846996	10.9	20116701	1730296
2016	24707782	13.1	22049314	2658468
2017	26878849	8.8	23633775	3245074
2018	29056119	8.1	25337417	3718702

注：本表1979—2003年数据根据东莞市第一次全国经济普查结果重新核定，2005—2008年数据根据东莞市第二次全国经济普查结果重新核定，2009—2013年数据根据东莞市第三次全国经济普查结果重新核定。

7–2 历年批发零售贸易企业与个体户数

Wholesale and Retail Trades Enterprises and Self-employed Individuals over Years

单位：个

年　份	单位数合计	国有经济	集体经济	其他经济	#私营个体经济
1979	2459	406	1918	135	135
1980	2613	395	1679	539	537
1981	4603	371	1954	2278	2274
1982	3323	373	1838	1112	1107
1983	8723	401	1539	6783	6783
1984	18917	431	6720	11766	11766
1985	16885	670	4543	11672	11671
1986	18547	823	3063	14661	14660
1987	23468	739	4102	18627	18626
1988	26247	665	4405	21177	21176
1989	28453	695	4196	23562	23561
1990	27931	709	3512	23710	23709
1991	29474	678	3934	24862	24862
1992	34465	803	4193	29469	29469
1993	43511	886	7640	34985	34985
1994	49706	633	11396	37677	37677
1995	56339	745	14492	41102	41101
1996	60078	670	15183	44225	44224
1997	48910	811	8477	39622	39546
1998	52543	1064	4046	47433	46615
1999	55925	1056	3843	51026	50172
2000	57474	1024	3581	5289	51914
2001	68909	866	2960	65083	63760
2002	89246	748	2424	86078	84614
2003	113531	530	2068	110933	109236
2004	149067	539	1941	146587	144304
2005	192525	393	1451	190681	188082
2006	236124	283	1090	234751	231930
2007	284109	268	930	282911	279524
2008	301996	288	833	300875	296613
2009	300088	256	744	299088	294753
2010	300668	239	654	299775	295166
2011	288904	223	629	288052	283209
2012	305784	227	594	304963	299666
2013	313612	197	555	312860	307352
2014	339933	183	513	339237	333920
2015	378148	198	482	377468	371503
2016	437800	199	457	437144	430547
2017	507972	198	431	507343	499538
2018	563484	137	401	562946	553707

7-3 历年限额以上批发和零售企业商品购进、销售、库存总额

Total Purchases, Sales and Inventory of Enterprises above Designated Size in Wholesale and Retail Trades over Years

单位：万元

年 份	商品购进总 额	商品销售总 额	批发总额	零售总额	年末库存总 额
1978	82347	74936	50207	24729	7576
1979	91074	82878	55528	27350	8378
1980	109147	99324	66547	32777	10041
1981	131797	119936	80357	39579	12125
1982	156730	142615	95552	47063	14418
1983	160485	146042	97848	48194	14764
1984	214364	195072	130698	64374	19721
1985	254458	231557	155143	76414	23410
1986	630988	283945	190243	93702	28706
1987	380242	346021	231834	114187	34982
1988	714661	650342	435729	214613	65749
1989	729163	663539	444570	218969	67083
1990	766549	697560	467365	230195	70523
1991	796488	672666	433991	238675	74092
1992	881697	743990	473014	270976	64939
1993	1141163	1063567	725979	337588	92249
1994	1323263	1296363	912457	383906	177377
1995	1584470	1556882	1044334	512548	143404
1996	1694496	1737121	1117111	620010	166267
1997	1857884	1922001	1212399	709602	175715
1998	779319	863214	696921	166293	91640
1999	1064070	1106048	875799	230249	73620
2000	1232026	1354640	1072929	281711	58304
2001	1312924	1405409	1080688	324721	67415
2002	1588853	1682579	1188961	493618	102657
2003	1712564	1805840	1138496	667344	107996
2004		5406921	3479209	1927712	251427
2005	4798504	5683548	3882222	1801326	322445
2006	5324450	6487742	4215562	2272180	335108
2007	6706290	8102415	4875668	3226748	485401
2008	8349926	10772768	6604662	4168106	790691
2009	8689984	10167222	6137228	4029994	839175
2010	12846503	14271362	9046899	5224463	1002940
2011	15777469	18129917	11738336	6391581	1401733
2012	20036523	22307974	15515426	6792549	1699355
2013	26698507	29369393	21570487	7798906	3189454
2014	25329332	29033764	20733048	8300715	2551678
2015	27857102	32191772	21844876	10346896	4769611
2016	35341899	39108916	27811404	11297512	2113452
2017	46650914	51413974	38137326	13276648	3873710
2018	51030439	57454728	43641136	13813592	4197575

注：本表2004年采用经济普查数据，由于普查报表制度没有设“商品购进”指标，故数据空缺。

7-4 限额以上批发和零售业商品购进、销售、库存总额（2018年）

Total Purchases, Sales and Inventory of Enterprises above Designated Size in Wholesale and Retail Trades (2018)

项　　目	法人企业（个）	从业人数（人）	商品购进总额（万元）	商品销售总额（万元）	批发额	零售额	年末库存总额（万元）
总　计	3186	123984	51030439	57454728	43641136	13813592	4197575
批发企业	2497	71747	39934755	44097895	42971204	1126691	3164839
按登记注册类型分							
内资企业	2319	63023	36874682	40621554	39617844	1003710	2717682
港、澳、台商投资企业	113	6220	2044557	2327251	2317815	9435	234130
外商投资企业	65	2504	1015516	1149090	1035544	113546	213028
按国民经济行业分							
农、林、牧产品批发业	17	541	594670	613818	609793	4025	67426
食品、饮料及烟草制品批发业	171	10760	3137355	3990961	3971622	19338	249669
纺织、服装及家庭用品批发业	351	11431	6584210	7060764	7003026	57738	415143
文化、体育用品及器材批发业	104	3760	966517	1096766	1071674	25092	140996
医药及医疗器材批发业	58	4347	1148823	1295920	1265767	30153	195474
矿产品、建材及化工产品批发业	1113	19721	15859006	17095116	16894306	200810	1345150
机械设备、五金交电及电子产品批发业	493	15518	7420542	8520556	7873715	646842	559815
贸易经纪与代理	45	1493	1104593	1137644	1137636	8	18200
其他批发业	145	4176	3119041	3286351	3143664	142687	172966
零售企业	689	52237	11095684	13356834	669933	12686901	1032736
按登记注册类型分							
内资企业	649	43987	9772956	11898121	649652	11248469	921951
港、澳、台商投资企业	21	2998	737354	829540	3626	825915	63550
外商投资企业	19	5252	585374	629173	16655	612518	47235
按国民经济行业分							
综合零售业	61	11655	817584	957985	2851	955135	73278
食品、饮料及烟草制品专门零售业	18	504	44564	48967	10047	38920	11366
纺织、服装及日用品专门零售业	21	1048	54929	74951	1513	73438	31449
文化、体育用品及器材专门零售业	8	207	18132	20667	1173	19494	4513
医药及医疗器材专门零售业	36	4621	219965	267057	14732	252325	34370
汽车、摩托车、燃料及零配件专门零售业	459	28927	7171379	9061295	343760	8717535	800258
家用电器及电子产品专门零售业	46	2407	565273	573884	274290	299594	63675
五金、家具及室内装修材料专门零售业	13	520	31412	42907	2160	40747	5789
货摊、无店铺及其他零售业	27	2348	2172447	2309121	19408	2289713	8038

7–5 限额以上批发和零售企业财务状况（2018年）

Main Financial Indicators of Enterprises above Designated Size in Wholesale and Retail Trade (2018)

项　　目	法人企业数（个）	年末资产负债				
		流动资产合计（万元）	#存货	固定资产原价（万元）	累计折旧（万元）	#本年折旧
总　计	3186	20299174	3506611	2240266	878521	143486
批发企业	2497	14440665	2550514	1592346	568324	92217
按登记注册类型分						
内资企业	2319	12788822	2293970	1501873	535928	85139
港、澳、台商投资企业	113	1355828	197444	64552	18632	4784
外商投资企业	65	296015	59100	25921	13765	2294
按国民经济行业分						
农、林、牧产品批发业	17	179566	65625	42959	3021	1404
食品、饮料及烟草制品批发业	171	1144384	220840	102944	34785	5419
纺织、服装及家庭用品批发业	351	2066206	393461	65217	28879	6966
文化、体育用品及器材批发业	104	475971	137735	17425	8258	2475
医药及医疗器材批发业	58	626870	158205	41266	16176	3381
矿产品、建材及化工产品批发业	1113	5528625	962232	1090221	403775	52120
机械设备、五金交电及电子产品批发业	493	3218053	476621	192419	57453	17327
贸易经纪与代理	45	338360	7051	20649	7743	1151
其他批发业	145	862630	128743	19245	8235	1973
零售企业	689	5858510	956097	647921	310198	51270
按登记注册类型分						
内资企业	649	5382438	858761	509896	242036	41944
港、澳、台商投资企业	21	283514	53080	69394	29285	5100
外商投资企业	19	192557	44256	68631	38876	4226
按国民经济行业分						
综合零售业	61	297214	65889	137077	80876	9355
食品、饮料及烟草制品专门零售业	18	20271	10196	3502	2551	163
纺织、服装及日用品专门零售业	21	63031	26237	1952	1763	126
文化、体育用品及器材专门零售业	8	15492	864	461	331	36
医药及医疗器材专门零售业	36	112058	33752	15496	6301	779
汽车、摩托车、燃料及零配件专门零售业	459	4602347	745935	414219	183768	34573
家用电器及电子产品专门零售业	46	282564	58185	37792	14766	1527
五金、家具及室内装修材料专门零售业	13	16712	5555	5740	4441	394
货摊、无店铺及其他零售业	27	448821	9485	31681	15402	4316

7-5 续表 1

（2018年）

单位：万元

项目	年末资产负债				损益及分配	
	资产总计	负债合计	所有者权益合计	#实收资本	营业收入合计	#主营业务收入
总计	26862621	18157572	8705050	11771498	51661608	50920878
批发企业	20225939	13587155	6638784	6160934	39587194	39183801
按登记注册类型分						
内资企业	15266777	12163640	3103137	3718219	36501511	36118026
港、澳、台商投资企业	4626092	1182461	3443631	2348004	2049436	2042114
外商投资企业	333070	241054	92016	94710	1036247	1023661
按国民经济行业分						
农、林、牧产品批发业	285309	164888	120420	109286	585047	569994
食品、饮料及烟草制品批发业	1609929	1073026	536904	153586	3614202	3547415
纺织、服装及家庭用品批发业	2304123	1789418	514705	342271	6581167	6555859
文化、体育用品及器材批发业	512011	398243	113768	109241	965492	965340
医药及医疗器材批发业	661752	555816	105935	69141	1131807	1130866
矿产品、建材及化工产品批发业	6893482	5430148	1463334	2807811	15182177	15051905
机械设备、五金交电及电子产品批发业	3599057	2932041	667016	364427	7512090	7351733
贸易经纪与代理	414899	318692	96207	40898	1140050	1138289
其他批发业	3945378	924883	3020495	2164273	2875163	2872401
零售企业	6636682	4570417	2066266	5610564	12074414	11737077
按登记注册类型分						
内资企业	6017206	4192547	1824660	5479534	10709098	10424500
港、澳、台商投资企业	339438	177491	161947	39633	775495	745403
外商投资企业	280038	200380	79659	91397	589821	567175
按国民经济行业分						
综合零售业	481858	381825	100033	94391	891415	831247
食品、饮料及烟草制品专门零售业	23005	20019	2986	2056	46947	45964
纺织、服装及日用品专门零售业	72783	74134	-1352	10250	73769	65785
文化、体育用品及器材专门零售业	19326	14850	4476	4351	19836	19738
医药及医疗器材专门零售业	125731	110692	15039	7154	233667	233329
汽车、摩托车、燃料及零配件专门零售业	5075357	3262717	1812640	5395597	8221471	7969381
家用电器及电子产品专门零售业	317531	275088	42444	26861	535802	524773
五金、家具及室内装修材料专门零售业	20645	22370	-1725	12629	52824	50934
货摊、无店铺及其他零售业	500447	408723	91724	57275	1998682	1995927

7-5 续表 2

(2018年)

单位：万元

项目	损益及分配				
	主营业务成本	税金及附加	其他业务利润	销售费用	管理费用
总　计	47521766	195219	200791	1732564	947780
批发企业	36768135	172491	68568	1074989	718321
按登记注册类型分					
内资企业	34024808	166895	59713	931489	628260
港、澳、台商投资企业	1797500	4267	7097	92425	69697
外商投资企业	945827	1329	1758	51074	20364
按国民经济行业分					
农、林、牧产品批发业	552600	298		4803	6163
食品、饮料及烟草制品批发业	3007853	129455	17102	168628	123753
纺织、服装及家庭用品批发业	6232271	6254	7056	164657	100773
文化、体育用品及器材批发业	893004	1707	1191	39347	20010
医药及医疗器材批发业	1021672	2660	1781	43731	32931
矿产品、建材及化工产品批发业	14370520	15057	8025	295554	178661
机械设备、五金交电及电子产品批发业	6825341	14158	32967	268192	208783
贸易经纪与代理	1115168	813	-109	25233	10209
其他批发业	2749706	2091	556	64843	37038
零售企业	10753631	22728	132223	657575	229459
按登记注册类型分					
内资企业	9612258	18114	112328	556773	198467
港、澳、台商投资企业	654938	3294	9556	41602	16511
外商投资企业	486435	1320	10339	59200	14481
按国民经济行业分					
综合零售业	690455	3592	63081	147012	22696
食品、饮料及烟草制品专门零售业	39802	88	40	2931	2456
纺织、服装及日用品专门零售业	48862	187	1	12151	6159
文化、体育用品及器材专门零售业	16891	75	19	2414	808
医药及医疗器材专门零售业	177726	868	718	36917	17962
汽车、摩托车、燃料及零配件专门零售业	7355441	14946	57272	323499	155695
家用电器及电子产品专门零售业	490450	764	7468	31313	10319
五金、家具及室内装修材料专门零售业	40429	203	52	8592	2183
货摊、无店铺及其他零售业	1893575	2006	3573	92747	11180

7–5 续表 3

(2018年)

单位：万元

项 目	损益及分配				应付职工薪酬	应交增值税
	财务费用	营业利润	利润总额	所得税费用		
总 计	261876	1055729	1076725	145499	905680	645021
批发企业	206266	846162	858406	103161	560067	492869
按登记注册类型分						
内资企业	194183	432560	441698	75318	458419	436011
港、澳、台商投资企业	11164	407537	409415	20672	68467	42666
外商投资企业	920	6065	7293	7171	33181	14192
按国民经济行业分						
农、林、牧产品批发业	2876	4064	3998	199	4633	1317
食品、饮料及烟草制品批发业	14756	179067	181651	17490	91683	73336
纺织、服装及家庭用品批发业	6704	54872	57090	13226	92112	81330
文化、体育用品及器材批发业	3277	8374	8733	1931	21676	8524
医药及医疗器材批发业	9316	21271	23433	6213	29130	16234
矿产品、建材及化工产品批发业	91514	143723	145597	27859	142343	109999
机械设备、五金交电及电子产品批发业	72506	95615	96942	29841	122191	149867
贸易经纪与代理	475	-9552	-9736	1228	20539	32073
其他批发业	4844	348729	350698	5175	35761	20190
零售企业	55610	209566	218319	42337	345613	152152
按登记注册类型分						
内资企业	51585	141536	150499	28532	288947	127310
港、澳、台商投资企业	2286	46550	46641	8338	25355	13912
外商投资企业	1739	21480	21179	5468	31311	10930
按国民经济行业分						
综合零售业	3780	13715	16209	5239	52588	16116
食品、饮料及烟草制品专门零售业	84	904	912	224	2854	669
纺织、服装及日用品专门零售业	2968	-400	-188	306	6454	2756
文化、体育用品及器材专门零售业	60	-392	-363	123	1148	128
医药及医疗器材专门零售业	2120	-1852	-1698	647	25906	7248
汽车、摩托车、燃料及零配件专门零售业	44659	197538	200918	34118	214256	101333
家用电器及电子产品专门零售业	1416	-217	-722	240	15675	2869
五金、家具及室内装修材料专门零售业	44	1381	1175	52	4957	1788
货摊、无店铺及其他零售业	479	-1111	2076	1389	21775	19246

7-6 限额以上批发和零售业商品销售情况（2018年）

Total Sales of Commodities above Designated Size in Wholesale and Retail Trades (2018)

单位：万元

项　　目	商品销售总额	批发额	零售额
粮油、食品类	2704817	2166226	538591
#粮油类	1087108	957923	129185
肉禽蛋类	172879	115490	57390
水产品类	17204	3101	14102
蔬菜类	110393	71929	38464
干鲜果品类	203351	119775	83576
饮料类	615511	504988	110523
烟酒类	1371115	1299267	71848
服装鞋帽、针纺织品类	2990093	2657783	332310
#服装类	1459354	1243709	215645
鞋帽类	441949	382493	59456
针、纺织品类	1088791	1031582	57208
化妆品类	117679	49909	67770
金银珠宝类	139736	105586	34150
日用品类	814803	568654	246149
#儿童玩具类	92427	70396	22030
五金、电料类	754303	711549	42755
体育、娱乐用品类	101117	25916	75201
#照相器材类	10291	43	10248
书报杂志类	45984	26411	19572
电子出版物及音像制品类	4823	3003	1820
家用电器和音像器材类	2962289	1963013	999276
中西药品类	1307099	1097495	209604
#西药	625913	506507	119407
中草药及中成药	422877	355011	67866
文化办公用品类	1518318	272449	1245870
#计算机及其配套产品	1108819	51911	1056908
家具类	905392	894627	10765
通讯器材类	9130354	8944769	185585
煤炭及制品类	1628109	1628109	
木材及制品类	543635	543635	
石油及制品类	7093674	5103683	1989991
化工材料及制品类	4426616	4426616	
#化肥类	12559	12559	
金属材料类	3080126	3080126	
建筑及装潢材料类	727265	666245	61020
机电产品及设备类	1572861	1572861	
#农机类	709	709	
汽车类	7147619	611513	6536106
种子饲料类	55287	55287	
棉麻类	2402	2402	
其它	3031109	2974097	57012

注：分类别情况采用月度数据。

7-7 限额以上住宿业和餐饮业经营情况（2018年）

Business of Hotels and Catering Services above Designated Size (2018)

项目	法人企业（个）	从业人数（人）	营业额（万元）	客房收入	餐费收入	商品销售收入	其它收入
总　计	501	47141	1047528	207247	696751	78206	65324
住宿业	192	24502	463846	198703	204641	5695	54807
按登记注册类型分							
内资企业	177	21329	410649	176886	178861	5560	49342
港、澳、台商投资企业	10	2170	38491	16257	18428	134	3673
外商投资企业	5	1003	14707	5561	7353	1	1793
按国民经济行业分							
旅游饭店	138	22180	425270	168337	199846	5232	51856
一般旅馆	51	2230	36874	28898	4781	385	2811
民宿服务	1	20	542	469	15	58	
其它住宿服务业	2	72	1160	1000		20	140
餐饮业	309	22639	583681	8544	492110	72511	10517
按登记注册类型分							
内资企业	291	17774	465177	8544	376265	70751	9617
港、澳、台商投资企业	13	3317	66422		63823	1699	900
外商投资企业	5	1548	52082		52021	61	
按国民经济行业分							
正餐服务业	211	11333	237111	8544	216614	8729	3226
快餐服务业	20	5365	127257		123049		4208
饮料及冷饮服务业	2	375	2807		543	2264	
餐饮配送及外卖送餐服务	51	4034	163496		104016	56407	3073
其他餐饮服务业	25	1532	53010		47888	5112	10

7-8 限额以上住宿和餐饮企业财务状况（2018年）

Main Financial Indicators of Enterprises above Designated Size in Hotels and Catering Services (2018)

项目	法人企业数（个）	年末资产负债				
		流动资产合计（万元）	存货（万元）	固定资产原价（万元）	累计折旧（万元）	本年折旧（万元）
总计	501	812129	38673	1093528	647519	45162
住宿业	192	561744	20747	986762	588140	37807
按登记注册类型分						
内资企业	177	415268	18628	811458	450225	34009
港、澳、台商投资企业	10	138249	1569	132444	116228	3205
外商投资企业	5	8227	550	42860	21687	593
按国民经济行业分						
旅游饭店	138	542235	20128	953657	570818	36107
一般旅馆	51	18524	545	32592	16889	1493
民宿服务	1	71	30	200	153	12
其它住宿服务业	2	916	44	315	281	195
餐饮业	309	250385	17926	106766	59379	7355
按登记注册类型分						
内资企业	291	180324	16430	58986	32362	5235
港、澳、台商投资企业	13	62498	856	38808	21222	1214
外商投资企业	5	7563	641	8973	5794	906
按国民经济行业分						
正餐服务业	211	114636	6010	73162	39205	4334
快餐服务业	20	67672	3205	28892	17407	1965
饮料及冷饮服务业	2	1092	574	262	178	13
餐饮配送及外卖送餐服务	51	50599	7583	2706	1532	722
其他餐饮服务业	25	16386	554	1744	1057	322

7-8　续表 1

(2018年)

单位：万元

项　　目	年末资产负债				损益及分配	
	资产总计	负债合计	所有者权益合计	#实收资本	营业收入	#主营业务收入
总　　计	1567140	1665914	-98774	437413	997747	985943
住宿业	1203585	1494746	-291160	227317	440453	433756
按登记注册类型分						
内资企业	986206	1150913	-164707	179241	390216	384014
港、澳、台商投资企业	184612	310544	-125932	26328	36198	35840
外商投资企业	32767	33288	-521	21747	14039	13902
按国民经济行业分						
旅游饭店	1162405	1465795	-303390	207247	403527	397090
一般旅馆	39414	26728	12685	19669	35253	35156
民宿服务	628	436	192	50	526	502
其它住宿服务业	1139	1787	-647	350	1148	1008
餐饮业	363555	171169	192386	210096	557294	552187
按登记注册类型分						
内资企业	250341	127495	122847	159646	442820	440744
港、澳、台商投资企业	94894	40269	54624	42450	65330	62299
外商投资企业	18320	3404	14916	8000	49144	49144
按国民经济行业分						
正餐服务业	170221	130485	39736	44557	226243	224087
快餐服务业	117694	1016	116678	48758	122843	120020
饮料及冷饮服务业	1176	168	1009	50500	2720	2720
餐饮配送及外卖送餐服务	57189	31456	25732	12740	154334	154210
其他餐饮服务业	17275	8044	9231	53541	51154	51151

7-8 续表 2

(2018年)

单位：万元

项目	损益及分配				
	主营业务成本	税金及附加	其他业务利润	销售费用	管理费用
总计	502279	6094	19102	268422	186530
住宿业	141999	4108	1937	158614	124260
按登记注册类型分					
内资企业	127486	3658	1764	139251	106104
港、澳、台商投资企业	9524	381	174	13731	13867
外商投资企业	4990	69		5631	4288
按国民经济行业分					
旅游饭店	126719	3812	1883	146530	114219
一般旅馆	14485	262	29	11804	9497
民宿服务	110	16		266	79
其它住宿服务业	685	19	26	13	465
餐饮业	360280	1986	17165	109809	62271
按登记注册类型分					
内资企业	310641	1794	14341	64407	54061
港、澳、台商投资企业	24067	167	2823	29912	4911
外商投资企业	25572	25		15490	3299
按国民经济行业分					
正餐服务业	132882	1170	1213	59035	28655
快餐服务业	57662	243	14591	42476	12154
饮料及冷饮服务业	1238	1	1358	1366	135
餐饮配送及外卖送餐服务	133596	437		2982	13164
其他餐饮服务业	34902	135	3	3950	8165

7–8　续表 3

(2018年)

单位：万元

项　　目	损益及分配				应付职工薪酬	应交增值税
	财务费用	营业利润	利润总额	所得税费用		
总　计	19702	11277	41333	7631	228013	19918
住宿业	20183	-9830	20185	2455	122640	10562
按登记注册类型分						
内资企业	19332	-6735	22843	2344	106557	9353
港、澳、台商投资企业	772	-2077	-1639	104	11823	659
外商投资企业	79	-1018	-1019	7	4260	551
按国民经济行业分						
旅游饭店	19995	-8658	21255	2357	110586	9613
一般旅馆	187	-1058	-955	97	10568	903
民宿服务	-0.1	34	34	1	66	16
其它住宿服务业	2	-148	-148		1421	30
餐饮业	-481	21107	21148	5176	105373	9356
按登记注册类型分						
内资企业	831	9155	9239	2169	82242	8747
港、澳、台商投资企业	-1134	7381	7347	1839	12897	527
外商投资企业	-178	4572	4562	1168	10233	82
按国民经济行业分						
正餐服务业	529	2145	2057	990	55137	5478
快餐服务业	-1121	11065	11157	2667	21917	367
饮料及冷饮服务业	2	-23	50	12	977	15
餐饮配送及外卖送餐服务	139	3900	3855	674	19273	2365
其他餐饮服务业	-29	4020	4030	833	8069	1131

7-9 历年住宿餐饮企业与个体户数

Enterprises and Self-employed Individuals in Hotels and Catering Services over Years

单位：个

年份	单位数合计	国有经济	集体经济	其他经济	#私营个体经济
1979	147	22	115	10	10
1980	182	23	121	38	38
1981	622	24	283	315	315
1982	308	24	102	182	182
1983	2069	31	98	1940	1940
1984	4012	31	445	3536	3536
1985	2982	36	389	2557	2557
1986	3268	38	270	2960	2956
1987	2281	35	308	1938	1934
1988	2265	31	296	1938	1934
1989	2850	32	276	2542	2538
1990	3387	30	439	2918	2914
1991	3438	44	225	3169	3165
1992	4456	25	320	4111	4106
1993	7119	12	1851	5256	5232
1994	7819	12	1748	6059	6051
1995	8918	26	1802	7090	7082
1996	9708	9	1900	7799	7789
1997	9968	28	606	9334	9210
1998	11069	102	368	10599	10532
1999	11904	80	337	11487	11392
2000	8335	78	361	7896	7831
2001	9776	67	343	9366	9318
2002	15128	74	265	14789	14740
2003	17615	64	229	17322	17276
2004	19802	39	424	19339	19224
2005	25972	28	315	25629	25522
2006	27108	16	247	26845	26747
2007	38435	11	219	38205	38094
2008	40154	9	177	39968	39687
2009	38220	5	130	38085	37795
2010	36156	4	113	36039	35728
2011	29280	4	91	29185	28825
2012	29381	4	81	29296	28874
2013	31780	2	70	31708	31205
2014	36172	2	55	36115	35559
2015	41690	3	53	41634	41021
2016	54831	1	49	54781	54115
2017	73499		46	73453	72686
2018	91276		41	91235	90314

7-10 专业市场分类基本情况（2017-2018年）

Basic Statistics on Specialized Market Classification (2017-2018)

单位：个

项目	2017年			2018年		
	合计	城市	农村	合计	城市	农村
合计	243	99	144	228	96	132
消费品市场	198	86	112	184	84	100
消费品综合市场	108	41	67	96	38	58
农副产品市场	20	7	13	19	7	12
农副产品综合市场						
农副产品专业市场	20	7	13	19	7	12
工业品消费市场	47	24	23	45	24	21
工业消费品综合市场	14	8	6	14	8	6
工业消费品专业市场	33	16	17	31	16	15
其他消费品市场	23	14	9	24	15	9
生产资料市场	45	13	32	44	12	32
生产资料综合市场	13	1	12	12	1	11
工业生产资料市场	21	6	15	23	5	18
机动车交易市场	5	2	3	4	1	3
钢材交易市场	1		1	1		1
煤炭交易市场						
木材交易市场	4		4	4		4
其他工业生产资料市场	11	4	7	14	4	10
其他生产资料市场	11	6	5	9	6	3

注：本表数据来源于市市场监管局，不包括集贸市场数。

7-11 历年城乡集市贸易

Statistics on Urban and Rural Trade Fairs over Years

单位：个

年 份	集贸市场 总 数	城 市	农 村
1978	35		35
1979	35		35
1980	35		35
1981	38		38
1982	40		40
1983	41		41
1984	43		43
1985	48		48
1986	57	7	50
1987	63	10	53
1988	66	12	54
1989	69	11	58
1990	73	10	63
1991	75	10	65
1992	53	7	46
1993	155	13	142
1994	162	12	150
1995	189	17	172
1996	219	20	199
1997	241	23	218
1998	252	25	227
1999	286	36	250
2000	308	29	279
2001	375	31	344
2002	495	28	467
2003	576	34	542
2004	610	35	575
2005	665	36	629
2006	812	39	773
2007	845	36	809
2008	871	228	643
2009	883	225	658
2010	792	194	598
2011	812	181	631
2012	816	186	630
2013	815	185	630
2014	779	146	633
2015	816	392	424
2016	390	78	312
2017	407	79	328
2018	416	77	339

注：1.2008年以前的城市集贸市场数只包括莞城的集贸市场，2008年起包括莞城、东城、南城和万江四大街道办的市场数。
2.2016年起，按统计标准要求，剔除了部分不符合要求的集贸市场数据。

主要统计指标解释

Explanatory Notes on Main Statistical Indicators

社会消费品零售总额 指企业（单位、个体户）通过交易直接售给个人、社会集团非生产、非经营用的实物商品金额，以及提供餐饮服务所取得的收入金额。个人包括城乡居民和入境人员，社会集团包括机关、社会团体、部队、学校、企事业单位、居委会或村委会等。

商品购进总额 指从本企业以外的单位和个人购进（包括从国外直接进口）作为转卖或加工后转卖的商品金额（含增值税）。本指标反映批发和零售业从国内外市场上购进商品的总价。

商品销售总额 指对本单位以外的单位和个人出售的商品金额（包括售给本单位消费用的商品，含增值税），本指标反映批发和零售业在国内市场上销售商品以及出口商品的总量。

期末库存 对于批发和零售业法人企业和个体经营户，是指取得所有权的全部商品金额（含增值税）；对于批发和零售业产业活动单位，是指期末实际在库且归属法人具有所有权的全部商品金额（含增值税）。这个指标反映批发和零售业的商品库存情况，以及对市场商品供应的保证程度。

批发额 指售给国民经济各行业企业（单位）用于生产、经营用的商品金额。

零售额 指售给城乡居民用于生活消费和社会集团用于公共消费的商品金额。

住宿和餐饮业零售额 指住宿和餐饮业单位因为提供就餐服务或销售商品取得的全部收入，包括餐费收入和商品销售收入（含增值税）。

流动资产合计 资产满足以下条件之一应归为流动资产：（1）预计在一个正常营业周期中变现、出售或耗用，主要包括存货、应收帐款等；（2）主要为交易目的而持有；（3）预计在资产负债表日起一年内（含一年）变现；（4）自资产负债日起一年内，交换其他资产或清偿负债的能力不受限制的现金或现金等价物。包括货币资金、应收票据、应收账款、存货等项目。根据会计“资产负债表”中“流动资产合计”项目的期末余额数填报。

固定资产合计 指企业为生产商品、提供劳务、出租或经营管理而持有的，使用寿命超过一个会计年度的有形资产。包括使用期限超过一年的房屋、建筑物、机器、机械、运输工具以及其他与生产、经营有关的设备、器具、工具等。固定资产合计是时点指标，表示固定资产经过扣减折旧、减值准备等后的期末余额。根据会计“资产负债表”中“固定资产”项目的期末余额数填报。

所有者权益合计 指企业资产扣除负债后由所有者享有的剩余权益。公司的所有者权益又称股东权益。包括实收资本、资本公积、盈余公积、未分配利润等。根据会计“资产负债表”中“所有者权益合计”项目的期末余额数填报。

营业税金及附加 指企业因从事生产经营活动按税法规定缴纳的应从经营收入中抵扣的税金和附加，包括营业税、消费税、城市维护建设税、教育费附加等。根据会计“利润表”中“营业税金及附加”项目的本期金额数填报。

利润总额 指企业在一定会计期间的经营成果，是生产经营过程中各种收入扣除各种耗费后的盈余，反映企业在报告期内实现的亏盈总额。根据会计“利润表”中“利润总额”项目的本期金额数填报。执行2006年《企业会计准则》的企业，利润总额为营业利润加上营业外收入，减去营业外支出后的金额；未执行2006年《企业会计准则》的企业，利润总额为营业利润加上投资收益、补贴收入、营业外收入，再减去营业外支出后的金额。

应交增值税 指企业按税法规定，从事货物销售或提供加工、修理修配劳务等增加货物价值的活动本期应交纳的税金。指企业在报告期应交增值税额。

计算公式一 本年应交增值税＝销项税额－（进项税额－进项税额转出）－出口抵减内销产品应纳税额－减免税款＋出口退税

计算公式二 应交增值税 = 销项税额－（进项税额－进项税额转出－免、抵、退应退税额） + 简易计税办法计算的应纳税额 + 按简易计税办法计算的纳税检查应补缴税额 － 应纳税额减征额

批发零售贸易、餐饮业统计限额标准

行业类别	统计指标名称	限额标准
批发业	年主营业务收入	2000万元
零售业	年主营业务收入	500万元
住宿业、餐饮业	年主营业务收入	200万元

说明：

1. 外贸企业包括在批发业中，其年销售额以外币计量的，应折合成人民币，按批发业标准执行。

2. 本限额标准对象为批发和零售业、住宿和餐饮业法人企业和个体经营户、非批发和零售业、住宿和餐饮业法人单位附营的批发和零售业、住宿和餐饮业产业活动单位。

八、价格指数

Price Indices

8-1　各种价格指数（以上年价格为100）

Price Indices (Preceding Year=100)

年　份	商品零售价格总指数	#食品	#家用电器及音像器材	居民消费价格总指数	#食品	#服务价格指数	工业生产者出厂价格指数
1978	100.4	101.6					
1979	102.6	107.1					
1980	110.9	114.5					
1981	109.3	110.3					
1982	101.2	100.8					
1983	99.6	99.5					
1984	98.6	97.5		99.3	97.5	102.0	
1985	106.9	108.7		106.5	108.7	103.3	
1986	104.4	105.0		104.2	105.0	102.3	
1987	112.2	113.6		112.0	113.6	109.6	
1988	132.8	133.9		136.0	133.9	168.0	
1989	122.4	125.7		122.0	127.5	118.8	
1990	94.9	92.8		96.6	92.8	111.0	
1991	101.4	101.1		102.4	101.1	109.8	
1992	107.7	109.0		109.2	109.0	117.9	
1993	119.5	123.7		121.8	123.7	134.6	
1994	118.4	125.9	99.6	123.5	126.4	141.2	
1995	109.7	119.5	95.6	113.9	119.1	128.9	
1996	104.7	108.1	94.5	106.8	107.8	115.0	
1997	99.7	100.0	92.7	101.5	99.4	113.1	
1998	98.7	99.9	93.3	99.9	99.5	108.4	
1999	95.9	95.6	94.9	97.9	95.7	109.5	
2000	100.1	100.3	97.2	101.5	100.4	112.8	
2001	97.8	99.1	97.0	96.6	98.9	101.1	
2002	99.1	100.9	98.0	98.1	99.0	98.7	
2003	101.7	103.6	99.0	100.7	103.5	97.8	
2004	103.2	108.6	98.7	103.0	108.6	99.7	
2005	103.0	106.5	101.1	102.4	106.5	100.4	100.4
2006	102.8	100.1	100.5	101.2	100.1	101.6	100.7
2007	104.2	108.3	98.2	103.1	108.0	100.2	101.4
2008	107.9	115.6	100.4	105.5	115.1	100.1	101.7
2009	95.3	97.9	95.6	96.9	98.1	96.3	96.8
2010	103.2	104.8	95.6	102.8	104.6	102.6	102.6
2011	104.7	111.1	99.3	104.9	111.1	103.0	102.9
2012	102.4	106.4	95.2	102.9	106.1	101.1	99.8
2013	100.6	103.2	96.9	101.9	103.1	102.1	98.9
2014	101.2	106.1	95.9	102.3	106.0	101.4	99.0
2015	99.4	104.0	98.6	101.4	103.8	101.9	98.2
2016	100.9	106.0	99.7	102.7	106.1	102.1	99.9
2017	101.1	99.9	97.6	101.4	99.0	102.8	101.7
2018	102.7	103.5	97.6	102.5	103.7	102.6	100.6

8-2 居民消费价格分类指数（2018年，以上年价格为100）

Consumer Price Indices by Category (2018, Preceding Year=100)

项　　目	指 数	项　　目	指 数
居民消费价格总指数	102.5	水电燃料	102.0
非食品烟酒价格指数	102.3	自有住房	101.3
服务价格指数	102.6	生活用品及服务	102.1
消费品价格指数	102.5	家具及室内装饰品	102.1
扣除鲜菜鲜果价格指数	102.2	家用器具	97.7
食品烟酒	102.8	家用纺织品	99.4
食品	103.7	家庭日用杂品	103.3
粮食	101.4	个人护理用品	101.9
薯类	107.5	家庭服务	106.8
豆类	101.1	交通和通信	102.0
食用油	98.3	交通	103.1
菜	109.3	交通费	99.4
畜肉类	97.6	通信	99.9
禽肉类	107.5	邮递服务	100.2
水产品	106.7	教育文化和娱乐	105.5
蛋类	108.6	教育	106.7
奶类	103.3	教育用品	104.8
干鲜瓜果类	105.2	教育服务	106.9
茶及饮料	99.3	文化娱乐	103.9
烟酒	101.9	旅游	110.1
在外餐饮	101.5	医疗保健	100.4
衣着	102.0	药品及医疗器具	101.0
服装	102.2	中药	104.6
服装材料	103.2	西药	102.3
其他衣着及配件	98.6	医疗服务	100.0
衣着加工服务费	99.1	其他用品和服务	102.2
鞋类	101.9	其他用品类	100.6
居住	101.7	其他服务类	103.5
租赁房房租	101.1	旅馆住宿	102.5
住房保养维修及管理	102.9		

8-3 居民消费价格分月指数（2018年，以上月价格为100）

Consumer Price Indices by Month (2018, Preceding Month=100)

项　　目	1 月	2 月	3 月	4 月	5 月	6 月
居民消费价格总指数	100.6	101.8	98.4	99.9	99.9	100.2
非食品烟酒价格指数	100.8	100.9	99.3	100.2	100.0	100.1
服务价格指数	101.1	101.7	98.8	100.2	99.7	100.1
消费品价格指数	100.4	101.9	98.2	99.8	100.0	100.3
扣除鲜菜鲜果价格指数	100.6	101.3	98.7	100.1	99.9	100.2
食品烟酒	100.3	103.9	96.7	99.4	99.6	100.5
衣着	100.1	99.7	100.6	99.9	100.7	99.9
居住	100.4	100.1	100.1	100.2	99.9	100.1
生活用品及服务	101.0	100.6	100.0	100.1	99.8	99.8
交通和通信	100.6	102.3	97.0	100.1	100.5	100.1
教育文化和娱乐	102.5	101.9	98.9	100.6	99.1	100.3
医疗保健	100.2	100.0	100.0	100.2	100.1	99.9
其他用品和服务	100.9	101.2	99.4	100.0	100.0	99.8

8-3 续表

项　　目	7 月	8 月	9 月	10 月	11 月	12月
居民消费价格总指数	100.4	100.4	100.7	100.1	99.7	100.0
非食品烟酒价格指数	100.6	99.9	100.4	99.9	99.9	99.8
服务价格指数	101.0	99.9	100.2	99.3	100.0	100.3
消费品价格指数	100.0	100.8	101.1	100.5	99.5	99.9
扣除鲜菜鲜果价格指数	100.4	100.3	100.1	100.1	100.1	99.9
食品烟酒	99.8	101.5	101.5	100.4	99.3	100.6
衣着	99.7	99.5	100.5	99.8	100.3	99.9
居住	100.0	100.3	100.3	100.1	100.2	100.1
生活用品及服务	100.0	100.3	100.5	99.8	99.9	100.2
交通和通信	100.3	99.9	100.9	100.6	98.9	98.1
教育文化和娱乐	103.1	99.2	99.9	98.4	99.8	100.6
医疗保健	100.5	100.1	100.2	100.0	100.1	100.0
其他用品和服务	100.1	100.2	100.1	100.2	100.7	99.9

8-4 居民消费价格分月指数（2018年，以上年同月价格为100）

Consumer Price Indices by Month (2018, Same Month of Preceding Year=100)

项　　目	1 月	2 月	3 月	4 月	5 月	6 月
居民消费价格总指数	101.6	104.0	102.8	102.4	101.9	101.9
非食品烟酒价格指数	101.7	103.0	102.3	102.6	102.2	102.1
服务价格指数	101.6	104.3	103.3	103.5	102.7	102.4
消费品价格指数	101.7	103.9	102.5	101.7	101.5	101.5
扣除鲜菜鲜果价格指数	101.4	103.3	102.3	102.1	101.7	101.9
食品烟酒	101.4	106.1	103.8	101.9	101.3	101.3
衣着	102.7	102.8	102.8	102.8	101.7	101.8
居住	102.2	101.8	101.0	101.1	100.4	101.0
生活用品及服务	101.4	102.9	103.3	102.7	102.2	101.2
交通和通信	99.9	103.5	101.2	101.9	102.7	102.5
教育文化和娱乐	103.3	106.8	107.1	108.0	107.1	105.8
医疗保健	99.5	99.4	99.4	99.8	99.8	100.3
其他用品和服务	103.6	104.3	103.1	102.4	101.8	101.9
工业生产者价格指数	99.8	99.1	99.0	99.6	99.9	100.1

8-4 续表

项　　目	7 月	8 月	9 月	10 月	11 月	12月
居民消费价格总指数	102.1	102.7	102.8	103.0	102.6	102.2
非食品烟酒价格指数	102.7	102.6	102.5	102.4	102.2	101.6
服务价格指数	102.7	102.5	102.1	101.8	102.0	102.1
消费品价格指数	101.7	102.8	103.3	103.6	103.0	102.2
扣除鲜菜鲜果价格指数	102.4	102.7	102.4	102.4	102.5	101.9
食品烟酒	100.7	102.8	103.6	104.1	103.6	103.4
衣着	101.8	101.9	101.9	101.6	101.3	100.7
居住	101.9	102.2	102.3	102.2	102.1	101.8
生活用品及服务	101.5	101.8	102.2	101.8	101.9	101.9
交通和通信	102.8	102.1	103.0	103.4	101.4	99.1
教育文化和娱乐	106.9	106.2	103.8	103.4	104.2	104.2
医疗保健	100.8	100.9	101.0	101.3	101.4	101.3
其他用品和服务	101.4	101.6	101.0	101.4	102.2	102.4
工业生产者价格指数	101.0	101.5	102.0	102.0	102.2	102.2

8-5 居民消费价格分月指数（2018年，以上年同期价格为100）

Consumer Price Indices by Month (2018, Cumulative Month(s) of Preceding Year=100)

项　　目	1 月	2 月	3 月	4 月	5 月	6 月
居民消费价格总指数	101.6	102.8	102.8	102.7	102.5	102.4
非食品烟酒价格指数	101.7	102.4	102.4	102.4	102.4	102.3
服务价格指数	101.6	102.9	103.0	103.2	103.1	103.0
消费品价格指数	101.7	102.8	102.7	102.4	102.2	102.1
扣除鲜菜鲜果价格指数	101.4	102.3	102.3	102.3	102.2	102.1
食品烟酒	101.4	103.7	103.7	103.3	102.9	102.6
衣着	102.7	102.7	102.8	102.8	102.6	102.4
居住	102.2	102.0	101.6	101.5	101.3	101.2
生活用品及服务	101.4	102.2	102.5	102.6	102.5	102.3
交通和通信	99.9	101.7	101.5	101.6	101.8	102.0
教育文化和娱乐	103.3	105.0	105.7	106.3	106.4	106.3
医疗保健	99.5	99.4	99.4	99.5	99.6	99.7
其他用品和服务	103.6	103.9	103.7	103.3	103.0	102.8
工业生产者价格指数	99.8	99.3	99.2	99.3	99.4	99.5

8-5 续表

项　　目	7 月	8 月	9 月	10 月	11 月	12月
居民消费价格总指数	102.4	102.4	102.5	102.5	102.5	102.5
非食品烟酒价格指数	102.4	102.4	102.4	102.4	102.4	102.3
服务价格指数	102.9	102.9	102.8	102.7	102.6	102.6
消费品价格指数	102.1	102.2	102.3	102.4	102.5	102.5
扣除鲜菜鲜果价格指数	102.2	102.2	102.2	102.3	102.3	102.2
食品烟酒	102.4	102.4	102.6	102.7	102.8	102.8
衣着	102.3	102.3	102.2	102.2	102.1	102.0
居住	101.3	101.4	101.5	101.6	101.6	101.7
生活用品及服务	102.2	102.1	102.1	102.1	102.1	102.1
交通和通信	102.1	102.1	102.2	102.3	102.2	102.0
教育文化和娱乐	106.4	106.4	106.1	105.8	105.7	105.5
医疗保健	99.9	100.0	100.1	100.2	100.3	100.4
其他用品和服务	102.6	102.5	102.3	102.2	102.2	102.2
工业生产者价格指数	99.7	99.9	100.1	100.3	100.5	100.6

8-6 服务项目价格分类指数（2017-2018年，以上年价格为100）

Service Price Indices by Category (2017-2018, Preceding Year=100)

项　　目	2017年	2018年
服务价格指数	102.8	102.6
#租赁房房租	102.5	101.1
家庭服务	107.2	106.8
交通费	103.1	99.4
通信服务	99.8	100.0
邮递服务	101.2	100.2
教育服务	104.9	106.9
文化娱乐服务	101.1	101.5
旅游	100.1	110.1
医疗服务	106.2	100.0
其他服务类	103.7	103.5

8-7 商品零售价格分类指数（2018年，以上年价格为100）

Retail Price Indices by Category (2018, Preceding Year=100)

项　　目	指　数	项　　目	指　数
商品零售价格总指数	102.7	专业音像器材	99.3
食品	103.5	文化办公用品	95.9
粮食	101.8	日用品	102.6
薯类	107.5	日用百货	104.2
豆类	101.1	厨具餐具茶具	101.4
食用油	98.5	清洗用品	100.3
菜	109.0	其他日用品	103.3
畜肉类	97.9	体育娱乐用品	98.7
禽肉类	107.6	体育户外用品	98.4
水产品	106.6	娱乐用品	98.9
蛋类	108.6	交通、通信用品	100.1
奶类	103.5	交通运输机械	100.4
干鲜瓜果类	105.1	通信器材	99.1
糖果糕点类	103.7	家具	101.8
调味品	102.7	化妆品	102.1
其他食品类	101.3	金银饰品	98.2
在外餐饮	101.1	中西药品及医疗保健用品	101.8
饮料、烟酒	101.0	医疗卫生器具	100.0
茶及饮料	99.2	中药	104.7
烟草	101.1	西药	102.4
酒类	102.9	保健器具及用品	96.9
服装、鞋帽	102.0	书报杂志及电子出版物	102.4
服装	102.2	教材及参考书	104.4
鞋帽袜	101.4	书报杂志	102.9
其他衣着配件	99.8	计算机办公软件	97.7
纺织品	101.7	燃料	111.4
服装材料	103.2	煤炭及制品	105.3
床上用品	100.8	石油及制品	111.6
家用电器及音像器材	97.6	建筑材料及五金电料	103.8
家庭设备	97.7	建筑装璜材料	103.8
文娱用耐用消费品	96.7	五金水暖	103.7

8-8 工业生产者出厂价格指数（2017—2018年，以上年价格为100）

Producer Price Index (PPI) for Manufactured Goods (2017-2018, Preceding Year=100)

项　　目	2017年	2018年
工业生产者出厂价格指数	101.7	100.6
#轻工业	103.0	101.1
重工业	101.1	100.3
#农副食品加工业	104.2	99.7
食品制造业	102.5	101.3
酒、饮料和精制茶制造业	100.0	100.8
纺织业	101.7	101.3
纺织服装、服饰业	102.7	101.2
皮革、皮毛、羽毛及其制品和制鞋业	98.7	98.9
木材加工和木、竹、藤、棕、草制品业	101.4	101.4
家具制造业	102.9	100.8
造纸和纸制品业	110.0	107.2
印刷和记录媒介复制业	100.6	100.5
文教、工美、体育和娱乐用品制造业	101.3	100.4
石油加工、炼焦和核燃料加工业	118.9	115.1
化学原料和化学制品制造业	109.4	105.4
医药制造业	103.7	104.7
化学纤维制造业	108.6	106.2
橡胶和塑料制品业	101.8	101.7
非金属矿物制品业	109.5	107.1
黑色金属冶炼和压延加工业	125.7	113.3
有色金属冶炼和压延加工业	114.4	104.8
金属制品业	106.8	104.6
通用设备制造业	101.0	98.4
专用设备制造业	102.6	101.7
汽车制造业	102.6	100.4
铁路、船舶、航空航天和其他运输设备制造业	102.9	101.1
电气机械和器材制造业	103.5	101.6
计算机、通信和其他电子设备制造业	99.2	99.6
仪器仪表制造业	101.2	99.0
其他制造业	99.5	98.2
废弃资源综合利用业	114.2	108.7
金属制品、机械和设备修理业		
电力、热力的生产和供应业	98.4	95.4
燃气生产和供应业	111.8	106.0
水的生产和供应业	102.4	101.5

主要统计指标解释

Explanatory Notes on Main Statistical Indicators

居民消费价格指数 是度量消费商品及服务项目价格水平随着时间而变动的相对数，反映居民家庭购买的消费品及服务价格水平的变动情况。它是宏观经济分析、决策、调控和价格总水平监测以及国民经济核算的重要指标。其按年度计算的变动率通常被用来作为反映通货膨胀(或紧缩)程度的指标。

商品零售价格指数 是度量市场商品零售价格水平变动趋势和变动程度的相对数，反映商品在流通过程中最后一个环节的价格即工业、商业、餐饮业和其他零售企业向城乡居民、机关团体出售生活消费品和办公用品价格水平的变动趋势。它可以为国家宏观调控和国民经济核算提供参考依据，并在此基础上派生其他价格指数。

工业生产者出厂价格总指数 是反映各工业部门主要工业产品出厂价格变动趋势和程度的相对数。编制该价格指数，用以观察和分析在生产环节中工业品价格变动对企业经济效益及宏观经济运行的影响，并为工业增长速度的科学计算提供重要的依据。

九、对外经济贸易与旅游

Foreign Trade and Tourism

9-1 主要年份对外经济与旅游业主要指标

Main Indicators of Foreign Trade and Economic Cooperation and Tourism in Main Years

指　　标	单 位	1985年	1995年	2000年	2005年	2010年	2015年	2017年	2018年
进出口总额(美元)	万美元		1539112	3204526	7437150	12133773	16767331	18117300	20333110
出口总额	万美元	17545	779867	1715927	4092905	6959751	10371861	10386135	12044313
进口总额	万美元		759245	1488599	3344245	5174022	6395470	7731165	8288797
进出口总额(人民币)	万元						103999200	122643709	134187035
出口总额	万元						64289105	70273787	79556434
进口总额	万元						39711907	52369922	54630601
新签利用外资协议(合同)数	宗	625	3077	1276	992	875	440	925	1400
“三来一补”项目	宗	514	2094	871	219	6			
“三资”项目	宗	111	983	405	773	869	440	925	1400
利用外资增资项目宗数	宗				1138	1059	552	320	375
合同规定外商投资额	万美元	6815	330920	183633	475238	307282	509080	261769	225050
“三来一补”项目	万美元	1870	97428	69302	166363	47542	3226	986	1459
“三资”项目	万美元	4945	233492	114331	308875	259740	505854	260783	223591
合同规定外商增资项目	万美元				187422	180723	429045	151037	154585
实际利用外资	万美元	2894	105665	164712	375139	316287	546838	176038	130557
“三来一补”项目	万美元	1511	38418	55975	93023	43116	14856	4145	3310
“三资”项目	万美元	1383	67247	108737	282116	273171	531982	171893	127247
本年止累计“三来一补”企业投产宗数	宗	1592	8447	9917	8997	5688	1112	963	745
年末“三来一补”企业从业人员	万人	9.82	59.44	72.89	126.49	81.00	23.70	8.97	6.75
本年止累计“三资”企业投产数	宗	51	2629	3908	6657	8338	10016	10996	12431
年末“三资”企业从业人员	万人	0.64	25.01	87.17	145.50	163.53	203.50	182.12	169.00
当年来料加工企业转为三资或民营企业	家					1250	68	36	15
合同规定外商投资额(新口径)	万美元				298029	259740	505854	260783	223591
实际利用外资(新口径)	万美元				146796	273171	531982	171893	127247
全年接待旅游人数	万人次		89	291	1156	2251	3199	4142	4434
#国际及港澳台旅游者	万人次		27	106	169	327	373	404	402
#外国人	万人次		6	15	70	109	105	113	111
国内旅客	万人次		62	185	987	1924	2826	3738	4032
国际旅游收入	万美元		5679	7617	28189	67592	157743	159582	163012
星级以上宾馆酒店客房数	间		7568	18024	18258	16631	12127	9666	9619
宾馆酒店客房开房率	%		68.80	61.88	58.90	58.12	54.00	59.16	41.67

注：1. 对外经济部分除有注明新口径的以外均为旧口径，旧口径包括“三资”和“三来一补”，新口径不含“三来一补”且以验资作为统计标准，后同。
2. 2002年起，旅游业指标采用旅游局口径，与往年数不可比。
3. 2016年起，主管部门对外发布的进出口相关数据采用人民币口径。

9-2 进出口贸易（2015-2018年）

Total Imports and Exports (2015-2018)

单位：亿元

项　　目	2015年	2016年	2017年	2018年	2018年比2017年增长(%)
进出口总额	10399.92	11415.99	12264.37	13418.70	9.5
出口总额	6428.91	6556.85	7027.38	7955.64	13.3
按贸易方式分					
#一般贸易	2345.95	2360.95	3050.47	4094.57	34.2
加工贸易	3861.95	3794.46	3713.49	3571.30	-0.4
来料加工	654.43	559.69	583.03	480.72	-17.5
进料加工	3207.53	3234.77	3130.46	3090.58	-1.3
保税物流	219.49	262.40	245.08	288.15	19.1
按经济类型分					
#国有企业	149.02	143.13	105.76	107.84	2.0
三资企业	3955.09	3907.19	4006.88	3990.67	-0.4
集体企业	8.96	4.07	2.44	1.08	-55.9
民营企业	2310.79	2486.96	2912.28	3856.05	32.6
进口总额	3971.19	4859.15	5236.99	5463.06	4.3
按贸易方式分					
#一般贸易	869.28	991.21	1291.88	1435.68	11.1
加工贸易	2340.64	2255.11	2177.24	1975.07	-9.3
来料加工	445.54	326.98	346.93	290.54	-16.3
进料加工	1895.10	1928.12	1830.31	1684.53	-8.0
保税物流	742.42	1585.85	1750.10	2037.27	16.6
按经济类型分					
#国有企业	80.64	70.64	56.36	53.08	-5.8
三资企业	2429.22	2246.34	2324.02	2170.82	-6.6
集体企业	4.91	1.51	1.29	0.39	-69.6
民营企业	1455.95	2526.85	2849.12	3224.11	13.3
贸易顺差	2457.72	1697.70	1790.39	2492.60	39.2

9-3 历年进出口总额

Total Value of Imports and Exports over Years

单位：万美元

年份	进出口总额	出口总额	#一般贸易	来料加工装配	进料加工	进口总额	#一般贸易	来料加工装配	进料加工
1978		3938							
1979		5382							
1980		7737							
1981		9173							
1982		10879							
1983		11890							
1984		12966							
1985		17545							
1986		23280							
1987		26755							
1988		31781							
1989		34868							
1990	108229	56828				51401			
1991	317463	165159				152304			
1992	509007	260272				248735			
1993	675647	321137				354510			
1994	882997	429416				453581			
1995	1539112	779867	23180	434646	320186	759245	5394	353138	259397
1996	1784222	918683	16377	496833	405066	865539	8956	383988	309710
1997	2129885	1136768	18020	582863	535708	993117	7598	445237	420014
1998	2327324	1306055	15409	652853	636822	1021269	10406	462194	463450
1999	2846291	1515391	16347	759638	738191	1330900	51726	584224	582721
2000	3204526	1715927	20937	834347	858409	1488599	72475	645562	616319
2001	3445457	1898924	25945	940908	931766	1546533	68392	684323	656910
2002	4424706	2373646	34848	1171688	1167047	2051060	83522	922916	886699
2003	5210623	2800227	48988	1257934	1492723	2410396	144235	962367	1127404
2004	6451775	3519237	85056	1503757	1929967	2932538	222262	1090197	1402413
2005	7437150	4092905	175502	1611676	2304325	3344245	236133	1216566	1625629
2006	8422107	4737640	265784	1661399	2806910	3684467	259709	1265725	1879233
2007	10687290	6023212	357941	2235125	3398212	4664078	371073	1702595	2196521
2008	11329947	6553738	487193	2428365	3585619	4776209	455447	1712939	2206139
2009	9415458	5516861	571682	1823160	3055047	3898597	456075	1297315	1820882
2010	12133773	6959751	954098	1955379	3946227	5174022	755349	1424118	2457194
2011	13522382	7832871	1341146	1693479	4654300	5689511	988370	1174341	2881689
2012	14441587	8506606	1692301	1216525	5398579	5934981	1096531	901512	3322199
2013	15307167	9086371	2007791	1070242	5758315	6220796	1237293	806988	3573281
2014	16253046	9706918	2687709	1102722	5472315	6546128	1614999	775951	3333100
2015	16767331	10371861	3796284	1054049	5167717	6395470	1400324	718358	3055447
2016	17231357	9903479	3571993	847655	4896564	7327879	1499468	495662	2915403
2017	18117300	10386135	4511970	861158	4620598	7731165	1904938	512156	2701884
2018	20333110	12044313	6199734	728437	4679165	8288797	2180242	441060	2553459

注：1.出口总额1990年以前为外经贸口径，1990年起为海关口径。
2.2016年起，主管部门对外发布的进出口相关数据采用人民币口径。2018年人民币口径的进出口总额为13418.70亿元。其中，出口总额7955.64亿元，进口总额5463.06亿元。

9-4 分国别（地区）进出口总值（2017-2018年）

Total Value of Imports and Exports by Countries (Regions) (2017-2018)

单位：亿元

国别（地区）	实际出口				进口到货			
	2017年	比重（%）	2018年	比重（%）	2017年	比重（%）	2018年	比重（%）
全市	7027.38	100.0	7955.64	100.0	5236.99	100.0	5463.06	100.0
亚洲	3692.82	52.5	3961.20	49.8	4637.21	88.5	4906.67	89.8
东南亚联盟	603.91	8.6	773.07	9.7	721.48	13.8	781.13	14.3
非洲	81.25	1.2	100.07	1.3	39.88	0.8	31.67	0.6
欧洲	1277.71	18.2	1635.44	20.6	203.93	3.9	198.76	3.6
欧盟	1186.25	16.9	1475.20	18.5	190.55	3.6	185.84	3.4
拉丁美洲	245.63	3.5	325.86	4.1	103.53	2.0	113.15	2.1
北美洲	1637.89	23.3	1821.66	22.9	225.29	4.3	190.61	3.5
大洋洲	92.08	1.3	111.41	1.4	27.13	0.5	22.17	0.4
美国	1561.00	22.2	1717.93	21.6	182.46	3.5	158.54	2.9
香港	1732.27	24.7	1728.55	21.7	18.72	0.4	20.85	0.4
日本	510.52	7.3	485.72	6.1	510.30	9.7	522.60	9.6
荷兰	217.62	3.1	260.48	3.3	12.83	0.2	10.45	0.2
德国	226.09	3.2	269.79	3.4	57.81	1.1	62.70	1.1
英国	177.07	2.5	213.35	2.7	20.30	0.4	16.45	0.3
韩国	268.24	3.8	246.50	3.1	937.60	17.9	1077.21	19.7
台湾	113.32	1.6	126.00	1.6	914.30	17.5	1011.92	18.5
法国	91.07	1.3	124.51	1.6	10.95	0.2	12.48	0.2
加拿大	76.89	1.1	103.50	1.3	42.83	0.8	32.07	0.6
澳大利亚	81.19	1.2	95.48	1.2	23.40	0.4	18.39	0.3
新加坡	60.23	0.9	78.39	1.0	111.44	2.1	127.81	2.3
马来西亚	84.66	1.2	102.01	1.3	151.42	2.9	195.42	3.6

9-5 主要商品类别出口总值(2017-2018年)

Total Export Value by Category of Main Commodities(2017-2018)

单位：亿元

商品名称	2017年	2018年
机电产品（包括本目录已具体列名的机电产品）	5237.90	6008.98
高新技术产品	2892.48	3440.34
电话机	869.98	1395.45
文化产品	426.41	445.72
自动数据处理设备及其部件	455.89	449.07
服装及衣着附件	340.16	381.89
家具及其零件	301.45	307.15
静止式变流器	209.19	213.64
玩具	189.30	194.50
自动数据处理设备的零件	166.15	177.83
鞋类	161.99	163.39
贵金属或包贵金属的首饰	4.60	4.86
灯具、照明装置及零件	131.77	138.32
通断保护电路装置及零件	170.01	187.02
箱包及类似容器	139.45	146.52
电线和电缆	152.85	164.90
塑料制品	149.90	173.23
纺织纱线、织物及制品	124.39	131.44
电视、收音机及无线电讯设备的零附件	131.22	123.36
打印机（包括多功能一体机）	66.92	60.56
眼镜及其零件	73.96	76.78
印刷电路	59.12	66.03

9-6 主要商品进口数量与金额(海关口径，2017-2018年)

Main Import Commodities in Volume and Value(Custom Statistics)(2017-2018)

金额单位：万元

商品名称	数量单位	2017年		2018年	
		数量	金额	数量	金额
谷物及谷物粉	万吨	34.70	71187	22.21	60136
食用植物油	万吨	26.92	125959	17.25	69648
食糖	万吨	11.14	34979	14.80	31656
天然橡胶（包括胶乳）	万吨	3.31	31468	3.36	26982
合成橡胶（包括胶乳）	万吨	5.16	85537	4.40	73681
原木	万立方	56598.54	101062	47090.23	86188
锯材	万立方	35838.91	145356	36021.42	158132
羊毛（包括羊毛条）	吨	894.87	4961	558.62	2257
纺织用合成纤维	万吨	0.78	13121	0.65	11273
#聚酯纤维	万吨	5225.98	5649	4724.40	5440
人造纤维短纤	吨	150.38	283	43.94	94
成品油	万吨	6.30	30721	2.94	19810
合成有机染料	吨	1470.67	10307	1673.65	12073
初级形状的塑料	万吨	166.97	2274207	190.12	2544801
#初级形状的聚乙烯	万吨	14.86	135379	16.07	143920
初级形状的聚丙烯	万吨	21.60	199687	19.78	186321
初级形状的苯乙烯聚合物	万吨	47.32	598792	55.80	670044
初级形状的聚氯乙烯	万吨	14.22	103481	15.18	107361
初级形状的聚酯	万吨	19.35	408333	21.93	457099
牛皮革及马皮革	万吨	5.03	278325	4.33	246800
纸及纸板（未切成形的）	万吨	48.19	232493	62.71	289899
毛纱线	万吨	0.29	25076	0.37	38864
合成纤维纱线	万吨	3.25	101692	3.35	102664
棉机织物	万米	4525.17	65401	4251.16	61777
涂覆浸渍塑料的织物	万吨	1.30	67335	1.07	60367
针织或钩编织物	万米	9868	121126	8841.81	123378
钢材	万吨	66.58	569255	58.34	493955
#钢铁板材	万吨	54.57	423762	45.89	347137
未锻轧铜及铜材	万吨	13.30	703972	11.15	613377
#铜材	万吨	11.03	607907	9.24	529500
未锻轧铝及铝材	万吨	1.90	65223	1.46	59547
#铝材	万吨	1.50	56608	1.14	51684

9-6 续表

金额单位：万元

商品名称	数量单位	2017年		2018年	
		数量	金额	数量	金额
钢铁或铝制结构体及其部件	吨	906.15	1522	563.91	1070
蒸汽锅炉及过热水锅炉	台	1	90		
液泵及液体提升机	万台	132.18	10642	97.59	9707
冷冻机和制冷设备	金额		576		549
机械提升搬运装卸设备及零件	金额		42121		41984
制造纸及纸制品用机械及零件	金额		16236		39906
印刷、装订机械及零件	金额		283165		256938
纺织机械及零件	金额		66670		49703
#针织机及缝编机	台	943	38138	684	35009
纱线织物等后整理机器	台	212	15425	133	3025
工业用缝纫机	台	588	1626	602	1082
金属加工机床	台	3136	117132	4189	138747
橡胶或塑料加工机械及零件	金额		73884		54358
型模及金属铸造用型箱	金额		52548		45854
自动数据处理设备及其部件	万台	5711.32	1012513	5548.54	977850
自动数据处理设备的零件	吨	8588.83	812149	8611.77	689957
电动机及发电机	万台	16010.90	101780	14081.05	96233
发电机组及旋转式变流机	台	75	14381	176	10292
电视、收音机及无线电讯设备	吨	3446.42	391726	3460.46	330418
通断保护电路装置及零件	金额		1376588		1306777
二极管及类似半导体器件	亿个	635.19	1422173	581.39	1382328
电线和电缆	吨	22240.67	276191	20709.36	274941
计量检测分析自控仪器及器具	金额		303630		370312
塑料制品	吨	17979.07	145613	16671.79	132753

9-7 主要商品出口数量与金额(海关口径，2017-2018年)

Main Export Commodities in Volume and Value(Custom Statistics)(2017-2018)

金额单位：万元

商品名称	数量单位	2017年		2018年	
		数 量	金 额	数 量	金 额
活猪（种猪除外）	万头	13.85	224	0.89	12
水海产品	万吨	0.14	4252	0.12	3904
蔬菜	万吨	1.88	4397	3.77	7137
食用植物油（包括棕榈油）	吨	32467.39	18535	58202.59	31447
成品油	万吨			0.01	41
医药品	吨	2043.88	11980	2736.74	17167
美容化妆品及护肤品	吨	3351.98	30679	3086.74	76190
洗衣粉	吨	22904.77	15878	32825.55	21033
初级形状的聚氯乙烯	万吨	1.45	14290	1.51	12884
家用或装饰用木制品	万吨	0.70	28337	0.70	29405
纸及纸板（未切成形的）	万吨	8.10	51862	7.36	55881
纺织纱线、织物及制品	金额		1243500		1314392
#棉纱线	吨	6013.95	21630	4858.71	17503
亚麻及苎麻机织物	万米	56.78	98	41.63	69
棉机织物	万米	2015.25	36888	2034.54	39302
玻璃制品	吨	15809.16	48047	18012.69	57617
家用陶瓷	万吨	2.26	79669	1.95	58932
钢材	万吨	2.38	34124	2.13	37267
未锻轧铜及铜材	吨	32990.16	158522	25338.60	131925
未锻轧铝及铝材	万吨	0.67	19656	0.72	20750
手用或机用工具	万吨	3.42	302464	5.61	407767
电扇	万台	10729.72	295692	11163.44	310273
纺织机械及零件	金额		29891		39044
金属加工机床	万台	6.75	49571	13.26	57154
电子计算器	亿台	0.08	15642	0.07	13815
电动机及发电机	亿台	5.21	461097	5.12	466001

9-7 续表

金额单位：万元

商品名称	数量单位	2017年		2018年	
		数量	金额	数量	金额
静止式变流器	亿个	5.00	2091401	5.42	2136740
原电池	亿个	18.05	114682	23.00	148282
蓄电池	万个	51.69	11780	366.75	11024
电话机	万台	13262.54	8699807	17547.27	13961868
扬声器	亿个	1.72	689578	1.92	764153
收音设备（包括收录音组合机）	万台	3443.14	444644	3008.58	377822
电视机	万台	219.36	489793	113.72	158717
#彩色电视机	万台	219.36	489793	113.72	158717
电视、收音机及无线电讯零附件	万吨	3.17	1311683	3.10	1230405
电容器	万吨	0.96	461562	1.07	684966
通断及保护电路装置及零件	金额		1701959		1877938
二极管及类似半导体器件	亿个	767.53	459003	737.16	458622
电线和电缆	万吨	19.18	1528718	20.30	1651899
照相机	万架	621.45	163779	566.00	116440
医疗仪器及器械	金额		219242		267292
手表	万只	4355.13	118104	6574.40	165208
#电动手表	万只	4332.89	115762	6532.43	160936
家具及其零件	金额		3014296		3071670
灯具、照明装置及零件	金额		1317161		1388888
箱包及类似容器	万吨	15.50	1396400	16.74	1466101
服装及衣着附件	金额		3403264		3819413
#织物制服装	金额		2914542		3262482
裘皮服装	吨	73.87	11465	81.92	8325
帽类	万个	5311.61	116115	8410.03	148980
鞋	亿双	1.14	1457492	1.22	1449527
塑料制品	万吨	58.59	1500583	62.09	1732925
玩具	金额		1891342		1944658
贵金属或包贵金属的首饰	千克	14975.15	46776	38684.77	48635

9-8 历年新签利用外资协议(合同)宗数

Number of Signed Agreements or Contracts of Utilization of Foreign Capital over Years

单位：宗

年　份	新签协议（合同）数	"三来一补"企业	"三资"企业
1979	184	184	
1980	415	415	
1981	555	553	2
1982	470	468	2
1983	454	447	7
1984	551	508	43
1985	625	514	111
1986	618	559	59
1987	824	729	95
1988	2048	1839	209
1989	939	779	160
1990	1267	1075	192
1991	1636	1268	368
1992	2232	1374	858
1993	3118	1773	1345
1994	2678	1521	1157
1995	3077	2094	983
1996	1678	1343	335
1997	1685	1492	193
1998	1383	1051	332
1999	1362	1135	227
2000	1276	871	405
2001	1395	705	690
2002	1391	524	867
2003	1524	392	1132
2004	1423	391	1032
2005	992	219	773
2006	786	177	609
2007	790	82	708
2008	588	35	553
2009	601	22	579
2010	875	6	869
2011	1325	1	1324
2012	690		690
2013	506		506
2014	465		465
2015	440		440
2016	446		446
2017	925		925
2018	1400		1400

9-9 历年新签利用外资协议(合同)规定外商投资额

Amount of Signed Agreements or Contracts of Utilization of Foreign Capital over Years

单位：万美元

年 份	协议（合同）规定外商投资额	“三来一补”企业	“三资”企业
1979	476	476	
1980	1055	1055	
1981	806	784	22
1982	787	771	16
1983	1616	841	775
1984	3217	1013	2204
1985	6815	1870	4945
1986	3398	1593	1805
1987	18513	14082	4431
1988	62173	42507	19666
1989	23365	9268	14097
1990	30180	12346	17834
1991	64483	19348	45135
1992	208825	29720	179105
1993	355515	54823	300692
1994	349703	47700	302003
1995	330920	97428	233492
1996	208861	62811	146050
1997	121351	62114	59237
1998	163677	58709	104968
1999	147247	69756	77491
2000	183633	69302	114331
2001	209779	56833	152946
2002	248914	47285	201629
2003	325633	59538	266095
2004	413216	124089	289127
2005	475238	166363	308875
2006	552758	197836	354922
2007	625088	176903	448185
2008	393701	134952	258749
2009	203040	41420	161620
2010	307282	47542	259740
2011	370189	19353	350836
2012	415522	34491	381031
2013	415614	11504	404110
2014	443973	12514	431459
2015	509080	3226	505854
2016	479046	5873	473173
2017	261769	986	260783
2018	225050	1459	223591

9-10 历年实际利用外资

Foreign Capital Actually Utilized over Years

单位：万美元

年　份	累计实际利用外资	当年实际利用外资	“三来一补”企业	“三资”企业
1979	173	173	173	
1980	1107	934	934	
1981	1642	535	528	7
1982	2357	715	668	47
1983	3258	901	871	30
1984	5175	1917	1233	684
1985	8069	2894	1511	1383
1986	11111	3042	1553	1489
1987	22370	11259	9185	2074
1988	46496	24126	17717	6409
1989	71445	24949	16559	8390
1990	95764	24319	14309	10010
1991	121918	26154	11478	14676
1992	168510	46592	13716	32876
1993	261938	93428	14181	79247
1994	366750	104812	26938	77874
1995	472415	105665	38418	67247
1996	579979	107564	38061	69503
1997	701406	121427	33467	87960
1998	835219	133813	40780	93033
1999	980951	145732	48620	97112
2000	1145663	164712	55975	108737
2001	1327225	181562	66841	114721
2002	1542073	214848	68980	145868
2003	1798409	256336	80936	175400
2004	2715217	303430	89555	213875
2005	3090356	375139	93023	146796
2006	3524129	433773	98543	180789
2007	4028524	504395	94365	211759
2008	4351094	322570	77902	244668
2009	4645251	294157	34758	259399
2010	4961538	316287	43116	273171
2011	5283359	321821	16769	305052
2012	5655263	371904	34966	336938
2013	6057448	402935	9160	393775
2014	6519582	462134	9215	452919
2015	7066420	546838	14856	531982
2016	7464805	398385	5768	392617
2017	7640842	176038	4145	171893
2018	7780274	130557	3310	127247

9-11 主要年份“三资”企业利用外资

Utilization of Foreign Capital of Enterprises with Foreign Investment in Main Years

项　　目	单　位	1990年	1995年	2000年	2005年	2010年	2015年	2017年	2018年
全部“三资”企业利用外资情况									
当年新签协议宗数	宗	192	983	405	773	869	440	925	1400
本年止累计执行宗数	宗	591	2807	4012	6657	8338	10016	11012	12431
#已投产	宗	454	2629	3908	5870	7469	9561	10087	11275
项目（协议）终止宗数	宗	24	48	338	193	471	270	153	184
实际利用外资总额	万美元	18642	75853	115801	290553	277547	531982	171893	127247
引进设备价值	万美元	6619	50267	80215	118401	63822	15852	16533	13823
出口总值	万美元	13439	178351	835600	2353253	4426236	6371274	5915085	6042929
期末职工人数	万人	3.81	25.01	87.17	145.50	163.53	203.50	182.12	169.00
中外合作企业利用外资情况									
当年新签协议宗数	宗	72	195	19	2			1	
本年止累计执行宗数	宗	237	730	705	337	184	107	103	91
#已投产	宗	177	682	700	299	184	107	102	91
项目（协议）终止宗数	宗	15	12	130	25	23	10	2	12
实际利用外资总额	万美元	5072	15159	10045	13529	1345	4264	13	
引进设备价值	万美元	2411	9320	5033	4060	651			33
出口总值	万美元	2423	35718	92100	116157	117188	46676	47080	39490
期末职工人数	万人	1.02	5.82	13.57	10.38	3.50	1.49	1.07	1.02

注：本表2000年起出口总值是海关口径。

9-11 续表

项目	单位	1990年	1995年	2000年	2005年	2010年	2015年	2017年	2018年
中外合资企业利用外资情况									
当年新签协议宗数	宗	93	378	29	31	18	43	71	104
本年止累计执行宗数	宗	338	1590	1690	712	507	502	613	644
#已投产	宗	251	1498	1650	668	489	459	542	621
项目（协议）终止宗数	宗	9	31	159	53	99	9	11	25
实际利用外资总额	万美元	13070	39659	23966	25672	36342	40981	11814	8471
引进设备价值	万美元	3920	25557	14365	4060	28850	2886	744	1
出口总值	万美元	10934	90357	248800	289344	348622	299587	279740	290492
期末职工人数	万人	2.69	13.51	24.68	17.95	11.60	9.57	12.74	9.53
外商独资企业利用外资情况									
当年新签协议宗数	宗	27	410	357	740	851	397	851	1295
本年止累计执行宗数	宗	16	487	1614	5607	7641	9388	10296	11696
#已投产	宗	8	449	1555	4903	6790	8991	9443	10563
项目（协议）终止宗数	宗		5	49	115	349	251	140	147
实际利用外资总额	万美元	500	21035	79113	252194	239860	482771	159267	118053
引进设备价值	万美元	288	15390	58140	91288	34321	12966	15788	13789
出口总值	万美元	82	52276	494700	1947751	3960425	6025010	5588265	5712946
期末职工人数	万人	0.10	5.67	48.92	117.17	148.43	192.44	168.31	158.45

9-12 主要年份分方式、分国别(地区)实际利用外资

Foreign Capital Actually Utilized by Type and Countries(Regions)in Main Years

单位：万美元

项　　目	1990年	1995年	2000年	2005年	2010年	2015年	2017年	2018年
按引进方式分								
总　计	10167	68438	164712	375139	316287	546841	176038	130557
外商直接投资	10010	67247	108737	282116	273171	531985	171893	127247
合资经营企业	5871	31314	18865	18195	32135	40981	11814	8471
合作经营企业	3645	14983	8305	12669	1176	4264	13	
外资（独资）经营企业	494	20950	78890	251252	239634	482771	159267	118053
外商投资股份公司			2677		226	3969	799	723
外商其他投资	157	1191	55975	93023	43116	14856	4145	3310
国际租赁								
补偿贸易								
加工装配	157	1191	55975	93023	43116	14856	4145	3310
按国家和地区分								
总　计	10167	67247	164712	375139	316287	546841	171893	127247
香　港	10167	58333	88950	185214	182600	373441	119541	90246
澳　门		13		44	442	389	710	70
台　湾		3016	23722	130682	82674	100227	24682	27862
日　本		391	7476	25253	12861	19413	8486	2631
泰　国		96	33	20		2	14	220
新加坡		822	3511	3994	6094	9070	401	2279
德　国		3	1884	487	1488	250		345
法　国			89	20	688	881		7
瑞　士			546		127			195
加拿大		46	15	99	568	4226	950	83
美　国		3230	2391	8122	3309	8685	6574	1380
澳大利亚		56	14	48	61	215	152	2
韩　国			2362	6958	5955	4970	1270	705
利比亚			153					
英　国		79		12	277	572	292	252
其　他		1162	33566	14186	19143	24500	8821	969

注：1995年分国别地区的外商投资额是外商直接投资额。

9-13 外商直接投资分行业情况(2017-2018年)

Foreign Direct Investment by Sector(2017-2018)

单位：万美元

行　　业	2017年			2018年		
	项　目 个数（个）	合同外 资金额	实际投 资金额	项　目 个数（个）	合同外 资金额	实际投 资金额
总　计	925	260783	171893	1400	223591	127247
农、林、牧、渔业	1	30	15	4	343	
采矿业						
制造业	259	164940	111114	320	133944	85814
＃纺织业	10	6684	3186	10	6286	3357
化学原料及化学制品制造业	8	1804	1240	8	2871	1574
医药制造业	1	577	347	1	418	676
通用设备制造业	29	35925	3332	21	4035	6208
专用设备制造业	30	6128	2572	41	6192	7369
通信设备、计算机及其他电子设备制造业	39	27297	30120	48	26844	16822
电力、燃气及水的生产和供应业		9537	7638		3840	139
建筑业	5	228	2	11	263	4
交通运输、仓储和邮政业	10	138	7013	6	9208	10062
信息传输、计算机服务和软件业	47	3600	31	71	2706	82
批发和零售业	416	17239	11450	722	30407	9680
住宿和餐饮业	10	1237	64	16	429	766
金融业	9	5460		7	256	
房地产业	17	14458	3350	18	22063	15347
＃房地产开发经营						
租赁和商务服务业	85	39330	30967	128	7744	4393
科学研究、技术服务和地质勘查业	51	3849	169	69	11196	877
居民服务和其他服务业	5	252	80	6	378	83
卫生、社会保障和社会福利业				1	293	
公共管理和社会组织						

9-14 主要年份宾馆酒店接待能力和接待人数

Capacity and Tourists Received by Hotels in Main Years

项　　目	单 位	1990年	1995年	2000年	2005年	2010年	2015年	2017年	2018年
三星级以上宾馆（酒店）	家	3	16	30	63	82	54	32	30
三星级	家	3	16	23	27	35	18	6	4
四星级	家			6	22	25	17	12	12
五星级	家			1	14	22	19	14	14
客房（已评1星以上）	间	3793	7568	18024	18258	16631	12127	9666	9619
床位（已评1星以上）	张	8531	15136	30895	25014	24841	16444	13176	13027
开房率	%	60.2	68.8	61.9	58.9	58.1	54.0	59.2	41.7
全年接待人数	万人次	125	89	291	1156	2251	3199.09	4141.85	4433.87
国际及港澳台旅游者	万人次	27	27	106	169	327	373.40	403.67	401.91
#外国人	万人次	1	6	15	70	109	105.02	112.54	111.09
港澳台同胞	万人次	26	21	89	99	219	268.38	291.13	290.82
国内旅客	万人次	98	62	185	987	1924	2825.69	3738.18	4031.96
外出旅游人数	万人次					154	142.88	162.34	163.42
国内旅游人数	万人次					139	124.64	146.95	148.76
出国（境）游人数	万人次					15	18.24	15.39	14.66

9-15 历年旅游业情况

Basic Statistics on Tourism over Years

年份	三星级以上宾馆（酒店）(家)	客房（已评1星以上）(间)	床位（已评1星以上）(张)	开房率(%)	全年接待人数（万人次）					国际旅游外汇收入（万美元）
						国际及港澳台旅游者	外国人	港澳台同胞	国内游客	
1986					80	11		10	69	554
1987					107	19	1	18	87	453
1988		6435	7641	65.8	125	20		19	105	710
1989		3324	7376	64.8	115	18		18	97	504
1990		3793	8531	60.2	125	27	1	26	98	1025
1991		4004	8701	64.9	155	37	1	36	118	2443
1992		4042	8770	72.6	172	47	2	46	125	2473
1993		4258	8517	75.1	169	52	2	50	117	2888
1994		3542	7443	77.6	119	44	4	40	75	3464
1995	16	7568	15136	68.8	89	27	6	21	62	5679
1996	16	13409	26818	50.3	175	36	6	29	139	6464
1997	19	10420	19142	50.6	171	59	5	54	112	6778
1998	20	17428	31987	53.3	216	75	11	63	141	6601
1999	20	17931	25482	63.5	253	97	17	77	156	7055
2000	30	18024	30895	61.9	291	106	15	89	185	7617
2001	48	20572	32789	62.0	327	110	22	88	217	8200
2002	53	9427	14652	69.0	930	108	22	86	822	11847
2003	52	8170	12599	65.0	1086	80	24	56	1006	13825
2004	60	10530	14934	61.2	1131	149	66	83	982	23437
2005	63	18258	25014	58.9	1156	169	70	99	987	28189
2006	71	18258	25014	60.1	1363	193	81	112	1170	33180
2007	74	19023	26132	63.4	1725	248	102	146	1477	42702
2008	77	19510	26864	58.9	1872	268	103	165	1604	45614
2009	80	16332	24389	58.0	2037	286	104	182	1751	51756
2010	82	16631	24841	58.1	2251	327	109	219	1924	67592
2011	77	17899	24348	60.0	2615	357	121	236	2258	90975
2012	75	17254	23612	59.9	2744	415	135	280	2329	126924
2013	75	18611	24437	56.9	2826	418	138	280	2408	144981
2014	58	12855	16921	51.2	2791	356	122	234	2435	157493
2015	54	12127	16444	54.0	3199	373	105	268	2826	157743
2016	36	10354	14324	57.4	3792	400	111	289	3392	153117
2017	32	9666	13176	59.2	4142	404	113	291	3738	159582
2018	30	9619	13027	41.7	4434	402	111	291	4032	163012

注：国际旅游外汇收入1995年以前单位为万元（外汇券），1995年起为万美元。

主要统计指标解释

Explanatory Notes on Main Statistical Indicators

海关进出口总额 指实际进出我国国境的货物（包括贸易和非贸易）的价值总和。主要包括对外贸易实际进出口货物，来料加工装配、补偿贸易、进料加工进出口货物，国家间及国际组织无偿援助物资和赠送品，华侨、港澳台同胞和外籍华人捐赠品，租赁期满归承租人所有的租赁货物，边境地方贸易及边境地区小额贸易进出口货物（边民互市贸易除外），中外合资、合作经营企业、外商独资经营企业进出口货物和公用物品，到、离岸价格在规定限额以上的进出口货样和广告品（无商业价值、无使用价值和免费提供出口的除外），从保税仓库提取在中国境内销售的进出口货物，以及其他进出口货物。海关进出口总额反映一个国家在对外经济贸易方面实际进出口货物的总规模。

贸易出口 指由外贸进出口公司、工农贸易进出口公司和地方性的进出口公司由国家统一安排的出口、代理出口和自营、联营出口，其中包括进料加工出口，以及各进出口公司在国内以外汇结算方式售给友谊商店、华侨商店、出国人员服务公司和中外合资、合作经营和外资企业等的出口商品。

“三来一补”出口 指来料加工装配出口按工缴费计算，中小型补偿贸易按金额计算。

“三资”企业出口 指三资企业自己出口的本企业产品。不包括委托外贸进出口公司出口的商品。

利用外资 指我国各级政府、部门、企业和其他经济组织通过对外借款、吸收外商直接投资以及向境外发行债券、股票等方式筹措的境外资金。

外资的形式可以是现汇、实物、工业产权或专有技术等有形资本和无形资本。

我国自有外汇如国家外汇、中国银行等金融机构用自有资金发放的外汇贷款等，华侨、港澳同胞的捐赠，联合国或其他国际组织的无偿赠送资金、无偿援建的项目均不属于外资范围。

利用外资的方式有：对外借款，外国（或港澳地区）企业和经济组织或个人在我国境内开办独资企业，与我国境内的企业或组织共同开办合资企业合作经营（企业）项目或合作开发资源，以及补偿贸易、国际租赁等。

外商直接投资 指外国企业和经济组织或个人（包括华侨、港澳同胞以及我在境外注册的企业）按我国有关政策、法规，在我国境内开办外商独资企业，与我国境内的企业或经济组织共同举办中外合资企业、合作经营企业或合作开发资源的投资以及外商从企业得到收益的再投资。

新口径合同利用外资 根据2003年修订的《利用外资统计制度》，明确指出合同外资的统计指外商直接投资（三资企业）企业设立时，根据合同（章程）规定，外方投资者应缴付的注册资本。

国际旅游（外汇）收入 指国内各部门为来我国旅游的外国人、华侨、港澳和台湾同胞提供商品和劳务而得到的外汇收入。包括供应商品、饮食和提供住宿、交通、邮电、文化娱乐、导游等各项服务所得的全部外汇收入。

东莞统计

十、财政、金融与保险

Finance, Banking and Insurance

10-1 主要年份财政收支主要指标

Main Indicators of Government Revenue and Expenditure in Main Years

单位：万元

项　　目	1978年	1980年	1985年	1990年	2000年	2005年
财政收入						
来源于东莞的财政收入	6604	6710	11118	35719	1035561	3319079
中央财政收入					617151	1935069
#关税和海关代征税					273972	483327
省级财政收入					113681	344330
一般公共预算收入	6604	6710	11118	35719	304730	1039680
工商税收						
工商税收总额					867584	2923001
国税（不含关税）					607216	1849818
地税					260368	1073183
财政支出						
一般公共预算支出	1792	2015	4999	22779	336102	1170427
#基本建设支出					27426	276646
企业挖潜改造支出		88	15	37	1584	9107
科技三项费用支出		7		140	9963	31572
农林水气部门事业费支出		304	1154	3261	40097	62181
工交部门事业费支出		2	7	180	192	20499
城市维护费支出		31	219	1350	41267	162370
科教文卫体事业费支出		1051	2139	7357	86737	210620
#科学事业费				404	936	3956
教育事业费		760	1504	3786	68194	171055
卫生事业费		185	262	743	12083	11469
体育事业费		18	50	827	1517	2860
抚恤和社会福利救济支出		75	132	368	2888	8335
行政管理费支出		293	320	1324	29817	102296
公检法司支出			92	740	46446	166055

注：1．1995年及以前年份，来源于东莞的财政收入不含关税。
　　2．从2007年起财政收支按新的分类项目，在10-1续表中反映。

10-1 续表

单位：万元

指　　标	2010年	2015年	2017年	2018年
一般公共预算收入	2778404	5179682	5920682	6499110
#增值税	626301	1421654	2047853	2261881
营业税	458712	538241	4487	1798
企业所得税	247986	396494	621889	702592
个人所得税	110441	144828	268924	324285
房产税	92706	184115	280333	366702
契税	186994	354276	333640	379322
罚没收入	78400	88266	113588	113257
一般公共预算支出	2898306	5812410	6676462	7654053
#一般公共服务	269505	470871	644053	736307
公共安全	388243	635334	850815	971081
教育	653090	1309337	1475796	1554296
科学技术	79830	308338	339579	393445
社会保障和就业	264017	529597	444371	482051
农林水事务	229613	312956	379340	625137
交通运输	90609	542551	356798	271636
税收总额	6887249	14130921	20106327	22636893

注：2017年税收总额为市财政局口径。

10−2 历年财政收支

Basic Conditions of Local Government General Budgetary Revenue and Expenditure over Years

单位：万元

年 份	一般公共预算收入						一般公共预算支出	
	总 量	增长速度(%)	#各项税收	工商税收	专项收入	其他收入	总 量	增长速度(%)
1978	6604		6595	5826		9	1792	
1979	6634	0.5	6625	5725		9	1908	6.5
1980	6710	1.1	6699	5785		11	2015	5.6
1981	6823	1.7	6805	5942		18	2139	6.2
1982	8103	18.8	8068	7184		35	2612	22.1
1983	8578	5.9	8501	7599		77	2804	7.4
1984	8469	-1.3	8385	7442		84	3013	7.5
1985	11118	31.3	10998	9708		120	4999	65.9
1986	16053	44.4	15865	14574	45	143	9916	98.4
1987	20221	26.0	19989	18551	50	182	12512	26.2
1988	27076	33.9	26837	25309	76	163	17475	39.7
1989	31888	17.8	30997	29331	116	775	21623	23.7
1990	35719	12.0	33544	31911	686	1489	22779	5.3
1991	44374	24.2	41659	39302	913	1802	27499	20.7
1992	56204	26.7	52620	48272	1351	2233	38162	38.8
1993	93828	66.9	88920	83462	1947	2961	72910	91.1
1994	76940	-18.0	70451	60889	2697	3792	88984	22.0
1995	115618	50.3	106388	95463	4070	5160	124173	39.5
1996	96541	-16.5	85648	74323	4470	6423	124059	-0.1
1997	114069	18.2	96980	85245	4794	12295	148510	19.7
1998	151012	32.4	123816	106700	5693	21503	179064	20.6
1999	182577	20.9	159873	134852	8759	13945	212641	18.8
2000	304730	66.9	265565	248159	14709	24456	336102	58.1
2001	450163	47.7	402668	381660	18356	29139	478646	42.4
2002	552933	22.8	489780	467998	26438	36715	649606	35.7
2003	674461	22.0	575342	536390	30710	68409	765190	17.8
2004	721959	7.0	707954	655571	35273	83162	941554	23.0
2005	1039680	44.0	879653	797038	36423	123604	1170427	24.3
2006	1289445	24.0	1077152	990029	49285	163008	1478955	26.4
2007	1864468	44.6	1652620	1291335	55863	155985	1930968	30.6
2008	2092248	12.2	1682270	1555499	60590	349388	2182626	13.0
2009	2311555	10.5	1822650	1618514	60007	428899	2326216	6.6
2010	2778404	20.2	2217675	1950773	72153	488576	2898306	24.6
2011	3130639	12.7	2433937	2171228	133951	562751	3519171	21.4
2012	3563245	13.8	2792883	2514813	159582	610780	3855844	9.6
2013	4092897	14.9	3318201	2938124	221062	553634	4446589	15.3
2014	4552119	11.2	3651289	3364746	233430	667400	4576816	2.9
2015	5179682	10.2	3995152	3564401	412612	771918	5812410	27.0
2016	5447543	8.2	4311691	3786326	420802	715050	5992899	3.1
2017	5920682	11.2	4789158	4420501	486407	645117	6676462	11.4
2018	6499110	9.8	5482360	5063018	559906	456844	7654053	14.6

10-3 税收情况（2017-2018年）

Taxes (2017-2018)

单位：万元

指　　标	2017年	2018年
税收总额	19837681	22636893
#内资企业	13592244	15996253
国有企业	60926	54641
集体企业	166976	155873
股份合作企业	870	1004
联营企业	539	319
有限责任公司	4415109	5526248
股份有限公司	907860	934907
私营企业	3579018	4243590
其它企业	4460945	5079672
#港澳台投资企业	2838657	3272253
#外商投资企业	2247164	2150259
#个体经营	1159616	1218128
#增值税	8273554	9130008
消费税	122192	110049
营业税	17948	7191
企业所得税	3165965	3698404
个人所得税	1344619	1621423
房产税	280332	366702
印花税	139771	160215
城镇土地使用税	169426	113135
土地增值税	515756	893282
车船税	105713	95655
车辆购置税	495119	527693
#第一产业	4157	3082
第二产业	9115062	10215432
#采矿业	2693	1482
制造业	8483167	9523449
农副食品加工业	39294	65069
食品制造业	107703	121935
酒、饮料和精制茶制造业	47167	51683
烟草制品业		
纺织业	158006	176866
纺织服装、服饰业	275577	275806
皮革、毛皮、羽毛及其制品和制鞋业	243440	288698
木材加工和木、竹、藤、棕、草制品业	39367	39175
家具制造业	199119	249205
造纸和纸制品业	414398	498858

10-3 续表

单位：万元

指　　标	2017年	2018年
印刷和记录媒介复制业	126289	149288
文教、工美、体育和娱乐用品制造业	193991	236343
石油加工、炼焦和核燃料加工业	16456	19277
化学原料和化学制品制造业	143084	165050
医药制造业	44171	37892
化学纤维制造业	11403	14253
橡胶和塑料制品业	610416	686575
非金属矿物制品业	132846	177702
黑色金属冶炼和压延加工业	5892	8149
有色金属冶炼和压延加工业	13271	18105
金属制品业	727956	794271
通用设备制造业	379751	434717
专用设备制造业	324947	470028
汽车制造业	101136	111716
铁路、船舶、航空航天和其他运输设备制造业	19442	14790
电气机械和器材制造业	637163	782611
计算机、通信和其他电子设备制造业	2984681	3192074
仪器仪表制造业	100094	101321
其他制造业	375577	319565
废弃资源综合利用业	2339	2224
金属制品、机械和设备修理业	8190	20203
电力、燃气及水的生产和供应业	277413	255358
建筑业	351789	435143
房屋建筑业	70852	95975
土木工程建筑业	23822	42968
建筑安装业	154657	165295
建筑装饰和其他建筑业	102458	130905
第三产业	10718462	12418380
#交通运输、仓储及邮政业	153292	188600
信息传输、软件和信息技术服务业	96630	177975
批发和零售业	1539047	1605135
住宿和餐饮业	53075	57602
金融业	785857	834514
房地产业	1819944	2552930
租赁和商务服务业	529552	621567
科学研究和技术服务业	212056	184544
水利、环境和公共设施管理业	38985	39497
居民服务、修理和其他服务业	286272	304692
教育	19317	26969
卫生和社会工作	25032	30990
文化、体育和娱乐业	18664	21168
公共管理、社会保障和社会组织	412295	444068
其他行业	4728445	5328129

10-4 历年金融机构各项存贷款余额

Deposits and Loans in All Financial institutions over Years

单位：万元

年 份	各项本外币存款余额	#住户存款	各项本外币贷款余额	各项人民币存款余额	#住户存款	各项人民币贷款余额
1978	10496	5410	19607	10496	5410	19607
1979	14875	7185	21302	14875	7185	21302
1980	26093	11718	30797	26093	11718	30797
1981	38003	20339	40243	38003	20339	40243
1982	45120	27650	45525	45120	27650	45525
1983	60547	38597	57618	60547	38597	57618
1984	110265	61823	121891	110265	61823	121891
1985	134867	91941	142437	134867	91941	142437
1986	195948	131352	206813	195948	131352	206813
1987	284819	189654	312431	284819	189654	312431
1988	380511	249134	415818	380511	249134	415818
1989	468203	325670	493737	468203	325670	493737
1990	680696	455140	630355	680696	455140	630355
1991	1029899	679935	852849	949713	614737	783957
1992	1577735	895260	1185126	1473354	815404	1059794
1993	1946346	1186421	1512129	1795701	1071713	1338033
1994	2737104	1700582	1990311	2497834	1515445	1709945
1995	4114645	2526179	2828201	3836761	2329685	2548512
1996	5201272	3392956	3404854	4896463	3180215	3128076
1997	7083202	4507195	4076237	6711687	4258238	3826560
1998	9166048	5724445	4641324	8640053	5337482	4427394
1999	11169344	6740770	5426244	10408377	6163430	5243735
2000	13277901	7537819	6421906	12286706	6720704	6308405
2001	15659074	8868348	7656842	14586491	7991768	7501801
2002	19024082	10930292	9517967	17901799	10016909	9334054
2003	22377551	13173589	12472347	21267775	12310616	12067237
2004	25769443	15142762	14502244	24628693	14316777	14052461
2005	30367695	17966871	15404787	29334026	17282760	15005217
2006	34643620	20739887	17752094	33656508	20133979	17305554
2007	38433605	21640637	22179330	37518345	21207413	21547660
2008	44602450	26775123	24328833	43545340	26380433	23803585
2009	50949212	29455910	30170741	49866108	29045704	29037984
2010	60778667	34258874	34419920	59433885	33868535	33298244
2011	67566598	37503559	38609164	66093904	37109919	37160847
2012	76912423	42469653	44468248	74304570	42042032	41956074
2013	88749114	45175855	49894985	86307325	44764310	47742282
2014	93232801	46482691	55623579	90699213	46067942	53316348
2015	99687961	46306942	59808985	97362437	45913850	58160376
2016	115450990	49435649	65456575	111984273	48829068	64024779
2017	124979678	51607075	69862641	118366589	51034188	68554427
2018	141572229	56560095	82096962	134305611	56013557	79996011

注：2015年起，“城乡居民储蓄存款余额”改名为“住户存款”，口径有变，数据与往年不可比。

10-5 保险行业主要指标

Main Indicators of Insurance

指　　标	单位	2010年	2011年	2012年	2013年	2014年	2015年	2016年	2017年	2018年
保险公司	家	37	38	46	52	52	54	56	62	64
保险业从业人员	人	27281	28064	33449	40867	43886	57664	71226	76161	80535
保费收入	万元	1597166	1636513	1776566	2071338	2580654	3053737	4726882	4682661	4894279
寿险类	万元	1129950	1085528	1166113	1355224	1731887	2062920	3650822	3439725	3466942
#传统寿险	万元	72494	72212	79299	110599	465876	717225	1351292	1617759	1371165
分红险	万元	867738	813006	966343	1072335	1026853	945344	1015713	1128731	1313837
万能险	万元	110035	18650	17032	16823	18354	16280	307938	16859	16586
投连险	万元	18953	805	724	680	768	827	883	934	1006
意外险	万元	18718	23730	27899	37653	54475	79625	104923	127916	151379
健康险	万元	42012	57507	74816	117135	165561	303619	870073	547526	612970
财险类	万元	467216	550985	610453	716114	848797	990817	1076060	1242937	1427336
#机动车险	万元	400405	460241	515282	612210	722660	852862	945118	1050212	1161643
企财险	万元	32123	34107	32135	35318	35246	32487	31770	33162	41796
家财险	万元	1832	1806	1476	1761	1482	1634	2379	2182	4657
货运险	万元	4576	6917	7164	5695	6218	3622	3648	3291	3419
责任险	万元	9772	10516	12930	16584	19837	22055	27050	31091	47216
短健险	万元	4289	7222	6924	7268	7382	8362	7998	9727	11425
短意险	万元	11073	10271	11959	13650	14914	17525	20409	27178	39054
农业险	万元	55	35	61	130	25	27	47	117	129

主要统计指标解释

Explanatory Notes on Main Statistical Indicators

一般公共预算收入 指国家财政参与社会产品分配所取得的收入，是实现国家职能的财力保证，主要包括：

（1）各项税收：包括国内增值税、国内消费税、进口货物增值税和消费税、出口货物退增值税和消费税、营业税、企业所得税、个人所得税、资源税、城市维护建设税、房产税、印花税、城镇土地使用税、土地增值税、车船税、船舶吨税、车辆购置税、关税、耕地占用税、契税、烟叶税等。

（2）非税收入：包括专项收入、行政事业性收费、罚没收入和其他收入。

一般公共预算支出 指国家财政将筹集起来的资金进行分配使用，以满足经济建设和各项事业的需要。主要包括：一般公共服务、外交、国防、公共安全、教育、科学技术、文化体育与传媒、社会保障和就业、医疗卫生、环境保护、城乡社区事务、农林水事务、交通运输、资源勘探电力信息等事务、商业服务等事务。

信贷资金 指金融机构以信用方式积聚和分配的货币资金。金融机构信贷资金的来源有各项存款、金对国际金融机构负债、流通中现金、银行自有资金及当年结益等；信贷资金的运用有各项贷款、黄金占款、外汇占款、财政借款及在国际金融机构中的资产等。

存款 指机构或个人在保留资金或者货币所有权的条件下，以不可流通的存款凭证为依据，暂时让渡或者接受资金使用权所形成的债权或者债务。存款对象或性质的不同可划分为单位存款、个人存款、财政性存款等项目。

贷款 指机构或个人在保留资金或者货币所有权的条件下，以不可流通的贷款凭证或类似凭证为依据，暂时让渡或者接受资金使用权所形成的债权或者债务。贷款分单位贷款、个人贷款、融资租赁等项目。

住户存款 个人客户在其他存款性公司开立账户并存入资金或者货币，由其他存款性公司出具存款凭证，个人客户凭存款凭证可以支取本金或利息的存款。

保费 指投保人为取得保险人在约定范围内所承担赔偿责任而支付给保险人的费用。

十一、人民生活

People's Living Conditions

11-1 主要年份人民生活主要指标

Basic Statistics on People's Living Conditions in Main Years

指　　标	单位	1985年	1990年	1995年	2000年	2005年	2010年	2015年	2017年	2018年
全市职工年平均工资	元				7765	10639	16108	41864	53446	58738
城镇在岗职工年平均工资	元	1456	3552	9682	14051	28253	46576	53221	61619	69937
国有单位	元	1400	3600	9390	16371	37919	57275	91982	116358	136364
城镇集体单位	元	1501	3507	7507	10475	15958	27391	63105	88696	90588
其他各种单位	元	1571	3525	7891	14218	20882	37803	50487	57742	65110
城镇常住居民人均可支配收入	元	791	2508	9588	14142	22882	35690	39793	46739	50721
城镇常住居民人均消费性支出	元	689	2038	9220	12529	21768	25733	29001	32498	33675
食品烟酒	元	493	1295	3644	4048	6035	8732	9625	10533	10625
衣着	元	28	95	604	487	1285	1706	1637	1834	1887
居住	元	58	184	1084	1218	1242	2089	4870	5716	6507
生活用品及服务	元	48	153	694	623	1165	1771	1643	1780	1788
医疗保健	元	14	42	258	431	811	1294	1315	1505	1497
交通通信	元	4	25	1562	3309	7482	5925	5820	6589	6544
教育文化娱乐	元	21	113	991	1517	3205	3443	3168	3526	3852
其他用品和服务	元	23	131	383	896	543	773	924	1016	975
农村常住居民人均可支配收入	元	803	1542	4769	8484	13076	20486	24225	29078	32277
农村常住居民人均消费性支出	元						11842	19889	23090	25355
居民人均可支配收入	元							38651	45451	49331
居民人均消费性支出	元							28256	31849	33209

注：1. 2012年起城镇在岗职工含劳务派遣人员；2013年起，将原属于乡镇企业且符合城镇非私营单位条件的“四上”企业纳入城镇单位从业人员及工资统计的范围，下同。

2. 全市职工年平均工资调查范围为东莞市辖区内除农户以外各类经济实体。

3. 按照国家统计局的统一部署，自2012年12月起正式启动城乡住户调查一体化改革工作。2014年起正式对外发布全体居民人均可支配收入和消费性支出指标，新口径指标将原城市居民人均可支配收入改为城镇常住居民人均可支配收入，农民人均纯收入改为农村常住居民人均可支配收入，与往年数不可比，下同。

11-2 历年城镇在岗职工工资总额与平均工资

Total and Average Wage of Employed Persons in Urban Areas over Years

年 份	工资总额(万元)	国有单位	城镇集体单位	其他单位	平均工资(元)	国有单位	城镇集体单位	其他单位
1978	4485	2911	1574		474	630	325	
1979	5869	3611	2258		650	708	574	
1980	7255	4210	3045		750	867	632	
1981	9416	5000	4416		887	979	801	
1982	11839	6440	5399		1095	1089	1102	
1983	12808	6834	5974		1197	1138	1273	
1984	14963	7002	7961		1383	1333	1431	
1985	17260	7619	9238	403	1456	1400	1501	1571
1986	20980	10336	10026	618	2616	1698	1525	1940
1987	27610	12300	14159	1151	2067	2028	2094	2166
1988	35007	17931	14854	2222	2757	2942	2588	2574
1989	42947	20340	20808	1799	3320	3355	3295	3236
1990	46780	22321	21012	3447	3552	3600	3507	3525
1991	54002	24456	23268	6278	3777	3841	3674	3933
1992	68360	30469	28886	9005	4531	4610	4404	4696
1993	107088	47088	40171	19829	6228	7007	5583	6044
1994	131160	61869	49323	19968	8360	9390	7507	7891
1995	171543	75157	51398	44988	9682	10802	8007	10367
1996	178968	83372	52581	43015	10382	11623	8658	10775
1997	175156	87890	47185	40081	10691	12160	8774	10610
1998	187636	98109	50302	39225	11422	13123	9362	10959
1999	204550	109437	52217	42896	12557	14601	9966	12062
2000	229404	125711	53903	49790	14051	16371	10475	14218
2001	261645	152564	52645	56436	16183	19869	11001	15238
2002	291778	165611	58907	67260	17804	22228	11640	17348
2003	362935	230464	55866	76605	22598	29773	12940	19140
2004	432893	282512	62898	87483	25326	35163	13954	19223
2005	518216	349572	70872	97772	28253	37919	15958	20882
2006	608670	413718	74637	120315	31135	41457	17174	23032
2007	707007	487826	74408	144773	35284	46197	18807	26218
2008	809893	570134	82432	157327	39516	51441	20833	28838
2009	944243	639161	76001	229081	42585	56129	22077	31195
2010	1029873	678673	96664	254537	46576	57275	27391	37803
2011	1229001	826777	104824	297400	50398	61504	30549	39591
2012	1434133	960274	126456	347404	57007	66857	35977	47726
2013	10499782	1138596	218818	9142369	42870	75846	38409	40776
2014	11319163	1189178	226508	9903477	47600	78384	47024	45469
2015	12308012	1288341	255177	10764494	53221	91982	63105	50487
2016	13160504	1511235	235480	11413789	57649	109565	72895	54026
2017	14844731	1643574	304130	12897027	61619	116358	88696	57742
2018	17152468	2059199	383532	14709737	69937	136364	90588	65110

11-3 城镇在岗职工工资总额及平均工资(2018年，按经济类型、行业分)

Total and Average Wage of Fully Employed Persons in Urban Areas (2018, by Status of Registration and Sector)

项目	工资总额(万元)	国有单位	城镇集体单位	其他单位	平均工资(元)	国有单位	城镇集体单位	其他单位
总计	17152468	2059199	383532	14709737	69937	136364	90588	65110
按企业、事业和机关分								
企业	15298414	262887	355060	14680467	66271	172804	92821	65102
事业	1003458	999095	1578	2785	135535	135572	106608	143541
机关	797217	797217			128376	128376		
按国民经济行业分								
农、林、牧、渔业	4548	4193		355	149125	154169		107545
工业	12204309	1839	82863	12119608	63708	49027	62500	63719
建筑业	395989		10598	385391	59576		77073	59206
交通运输、仓储和邮政业	256882	43244	1048	212589	80128	116436	67186	75416
信息传输、软件和信息技术服务业	172404	124		172280	153439	176714		153424
批发和零售业	511630	144	6980	504505	68603	130818	50656	68932
住宿和餐饮业	123532		1999	121533	45693		48885	45644
金融业	493251	217682	175199	100370	185964	188095	193334	170436
房地产业	295256	284	7369	287604	84301	167000	90305	84117
租赁和商务服务业	383934	6904	67222	309808	62348	159450	48690	65443
科学研究、技术服务业	206620	17085	9360	180176	116196	182722	207069	109897
水利、环境和公共设施管理业	29372	6678	342	22351	41900	80077	50294	36593
居民服务、修理和其他服务业	46412	1046	26	45341	38045	82992	51000	37571
教育	539576	419534		120042	121038	151851		70817
卫生和社会工作	616324	495079	19933	101311	122891	126856	132097	105357
文化、体育和娱乐业	43861	16794	593	26474	75311	110266	134864	62190
公共管理、社会保障和社会组织	828570	828570			128395	128395		
国际组织								

11-4 主要年份各种分组的城镇在岗职工平均工资

Average Wage of Employed Persons in Urban Areas by Item in Main Years

单位：元

项　　目	1985年	1990年	1995年	2000年	2005年	2010年	2015年	2017年	2018年
职工平均工资	1456	3552	9682	14051	28253	46576	53221	61619	69937
按经济类型分									
国有单位	1400	3600	10802	16371	37919	57275	91982	116358	136364
城镇集体单位	1501	3507	8007	10475	15958	27391	63105	88696	90588
其他单位	1571	3525	10367	14218	20882	37803	50487	57742	65110
按国民经济行业分									
农、林、牧、渔业	1312	3639	12412	14000	37046	61606	99510	124556	149125
工　业	1450	3481	8945	12316	18371	30418	48893	56219	63708
建筑业	2052	3813	9125	9820	18385	31020	47757	56664	59576
交通运输、仓储和邮政业					31989	40809	61710	72887	80128
信息传输、软件和信息技术服务业					71801	110207	124608	97604	153439
批发和零售业					28565	38986	50656	61681	68603
住宿和餐饮业					18257	21955	34957	40664	45693
金融业	1500	3303	13254	20560	40655	94569	176578	173341	185964
房地产业	1779	4414	11184	17993	34805	53939	74262	78501	84301
租赁和商务服务业					29824	47505	52828	58072	62348
科学研究、技术服务业					37423	51017	84770	98899	116196
水利、环境和公共设施管理业					34573	51426	44510	37838	41900
居民服务、修理和其他服务业					44853	56776	32474	34627	38045
教　育					27255	37734	89780	108264	121038
卫生和社会工作					37991	52867	86091	104791	122891
文化、体育和娱乐业					37710	58317	58686	67512	75311
公共管理、社会保障和社会组织	1519	3666	12347	15424	37888	56817	79271	107798	128395
国际组织									

11-5 各种经济类型分行业城镇在岗职工工资总额、平均工资(2017-2018年)

Total and Average Wage of Employed Persons in Urban Areas by Status of Registration and Sector (2017-2018)

项　　目	国有经济		城镇集体经济		其他经济类型	
	2017年	2018年	2017年	2018年	2017年	2018年
职工工资总额(万元)	1643574	2059199	304130	383532	12897027	14709737
农、林、牧、渔业	3262	4193			188	355
工业	2418	1839	34272	82863	10743705	12119608
建筑业	991		21957	10598	270507	385391
交通运输、仓储和邮政业	46913	43244	1847	1048	160033	212589
信息传输、软件和信息技术服务业	100	124	791		216708	172280
批发和零售业	1688	144	6765	6980	422066	504505
住宿和餐饮业			1582	1999	109238	121533
金融业	193551	217682	164854	175199	95158	100370
房地产业	232	284	4977	7369	229799	287604
租赁和商务服务业	6207	6904	36827	67222	246416	309808
科学研究、技术服务业	14246	17085	5760	9360	137610	180176
水利、环境和公共设施管理业	2957	6678		342	14400	22351
居民服务、修理和其他服务业	821	1046	26	26	43867	45341
教育	354823	419534			94407	120042
卫生和社会工作	399728	495079	23953	19933	82909	101311
文化、体育和娱乐业	11688	16794	519	593	30014	26474
公共管理、社会保障和社会组织	603951	828570				
国际组织						
职工平均工资(元)	116358	136364	88696	90588	57742	65110
农、林、牧、渔业	122635	154169			171000	107545
工　业	51015	49027	42734	62500	56277	63719
建筑业	86174		58288	77073	56465	59206
交通运输、仓储和邮政业	115748	116436	55979	67186	65958	75416
信息传输、软件和信息技术服务业	142429	176714	66454		97757	153424
批发和零售业	131836	130818	46815	50656	61865	68932
住宿和餐饮业			40058	48885	40673	45644
金融业	176921	188095	180128	193334	156665	170436
房地产业	144688	167000	63316	90305	78874	84117
租赁和商务服务业	147425	159450	50351	48690	58520	65443
科学研究、技术服务业	133890	182722	173485	207069	94636	109897
水利、环境和公共设施管理业	64276	80077		50294	34892	36593
居民服务、修理和其他服务业	67810	82992	52600	51000	34306	37571
教　育	129106	151851			67381	70817
卫生和社会工作	104583	126856	94490	132097	109278	105357
文化、体育和娱乐业	80277	110266	58348	134864	63738	62190
公共管理、社会保障和社会组织	107798	128395				
国际组织						

11-6 国有企、事业和机关单位城镇在岗职工工资总额及平均工资(2018年)

Total and Average Wage of Employed Persons in Urban State-owned Enterprises, Institutions and Government Agencies (2018)

项　　目	单位从业人员劳动报酬(万元)	在岗职工工资总额	其他从业人员工资总额	在岗职工平均工资(元)
总　计	2096001	2059199	36802	136364
按企事业机关分				
企　业	290910	262887	28023	172804
#地　方	257292	229336	27956	183689
事　业	1002400	999095	3305	135572
#地　方				
机　关	802691	797217	5474	128376
#地　方				
按行业分				
农、林、牧、渔业	4264	4193	70	154169
工　业	1839	1839		49027
建筑业				
交通运输、仓储和邮政业	43244	43244		116436
信息传输、软件和信息技术服务业	124	124		176714
批发和零售业	193	144	49	130818
住宿和餐饮业				
金融业	245526	217682	27844	188095
房地产业	284	284		167000
租赁和商务服务业	6982	6904	78	159450
科学研究、技术服务业	17215	17085	130	182722
水利、环境和公共设施管理业	6678	6678		80077
居民服务、修理和其他服务业	1046	1046		82992
教　育	419557	419534	23	151851
卫生和社会工作	497834	495079	2754	126856
文化、体育和娱乐业	17072	16794	279	110266
公共管理、社会保障和社会组织	834146	828570	5575	128395
国际组织				

11-7 工业、建筑业城镇在岗职工工资总额和平均工资（2017-2018年）

Total and Average Wage of Employed Persons in Urban Industrial and Construction Units (2017-2018)

项　　目	2017年		2018年	
	工资总额（万元）	平均工资（元）	工资总额（万元）	平均工资（元）
工业总计	10780396	56219	12204309	63708
按经济类型分				
国有单位	2418	51015	1839	49027
城镇集体单位	34272	42734	82863	62500
其他各种单位	10743705	56277	12119608	63719
按工业行业分(大类)				
农副食品加工业	35730	77894	30190	74395
食品制造业	73318	52475	98374	58692
酒、饮料和精制茶制造业	29915	62702	31107	70682
烟草制品业				
纺织业	147776	53731	205080	61823
纺织服装、服饰业	375005	48090	397598	54050
皮革、毛皮、羽毛及其制品和制鞋业	581871	46938	591803	51622
木材加工和木、竹、藤、棕、草制品业	11064	49351	14935	55480
家具制造业	283244	50289	283052	56038
造纸和纸制品业	240315	58915	298488	66776
印刷和记录媒介复制业	229597	54575	245119	60836
文教、工美、体育和娱乐用品制造业	651756	45509	682049	49902
石油加工、炼焦和核燃料加工业	3821	86843	14333	59278
化学原料和化学制品制造业	129097	75451	154022	78555
医药制造业	22096	73433	24659	84679
化学纤维制造业	5851	52427	7690	55803
橡胶和塑料制品业	839253	53578	926756	58055
非金属矿物制品业	134890	59371	223167	66350
黑色金属冶炼和压延加工业	16210	65416	11619	85245
有色金属冶炼和压延加工业	39800	52486	48945	57266
金属制品业	682037	58010	824567	61862
通用设备制造业	472994	60389	499489	66486
专用设备制造业	486568	60003	644134	67582
汽车制造业	158684	73153	179143	76560
铁路、船舶、航空航天和其他设备制造业	47664	67388	52161	77910
电气机械和器材制造业	1076153	53230	1279902	58676
计算机、通信和其他电子设备制造业	3565880	60356	4010469	72725
仪器仪表制造业	325812	61508	215392	63013
其他制造业	44796	51020	103143	62564
废弃资源综合利用业	717	55115	723	62861
电力、热力生产和供应业	18765	96428	49727	131345
燃气生产和供应业	15862	104215	14305	99271
水的生产和供应业	29642	66299	36753	78149
建筑业总计	293455	56664	395989	59576
国有单位	991	86174		
城镇集体单位	21957	58288	10598	77073
其他单位	270507	56465	385391	59206

11-8　历年城乡居民收入

Income of Households over Years

单位：元

年　份	全体居民人均可支配收入	城镇常住居民人均可支配收入	农村常住居民人均可支配收入
1978			149
1979			188
1980			272
1981			463
1982			567
1983			618
1984			691
1985		791	803
1986		1033	951
1987		1247	1142
1988		1778	1325
1989		2282	1424
1990		2508	1542
1991		3068	1673
1992		4026	2290
1993		5970	2903
1994		8270	3769
1995		9588	4769
1996		10824	5554
1997		11032	6132
1998		11506	6830
1999		12954	7704
2000		14142	8484
2001		16938	9383
2002		16949	10178
2003		18471	11033
2004		20526	11941
2005		22882	13076
2006		25320	14313
2007		27025	15747
2008		30275	16904
2009		33045	18098
2010		35690	20486
2011		39513	22842
2012		42944	24944
2013		46594	27214
2014	35712	36764	22327
2015	38651	39793	24225
2016	41902	43096	26526
2017	45451	46739	29078
2018	49331	50721	32277

注：本表城镇居民人均可支配收入1997年以前是生活费收入口径，1997年起是可支配收入口径，2014年起为新口径，下同。

11-9 历年城镇常住居民人均可支配收入

Income of Urban Households over Years

单位：元

年　份	可支配收入	工资性收入	经营净收入	财产净收入	转移净收入
1985	791	603			
1986	1033	974			
1987	1247	989			
1988	1778	1097			
1989	2282	1185			
1990	2508	1459	46	30	417
1991	3062	2160	226	55	534
1992	4026	2560	411	175	709
1993	5969	3684	749	889	319
1994	8270	5758	840	553	994
1995	9588	6260	1210	659	1329
1996	10824	8428	1127	455	1273
1997	11032	8024	625	349	1544
1998	11506	8334	884	319	1207
1999	12954	7910	1799	357	1541
2000	14142	8702	2740	895	720
2001	16938	11037	2643	895	1879
2002	16949	13050	1662	1076	1923
2003	18471	15282	1598	1210	1388
2004	20526	17153	1634	1553	1535
2005	22882	18524	2709	1894	1536
2006	25320	18318	4389	2504	1946
2007	27025	18930	3359	4849	2101
2008	30275	20872	4521	3527	3047
2009	33045	23723	4724	4209	3094
2010	35690	26799	4171	4771	3220
2011	39513	27272	4075	7481	4374
2012	42944	30518	3940	9099	3484
2013	46594	33051	4003	10136	3941
2014	36764	28256	3993	6711	-2196
2015	39793	29750	3973	7397	-1326
2016	43096	31826	4576	7505	-810
2017	46739	34415	4718	8203	-597
2018	50721	36258	5532	9265	-333

11-10 历年城镇常住居民人均消费性支出

Living Expenditure of Urban Resident over Years

单位：元

年　份	年人均消费性支出	食品烟酒	衣　着	居　住	生活用品及服务	医疗保健	交通通信	教育文化娱乐	其他用品和服务	恩格尔系数(%)
1985	689	493	28	58	48	14	4	21	23	71.6
1986	883	588	43	66	84	15	6	46	35	66.6
1987	1174	709	64	79	128	55	9	106	24	60.4
1988	1583	977	64	136	171	22	12	124	77	61.7
1989	1980	1235	101	156	196	55	24	115	98	62.4
1990	2038	1295	95	184	153	42	25	113	131	63.5
1991	2481	1476	188	254	122	47	47	211	136	59.5
1992	3901	1834	259	369	263	94	587	331	164	47.0
1993	5533	2615	373	333	583	133	855	389	252	47.3
1994	7270	3172	420	761	925	192	850	714	236	43.6
1995	9220	3644	604	1084	694	258	1562	991	383	39.5
1996	8585	3682	706	674	660	225	990	847	802	42.9
1997	8309	3681	594	880	435	415	916	939	449	44.3
1998	8644	3785	457	659	612	455	1025	1074	577	43.8
1999	11348	3712	400	898	601	371	3398	1043	923	32.7
2000	12529	4048	487	1218	623	431	3309	1517	896	32.3
2001	14669	4572	648	1173	746	513	4258	1429	1330	31.2
2002	15157	4818	748	1060	611	529	4303	2660	428	31.8
2003	15446	4804	921	2966	1093	693	2062	2512	395	31.1
2004	18426	5041	1134	2517	925	811	4973	2673	352	27.4
2005	21768	6035	1285	1242	1165	811	7482	3205	543	27.7
2006	18995	6321	1238	2341	1229	809	3531	3001	525	33.3
2007	21545	6966	1213	1903	1342	860	5208	3515	538	32.3
2008	23208	7778	1349	2585	1539	1332	4462	3464	699	33.5
2009	24270	7972	1492	2232	1616	1400	5456	3326	776	32.8
2010	25733	8732	1706	2089	1771	1294	5925	3443	773	33.9
2011	27495	9513	1806	2128	1902	1251	6035	3886	974	34.6
2012	31369	11103	2121	2852	2173	1521	6108	4348	1143	35.4
2013	33251	11704	2280	3034	2328	1619	6408	4666	1212	35.2
2014	27071	9022	1653	4550	1932	1280	4712	3200	723	33.3
2015	29001	9625	1637	4870	1643	1315	5820	3168	924	33.2
2016	30688	9966	1836	5407	1688	1344	6146	3383	917	32.5
2017	32498	10533	1834	5716	1780	1505	6589	3526	1016	32.4
2018	33675	10625	1887	6507	1788	1497	6544	3852	975	31.6

11-11 历年农村常住居民人均收入

Per Capita Actual Income of Rural Households over Years

单位：元

年份	可支配收入	工资性收入	经营净收入	财产净收入	转移净收入
2006	17676	8522	4195	4171	789
2007	19945	9446	4388	5191	920
2008	20622	9876	4326	5531	889
2009	22077	10442	4517	6210	908
2010	22537	11201	3629	6402	1305
2011	26460	13254	4150	7232	1822
2012	27008	14045	3829	7013	2121
2013	29399	15147	4171	7368	2713
2014	22327	21030	2286	1846	-2836
2015	24225	21405	2241	2181	-1602
2016	26526	23113	2250	2207	-1043
2017	29078	25068	2306	2505	-801
2018	32277	27512	2661	2946	-842

注：本表2006—2013年相关数据为家庭现金收入。

11-12 历年农村常住居民人均消费性支出

Per Capita Consumption Expenditure of Rural Households over Years

单位：元

年份	年人均消费性支出	食品烟酒	衣着	居住	生活用品及服务	医疗保健	交通通信	教育文化娱乐服务	其他用品和服务
2006	9370	3380	448	1458	474	510	1543	932	625
2007	10771	3805	602	2001	581	494	1953	1029	306
2008	10887	3823	691	1500	622	545	1799	1198	709
2009	10598	3711	633	1485	471	565	1764	1223	746
2010	11842	4447	627	1877	480	569	2120	1082	640
2011	14055	5313	655	2345	574	665	2698	1225	580
2012	16103	5980	751	2817	771	765	2828	1533	659
2013	17003	6291	812	2744	752	748	3103	1769	784
2014	18505	7154	1131	3191	817	471	3811	1684	245
2015	19889	7493	1197	2861	975	881	3861	2316	304
2016	21539	8102	1263	3150	1079	904	4153	2567	323
2017	23090	8637	1227	3398	1180	1001	4535	2765	348
2018	25355	9258	1393	4001	1219	1157	5216	2711	399

11-13 居民人均收入和支出（2017-2018年）

Income and Expenditure of Households (2017-2018)

单位：元

项　目	2017年			2018年		
	常住居民	城镇常住居民	农村常住居民	常住居民	城镇常住居民	农村常住居民
人均可支配收入	45451	46739	29078	49331	50721	32277
工资性收入	34017	34415	25068	35883	36258	27512
经营净收入	4428	4718	2306	5150	5532	2661
财产净收入	7713	8203	2505	8766	9265	2946
转移净收入	-707	-597	-801	-469	-333	-842
人均消费支出	31849	32498	23090	33209	33675	25355
食品烟酒	10444	10533	8637	10603	10625	9258
衣着	1703	1834	1227	1839	1887	1393
居住	5523	5716	3398	6347	6507	4001
生活用品及服务	1738	1780	1180	1752	1788	1219
交通通信	6457	6589	4535	6465	6544	5216
教育文化娱乐	3524	3526	2765	3757	3852	2711
医疗保健	1470	1505	1001	1488	1497	1157
其他用品和服务	990	1016	348	959	975	399

主要统计指标解释

Explanatory Notes on Main Statistical Indicators

可支配收入 指调查户在调查期内获得的、可用于最终消费支出和储蓄的总和，即调查户可以用来自由支配的收入。可支配收入既包括现金，也包括实物收入。按照收入的来源，可支配收入包含四项，分别为：工资性收入、经营净收入、财产净收入和转移净收入。计算公式为：

可支配收入 = 工资性收入 + 经营净收入 + 财产净收入 + 转移净收入

其中：经营净收入 = 经营收入 – 经营费用 – 生产性固定资产折旧 – 生产税

财产净收入 = 财产性收入 – 财产性支出

转移净收入 = 转移性收入 – 转移性支出

工资性收入 指就业人员通过各种途径得到的全部劳动报酬和各种福利，包括受雇于单位或个人、从事各种自由职业、兼职和零星劳动得到的全部劳动报酬和福利。

经营净收入 指住户或住户成员从事生产经营活动所获得的净收入，是全部经营收入中扣除经营费用、生产性固定资产折旧和生产税之后得到的净收入。

财产净收入 指住户或住户成员将其所拥有的金融资产、住房等非金融资产和自然资源交由其他机构单位、住户或个人支配而获得的回报并扣除相关的费用之后得到的净收入。财产净收入包括利息净收入、红利收入、储蓄性保险净收益、转让承包土地经营权租金净收入、出租房屋净收入、出租其他资产净收入和自有住房折算净租金等。

转移净收入 计算公式为：转移净收入 = 转移性收入 – 转移性支出

转移性收入 指国家、单位、社会团体对住户的各种经常性转移支付和住户之间的经常性收入转移。包括政府、非行政事业单位、社会团体对居民转移的养老金或退休金、社会救济和补助、惠农补贴、政策性生活补贴、救灾款、经常性捐赠和赔偿以及报销医疗费等；住户之间的赡养收入、经常性捐赠和赔偿以及在外（含国外）工作的本住户非常住成员寄回带回的收入等。

转移性支出 指调查户对国家、单位、住户或个人的经常性或义务性转移支付。包括缴纳的税款、各项社会保障支出、赡养支出、经常性捐赠和赔偿支出、外来从业人员寄给家人的支出以及其他经常转移支出等。

消费支出 指住户用于满足家庭日常生活消费需要的全部支出，包括用于消费品的支出和用于服务性消费的支出。根据用途不同，消费支出可划分为食品烟酒、衣着、居住、生活用品及服务、交通通信、教育文化娱乐、医疗保健、其他用品及服务八大类。根据来源不同，消费支出可划分为现金消费支出、实物消费支出（含自产自用、来自单位、来自政府和其他社会组织）。

职工工资总额 指各单位在一定时期内直接支付给本单位全部职工的劳动报酬总额。工资总额的计算原则应以直接支付给职工的全部劳动报酬为根据。各单位支付给职工的劳动报酬以及其他根据有关规定支付的工资，不论是计入成本的还是不计入成本的，不论是按国家规定列入计征奖金税项目的，还是未列入计征奖金税项目的，不论是以货币形式支付的还是以实物形式支付的，均包括在工资总额内。

职工平均工资 指企业、事业、机关单位的职工在一定时期内平均每人所得的货币工资额。它表明一定时期职工工资收入的高低程度，是反映职工工资水平的主要指标。计算公式为：职工平均工资=报告期实际支付全部职工工资总额/报告期全部职工平均人数。

十二、社会事业

Social Undertakings

12-1 主要年份社会事业主要指标

Main Indicators of Social Undertakings in Main Years

项　　目	单位	1985年	1990年	1995年	2000年	2005年	2010年	2015年	2017年	2018年
公有企事业单位科学技术人员数	人	9166	11629	16856		42593	40025	42624	43581	45167
专利申请量	件		34	325	1653	6694	21654	38094	81275	97030
专利授权量	件		30	262	1399	3114	20397	26820	45204	65985
各类技术合同签订项目数	项		5	46	110	50	90	177	252	272
各类技术合同签订项目金额	万元		12	1804	3469	4058	18366	9853	94186	183248
在校学生数										
普通高等学校	人			1628	3241	16645	38293	114626	118416	121408
成人高等学校	人	403	531	1254	3642	12665	21703	43894	26377	35874
中等职业技术学校	人	3363	8919	18737	23144	29487	47531	69734	80294	82311
普通中学	人	46596	61188	92481	112418	191044	258276	287582	310169	332363
小学	人	134421	162664	195063	272793	480923	552377	719263	765120	803482
小学学龄儿童入学率	%	99.8	99.9	100.0	100.0	100.0	100.0	100.0	100.0	100.0
小学毕业生升学率	%	79.5	95.4	99.2	99.8	99.9	100.0	100.0	100.0	100.0
初中毕业生升学率	%	38.5	43.6	85.4	90.3	94.1	97.9	98.5	98.5	98.4
普通高中毕业生升学率	%	26.5	31.2	64.9	70.5	96.5	95.1	98.0	98.3	98.4
电影放映单位	个	60	114	218	192	70	46	79	125	140
艺术表演团体	个	1	7	2	1		4	20	26	26
文化馆(群众艺术馆)	个	1	1	1	1	1	1	1	1	1
公共图书馆	个	3	5	15	18	473	505	641	653	653
博物馆	个	2	2	2	3	16	30	48	54	48
档案馆	个	1	1	1	1	1	1	1	1	1
《东莞日报》发行量	万份		177	987	1578	2751	4563	4356	5697	5697
广播电台	座		1	1	1	1	1	1	1	1
电视台	座	1	1	1	1	1	1	1	1	1
卫生事业机构病床床位数	张	2323	3866	5798	7081	11972	19980	27457	29866	31059
卫生技术人员数	人	3305	3902	5290	6915	16608	37487	45226	50600	54317
#执业（助理）医师	人	1201	1721	2299	3309	6901	13214	15889	17506	19516
举办全民健身活动	次							367	429	788
参加全民健身活动人数	万人次							20.12	30.03	65.67
律师人数	人	6	12	85	130	625	1366	2035	2570	3051
公证人员数	人	6	10	19	20	48	96	120	121	118
人民调解委员会调解人员数	人	3603	3664	3664	3644	4556	17438	14683	13800	11220
优抚收养单位收养人数	人次		19	11	7	8	8	7	7	7
一般工业固体废物综合利用率	%	37.5	17.9	18.2	63.8	86.5	95.0	88.7	72.4	66.3
城市环境空气质量达标天数	天						357	307	301	301

注：1．2010年起，公有企事业单位科学技术人员数只统计在编在岗人员数，与往年数不可比。
　　2．中等职业技术学校包含市技工学校，不含一般成人中专。
　　3．2004年起，卫生方面包含诊所、卫生所、医务室及村卫生室的数据，与往年数不可比。

12-2 科技活动基本情况（2018年）

Basic Statistics on Scientific and Technological Activities (2018)

项　目	单位	2018年	项　目	单位	2018年
科技企业			全镇科技投入	亿元	170
企业数			国家高新技术企业数	个	5002
#国家高新技术企业	个	5790	火炬计划特色产业基地	个	6
省创新型试点企业	个	80	#工业总产值	亿元	1595
省创新型企业	个	42	国家高新技术企业数	个	744
省创新百强企业	个		科技企业孵化器/加速器	个	111
重点培育上市后备科技企业	个		#建筑场地面积	万平方米	188.31
科技机构			在孵企业数	个	3396
机构数	个	38	毕业企业数	个	1430
职工总数	人	3279	工程中心		
#单位在职从事科技活动人员	人	2697	国家级工程中心	个	1
#大学本科及以上学历	人	2305	省级工程中心	个	388
科技活动收入	万元	71478	#工程中心从业人员	人	38720
#政府拨款	万元	36854	经费收入	万元	5583587
科技经费内部支出	万元	80200	发表论文	篇	432
课题数	项	404	专利授权数	项	8001
课题经费支出额	万元	49268	研发新产品生产项数	项	2496
科技论文数	篇	334	研发新产品产值	万元	12817587
专利申请受理	件	601	市级工程中心	个	223
专利授权数	件	335	#工程中心从业人员	人	18698
科技园区和基地			经费收入	万元	1943616
国家级高新区	个	1	发表论文	篇	223
省级高新区	个		专利授权数	项	6017
专业镇	个	36	研发新产品生产项数	项	1201
#工业总产值	亿元	16316	研发新产品产值	万元	9681496

12−3 规模以上工业企业R&D活动及相关情况

The Main Indicators on R&D of Industrial Enterprises above Designated Size

指 标	单位	2012年	2013年	2014年	2015年	2016年	2017年	2018年
企业情况								
有研发机构的企业数	家	321	372	563	950	2004	2959	3943
有R&D活动的企业数	家	607	709	855	1145	1709	2119	2822
企业办研发机构情况								
机构数	个	417	476	716	1126	2264	3256	4203
机构人员合计	人	27060	29943	40012	54234	98662	140923	156854
机构经费支出	万元	440568	558771	746857	1016937	1966566	2723383	4269519
项目情况								
全部R&D项目数	项	3083	3973	4307	4484	5812	7047	11497
人员情况								
R&D人员合计	人	51386	53258	58752	59469	64963	73644	111969
#研究人员	人	6807	9109	8707	13851	14562	13860	21454
R&D人员折合全时当量合计	人年	44335	43635	49457	47449	48209	50728	86581
#研究人员	人年	5999	7727	7432	11240	11133	9864	16979
经费支出情况								
R&D经费支出合计	万元	748347	983720	1150506	1267890	1434038	1614225	2212356
其中：①经常费支出	万元	676645	855711	1041473	1142706	1295452	1521925	2031286
②资产性支出	万元	71702	128009	109034	125183	138586	92300	181071
其中：①基础研究支出								
②应用研究支出	万元	348	183	3754	4302	1086	2373	2819
③试验发展支出	万元	747999	983537	1146753	1263587	1432952	1611852	2209537
其中：①政府资金	万元	16789	16012	11334	15031	18231	20037	26326
②企业资金	万元	720243	938785	1114200	1232605	1365448	1583556	2180401
③境外资金	万元	5626	22682	14807	7670	26395	2697	2247
④其他资金	万元	5690	6241	10165	12583	23965	7936	3382
委托外单位开展研发的经费支出合计	万元	28331	49266	143368	278714	601287	793196	1367049
#对境内研究机构支出	万元	4437	14379	120399	236268	522990	691110	1099666
对境内高等学校支出	万元	2980	2142	1626	1692	1760	1848	5220
对境内企业支出				8166	9354	26272	31401	116687
对境外支出	万元	1245	7380	13177	31401	50265	68837	145477
科技活动产出及相关情况								
新产品开发项目数	项	3094	6376	5978	6414	9929	15286	18058
新产品开发经费支出	万元	765927	1232410	1497801	1638609	2203250	2977748	3967662
新产品产值	万元	8643848	11744374	22172598	24746366	45756078	64091704	79580277
新产品销售收入	万元	8385864	11951808	21901522	24215567	46427486	63927517	90096776
#出口	万元	3466739	3786174	8113170	7917504	16506231	18840166	14417471
专利申请数	件	8038	10946	9586	9209	15068	22501	39891
#发明专利	件	2574	4256	3819	2772	4427	6290	18317
有效发明专利数	件	2064	3217	5363	6084	10236	17756	29052
#境外授权	件	119	210	283	287	596	2304	2437
发表科技论文	篇	309	209	190	174	218	273	288
拥有注册商标数量	件	3194	3580	4327	5421	7603	9059	13287
#境外注册	件	309	482	752	612	690	917	1352
形成国家或行业标准	项	201	172	139	83	154	297	342
政府相关政策落实情况								
使用来自政府部门的研发资金	万元	20605	18832	22395	20087	22407	28058	25911
研究开发费用加计扣除减免税	万元	13033	15654	39356	65931	101935	144843	357579
高新技术企业减免税	万元	48616	84695	68852	107146	149333	191581	489134
技术获取和技术改造情况								
引进境外技术经费支出	万元	65074	52216	78964	338910	666201	299229	898604
引进境外技术的消化吸收经费支出	万元	4357	8189	5704	2649	1373	1566	8351
购买境内技术经费支出	万元	18726	6222	48493	359624	537856	363890	1364409
技术改造经费支出	万元	105083	69366	95019	172104	102409	204403	312672

12-4 规模以上服务业企业R&D活动及相关情况（2017-2018年）

The Main Indicators on R&D of Service Enterprises above Designated Size (2017-2018)

指　　标	单位	2017年	2018年
企业情况			
有研发机构的企业数	家	31	34
有R&D活动的企业数	家	27	22
企业办研发机构情况			
机构数	个	38	41
机构人员合计	人	6544	4515
机构经费支出	万元	224897	73186
项目情况			
全部R&D项目数	项	140	93
人员情况			
R&D人员合计	人	4080	1427
#研究人员	人	1712	515
R&D人员折合全时当量合计	人年	2164	1076
#研究人员	人年	913	360
经费支出情况			
R&D经费支出合计	万元	150549	150445
其中：①经常费支出	万元	147141	14493
②资产性支出	万元	3408	552
其中：①基础研究支出			
②应用研究支出	万元	597	671
③试验发展支出	万元	149952	14374
其中：①政府资金	万元		137
②企业资金	万元	150549	14908
③境外资金	万元		
④其他资金	万元		
委托外单位开展研发的经费支出合计	万元	25706	96
#对境内研究机构支出	万元	635	7
对境内高等学校支出	万元	24	
对境内企业支出	万元	20875	88
对境外支出	万元	4173	
科技活动产出及相关情况			
专利申请数	件	5943	187
#发明专利	件	4946	112
有效发明专利数	件	2353	110
发表科技论文	篇		7
形成国家或行业标准	项		3
政府相关政策落实情况			
使用来自政府部门的研发资金	万元		295
研究开发费用加计扣除减免税	万元	6840	1666
高新技术企业减免税	万元	1994	2913

12-5 主要年份公有企事业单位科学技术人员

Scientific and Technical Personnel in Public Enterprises and Institutions in Main Years

单位：人

项　　目	1990年	1995年	2005年	2010年	2015年	2017年	2018年
公有企事业单位科技人员数	11629	16856	42593	40025	42624	43238	45167
#工程技术人员	1084	1718	1839	1438	1795	2119	2231
农业技术人员	432	230	290	172	205	273	284
卫生技术人员	1430	1988	16188	11171	10360	9569	10109
科学研究人员	21	52	77	16	58	318	98
教学人员	7524	11553	21717	24010	25937	26045	26846
经济人员	278	329	636	1184	1971	2347	2530
会计人员	581	484	1299	1454	1561	1800	1713
统计人员	170	77	82	91	94	84	85

注：2010年起，公有企事业单位科学技术人员数只统计在编在岗人员数，与往年数不可比，下同。

12-6 主要年份三种专利申请量与授权量

Three Kinds of Patents Application Accepted and Granted in Main Years

单位：件

项　　目	1990年	1995年	2000年	2005年	2010年	2015年	2017年	2018年
专利申请量	34	325	1653	6694	21654	38094	81275	97030
发　明	1	5	35	245	3143	11166	20402	24674
实用新型	5	70	386	1971	7677	17567	48255	56089
外观设计	28	250	1232	4478	10834	9361	12618	16267
专利授权量	30	262	1399	3114	20397	26820	45204	65985
发　明	1	8	4	24	442	2795	4969	6716
实用新型	4	41	344	1116	7529	14074	30102	46519
外观设计	25	213	1051	1974	12426	9951	10133	12750

12-7 主要年份各类技术合同签订情况

Basic Statistics on Technical Contracts Signed by Type in Main Years

项　　目	1990年	1995年	2000年	2005年	2010年	2015年	2017年	2018年
技术合同项目数(项)	5	46	110	50	90	177	252	272
#技术开发合同	3		1	41	79	156	232	249
技术咨询合同				2		1		
技术转让合同	2	44	78	1	2	2	15	15
技术服务合同		2	31	6	9	18	5	8
技术合同金额(万元)	12	1804	3469	4058	18366	9853	94186	183248
#技术开发合同			1000	1888	6878	7677	68217	165539
技术咨询合同				80		10		
技术转让合同	12	1656	2007	2000	11046	750	25826	16962
技术服务合同		148	1362	90	442	1416	144	747
技术合同实现金额(万元)	7	1623	2398	2522	17891	9571	92822	178760
#技术开发合同			700	1427	6402	7505	66852	161073
技术咨询合同				35		10		
技术转让合同	7	1535	1260	1000	11046	750	25826	16962
技术服务合同		88	438	60	442	1306	144	725

12-8 主要年份高新科技发展情况

Basic Statistics on High-tech Development in Main Years

项　　目	单　位	1995年	2000年	2005年	2010年	2015年	2017年	2018年
高新技术企业								
企业数	个	11	66	247	334	986	4058	5790
总产值	亿元	30.55	274.41	925.07	1240.59	2719.73	6409.90	9954.45
总收入	亿元	26.76	266.49	927.72	1249.50	2989.10	6726.10	10461.13
出口总额	亿美元	0.54	7.34	71.59	99.08	774.69	1851.60	2651.96
从业人员数	人	6400	36304	171812	246134	320119	798169	935823
#科技活动人员	人	832	8663	34448	72833	64010	141448	172662

注：高新技术企业情况2009年以前为省级高新技术企业情况，2009年起为国家级高新技术企业情况。

12-9 主要年份科学技术成果项数

Achievements for Scientific and Technological Research in Main Years

单位：项

项　　目	1985年	1990年	1995年	2000年	2005年	2010年	2015年	2017年
获省级科技进步奖		1	4	6	3	8	5	11
市级科技进步奖	68	31	22	47	75	87	63	63
农业方面	30	8	3	13	9	7	6	4
一等奖	1	4		2	1	2	1	1
二等奖	3	3		5	3	2	1	
三等奖	18	1	3	6	5	3	4	3
工业方面	32	18	14	24	42	57	37	44
特等奖				1	2			
一等奖	1	3		5	7	13	6	6
二等奖	8	11	5	8	19	21	13	14
三等奖	10	4	9	10	14	23	18	24
医药卫生方面	6	5	5	10	25	23	20	15
特等奖								
一等奖			1			5	1	2
二等奖		1		2	4	6	6	4
三等奖	2	4	4	8	19	12	13	9
市长奖						5	3	3
技术成果类						1		1
荣誉类						4	3	2

注：2018年起，取消市级各类科学技术成果评定，省级及以上科学技术评定在12—13表反映。

12-10 科技创新平台情况（2012-2018年）

Basic Statistics on Technology Innovation Platform (2012-2018)

单位：个

项　　目	2012年	2013年	2014年	2015年	2016年	2017年	2018年
科技创新平台							
#公共科技创新平台(新型研发机构)	13	16	17	27	24	34	32
专业镇创新服务平台	12	12	12	15	3	3	3
企业创新平台							
#企业工程技术研究开发中心	124	161	186	219	289	424	612
#国家级	1	1	1	1	1	1	1
省级	45	76	92	126	166	283	388
市级	78	84	93	92	122	140	223
实验室				76	90	101	102
#国家级				1	1	1	1
省级	11	11	11	12	12	12	13
市级	31	35	37	42	77	88	88
#重点实验室	31	35	37	42	51	62	62

12-11 历年公有企事业单位科学技术人员数

Scientific and Technical Personnel in Public Enterprises and Institutions over Years

单位：人

年 份	科学技术人员	#工程技术人员	农业技术人员	卫生技术人员	科学研究人员	教学人员	经济人员	会计人员	统计人员
1980	6619	370	190	1076	19	4282		564	99
1981	7473	463	217	1166	23	4978		501	109
1982	7547	468	243	1241	28	4954		509	101
1983	8453	525	315	1699		5257		109	109
1984	9033	615	307	1791		5534		261	201
1985	9166	663	318	2319	6	5129		491	214
1986	9490	768	358	2398	5	5222		501	203
1987	10945	797	378	2426	6	6495		583	222
1988	12495	1014	359	3093	24	7064	72	590	197
1989	11306	960	388	1393	19	7394	281	632	181
1990	11629	1084	432	1430	21	7524	278	581	170
1991	15004	2170	405	3347	13	7843	308	558	153
1992	16809	2522	375	3690	18	8659	313	613	153
1993	18491	2871	264	4074	112	9511	290	916	141
1994	20198	3490	272	4513	57	9949	300	657	112
1995	23104	3944	255	4878	66	11613	329	750	171
1996	24693	4037	263	5356	51	12287	360	740	143
1997	26103	4258	294	5504	48	13371	418	882	280
1998	26582	4321	310	4862	48	14316	376	894	171
1999	28789	4620	288	5246	48	15604	416	946	152
2001	24677	795	121	5493	31	17309	252	273	40
2002	34168	5261	246	6538	28	18756	555	1319	184
2003	33070	996	159	11145	44	19614	314	741	57
2004	39398	1752	276	14541	141	20905	561	613	74
2005	42593	1839	290	16188	77	21717	636	1299	82
2006	46371	1913	462	18401	70	22434	763	1512	93
2007	49032	2037	492	19528	71	23364	892	1832	92
2008	51729	2375	343	20955	50	24063	1048	1827	100
2009	55097	2302	284	21679	43	26741	1129	1940	122
2010	40025	1438	172	11171	16	24010	1184	1454	91
2011	41370	1427	216	11117	21	25084	1393	1426	90
2012	41336	1426	217	10762	24	25412	1261	1556	79
2013	41812	1378	208	10613	17	25707	1678	1514	169
2014	42141	1552	205	10290	19	25807	1954	1628	87
2015	42624	1795	205	10360	58	25937	1971	1561	94
2016	43225	1948	210	10411	85	25951	1990	1737	91
2017	43238	2119	273	9569	318	26045	2347	1800	84
2018	45167	2231	284	10109	98	26846	2530	1713	85

注：本表数据来源于市科技局，经核实2000年没有公有企事业单位科学技术人员相关数据。

12-12 历年三种专利与技术合同签订情况

Basic Statistics on Three Kinds of Patents and Technical Contracts Signed by Type over Years

年 份	专 利 申 请 量 (件)	#发明	专 利 授 权 量 (件)	#发明	技术合同签订项目数（项）	技术合同签订金额（万元）	技术合同实现金额（万元）
1990	34	1	30	1	5	12	7
1991	70	3	50	1	4	10	10
1992	102	5	78	2	3	23	10
1993	100	3	90	1	2	24	2
1994	104	4	100	2	14	2537	1756
1995	325	5	262	8	46	1804	1623
1996	333	3	312	4	133	4839	3756
1997	725	1	321		78	2036	800
1998	890	15	709	9	62	3048	2398
1999	1221	15	819	16	20	1124	1077
2000	1653	35	1399	4	110	3469	2398
2001	2914	71	1753	5	89	1335	953
2002	3100	90	2680	10	91	766	730
2003	3865	93	2858	14	58	700	680
2004	4325	185	3167	26	69	4278	2726
2005	6694	245	3114	24	50	4058	2522
2006	9879	553	4872	28	25	13644	13402
2007	13842	876	6752	44	53	8510	8138
2008	14406	1188	8093	115	54	12838	3694
2009	19106	1593	12918	254	60	6996	6264
2010	21654	3143	20397	442	70	15760	15572
2011	24455	4214	19353	758	163	31966	29923
2012	29199	5568	20894	1385	152	14516	13577
2013	29012	6454	22595	1495	175	25960	24610
2014	28431	6912	20336	1624	177	11241	10298
2015	38094	11166	26820	2795	177	9853	9571
2016	56653	17024	28559	3682	178	17370	15002
2017	81275	20402	45204	4969	252	94186	92822
2018	97030	24674	65985	6716	272	183248	178760

12-13 历年科学技术成果项数

Scientific and Technological Achievements over Years

单位：项

年 份	获国家级科技进步奖	获省级科技进步奖	获市级科技进步奖	特等奖	一等奖	二等奖	三等奖	四等奖
1979			25			5	4	16
1980			27			2	11	14
1981			35		2	4	11	18
1982			62		1	3	21	37
1983			38		2	6	11	19
1984			35			11	11	13
1985			68		2	11	30	25
1986			86		5	14	27	40
1987			59		2	19	25	13
1988		1	37		6	10	16	5
1989		1	32		4	6	22	
1990		1	31		7	15	9	
1991		4	35	1	3	18	13	
1992		3	19		4	7	8	
1993			18	1	3	8	6	
1994		6	23		4	9	10	
1995		4	22		1	5	16	
1996		3	32		7	6	19	
1997		4	32		7	6	19	
1998		6	38	1	2	11	24	
1999		9	39		6	11	22	
2000		6	47	1	7	15	24	
2001		4	51		4	23	24	
2002		3	47		7	15	25	
2003		4	50		7	14	29	
2004		6	60	1	6	19	34	
2005		3	75	2	10	25	38	
2006		2	70	1	8	24	37	
2007		7	83	1	18	26	38	
2008		7	83		19	28	36	
2009		19	85		22	24	39	
2010		8	87		20	29	38	
2011		13	77		21	30	26	
2012		9	93		22	33	38	
2013		9	93		26	33	34	
2014		8	75		12	27	36	
2015		5	63		8	20	35	
2016		4	63		8	20	35	
2017		11	63		9	18	36	
2018		6						

注：2018年起，取消市级各类科学技术成果评定。

12-14 主要年份各类学校情况

Basic Statistics on Schools by Type in Main Years

项　　目	单位	1985年	1990年	1995年	2000年	2005年	2010年	2015年	2017年	2018年
普通高等专业学校										
学校数	所			1	1	4	5	8	9	9
毕业生数	人			395	985	1439	8105	23927	28205	28487
招生数	人			576	1440	7273	12660	33319	35393	33114
在校学生数	人			1628	3241	16645	38293	114626	118416	121408
教职工数	人			262	293	1761	3192	7451	7078	7440
#专任教师	人			119	161	1081	2174	6569	5257	5454
中等职业技术学校										
学校数	所	3	17	20	23	21	26	25	28	28
毕业生数	人	234	2210	4641	9554	9062	14028	17119	20504	22441
招生数	人	1508	3866	8697	8759	10971	18477	26074	30437	29322
在校学生数	人	3363	8919	18737	23144	29487	47531	69734	80294	82311
教职员工数	人	217	619	1134	1608	2230	2996	3783	5272	5396
#专任教师	人	150	434	859	1221	1621	2341	2973	3741	3863
普通中学										
学校数	所	106	64	69	77	134	190	218	234	240
毕业生数	人	12317	18688	24165	30261	48935	73810	84541	85796	88130
#高中生	人	2055	2527	3231	7120	12233	20816	25322	26274	26034
招生数	人	16978	20441	33086	41488	70843	93196	103313	115754	123816
#高中生	个	2915	3389	6099	9048	19540	24668	26720	27916	27956
在校学生数	人	46596	61188	92481	112418	191044	258276	287582	310169	332363
#高中生	人	6304	8572	13653	24677	52283	70398	78905	81052	82710
教职员工数	人	3266	4001	5900	6012	12177	16946	23537	30035	31806
#专任教师	个	2420	2963	4381	5027	9640	14572	17701	19991	21602
小　学										
学校数	所	583	570	595	552	414	330	327	329	328
毕业生数	人	17901	18262	27257	33684	61173	77429	89575	103106	111340
招生数	人	20264	26158	36702	53786	84784	108900	140200	142485	158398
在校学生数	人	134421	162664	195063	272793	480923	552377	719263	765120	803482
教职员工数	人	7009	7797	9560	9131	21964	28298	33427	39761	43120
#专任教师	人	6017	6785	8060	7946	17478	23733	30281	34400	37894

注：中等职业技术学校包含市技工学校，不含一般成人中专，下同。

12-14 续表

项目	单位	1985年	1990年	1995年	2000年	2005年	2010年	2015年	2017年	2018年
成人高等专业教育										
当年招生人数	人				1697	6387	6086	14435	10631	16778
在校学生数	人	403	531	1254	3642	12665	21703	43894	26377	35874
小学适龄儿童入学										
小学适龄儿童总数	人	103460	133011	177791	247555	423058	511439	697780	748010	784152
小学已入学儿童数	人	103282	132934	177787	247539	423058	511439	697780	765120	803482
小学学龄儿童入学率	%	99.8	99.9	100.0	100.0	100.0	100.0	100.0	100.0	100.0
小学毕业生升学										
小学毕业生人数	人	17901	18262	27257	33684	61173	77429	89575	103106	111340
已升学人数	人	14235	17413	27166	33627	61095	77429	89575	103106	111340
小学毕业生升学率	%	79.5	95.4	99.2	99.8	99.9	100.0	100.0	100.0	100.0
初中毕业生升学										
初中毕业生人数	人	10262	16161	20933	23141	36702	52994	59219	59522	62096
已升学人数	人	3955	7134	17876	20896	34536	51881	58333	58636	61109
初中毕业生升学率	%	38.5	43.6	85.4	90.3	94.1	97.9	98.5	98.5	98.4
普通高中毕业生升学										
高考录取人数	人	543	759	2095	5017	12461	20099	27426	29838	31062
#高考升本科人数	人	274	250	697	1678	5161	11033	12592	15946	16672
普通高中毕业生升学率	%	26.5	31.2	64.9	70.5	96.5	95.1	98.0	98.3	98.4
幼儿园										
幼儿园数	所	83	86	258	452	511	727	949	1077	1125
在园幼儿数	人	31382	47040	84263	111763	111330	208373	314449	347381	355587
幼教职工数	人	984	1387	1427	7517	12567	22122	39492	46664	49921
#专任教师	人	841	1160	1160	4618	7002	13947	20561	23477	24407
特殊教育										
学校数	所						1	2	2	2
毕业生数	人						89	35	107	127
招生数	人						55	111	139	140
在校学生数	人						501	739	850	906
教职员工数	人						55	185	259	281
#专任教师	人						41	134	166	179
全市教育经费投入总额	亿元				15.53	50.19	94.36	188.55	247.74	282.77

12-15 历年各类学校在校学生数

Number of Students Enrollment by Type of School over Years

单位：人

年份	普通高等学校	中等职业技术学校	#技工学校	普通中学	#高中	小学	幼儿园	特殊教育
1949		151		1960	318	52781		
1952		543		3394	296	70359		
1957		561		6652	848	88001		
1962		380		9736	1513	119998		
1965		358		10469	1397	160931		
1970				60150	9873	118128		
1975		689		49569	10847	168236		
1978		595		76025	12092	161114	18228	
1979		450		62292	7010	158008	12774	
1980		386		54829	6909	154871	7630	
1981		450		43514	5755	150857	8103	
1982		661		41683	4654	144754	14650	
1983		967		42777	4798	135440	15436	
1984		1070		46488	5766	134567	23702	
1985		3363		46596	6304	134421	31382	
1986		3891	60	49445	7880	140700	38195	
1987		5847	117	54435	8367	144287	42569	
1988		7120	229	59268	8201	150097	42845	
1989		7878	293	61955	7687	155852	44110	
1990		8919	582	61188	8572	162664	47040	
1991		10938	915	60146	8725	170064	51051	
1992		13161	1277	65171	9711	175203	57537	
1993	1079	14176	1516	75305	10297	180114	65310	
1994	1451	16084	2025	85827	11409	186244	72552	
1995	1628	18737	2404	92481	13653	195063	84263	
1996	1771	22614	2567	95150	16887	205957	85709	
1997	2025	24821	2598	98005	20609	221838	100059	
1998	2171	25588	2291	101202	22490	235787	103585	
1999	2241	25073	2001	105518	23084	248759	109773	
2000	3241	23144	1746	112418	24677	272793	111763	
2001	3802	23638	2039	122115	28232	295384	112963	
2002	5144	25363	2152	135256	32398	342804	108898	
2003	6884	27664	2564	149656	38143	386890	104832	
2004	9104	28487	2559	171336	45050	448296	112538	
2005	16645	29487	2618	191044	52283	480923	111330	
2006	22005	35403	2905	214638	57662	496828	118683	
2007	25178	40429	3063	234578	61151	520684	130932	
2008	28656	45419	3238	248442	63962	528644	156362	
2009	33992	46538	3268	249464	66750	511160	176249	
2010	38293	47531	2955	258276	70398	552377	208373	501
2011	45081	48159	2915	263076	73644	578279	227656	384
2012	52381	50092	2833	267918	75851	608118	255657	421
2013	60877	61011	13101	278289	77045	659138	277777	380
2014	69866	64412	14192	284648	78053	687269	290548	449
2015	114626	69734	16300	287582	78905	719263	314449	739
2016	112603	74700	17457	295753	79851	738686	331710	747
2017	118416	80294	22330	310169	81052	765120	347381	850
2018	121408	82311	23852	332363	82710	803482	355587	906

注：2013年起中等职业技术学校含东莞市技师学院、东莞市实验技工学校、东莞市联合技工学校数据。

12-16 历年各类学校当年招收学生数

Number of New Students Enrollment by Type of School over Years

单位：人

年 份	普通高等学校	中等职业技术学校	#技工学校	普通中学	#高中	小 学	特殊教育
1949		102					
1952		285		1666	190		
1957		80		2516	259		
1962		45		3716	566		
1965		134		3656	476		
1970				45069	7919		
1975		188		28329	5930		
1978		250		29788	3436	30152	
1979		200		25364	3900	28315	
1980		186		24083	3906	26857	
1981		266		16808	2594	26461	
1982		162		17492	2317	23970	
1983		573		18111	2344	19604	
1984		1964		16609	2477	17644	
1985		1508		16978	2915	20264	
1986		1977	60	17944	2781	25867	
1987		2883	64	21720	2665	28926	
1988		2832	112	23280	2925	29437	
1989		2966	124	21877	2686	27539	
1990		3866	343	20441	3389	26158	
1991		5008	445	21430	3266	27539	
1992		5696	487	26161	3751	28804	
1993	567	5835	633	29948	3944	31841	
1994	569	7064	952	32229	4440	34495	
1995	576	8697	996	33086	6099	36702	
1996	711	10119	978	33576	7385	39689	
1997	750	9718	798	35140	8273	42066	
1998	750	9664	852	36423	8118	43802	
1999	802	9060	665	38400	8199	47715	
2000	1440	8759	527	41488	9048	53786	
2001	1597	8850	1116	44729	10727	56521	
2002	2190	9417	1153	49881	11852	65066	
2003	3104	9809	874	55564	15147	71476	
2004	3804	10618	1044	63085	17467	80525	
2005	7273	10971	1100	70843	19540	84784	
2006	8032	13357	1250	79985	20866	89663	
2007	8519	16491	1297	85816	21146	92860	
2008	10218	17475	1163	89808	22313	94641	
2009	12863	15767	1598	88325	23631	92281	
2010	12660	18477	2052	93196	24668	108900	55
2011	16837	17812	1180	95155	25647	114763	78
2012	20507	18269	1306	96348	25758	123290	55
2013	20816	24687	7069	100170	26039	127237	57
2014	22830	24524	5110	102112	26741	125039	92
2015	33319	26074	6060	103313	26720	140200	111
2016	31362	29139	7442	110681	27153	138179	90
2017	35393	30437	9734	115754	27916	142485	139
2018	33114	29322	8889	123816	27956	158398	140

12-17 历年各类学校当年毕业生数

Number of Graduates by Type of School over Years

单位：人

年 份	普通高等学校	中等职业技术学校	#技工学校	普通中学	#高中	小 学	特殊教育
1949				414	83		
1952		48		588	44	14349	
1957		87		1365	203	59056	
1962		209		2680	468	28418	
1965		44		2363	393	32508	
1970				15081	1954	26187	
1975		374		20842	4937	25009	
1978		244		43035	8533	30480	
1979		244		33554	8004	28925	
1980		250		19578	3096	27294	
1981		191		13308	3046	27215	
1982				10483	3004	27348	
1983		260		10752	1940	26723	
1984		230		10969	1404	17870	
1985		234		12317	2055	17901	
1986		660		13527	1271	17533	
1987		819		13895	2296	23183	
1988		1323		15322	2966	23054	
1989		1960	60	15310	2716	20315	
1990		2210	57	18688	2527	18262	
1991		2634	112	19820	2559	19186	
1992		2126	123	19323	2643	23308	
1993	30	2915	390	18363	3020	26893	
1994	197	5035	445	20360	2787	28500	
1995	395	4641	541	24165	3231	27257	
1996	560	5813	753	27675	3483	27156	
1997	484	6745	691	28729	3834	27992	
1998	556	8316	918	29839	5448	29794	
1999	714	9044	796	30109	6585	31426	
2000	985	9554	634	31291	7120	33684	
2001	1019	7748	684	32409	7553	37077	
2002	753	7171	542	34204	8277	40611	
2003	1350	7217	509	39031	8784	45599	
2004	1506	8630	917	43471	10676	51831	
2005	1439	9062	777	48935	12233	61173	
2006	2269	9422	677	55856	15486	70474	
2007	5096	10061	754	60436	17354	74681	
2008	6486	10728	821	66594	19315	78037	
2009	7292	11927	962	71811	20550	78027	
2010	8105	14028	956	73810	20816	77429	89
2011	9463	14774	831	76816	22095	80463	64
2012	12625	14099	993	79449	23398	87733	64
2013	11630	16660	2426	78364	24341	84641	66
2014	12990	17521	2834	82718	25180	86693	48
2015	23927	17119	2985	84541	25322	89575	35
2016	22974	20593	5278	85524	25673	98789	78
2017	28205	20504	4063	85796	26274	103106	107
2018	28487	22441	5252	88130	26034	111340	127

12-18 历年各级各类学校专任教师数

Number of Full-time Teachers by Level and Type of School over Years

单位：人

年 份	普通高等学校	中等职业技术学校	#技工学校	普通中学	#高中	小 学	幼儿园	特殊教育
1978		34		3641	638	5641		
1979		31		3367	369	6136		
1980		29		2996	370	6022		
1981		32		2343	344	6433		
1982		38		2210	284	6186		
1983		61		2361	296	5830		
1984		63		2352	309	5971		
1985		150		2420	354	6017	841	
1986		168	5	2463	407	6515	720	
1987		208	7	2709	490	6878	941	
1988		306	9	3007	540	7112	967	
1989		422	11	2949	462	6743	980	
1990		434	12	2963	488	6785	1160	
1991		513	15	3019	500	6831	1470	
1992		600	17	3198	479	7164	1569	
1993	99	737	16	3583	610	7314	1773	
1994	113	767	26	4001	710	7610	1920	
1995	119	859	34	4381	733	8060	1160	
1996	119	924	40	4310	886	7410	2175	
1997	123	1151	89	4404	991	7518	2753	
1998	125	1338	93	4632	1065	7912	3247	
1999	133	1205	92	4699	1149	7198	3715	
2000	161	1221	84	5027	1310	7946	4618	
2001	231	1286	121	5348	1411	8693	4701	
2002	290	1445	125	6373	1769	10880	5351	
2003	312	1548	124	7069	1976	12490	5505	
2004	560	1531	134	8437	2367	15512	6218	
2005	1081	1621	150	9640	2817	17478	7002	
2006	1357	1801	122	10953	3215	18717	7919	
2007	1569	1965	156	12272	3678	20511	9279	
2008	1691	2218	161	12995	3976	21203	11072	
2009	1890	2321	160	13598	4178	21130	12419	
2010	2174	2341	171	14572	4541	23733	13947	41
2011	2435	2403	167	15262	4851	24787	15232	43
2012	2729	2448	180	15858	5026	25379	16689	48
2013	2952	2677	458	16422	5114	26681	17640	47
2014	3148	2861	628	17148	5291	28679	18748	54
2015	6569	2973	647	17701	5387	30281	20561	134
2016	4651	3257	700	18885	5671	32302	22089	159
2017	5257	3741	986	19991	5867	34400	23477	166
2018	5454	3863	1033	21602	5974	37894	24407	179

12-19 历年各类学校入(升)学率与高考入围人数

Number of Passing College Entrance Examination and Proportion of Students Entering Schools over Years

年　份	学龄儿童入学率(%)	小学毕业生升学率(%)	初中毕业生升学率(%)	高中毕业生升学率(%)	高考入围人数(人)
1978	98.36	85.80	14.30	8.14	846
1979	98.70	76.00	16.00	6.71	566
1980	98.85	73.40	25.40	7.15	222
1981	98.72	50.56	27.40	8.64	239
1982	99.06	54.40	34.40	8.04	252
1983	99.75	57.60	37.40	12.34	245
1984	99.65	70.80	29.86	43.32	619
1985	99.83	79.52	38.54	26.50	534
1986	99.90	84.71	33.89	43.69	595
1987	99.94	83.60	40.10	27.09	644
1988	99.93	89.88	42.00	30.63	925
1989	99.92	96.18	43.30	32.92	977
1990	99.94	95.35	43.60	31.20	759
1991	99.92	96.18	45.20	26.22	861
1992	99.94	97.58	56.00	35.59	994
1993	99.95	97.79	68.50	39.23	1102
1994	99.96	98.94	79.02	62.75	1823
1995	99.99	99.16	85.40	64.90	2095
1996	99.98	96.45	86.70	66.80	2160
1997	99.99	99.90	87.35	60.00	2212
1998	99.99	99.86	88.25	47.69	2348
1999	99.99	99.87	89.80	53.15	3501
2000	99.99	99.83	90.30	70.50	5017
2001	100.00	99.77	90.50	74.82	5651
2002	100.00	99.80	91.10	83.00	6873
2003	100.00	99.80	92.10	93.60	9167
2004	100.00	99.90	93.30	96.70	10756
2005	100.00	99.90	94.10	96.50	11196
2006	100.00	100.00	94.80	82.90	11359
2007	100.00	100.00	95.20	89.10	13275
2008	100.00	100.00	96.60	91.00	15047
2009	100.00	100.00	97.00	87.50	17487
2010	100.00	100.00	97.90	95.10	18845
2011	100.00	100.00	98.00	94.50	19588
2012	100.00	100.00	97.80	95.90	22127
2013	100.00	100.00	98.40	95.40	22840
2014	100.00	100.00	98.40	98.37	23900
2015	100.00	100.00	98.50	97.97	26519
2016	100.00	100.00	98.40	98.90	24094
2017	100.00	100.00	98.50	98.33	29907
2018	100.00	100.00	98.41	98.38	31672

12-20 历年文化艺术、文物事业机构数

Number of Institutions in Culture and Cultural Relics over Years

年 份	电影放映单位（个）	#影剧院	艺术表演团体（个）	群众艺术馆（个）	文化站（广电文化中心）（个）	公共图书馆（个）	公共图书馆藏书量（万册）	博物馆（个）	档案馆（座）
1978	167	5	1	1	33	1	11	2	1
1979	157	5	1	1	33	1	15	2	1
1980	65	5	1	1	33	1	16	2	1
1981	75	6	1	1	33	1	17	2	1
1982	53	6	1	1	33	1	19	2	1
1983	49	6	1	1	33	1	19	2	1
1984	65	6	1	1	33	1	24	2	1
1985	60	7	1	1	33	3	30	2	1
1986	61	9	2	1	33	3	30	2	1
1987	70	13	4	1	33	8	30	2	1
1988	78	15	5	1	33	3	30	2	1
1989	102	26	6	1	33	3	30	2	1
1990	114	26	7	1	33	5	30	2	1
1991	126	36	5	1	33	6	31	2	1
1992	150	50	2	1	33	8	37	2	1
1993	163	53	2	1	33	11	47	2	1
1994	193	63	2	1	33	14	58	2	1
1995	218	97	2	1	33	15	68	2	1
1996	225	111	4	1	33	16	73	2	1
1997	229	130	4	1	33	26	84	2	1
1998	233	147	4	1	32	26	106	3	1
1999	210	87	4	1	32	20	133	3	1
2000	192	87	1	1	32	18	97	3	1
2001	145	84	1	1	32	21	99	3	1
2002	162	81	2	1	32	24	109	3	2
2003	107	55	2	1	32	346	289	3	2
2004	88	78		1	32	397	631	6	2
2005	70	31		1	32	473	660	16	2
2006	51	34		1	33	1222	771	21	2
2007	51	34		1	33	1271	896	23	2
2008	40	34	1	1	33	387	515	23	1
2009	40	62	4	1	33	504	599	31	1
2010	46	62	4	1	33	505	701	30	1
2011	52	62	5	1	33	622	771	31	1
2012	59	11	6	1	33	649	1020	31	1
2013	66	11	10	1	33	641	1061	31	1
2014	60	11	16	1	33	641	996	33	1
2015	79	9	20	1	33	641	1015	48	1
2016	96	7	20	1	33	605	1014	49	1
2017	125	7	26	1	33	653	1066	54	1
2018	140	7	26	1	33	653	1096	48	1

12-21 广播电视事业发展情况

Basic Statistics on Radio and Television Industry

项　目	单位	2015年	2016年	2017年	2018年
广播电台					
#机构数	个	1	1	1	1
节目套数	套	53	53	42	42
#交通广播	套	17	17	14	14
综合广播	套	18	18	14	14
音乐广播	套	18	18	14	14
电视台					
#机构数	个	1	1	1	1
节目套数	套	43	36	56	40
#新闻综合频道	套	23	19	30	20
公共频道	套	20	17	26	20

12-22 火灾事故发生情况

Statistics on Fire Accidents

项　目	单位	2015年	2016年	2017年	2018年
发生起数	起	1676	1670	1332	1035
#放火	起	29	45	13	14
电气	起	556	644	317	381
生产作业	起	106	99	235	121
吸烟	起	16	2	43	15
用火不慎	起	147	116	270	144
玩火	起	8	7	4	11
自燃	起	130	110	154	169
雷击	起	1	3	3	
其他	起	683	644	293	180
死亡人数	人	12	14	6	6
受伤人数	人	3	10	5	3
直接财产损失折款	万元	5406	6364	4201	4813
平均每起事故损失	万元	3.23	3.81	3.15	4.65

注：本表数据来源于市公安局。

12−23 主要年份交通事故发生情况

Basic Statistics on Traffic Accidents in Main Years

项　　目	单位	1995年	2000年	2005年	2010年	2015年	2017年	2018年
发生起数	起	2015	7386	7124	4874	3595	3471	3440
受伤人数	人	2061	8217	8642	5355	3934	3631	3225
死亡人数	人	692	903	921	528	483	483	482
损失折款	万元	685	1759	934	682	551	658	943
平均每起事故损失	元	3400	2382	1312	1400	1533	1895	2715

注：本表数据来源于市公安局和海事局，含道路和水上交通事故。

12−24 各类卫生事业机构及床位、人员数（2018年）

Number of Health Care Institutions, Beds and Employed Personnel by Type of Institution (2018)

项　　目	机构数（个）	实有床位数（张）	卫生工作人员（人）	#卫生技术人员	#执业（助理）医师
总　　计	2722	31059	64349	54317	19516
医疗机构	2681	31059	63605	53786	19407
县及县以上及其他医院	102	30239	44877	36935	12338
#综合医院	63	26183	39415	32917	11019
中医医院	8	1603	2168	1821	684
专科医院	26	2235	3175	2139	624
护理院	5	218	119	58	11
社区卫生服务中心（站）	396		6524	5370	2088
村（社区）卫生站					
门诊部（含18所分院个数）	693		6183	5857	2741
诊所、卫生所、医务室	1487		4255	4177	1807
妇幼保健院	1	700	1453	1210	359
专科疾病防治院	1	120	284	216	73
急救中心（站）	1		29	21	1
采供血机构	1				12
疾病预防控制中心（防疫站）	1		136	112	91
卫生监督所	34		222	163	
健康教育所	1		331	233	
其他卫生机构	4		55	23	6

12−25 主要年份卫生事业机构各类人员数

Number of Personnel in Health Institutions in Main Years

单位：人

项　　目	1980年	1985年	1990年	1995年	2000年	2005年	2010年	2015年	2017年	2018年
卫生工作人员	3599	3945	4503	6149	9289	22127	46102	54950	60197	64349
#卫生技术人员	2960	3305	3902	5290	8065	18757	37487	45226	50600	54317
执业（助理）医师	1167	1201	1721	2299	3309	8130	13214	15889	17506	19516
注册护士	584	643	1164	1751	2673	6303	14689	19782	22852	25452
药剂人员	236	572	546	602	706	1281	2284	2694	2900	3016
检验人员	120	147	152	216	367	781	1412	1633	1805	1879
其　他	1040	766	316	395	350	2262	5888	5228	5537	4454
其他技术人员	8		13	96	174	786	1217	1361	1322	1417
管理人员	299	282	243	432	597	1080	2418	2307	2265	2270
工勤人员	332	358	345	331	453	1504	4980	6056	6010	6345

注：2004年起，卫生方面包含诊所、卫生所、医务室及村卫生室的数据，与往年数不可比。

12−26 医疗机构服务情况（2018年）

Services in Medical Institutions (2018)

指 标 名 称	诊疗人数（人次）	#门、急诊	入院人数（人）	住院病死率（%）
总　　计	70316519	69999657	1037730	0.38
医院	37100100	36806888	992321	0.39
#公立医院	30066443	29889288	729851	0.40
#卫生部门办	29542712	29365557	718259	0.40
其他部门办	84785	84785	570	1.52
社会办	438946	438946	11022	0.34
民营医院	7033657	6917600	262470	0.37
基层医疗机构	31332164	31308787		
社区卫生服务中心（站）	19917168	19902249		
村卫生室				
门诊部	3517955	3515179		
诊所、卫生所、医务室	7897041	7891359		
#诊所	1979331	1979225		
卫生所、医务室	5917710	5912134		
专业公共卫生服务机构	1884255	1883982	45409	0.04
专科疾病防治院	252292	252292	3277	0.12
妇幼保健院	1631963	1631690	42132	0.04

12-27 历年卫生事业机构、床位、人员数

Number of Health Care Institutions, Beds and Personnel over Years

年 份	机构数（个）	实有床位数（张）	#医院	卫生工作人员（人）	#卫生技术人员	#执业（助理）医 师
1978	82	2257	785	3242	2636	768
1979	81	2271	791	3466	2863	971
1980	83	2207	776	3599	2960	1167
1981	83	2210	826	3724	3091	1102
1982	83	2292	842	3886	3253	1097
1983	83	2098	851	3985	3335	1088
1984	83	2231	880	4005	3351	1132
1985	87	2323	960	3945	3305	1201
1986	88	3054	1646	4084	3454	1179
1987	88	3393	1902	4475	3490	1304
1988	87	3640	2152	4582	3829	1537
1989	87	3677	2129	4522	3874	1620
1990	85	3866	1764	4503	3902	1721
1991	85	4085	1784	4578	3946	1755
1992	83	4517	1879	4705	4127	1832
1993	99	4940	1918	5247	4524	2023
1994	98	5365	1949	5689	4930	2221
1995	99	5798	2089	6149	5290	2299
1996	99	5288	1584	6712	5766	2449
1997	151	5505	1649	7286	6283	2605
1998	171	5892	1659	8306	7139	2955
1999	176	6241	1770	8697	7575	3080
2000	174	7081	1830	9289	8065	3309
2001	173	7474	1961	9323	8064	3429
2002	178	8641	8396	10692	9011	3938
2003	172	9820	9546	11584	9807	4251
2004	944	10797	10528	15058	10522	4870
2005	874	11972	11688	22127	12273	5677
2006	1210	13293	13024	27128	19277	8629
2007	1649	15227	14878	34151	27060	10446
2008	2106	16778	16383	40449	33113	11869
2009	2106	18080	17685	43561	35766	12884
2010	2229	19980	19571	46102	37487	13214
2011	2249	22814	22276	48142	39582	13644
2012	2222	24617	24042	49353	40597	14043
2013	2254	25736	25026	52325	42132	14864
2014	2194	26704	25994	53013	43091	15081
2015	2237	27457	26715	54950	45226	15889
2016	2344	28138	27450	57167	47668	16680
2017	2446	29866	29046	60197	50600	17506
2018	2722	31059	30239	64349	54317	19516

注：2004年起本表包含诊所、卫生所、医务室及村卫生室的数据，与往年数不可比。

12-28 历年体育运动情况

Basic Statistics on Sports over Years

年份	破（超）世界纪录（次）	破（超）亚洲纪录（次）	破（超）全国纪录（次）	在国际比赛中获得金牌总数（枚）	在全国比赛中获得金牌总数（枚）	在省级比赛中获得金牌总数（枚）	市级运动会参赛运动员人数（人）	为国家省输送运动员（人）
1978			9	1	7	26	2500	11
1979	2		2	1	7		2250	18
1980			12		2		2400	14
1981			11	4	19		2500	13
1982			14	4	30	15	2650	9
1983	1		7	5	6		2420	7
1984			1	16	5		2500	33
1985		2	1	5	2		1960	7
1986		7	4	7	4	52	2420	16
1987	1	1	8	35	9		2130	19
1988	3	1	4	14	25		2540	15
1989			27	5	43	92	6430	18
1990	13	5		4	6		2370	25
1991	2	1	8	12	14		4800	16
1992	2	3	21	10	6		15000	30
1993	2	8	5	12	9		10350	16
1994	34	2	24	6	23	157	2720	14
1995	10	1		5	37		1500	14
1996				3	16		7800	13
1997	10	9		1	6	36	6000	74
1998	2	4	28	4	28	87	1560	74
1999				4	33		6000	6
2000			3	4	91		4000	6
2001				13	22	48	8000	5
2002				2	35	58		11
2003		7		2	31	82		6
2004	3	4	4	49	34			18
2005				2	13	46	8564	44
2006				20	21	32	16000	
2007				3	25	46	2740	9
2008				3	16	49	630	17
2009		1	3	8	20	94	1550	17
2010				4	6	40	9895	16
2011				8	27	116	3300	25
2012					10	127	3400	16
2013					5	55	3600	10
2014					8	113	3998	31
2015					48	135	2010	18
2016				5	96	212	2325	31
2017					44	150	8982	16
2018					84	125	6883	11

12-29　主要年份体育比赛成绩

Basic Statistics on Sports Achievements in Main Years

项　　目	单位	1980年	1985年	1990年	1995年	2000年	2005年	2010年	2015年	2017年	2018年
破世界纪录	次			13	10						
获得国际赛冠军	个		5	4	5	4		4			
破亚洲纪录	次		2	5	1						
破全国纪录	次	12	1			3					
获国际比赛奖牌											
金牌	枚		5	4	5	4	2	4			
银牌	枚			4	3	2	1	2			
铜牌	枚						2				
获全国比赛金牌	枚	2	2	6	37	91	13	6	48	44	84

注：“获得国际赛冠军”及“获国际比赛奖牌”含地区赛。

12-30　主要年份群众体育活动情况

Basic Statistics on Activities of Mass Sports in Main Years

项　　目	单位	1980年	1985年	1990年	1995年	2000年	2005年	2010年	2015年	2017年	2018年
举办市级运动会	次	5	4	9	4	2	4	16	8	11	19
市级运动会参赛运动员人数	人	2400	1960	2370	1500	4000	8564	9895	2010	8982	6883
举办全民健身活动	次								367	429	788
参加全民健身活动人数	万人次								20.12	30.03	65.67
为国家和省输送运动员人数	人	14	7	25	14	6	47	16	18	16	11

12-31　主要年份治安案件情况

Basic Statistics on Public Security Cases in Main Years

项　　　目	单位	2005年	2010年	2015年	2017年	2018年
治安案件受理数	起	13760	44979	128576	104508	105686
扰乱公共秩序	起	2816	198	336	591	706
妨害公共安全	起	243	630	395	818	818
侵犯人身、财产权利	起	6044	24551	102807	84563	90462
#盗窃	起	2599	10513	57235	49665	54290
妨害社会管理秩序	起	4296	19600	25038	18536	13700
#吸毒	起	2697	4455	15165	8866	4895
卖淫、嫖娼	起	153	663	527	863	1285
赌博或为赌博提供条件	起	942	10464	5495	1852	1932
治安案件查处数	起	12490	37818	58375	52869	47773
扰乱公共秩序	起	2797	186	256	476	555
妨害公共安全	起	237	583	293	768	598
侵犯人身、财产权利	起	4865	17687	32943	33265	33273
#盗窃	起	2007	5476	16391	18499	19045
妨害社会管理秩序	起	4246	19362	24883	18360	13347
#吸毒	起	2665	4317	15127	8843	4868
卖淫、嫖娼	起	147	659	524	848	1241
赌博或为赌博提供条件	起	938	10408	5478	1835	1862
查处违法人员数	人	20692	42815	49312	44820	37851
扰乱公共秩序	人	4486	363	609	668	708
妨害公共安全	人	218	618	293	720	584
侵犯人身、财产权利	人	6769	14145	7984	6160	6709
#盗窃	人	2676	3802	2579	2170	2184
妨害社会管理秩序	人	8201	27689	40426	37272	29850
#吸毒	人	3922	4885	17049	12033	6949
卖淫、嫖娼	人	415	1506	1209	2001	2798
赌博或为赌博提供条件	人	3179	17191	18265	15938	14253

注：本表数据来源于市公安局。

12-32 主要年份刑事案件情况

Basic Statistics on Criminal Cases in Main Years

单位：起

项　　目	2005年	2010年	2015年	2017年	2018年
刑事案件立案数	44641	36965	94541	72916	66812
危害公共安全	264	586	1170	1403	3109
破坏市场经济秩序	451	577	2359	1625	1393
侵犯公民人身权利	3748	3587	2715	2193	239
#杀人	87	69	21	31	25
伤害	3071	2882	2057	1589	1720
强奸	266	336	333	331	357
侵犯财产	39657	31251	85100	65346	57093
#抢劫	9144	5045	5290	2137	921
抢夺	3736	3250	10705	4778	682
入室盗窃	4150	8779	15834	10448	6455
盗窃机动车	16050	3526	1707	912	445
诈骗	897	3203	14450	16134	18587
妨害社会管理秩序	571	963	3194	2347	2826
#毒品犯罪	215	587	1863	1219	1066
刑事案件破案数	13682	16271	19495	22034	21712
危害公共安全	161	550	693	1169	1921
破坏市场经济秩序	439	388	1032	715	689
侵犯公民人身权利	2037	1933	1198	1228	1296
#杀人	73	61	23	23	22
伤害	1586	1449	887	872	878
强奸	171	224	164	179	242
侵犯财产	10598	12534	13887	17032	15438
#抢劫	3582	2531	1274	874	680
抢夺	1525	1700	2066	1423	653
入室盗窃	1081	4182	2707	1957	1103
盗窃机动车	1880	631	246	217	119
诈骗	202	536	260	2496	2184
妨害社会管理秩序	490	866	2684	1889	2368
#毒品犯罪	210	569	1664	1014	1002

注：本表数据来源于市公安局。

12-33　主要年份道路交通违法情况

Basic Statistics on Traffic Offense in Main Years

项　　目	单位	2005年	2010年	2015年	2017年	2018年
处理违法起数	万起	61.04	282.48	174.98	295.32	318.32
#机动车	万起		280.44	174.21	294.06	316.29
非机动车	起		10084	7667	11973	16604
行人和乘车人	起		10281	14	640	3677
罚款总额	万元	9991.70	44359.52	32453.86	53802.67	58891.21
#机动车	万元		44355.07	32411.54	53730.29	58808.59
非机动车	万元		2.80	42.31	71.81	80.13
行人和乘车人	元		16500	100	5700	24900

注：本表数据来源于市公安局。

12-34　主要年份律师、公证、基层司法及普法教育

Basic Statistics on Lawyers, Notarization, Grassroots Judicial Work and Law Education in Main Years

项　　目	单位	1990年	1995年	2000年	2005年	2010年	2015年	2017年	2018年
律师工作									
律师事务所	个	2	8	22	46	115	163	213	241
律师	人	12	85	221	625	1366	2035	2570	3051
担任常年法律顾问	家	102	364	416	1426	2752	3245	5878	6941
民事诉讼代理	件	145	343	1203	6543	12041	16122	24163	31025
非诉讼法律事务	件	110	1162	2079	13391	19967	22678	18891	22008
刑事辩护及代理	件	295	235	438	2496	2776	3566	4405	10166
公证工作									
公证处	个	1	1	1	1	3	3	3	3
公证人员	人	10	19	20	48	96	120	121	118
办结公证总数	件	5347	11377	28910	60685	48296	81253	106033	85379
#国内民事公证	件	113	2795	19607	19627	35104	66946	89207	70360
国内经济公证	件	236	898	1776	34015	3536	3027	2353	2346
涉外公证（含港澳台）	件	4998	7684	4809	4607	9656	14307	14473	15019
基层司法工作									
法律服务所	个	24	29	32	32	32	32	32	32
法律服务工作者	人					58	80	64	60
担任法律顾问	家	62	482	695	1208	724	316	253	235
民事诉讼代理	件	26	568	1221	1790	1090	426	278	264
非诉讼代理	件	129	1045	3016	3837	1549	440	201	353
调解工作									
人民调解委员会	个	904	813	750	814	1552	1554	1425	1262
调解人员	人	3664	3466	3644	4556	17438	14683	13800	11220
调解民间纠纷	件	2005	2632	2642	15210	15239	13471	11426	12308
参加普法教育人数	万人	79.9	170	79	571	288	651	760	795

12-35 历年计划生育情况

Basic Statistics on Family Planning over Years

年 份	已婚育龄妇女人数(人)	女性初婚人数(人)	#23周岁及以上	不足20周岁	落实各种节育措施 育龄夫妇(对)	节育率(%)
1978	130438	10974			103414	79.28
1979	134483	11914			104612	77.79
1980	136742	9270			101190	74.00
1981	141079	13714			112956	80.07
1982	142324	8729			115302	81.01
1983	149928	12664			129035	86.06
1984	156444	9579			138785	88.71
1985	159985	11208			142974	89.37
1986	168611	13983	11899		150545	89.30
1987	176868	13492	11252		158857	89.80
1988	183022	12419	10072		164889	90.10
1989	196042	13691	10228	15	172799	88.20
1990	202505	13264	9670	29	177425	87.60
1991	211544	13790	10834	12	184254	87.10
1992	224624	15295	10375	13	190151	84.70
1993	235150	13932	9793	6	200673	85.30
1994	243456	13213	9833	9	208234	85.50
1995	252627	13921	10430	26	215339	85.20
1996	258873	13556	10114	20	221805	85.70
1997	263646	12968	9623	9	226674	85.98
1998	267982	12366	9260	7	233007	86.95
1999	280455	12114	8999	4	249368	88.92
2000	285244	11122	7050	14	249741	87.55
2001	295395	10903	6755	14	260077	88.04
2002	303134	11635	7082	8	268243	88.49
2003	306157	12441	7767	5	266832	87.16
2004	312941	13957	9318	2	273387	87.36
2005	317062	13251	9057	5	275685	86.95
2006	323479	12460	9117	3	279246	86.33
2007	331556	13621	10333	1	293733	85.29
2008	343051	14485	11053	1	291049	84.84
2009	352115	14450	11157	5	297559	84.51
2010	367607	14265	11019	4	309054	84.07
2011	380570	14899	11820	1	320135	84.12
2012	384854	14875	12049	12	320907	83.38
2013	391864	13549	10952	5	327002	83.45
2014	399044	14871	12118	6	333848	83.66
2015	401786	12933	10667	6	338726	84.31
2016	418882	14465	12078	13	339885	81.14
2017	444011	12442	10556	4	349627	78.74
2018	489727	10022	8537	11	372050	75.97

12−35 续表

年　份	领取独生子女证		人口出生率（‰）	政　策 生育率 （%）	多孩率（%）
	累　计 （人）	领证率 （%）			
1978			18.73		
1979			24.13		
1980			24.41		
1981			21.86		
1982			19.07		
1983			16.74		
1984			15.54		
1985	1954	1.22	15.37	88.94	4.27
1986	2029	1.20	16.44	92.45	2.93
1987	2257	1.28	16.11	93.16	1.97
1988	2408	1.32	16.75	93.58	2.14
1989	2116	1.10	17.06	92.35	2.54
1990	2288	1.13	17.07	89.08	3.71
1991	2514	1.19	17.91	89.55	3.65
1992	2335	1.04	19.31	86.08	4.44
1993	2905	1.24	18.38	87.29	4.50
1994	3245	1.33	17.88	86.50	4.71
1995	3389	1.34	17.76	85.09	4.33
1996	4028	1.63	17.05	83.83	4.87
1997	4514	1.71	16.50	83.98	4.68
1998	4971	1.85	15.31	90.01	2.92
1999	21228	7.57	14.55	89.31	2.92
2000	30921	10.84	12.11	90.17	1.77
2001	41636	14.10	11.16	91.75	1.57
2002	49188	16.23	10.35	91.80	1.31
2003	51814	16.92	10.34	92.45	1.24
2004	55425	17.71	10.86	93.48	1.14
2005	60426	19.06	10.62	94.32	0.80
2006	69507	21.49	10.14	94.69	0.71
2007	73766	22.25	10.39	95.48	0.63
2008	77919	22.71	10.77	96.28	0.54
2009	80738	22.93	10.67	96.75	0.75
2010	81736	22.23	10.90	96.97	0.99
2011	83312	21.89	10.92	98.65	0.90
2012	81341	21.14	13.32	84.23	3.42
2013	81215	20.73	11.79	83.52	3.65
2014	80769	20.24	11.20	89.21	2.57
2015	77688	19.34	11.34	92.47	1.20
2016	69298	16.54	13.92	97.06	1.88
2017	49102	11.06	22.22	98.47	3.02
2018	38347	7.83	18.35	95.84	6.16

注：领证率是期末已领取独生子女证人数除以全市已婚育龄妇女人数。

12-36 主要年份优抚和社会救济、福利事业

Basic Statistics on Special Care, Social Relief and Welfare in Main Years

项　　目	单位	1990年	1995年	2000年	2005年	2010年	2015年	2017年	2018年
优抚事业									
优抚收养性事业单位数	个	1	1	1	1	1	1	1	1
优抚收养性单位收养人数	人次	19	11	7	8	8	7	7	7
优抚事业费用	万元	340	213	412	2400	4555	7102	9525	6339
社会救济									
社会救济人数	人次	4433	7273	19914	23886	36516	19000	12571	8805
年末社会散居孤幼人数	人	2026	2444	1596	875	11	109	81	65
#定期救济对象	人	142	569	29	18	11	109	81	65
社会救济福利事业费	万元		190	993	6955	21199	24991	36099	36898
自然灾害生活救助费	万元	4.6	70	50	744	139	536	156	141
社会福利									
社会福利事业单位数	个	1	1	3	36	38	37	37	44
#民政部门办	个	1	1	3	4	3	3	6	13
社会福利事业单位收养人数	人	363	351	406	2240	2609	2737	1790	2497
#民政部门办	人	363	351	406	893	1715	1252	331	1007
安排“四残”人员就业人数	人	199	239	393	351	321	395		264
社会福利事业单位费用支出	万元					9770	24991	3896	10483
敬老院情况									
全市敬老院个数	个			32	31	35	34	31	31
年末敬老院供养人数	人			833	1347	894	1485	1459	1490
“五保户”情况									
年末列入“五保户”户数	户			1545	1575	1254	833	763	782
年末列入“五保户”人数	人			1587	1575	1263	833	763	782
全年“五保户”费用支出	万元			2198	1594	1536	1484	1371	1325
城乡基层社会保障									
建立社会保障网络镇街数	个	33	24	32	32	32	32	32	32

注：“五保户”人数及费用支出含敬老院供养人数及费用支出。

12-37 主要年份婚姻登记情况

Basic Statistics on Marriage Registration in Main Years

项　　目	单位	1985年	1990年	1995年	2000年	2005年	2010年	2015年	2017年	2018年
准予登记结婚	对	11870	13668	14170	10535	14293	11415	18101	17008	16720
#涉外、华侨、港澳台同胞	对	638	709	510	213	113	79	169	170	154
准予登记离婚	对				448	1319	1856	3672	4622	5548
#涉外、华侨、港澳台同胞	对						9	45	55	64

12-38 主要年份环境保护基本情况

Basic Statistics on Environmental Protection in Main Years

项　　目	单 位	1985年	1990年	1995年	2000年	2005年	2010年	2015年	2017年	2018年
废水										
废水排放总量	万吨	3100	5259	9681	40703	69049	87953	114086	124182	125820
#工业废水	万吨	2686	4124	5511	11753	21355	29742	20429	20735	19341
污水厂集中处理率	%						71.5	95.0	94.1	94.5
废气										
工业废气排放量	亿立方米	34	307	556	1318	1695	2340	3219	4201	4677
一般工业固体废物										
一般工业固体废物产生量	万吨	16	112	108	149	284	313	486	523	587
一般工业固体废物处置量	万吨	8	2	1	5	12	15	55	142	194
一般工业固体废物处置率	%	48.2	1.8	0.9	66.9	99.8	4.8	11.3	27.2	33.0
一般工业固体废物综合利用率	%	37.5	17.9	18.2	63.8	86.5	95.0	88.7	72.4	66.3
城市环境质量及污染控制										
空气质量指数	范围值				21-87	24-123	14-108	20-201	23-206	25-190
交通干线噪声平均值	db				68.4	67.9	67.7	68.8	62.4	66.1
汽车尾气排放达标率	%				81.2	88.1	81.0	86.0	89.0	89.0
全市生活垃圾无害化处理率	%						37.3	74.9	100.0	100.0

12−39 主要年份社会保险事业情况

Basic Statistics on Social Insurance in Main Years

项　　目	单 位	1995年	2000年	2005年	2010年	2015年	2017年	2018年
各类社会保险参保人次	万人次	149.33	338.33	804.71	2726.37	2659.94	2561.28	2510.87
#失业保险	万人	6.49	17.84	177.78	279.90	412.14	404.01	418.67
养老保险	万人	8.46	82.95	182.49	421.84	670.60	694.49	597.24
医疗保险	万人	7.60	88.21	189.40	592.27	601.92	566.09	583.30
工伤保险	万人	126.78	136.53	235.10	469.08	464.46	430.55	437.48
社会保险基金总收入	万元	18155	127964	491540	1544112	4309420	5225384	6567743
#失业保险	万元	60	2732	28954	27008	186278	120946	134604
养老保险	万元	7697	85245	343429	976257	3340876	4039688	5299681
医疗保险	万元	2057	23488	82138	333342	643199	849409	894570
工伤保险	万元	8341	15891	35073	62806	132895	124305	100058
社会保险基金总支出	万元	10520	40454	217413	547470	1684737	2209577	3121685
#失业保险	万元	16	440	6676	9681	58297	77205	94864
养老保险	万元	7450	24130	135958	194055	781414	1205884	1982387
医疗保险	万元	1436	3694	51021	299975	555937	693066	806933
工伤保险	万元	1618	11703	22220	41910	120276	117006	122233

注：1．1997年起养老保险因口径调整，与以前年份不可比。
2．参加各种社会保险总人数包含生育保险人数。

12−40 主要年份最低生活保障情况

Basic Statistics on Minimum Income Relief in Main Years

项　　目	单 位	2005年	2010年	2017年	2018年
居民最低生活保障线	元/人月	320	440	880	880
村民最低生活保障线	元/人月	300	440	880	880
居民最低生活保障户数	户	1911	1599	1855	1596
居民最低生活保障人数	人	4885	3643	3419	2884
居民最低生活保障金支出	万元	790	673	2708	2277
村民最低生活保障户数	户	6705	12214	4337	2877
村民最低生活保障人数	人	17426	30785	8515	5635
村民最低生活保障金支出	万元	2318	5922	6041	3737

12-41 主要年份市政建设情况

Basic Statistics on Municipal Construction in Main Years

项　　目	单 位	1995年	2000年	2005年	2010年	2015年	2017年	2018年
水厂日供水能力	万立方米	66	187	480	700	746	750	730
年末供水管道总长度	公里	1580	2106	3680	16268	20100	22466	22087
全年供水量	万立方米	18802	70046	155100	165607	155441	159962	161352
#生活用水量	万立方米	7361	21433	51100	28560	42685	59515	48849
建成区绿地面积	万平方米	800	1396	10298	33092	38801.81	41984.38	42370.55
#公园绿地面积	万平方米				9075	11535.60	15745.49	16478.94
建成区绿化覆盖面积	万平方米	1885	1364	9436	35571	41667.00	46455.78	47578.73
建成区土地面积	平方公里	82.00	147.68	657.17	798.48	928.87	988.89	1007.76
公园数	个		273	931	1004	1223	270	260
公园面积	公顷		1423	2887	11130	14493.14	15391.10	15773.80

注：1.公园数和公园面积不含森林公园数及其面积。
　　2.2017年起，按《全国城市(县城)建设统计报表》规定，公园个数及面积的统计范围调整为镇级和市级的城市公园，村(社区)级公园不纳入统计范围。

12-42 主要年份液化石油气及天然气供应情况

Basic Statistics on Supply of Liquefied Petroleum Gas and Natural Gas in Main Years

项　　目	单 位	1995年	2000年	2005年	2010年	2015年	2017年	2018年
年末液化石油气用户数	户	63419	110172	144797	956018	885176	1286927	1143628
#居民用户数	户	62246	106910	144035	870921	853945	1280000	1066513
全年液化石油气供气量	吨	25935	58287	161930	344762	289410	276038	331833
#家庭用量	吨	18948	22104	24354	188108	234500	124577	180975
年末天然气用户数	户			5027	147047	594731	873942	985478
#居民用户数	户			5000	116239	586339	866389	976371
全年天然气供气量	万立方米			1657	29611	72134	87752	101869
#家庭用量	万立方米			45	1600	16400	15000	11152
年末汽车天然气加气站	个				10	15	20	38
天然气汽车加气全年供应量	万立方米				5324	3836	11909	13505

注：本表2000-2006年为市喜威液化石油气有限公司与市中液石油气有限公司的业务量，2007年起调整为市城市管理综合执法局统计口径。

12-43 历年环境保护基本情况

Basic Statistics on Environmental Protection over Years

年份	降水PH均值	酸雨PH均值	酸雨频率(%)	酸雨占总降水量(%)	交通干线噪声平均值(db)	工业废水排放量(万吨)
1982						1842
1983						2068
1984	6.53					2127
1985						2686
1986					76.8	2416
1987	6.64	5.38		38.4	78.9	3501
1988	4.85	4.72	63.6	75.1	77.6	3029
1989	5.44	5.21	31.0	31.8	74.1	3976
1990	6.15	5.30	29.5	43.3	75.9	4124
1991	5.24	4.78	35.4	30.4	72.2	5506
1992	5.10	4.71	36.8	35.9	76.0	5849
1993	4.93	4.41	22.5	29.1	75.8	6500
1994	5.33	4.81	23.2	25.5	72.6	7057
1995	5.89	5.49	9.2	13.7	70.3	5511
1996	5.83	5.40	14.7	10.9	70.4	6033
1997	4.94	4.84	56.6	76.4	70.6	8930
1998	4.79	4.70	60.3	80.4	70.3	7989
1999	4.97	4.68	40.0	50.5	69.1	11719
2000	4.90	4.67	50.7	56.6	68.7	11753
2001	5.06	4.74	31.6	43.9	68.2	11694
2002	5.47	5.09	29.3	28.8	68.0	25587
2003	4.55	4.44	60.5	77.2	67.9	23389
2004	4.47	4.41	69.6	85.7	68.0	22501
2005	4.07	4.00	65.7	86.2	67.9	21355
2006	3.57-6.57	4.70	50.0	42.4	68.0	24134
2007	5.21	4.36-7.59	54.2	59.2	67.9	91260
2008	4.83	4.65	60.1	63.6	63.6	33359
2009	5.03	4.88	51.8	67.3	63.8	29960
2010	5.11	4.97	52.2	65.3	67.7	29742
2011	5.02	4.59	47.6	31.9	67.8	29091
2012	5.26	4.98	33.7	47.2	67.9	26909
2013	5.23	4.93	30.8	46.7	68.3	23463
2014	5.46	5.16	38.2	40.2	68.5	28292
2015	5.91	5.35	8.2	7.8	68.8	20429
2016	5.88	5.45	12.6	14.6	65.0	17245
2017	5.79	5.04	15.0	10.9	62.4	20735
2018	6.33	5.25	2.4	0.6	66.1	19341

注：2007年起，工业废水排放量统计口径变更，与往年不可比。

主要统计指标解释

Explanatory Notes on Main Statistical Indicators

工程技术人员 指在国民经济各行业从事工程技术工作的自然科学技术专业人员，包括：高级工程师、工程师、助理工程师、技术员和未评定职称的技术人员。

农业技术人员 指在国民经济各行业从事农业技术工作的自然科学技术专业人员，包括：高级农艺师、农艺师、助理农艺师、技术员和未评定职称的技术人员。

科学研究人员 指在国民经济各行业从事科学技术活动的科学技术专业人员，包括：正副研究员、助理研究员、研究实习员、技术员和未评定职称的技术人员。

专利申请量 指企业当年向国家知识产权局提出专利申请并被受理项数。

专利授权量 指企业当年获国家知识产权局授予专利权的项数。

发明 专利法及其实施细则所称的发明是指对有关产品、方法或其改进所提出的新的技术方案。

实用新型 专利法及其实施细则所称的实用新型是指对产品的形状、构造或者其结合所提出的适于实用的新的技术方案。

外观设计 专利法及其实施细则所称的外观设计是指对产品的形状、图案、色彩或者其结合所作出的富有美感并适于工业上应用的新设计。

研究与试验发展(R&D) 指在科学技术领域，为增加知识总量，以及运用这些知识去创造新的应用进行的系统的创造性的活动，包括基础研究、应用研究、试验发展三类活动。国际上通常采用 R&D 活动的规模和强度指标反映一国的科技实力和核心竞争力。

基础研究 指为了获得关于现象和可观察事实的基本原理的新知识(揭示客观事物的本质、运动规律，获得新发现、新学说)而进行的实验性或理论性研究，它不以任何专门或特定的应用或使用为目的。其成果以科学论文和科学著作为主要形式。用来反映知识的原始创新能力。

应用研究 指为获得新知识而进行的创造性研究，主要针对某一特定的目的或目标。应用研究是为了确定基础研究成果可能的用途，或是为达到预定的目标探索应采取的新方法(原理性)或新途径。其成果形式以科学论文、专著、原理性模型或发明专利为主。用来反映对基础研究成果应用途径的探索。

试验发展 指利用从基础研究、应用研究和实际经验所获得的现有知识，为产生新的产品、材料和装置，建立新的工艺、系统和服务，以及对已产生和建立的上述各项作实质性的改进而进行的系统性工作。其成果形式主要是专利、专有技术、具有新产品基本特征的产品原型或具有新装置基本特征的原始样机等。在社会科学领域，试验发展是指把通过基础研究、应用研究获得的知识转变成可以实施的计划(包括为进行检验和评估实施示范项目)的过程。人文科学领域没有对应的试验发展活动。主要反映将科研成果转化为技术和产品的能力，是科技推动经济社会发展的物化成果。

R&D 人员 指参与研究与试验发展项目研究、管理和辅助工作的人员，包括项目(课题)组人员，企业科技行政管理人员和直接为项目(课题)活动提供服务的辅助人员。反映投入从事拥有自主知识产权的研究开发活动的人力规模。

R&D 人员全时当量 指全时人员数加非全时人员按工作量折算为全时人员数的总和。例如：有两个全时人员和三个非全时人员(工作时间分别为 20%、30%和 70%)，则全时当量为 2+0.2+0.3+0.7=3.2 人年。为国际上比较科技人力投入而制定的可比指标。

R&D 经费支出合计 指调查单位用于内部开展 R&D 活动（基础研究、应用研究和试验发展）的实际支出。包括用于 R&D 项目（课题）活动的直接支出，以及间接用于 R&D 活动的管理费、服务费、与 R&D 有关的基本建设支出以及外协加工费等。不包括生产性活动支出、归还贷款支出以及与外单位合作或委托外单位进行 R&D 活动而转拨给对方的经费支出。

毕业生数 毕业生数是指上学年内，具有学籍的学生学完教学计划规定的全部课程，考试及格，实际毕业的学生数。不包括结业生和肄业生。

招生数 招生数是指新学年开始时，按规定实际招收入学的新生数，不包括重读生和复学生（高等教育包括春秋两季招收的学生）。

在校学生数 是指具有学籍的注册学生总数。

学龄儿童入学率 指调查范围内已入小学学习的学龄儿童占校内外学龄儿童总数（包括弱智儿童在内，但不包括盲聋哑儿童）的比重。

电影放映单位 指具有放映机器设备、固定或不固定的放映场所与专职或兼职的放映技术人员，经有关部门登记批准，经常为一定的观众对象放映电影的机构。包括经批准对外开放进行营业，并与电影发行放映管理机构分帐的专用放映单位和军委系统租片单位。

公共图书馆藏书量 是指本馆已编目的古籍、图书、期刊和报纸的合订本、小册子、手稿，以及缩徽制品、录像带、录音带、光盘等视听文献资料数量之和。

医疗机构 是指根据《医疗机构管理条例》的规定，经登记取得《医疗机构执业许可证》的机构。包括医院、社区卫生服务中心（站）、卫生院、门诊所、诊疗所、医务室、村卫生室、妇幼保健院（所、站）、专科疾病防治院（所、站）、急救中心、临床检验中心。

医院 指设有固定床位能收容病人住院并能为病人提供医疗、护理服务的医疗机构。包括县及县以上医院、农村乡卫生院、其他医院三部分。按所属性质分为卫生部门、工业及其他部门、集体经济单位三类。其中县及县以上医院按业务性质分为综合医院和专科医院。

实有床位 是指报告期末固定实有床位数，包括正规床、简易床、监护床、正在消毒和修理床位、因扩建或修理而停用的床位，不包括产科新生儿床、待产室待产床、库存床、观察床、临时加床和病人家属陪伴床。

诊疗人数 是指所有诊疗工作的总人数。包括病人来院就诊的门诊、急诊人次和出诊、下地段、赴家庭病床、到工厂、农村、工地、会议、集体活动等外出诊疗的人次数，以及外出进行的单项健康检查及健康咨询指导人次数。并包括本院职工的诊疗的人次数及局部的单项健康检查人数。

卫生技术人员 指卫生事业机构支付工资的全部固定职工和合同制职工中现任职务为卫生技术工作的专业人员。包括中医师、西医师、中西医结合高级医师、护师、中药师、西药师、检验师、其他技师、中医士、西医士、护士、助产士、中药剂士、西药剂士、检验士、其他技士、其他中医、护理员、中药剂员、西药剂员、检验员，其他初级卫生技术人员。

病死率 是指年内住院病人中死亡人数占出院人数的比例。

刑事案件立案 是指实施违反我国刑事法律的行为，构成犯罪的案件。根据《关于公安机关办理刑事案件程序规定》第一百六十二条，公安机关受理案件后，经过审查，认为有犯罪事实需要追究刑事责任，且属于自己管辖的，由接受单位制作《刑事案件立案报告书》，经县级以上公安机关负责人批准，予以立案。

刑事案件破案 根据《关于公安机关办理刑事案件程序规定》第一百六十六条的规定，刑事案件破案应当具备下列条件：（一）犯罪事实已有证据证明；（二）有证据证明犯罪事实是犯罪嫌疑人实施的；（三）犯罪嫌疑人或者主要犯罪嫌疑人已经归案。

治安案件查处 是指触犯了《中华人民共和国治安管理处罚条例》规定，给社会或个人造成一定危害，公安机关依照相关法律、法规和规定，应当给予处罚的行为事件。

律师 指受聘参加法律顾问处工作，担任法律顾问、刑（民）事代理人、刑事辩护人，办理非诉讼事件、解答法律询问，代写法律事务文书等主要从事律师业务的专职法律工作者和兼职律师。

公证人员 指在国家公证机关依法办理公证事务的司法人员。包括公证员、助理公证员和在公证处工作的其他人员。

调解人员 在人民调解委员会担负调解民间一般民事纠纷和轻微违法行为所引起的纠纷的工作人员。包括调解委员会的委员和调解小组的调解员。

社会保险基金收入 是指根据国家规定，由纳入基本社会保险范围的单位，按照国家规定的缴费基数和缴费比例缴纳的社会统筹基金，以及通过其他方式取得的形成基金来源的收入，包括：单位缴纳的社会统筹基金收入、财政补贴收入、利息收入、其他收入。

社会保险基金支出 是指按照国家政策规定的开支范围和开支标准从社会统筹基金中支付给参加基本社会保险人员个人的费用，以及由于保险关系转移、上下级之间调剂资金等原因而发生的支出。

社会福利事业单位 指集中收养社会孤老、残、幼的机构。包括由民政部门管理的社会福利院、儿童福利院、精神病人福利院和城镇集体办的福利院，以及农村集体举办的敬老院。

社会福利事业单位收养人数包括民政部门管理的和城镇及农村集体举办的社会福利事业单位中收养的老人、少年儿童、缺乏生活自理能力的残疾人员和精神病人。

废水排放总量 包括工业废水和生活污水。工业废水指工业企业在生产、科研过程中向企业外部排放的所有排放口的废水量总和。生活污水指居民或职工在饮用、洗涤、烹饪、清洁卫生等过程中排放的污水量。

十三、能　源

Energy

13-1　主要节能情况

Main Condition of Energy Conservation

单位：±%

年　份	单位生产总值能耗上升率或下降率	单位生产总值电耗上升率或下降率	单位工业增加值能耗上升率或下降率
2006	-4.86	-5.69	-10.66
2007	-5.36	-7.64	-10.07
2008	-5.11	-12.49	-10.94
2009	-4.48	-8.42	-0.26
2010	-2.02	2.84	-10.92
2011	-4.61	-3.40	-6.12
2012	-4.46	-2.85	-11.42
2013	-5.35	-6.17	-8.45
2014	-5.88	-1.50	-9.74
2015	-7.90	-6.54	-10.88
2016	-4.65	-2.62	-3.93
2017	-4.87	0.23	-7.95
2018	-5.55	-1.28	-9.15

13-2　规模以上工业企业能源加工转换情况（2018年）

Energy Convertion of Industrial Enterprises Above Designated Size (2018)

能源名称	计量单位	工业生产消费量	#加工转换				能源加工转换产出	回收利用
			投入合计	火力发电	供热	加工煤制品		
原煤	吨	7925015	7354532	3598049	3540902	215581		
煤制品	吨	323568	294404	132558	161846		303751	
天然气（气态）	万立方米	150371	120282	111609	8673			
液化天然气（液态）	吨	459	459	459				
柴油	吨	12468	9210	2219	6991			
热力	百万千焦	52327199	854636	854636			68256772	
电力	万千瓦时	801532					1723813	
城市生活垃圾（用于燃料）	吨	4160016	4160016	4160016				
生物燃料	吨标准煤	20319	15856		15856			
余热余压	百万千焦	891250	891250	891250				559015
能源合计	吨标准煤	10940843	7462016	4728228	2565410	168379	4612586	19062

注：2018年规模以上工业能源数据不包含广东电力发展股份有限公司沙角A电厂、深圳市广深沙角B电力有限公司沙角B火力发电厂、广东省粤电集团有限公司沙角C电厂数据。

13-3 全市规模以上工业企业能源购进、消费及库存量（2018年）

Energy Purchases, Consumptton and Stock of Industrial Enterprises of Whole Municipality Above Designated Size (2018)

能源品种	单　位	购进量	消费量	#工业生产	年末库存量
原煤	吨	8531399	8404918	8402667	390312
煤制品	吨	85061	391536	391536	1671
焦炭	吨	892	1142	1142	
天然气（气态）	万立方米	183880	183871	182769	7
液化天然气（液态）	吨	9598	9492	9346	3
汽油	吨	17126	17090	2858	40
煤油	吨	28	28	28	5
柴油	吨	61795	65304	45072	3098
燃料油	吨	7874	11242	10822	9429
液化石油气	吨	7019	6997	5881	24
润滑油	吨	2232	2208	2202	13
石蜡	吨	95	82	82	20
溶剂油	吨	92	92	92	3
其他石油制品	吨	56	56	56	
热力	百万千焦	13222413	63075525	62954653	
电力	万千瓦时	3002385	3746870	3584035	
城市生活垃圾（用于燃料）	吨	4228267	4160016	4160016	64023
生物燃料	吨标准煤	146704	158836	157640	925
余热余压	百万千焦	332235	891250	891250	
其他燃料	吨标准煤	3587	3774	3658	

13-4 全市规模以上工业企业分行业能源消费量（2018年）

Total Energy Consumption of Industrial Enterprises Above Designated Size by Sector (2018)

行业	原煤（吨）	煤制品（吨）	焦炭（吨）	天然气（气态）（万立方米）	液化天然气（液态）（吨）	汽油（吨）
总计	8404918	391536	1142	183871	9492	17090
采矿业						6
煤炭开采和洗选业						
石油和天然气开采业						
黑色金属矿采选业						
有色金属矿采选业						
非金属矿采选业						6
开采专业及辅助性活动						
其他采矿业						
制造业	6864145	371719	1142	63542	9034	16795
农副食品加工业	75630	67969		822	14	113
食品制造业				1487	181	195
酒、饮料和精制茶制造业				728	87	10
烟草制品业						
纺织业	400245			1892	28	960
纺织服装、服饰业				442	99	448
皮革、毛皮、羽毛及其制品和制鞋业				230		1183
木材加工和木、竹、藤、棕、草制品业	338			42		157
家具制造业				663		374
造纸和纸制品业	6325683	274587		1355	1390	383
印刷和记录媒介复制业	2503			726	962	568
文教、工美、体育和娱乐用品制造业	446			467	8	365
石油、煤炭及其他燃料加工业				330		
化学原料和化学制品制造业	9855		1142	1864	34	724
医药制造业				167		96
化学纤维制造业				349		51
橡胶和塑料制品业	13927			1914	22	1513
非金属矿物制品业	35513	29163		37950	17	192
黑色金属冶炼和压延加工业				67		69
有色金属冶炼和压延加工业				1219		285
金属制品业				3663	4834	1148
通用设备制造业				473	25	1159
专用设备制造业				1078	20	1199
汽车制造业				1293		239
铁路、船舶、航空航天和其他运输设备制造业				158	699	19
电气机械和器材制造业				1191	220	1594
计算机、通信和其他电子设备制造业	5			2886	57	3181
仪器仪表制造业				12		136
其他制造业				76	336	419
废弃资源综合利用业						
金属制品、机械和设备修理业						17
电力、热力、燃气及水生产和供应业	1540773	19817		120329	459	289
电力、热力生产和供应业	1514274	19817		120282	459	74
燃气生产和供应业				48		8
水的生产和供应业	26499					206

13-4 续表 1

(2018年)

行　　业	煤油(吨)	柴油(吨)	燃料油(吨)	液化石油气(吨)	润滑油(吨)	石蜡(吨)	溶剂油(吨)	其它石油制品(吨)
总　计	28	65304	11242	6997	2208	82	92	56
采矿业								
煤炭开采和洗选业								
石油和天然气开采业								
黑色金属矿采选业								
有色金属矿采选业								
非金属矿采选业								
开采专业及辅助性活动								
其他采矿业								
制造业	28	57611	11242	6974	2208	82	92	56
农副食品加工业		1066		4				
食品制造业		1959	89	253				
酒、饮料和精制茶制造业		212						
烟草制品业								
纺织业		2480	155	4				
纺织服装、服饰业	22	2098	227	32				
皮革、毛皮、羽毛及其制品和制鞋业		1341	27	53	10		80	
木材加工和木、竹、藤、棕、草制品业		402		19				
家具制造业		571	6	529	6			
造纸和纸制品业		8514	93	91				
印刷和记录媒介复制业		1852		10			2	
文教、工美、体育和娱乐用品制造业		1869	261	300		2		12
石油、煤炭及其他燃料加工业		10						
化学原料和化学制品制造业		3271	521	641	1653			
医药制造业		37						
化学纤维制造业		110						
橡胶和塑料制品业		4507	28	430		80		
非金属矿物制品业		5998	9098	521	46			
黑色金属冶炼和压延加工业		75						
有色金属冶炼和压延加工业		1842	242	115	3			34
金属制品业		2907	3	719	116		9	9
通用设备制造业	4	1252	27	550	229			1
专用设备制造业		2168	34	81	22			
汽车制造业	2	668			2			
铁路、船舶、航空航天和其他运输设备制造业		3106						
电气机械和器材制造业		2684	39	690	97			
计算机、通信和其他电子设备制造业		5995	392	1751	24		2	
仪器仪表制造业		287		6				
其他制造业		289		173				
废弃资源综合利用业		40						
金属制品、机械和设备修理业								
电力、热力、燃气及水生产和供应业		7693		23				
电力、热力生产和供应业		7559		23				
燃气生产和供应业								
水的生产和供应业		133						

13-4 续表 2

(2018年)

行　　业	热力(百万千焦)	电力(万千瓦时)	城市生活垃圾(用于燃料)(吨)	生物燃料(吨标准煤)	余热余压(百万千焦)	其他燃料(吨标准煤)
总　　计	63075525	3746870	4160016	158836	891250	3774
采矿业		348				
煤炭开采和洗选业						
石油和天然气开采业						
黑色金属矿采选业						
有色金属矿采选业						
非金属矿采选业		348				
开采专业及辅助性活动						
其他采矿业						
制造业	63075525	3635260		142980	891250	3774
农副食品加工业	4718718	67935		6553		
食品制造业	444680	28833		1457		
酒、饮料和精制茶制造业	104149	16523		3286		
烟草制品业						
纺织业	7622569	75956		6474		
纺织服装、服饰业	82577	49656		7497		14
皮革、毛皮、羽毛及其制品和制鞋业	196658	73669		2052		
木材加工和木、竹、藤、棕、草制品业		9284		4222		
家具制造业		64092		6051		
造纸和纸制品业	48822304	780548		61465		1059
印刷和记录媒介复制业		61758		7151		
文教、工美、体育和娱乐用品制造业		108556		1589		100
石油、煤炭及其他燃料加工业		1561				
化学原料和化学制品制造业	59944	64841		5120		
医药制造业	87597	3494		634		
化学纤维制造业		7416		3591		516
橡胶和塑料制品业	864918	354139		10989		
非金属矿物制品业		147059		9969	891250	
黑色金属冶炼和压延加工业		5403				
有色金属冶炼和压延加工业		27178				
金属制品业	9360	235015		2326		2
通用设备制造业		78394				
专用设备制造业		142729		20		104
汽车制造业		40620				
铁路、船舶、航空航天和其他运输设备制造业	60982	12398				
电气机械和器材制造业	1068	276303		861		1949
计算机、通信和其他电子设备制造业		855413		1190		
仪器仪表制造业		28211				31
其他制造业		17217		484		
废弃资源综合利用业		599				
金属制品、机械和设备修理业		461				
电力、热力、燃气及水生产和供应业		111263	4160016	15856		
电力、热力生产和供应业		66125	4160016	15856		
燃气生产和供应业		888				
水的生产和供应业		44250				

13-5 主要年份全社会用电量

Total Consumption of Electricity in Main Years

单位：万千瓦时

项　　目	2005年	2010年	2015年	2017年	2018年
全社会用电量总计	4198289	5619996	6668438	7606805	8066430
#各行业用电量合计	3855742	5036303	5822942	6679673	7080792
第一产业	9761	10279	14115	16574	14342
第二产业	3397588	4317267	4877762	5591034	5675621
第三产业	448393	708757	931065	1072065	1390830
城乡居民生活用电量合计	342547	583693	845497	927132	985637
各行业用电分类					
农、林、牧、渔业	9761	10279	14115	16574	16392
工　业	3374306	4262339	4833053	5553946	5803832
#采矿业	8112	8044	531	329	454
制造业	3044575	3953169	4493951	5187907	5409095
电力、热力、燃气及水的生产和供应业	321619	301126	338572	365710	394283
电力、热力生产和供应业	240737	183361	229753	257373	281264
#电厂生产全部耗用电量	41656	51096	55866	68755	71929
线路损失电量	190736	132265	163744	165083	175500
燃气生产和供应业	654	1778	382	655	599
水的生产和供应业	80228	115987	108436	107683	112420
建筑业	23282	54928	44709	37088	38014
交通运输、仓储和邮政业	14425	26524	51705	74995	84747
交通运输业	8614	16173	30546	46707	48539
装卸搬运和仓储业	2084	5774	16094	23709	32173
邮政业	3727	4577	5065	4578	4036
信息传输、软件和信息技术服务业	15277	35085	61673	68739	67262
商业住宿和餐饮业	282238	376037	511790	568906	617689
批发和零售业	148555	194549	335417	385222	426753
住宿和餐饮业	130153	181488	176372	183684	190936
金融、房地产、商务及居民服务业	65223	117690	95148	117164	104201
金融业	16158	14156	8311	11396	12276
房地产业	21976	23489	14002	15765	18320
租赁和商务服务业	27089	80045	72835	90003	73605
公共服务及管理组织	71230	153421	210750	242262	348654
科学研究技术服务业	4550	2950	4724	12228	23155
#地质勘查业	248	45	215	203	353
水利、环境和公共设施管理业	26633	56514	70396	78893	88947
#水利管理业	12157	5208	4823	5503	7156
教育、文化、体育和娱乐业	13596	29655	51512	60833	71200
#教育	4793	8615	42007	51224	56773
卫生和社会工作	12151	8964	36193	39817	37035
公共管理和社会组织、国际组织	14300	55338	47926	50491	93018

13-6 规模以上工业综合能源消费量（2017-2018年）

Overall Energy Consumpiton of Industrial Enterprises above Designated Size (2017-2018)

单位：万吨标准煤

指　　标	2017年	2018年
合　计	1422.24	1109.29
采矿业	0.03	0.04
煤炭开采和洗选业		
石油和天然气开采业		
黑色金属矿采选业		
有色金属矿采选业		
非金属矿采选业	0.03	0.04
开采专业及辅助性活动		
其他采矿业		
制造业	916.33	921.20
农副食品加工业	26.85	34.82
食品制造业	6.88	7.20
酒、饮料和精制茶制造业	4.72	3.60
烟草制品业		
纺织业	49.71	46.97
纺织服装、服饰业	7.18	7.44
皮革、毛皮、羽毛及其制品和制鞋业	9.84	9.50
木材加工和木、竹、藤、棕、草制品业	1.43	1.64
家具制造业	8.46	8.75
造纸和纸制品业	466.67	427.44
印刷和记录媒介复制业	7.17	9.13
文教、工美、体育和娱乐用品制造业	12.41	13.41
石油、煤炭及其他燃料加工业	0.41	0.62
化学原料和化学制品制造业	13.12	12.28
医药制造业	1.02	0.98
化学纤维制造业	1.76	1.72
橡胶和塑料制品业	42.16	49.25
非金属矿物制品业	66.56	68.01
黑色金属冶炼和压延加工业	2.50	0.73
有色金属冶炼和压延加工业	4.48	4.98
金属制品业	23.55	33.21
通用设备制造业	9.92	9.81
专用设备制造业	11.89	17.79
汽车制造业	6.12	6.39
铁路、船舶、航空航天和其他运输设备制造业	1.98	2.40
电气机械和器材制造业	30.34	33.94
计算机、通信和其他电子设备制造业	92.61	103.43
仪器仪表制造业	4.93	3.30
其他制造业	1.55	2.30
废弃资源综合利用业	0.01	0.07
金属制品、机械和设备修理业	0.09	0.05
电力、热力、燃气及水生产和供应业	505.88	188.04
电力、热力生产和供应业	498.93	180.62
燃气生产和供应业	0.10	0.10
水的生产和供应业	6.86	7.32

主要统计指标解释

Explanatory Notes on Main Statistical Indicators

能源购进量 指能源使用企业（单位）在报告期购进、用于本企业（单位）消费的各种能源数量。本指标解释不涉及能源贸易企业的能源购进量。

工业企业能源消费量 指工业企业在工业生产活动和非工业生产活动中消费的能源，包括工业生产活动中作为燃料、动力、原料、辅助材料使用的能源，生产工艺中使用的能源，用于能源加工转换的能源；非工业生产活动中使用的能源。

工业生产能源消费量 指工业企业为进行工业生产活动所消费的能源。主要包括：

（1）用于本企业产品生产、工业性作业的能源，包括用作原料、材料、燃料、动力的能源；作为能源加工转换企业，还包括用作加工转换的能源。

（2）产品生产过程中作为辅助材料使用的能源。

（3）生产工艺过程使用的能源。

（4）新技术研究、新产品试制、科学试验使用的能源。

（5）为了工业生产活动而在进行的各种修理过程中使用的能源。

（6）生产区内的劳动保护用能等。

能源库存量 指能源使用企业（单位）在报告期的某时间点所拥有的、用于企业（单位）消费的各种能源的库存量。本指标解释不涉及能源生产企业的能源产成品库存和能源贸易企业的能源商品库存。

综合能源消费量 指企业（单位）在报告期内工业生产实际消费的各种能源（扣除能源加工转换和能源回收利用等重复因素）的总和。计算综合能源消费量时，需要将各种能源品种的消费量换算成按照标准计量单位（如：吨标准煤）计量的消费量。

能源加工转换投入 能源加工转换，指为了特定的用途，将一种能源（一般为一次能源），经过一定的工艺，加工或转换成另外一种能源（二次能源）。

火力发电的加工转换投入 指火力发电企业为发电而投入发电锅炉燃烧室的燃料数量。通常燃料主要有：煤炭、燃料油、天然气、焦炉煤气、高炉煤气、转炉煤气、生物质燃料、可燃废弃物和可燃垃圾等。

供热的加工转换投入 指热力生产企业为生产热力而投入供热锅炉燃烧室的燃料数量，以及热电联产机组按照热电产出比例分摊的用于供热的燃料投入量。

加工煤制品的加工转换投入 指煤制品生产企业，在不改变煤炭基本属性的情况下，为生产型煤（煤球、煤饼、蜂窝煤）、煤粉、水煤浆等煤制品而使用的原煤或其他煤炭产品的数量。

能源加工转换产出量 指一次能源经过加工转换产出的二次能源产品（包括不作能源使用的其他副产品和联产品）的数量，比如火力发电产出的电力，热电联产同时产出的电力、蒸汽、热水，原煤洗选产出的洗精煤、洗中煤、洗煤泥等，炼焦产出的焦炭、焦炉煤气和其他焦化产品（煤焦油、粗苯等），炼油和煤制油产出的汽油、煤油、柴油、燃料油、液化石油气、炼厂干气 、石脑油、润滑油、石蜡、溶剂油、石油焦、石油沥青等，制气（指煤气生产）产出的发生炉煤气、焦炭和其他焦化产品（煤焦油、粗苯等）。

十四、镇街主要指标

Main Indicators of Towns

14-1 镇街生产总值

Gross Domestic Product by Town

单位：万元

镇街	(1991年) 地区生产总值	第一产业	第二产业	第三产业	(1992年) 地区生产总值	第一产业	第二产业	第三产业
莞城	22046	174	16612	5260	28881	108	22263	6510
石龙	25154	907	17669	6578	29467	1026	21163	7278
虎门	44900	10059	16412	18429	56539	10336	24781	21422
东城	23500	7179	13793	2528	32770	7362	21392	4016
万江	18518	3874	11653	2991	27997	3968	18928	5102
南城	13339	2219	8181	2939	18147	1973	12681	3493
中堂	14889	3300	9065	2524	19902	4360	10669	4873
望牛墩	11950	2794	7394	1762	13789	2854	8683	2252
麻涌	24449	10489	11478	2482	26907	9797	14294	2816
石碣	12556	2686	7660	2210	16967	2888	11140	2939
高埗	11546	3352	5163	3031	14295	4017	6503	3775
道滘	15659	4540	9542	1577	19009	4805	12003	2201
洪梅	6492	3879	1872	741	6906	2441	3435	1030
沙田	12616	6467	4552	1597	16779	6511	7850	2417
厚街	31303	5679	22403	3221	38272	6064	28528	3680
长安	24850	7961	13185	3704	36298	8980	21883	5435
寮步	23700	9030	8979	5691	30083	9256	12627	8200
大岭山	10557	5918	3123	1516	16175	6342	4928	4905
大朗	19481	11277	4870	3334	24694	10104	9836	4754
黄江	20403	2765	15888	1750	28355	3244	22864	2247
樟木头	10515	2107	6426	1982	13972	2212	8536	3224
清溪	8673	2076	4428	2169	12742	2405	6936	3401
塘厦	17826	6128	9049	2649	30454	6300	19988	4166
凤岗	8676	2698	5550	428	12119	3257	8146	716
谢岗	9472	2019	5197	2256	7178	2339	4236	603
常平	38008	13134	14511	10363	45046	11625	20103	13317
桥头	14030	4083	8114	1833	22099	5429	10336	6334
横沥	11125	2499	6349	2277	15673	2710	9342	3621
东坑	16245	3544	11393	1308	22332	3368	17294	1670
企石	16155	3731	9575	2849	21159	4699	13097	3363
石排	16123	2350	10727	3046	18091	2704	11839	3548
茶山	13328	3385	7146	2797	16377	4160	8782	3435

注：各镇街合计不等于全市数，下同。

14-1 续表 1

单位：万元

镇街	(1993年) 地区生产总值	第一产业	第二产业	第三产业	(1994年) 地区生产总值	第一产业	第二产业	第三产业
莞城	41307		32838	8469	55021		43120	11901
石龙	34182	582	21188	12412	48891	216	32738	15937
虎门	74808	11281	37710	25816	103070	14350	51597	37123
东城	37567	4379	25901	7287	44963	5223	30065	9675
万江	39317	4818	26939	7561	45953	5499	31186	9268
南城	23341	2767	16312	4262	46416	2811	38511	5094
中堂	31352	7282	16982	7089	34819	6271	19472	9076
望牛墩	15717	2642	10196	2879	18449	2796	11974	3679
麻涌	34553	9305	22223	3025	42676	9160	27917	5599
石碣	23877	2542	16311	5024	34401	2816	24582	7003
高埗	17843	4751	8347	4745	22368	5495	10877	5996
道滘	24306	5086	15471	3749	37062	5383	24264	7415
洪梅	8069	2265	4292	1512	9020	2406	4756	1858
沙田	24446	6574	14434	3438	31950	6196	20646	5107
厚街	57912	6707	44408	6796	101289	7615	77637	16037
长安	49862	9995	31962	7905	68914	11024	46939	10951
寮步	46311	9423	21926	14962	63089	12428	30205	20456
大岭山	22611	6717	7660	8234	27722	6725	11258	9739
大朗	32720	10237	15152	7331	46550	13958	21052	11540
黄江	37008	3021	30171	3816	47096	3254	39031	4811
樟木头	18265	1361	13994	2910	23438	1680	18008	3750
清溪	19533	3299	12076	4158	30510	4230	20391	5889
塘厦	41635	4353	31001	6281	80870	6396	65620	8854
凤岗	16961	3282	12778	901	24520	4166	19054	1300
谢岗	12063	2367	8997	699	16093	3365	11143	1585
常平	67921	12564	34518	20839	100294	13561	62109	24624
桥头	27654	5023	15085	7546	40632	6225	22445	11962
横沥	23825	2604	13815	7406	33565	3922	17444	12198
东坑	33565	4073	25007	4485	36161	4245	26665	5251
企石	28573	5167	17684	5722	34915	6545	21854	6516
石排	25462	2992	17949	4521	31920	3699	21172	7049
茶山	21196	4908	12096	4192	30233	6017	18221	5995

14–1 续表 2

单位：万元

镇街	(1995年) 地区生产总值	第一产业	第二产业	第三产业	(1996年) 地区生产总值	第一产业	第二产业	第三产业
莞城	69318		52710	16608	72335		50523	21812
石龙	70501	318	46550	23633	72190	303	36303	35584
虎门	130282	18388	68784	43110	158257	25193	85444	47620
东城	85114	6208	57257	21649	100581	6744	66136	27701
万江	55648	6705	37884	11059	63649	8488	40934	14227
南城	83707	2938	63407	17362	103785	3667	79347	20771
中堂	41537	6593	23358	11585	50533	7418	28908	14206
望牛墩	21961	3197	14061	4703	25963	3440	16512	6011
麻涌	47340	11783	28584	6973	49764	15494	26884	7386
石碣	46831	3332	33206	10293	66081	3495	45532	17054
高埗	28324	6213	14403	7708	36274	6945	19348	9981
道滘	47605	5698	27835	14072	55596	6031	35931	13634
洪梅	15209	2667	6923	5619	16733	2908	7657	6168
沙田	42922	7741	29376	5806	49023	10655	32354	6015
厚街	118353	9670	90642	18041	140036	10906	83151	45979
长安	93323	12505	65233	15585	131672	12882	97066	21724
寮步	75398	14727	32311	28360	85876	15651	37022	33203
大岭山	39228	8485	17265	13478	49383	9773	21083	18527
大朗	66807	17319	25844	23644	78506	16982	29641	31883
黄江	61098	3708	46392	10998	63391	3929	46558	12904
樟木头	31914	2662	24710	4543	41323	3443	32232	5647
清溪	52550	5721	35627	11202	82953	6083	55419	21451
塘厦	112158	6909	90588	14661	139903	9900	112916	17087
凤岗	37051	4767	30135	2149	48015	5521	39670	2824
谢岗	18872	4356	12655	1861	25536	5213	18242	2081
常平	135315	18444	87856	29015	146594	19303	86033	41258
桥头	54012	7206	30626	16180	64694	8418	38393	17883
横沥	44663	4484	23559	16620	54922	4717	29045	21161
东坑	34654	5179	19727	9748	50965	5274	32218	13473
企石	44588	7760	28861	7967	54066	8947	35535	9584
石排	34349	4898	20547	8904	37946	5718	21459	10769
茶山	41484	7159	24892	9433	51339	8233	30308	12798

14-1 续表 3

单位：万元

镇街	(1997年) 地区生产总值	第一产业	第二产业	第三产业	(1998年) 地区生产总值	第一产业	第二产业	第三产业
莞城	80298		49962	30336	110076		49677	60399
石龙	95560	293	48361	46906	133953	116	77910	55927
虎门	246823	25799	130963	90061	362826	29535	176729	156562
东城	125730	5850	78959	40921	161819	5246	105142	51431
万江	69516	8749	42333	18434	82239	9424	50075	22922
南城	130392	3490	103126	23776	160524	3933	128850	27741
中堂	61741	7610	35991	18140	76980	7727	45359	23894
望牛墩	30854	3780	19390	7684	36531	3941	22769	9821
麻涌	52217	15965	29345	6907	62531	16443	35485	10603
石碣	85990	3782	54674	27534	109255	3852	70872	34531
高埗	46630	7586	26579	12465	60242	8235	36383	15624
道滘	69424	6383	47525	15516	80887	6756	54039	20092
洪梅	20052	4501	7602	7949	23134	4607	9569	8958
沙田	54881	11342	36602	6936	71203	16829	42167	12207
厚街	184205	11448	96880	75877	247177	12150	146229	88798
长安	180377	13111	134235	33031	245676	13562	183031	49083
寮步	103656	17341	45112	41203	129731	18768	60452	50511
大岭山	65246	10538	31884	22824	83268	9134	45040	29094
大朗	95301	19093	38996	37212	122409	15008	53085	54316
黄江	67618	4139	47073	16406	83585	4244	58492	20849
樟木头	55682	4725	43020	7936	71299	5333	51615	14351
清溪	120961	7519	84276	29166	160483	7802	115314	37367
塘厦	178757	11467	140870	26420	230580	12121	177569	40890
凤岗	63066	5925	51486	5655	79286	6187	65440	7659
谢岗	29488	6379	20521	2588	34881	6958	24888	3035
常平	185390	20195	98068	67127	231059	19811	131252	79995
桥头	79685	8523	51919	19243	96661	9712	61140	25809
横沥	67894	6411	34892	26591	81263	5364	45427	30472
东坑	63718	4810	44682	14226	78576	5726	54359	18491
企石	62625	9562	42240	10823	72065	9827	47551	14687
石排	43477	6463	23530	13484	53842	6606	28932	18304
茶山	63955	9321	39524	15110	77319	9878	47785	19656

14-1 续表 4

单位：万元

镇街	(1999年) 地区生产总值	第一产业	第二产业	第三产业	(2000年) 地区生产总值	第一产业	第二产业	第三产业
莞城	131005		58104	72901	184225		67030	117195
石龙	157715	349	86171	71195	184256	189	98240	85827
虎门	442633	31013	213607	198014	532946	30479	263928	238539
东城	207432	4126	125159	78147	262854	4233	153667	104954
万江	97379	9435	59636	28308	138724	11604	85526	41594
南城	198820	2756	149678	46386	233013	3119	171413	58481
中堂	94412	7001	57217	30194	123213	7032	76571	39610
望牛墩	43303	4012	26738	12553	51516	4072	31399	16045
麻涌	75449	12466	44768	18215	90816	12213	45965	32638
石碣	137148	3866	88152	45130	175180	4021	111038	60121
高埗	78709	8792	50131	19786	102516	9155	67888	25473
道滘	93751	7151	61687	24913	109999	7569	67841	34589
洪梅	26118	4162	11872	10084	29921	4383	14095	11443
沙田	86339	12167	53505	20667	109128	12714	71503	24911
厚街	300721	12412	171495	116814	405317	12705	221947	170665
长安	332335	13820	240690	77825	419347	14256	299650	105441
寮步	161782	19944	82582	59256	202379	20732	110577	71070
大岭山	108469	9238	67662	31569	138789	9742	89991	39056
大朗	156427	16699	69193	70535	201504	17826	94065	89613
黄江	97621	4410	67206	26005	123331	5243	83748	34340
樟木头	94385	4225	64138	26021	147697	4639	71921	71138
清溪	206524	8790	151219	46515	303131	9984	231303	61844
塘厦	288110	12783	217897	57430	363971	13486	272234	78251
凤岗	100753	6267	61392	33094	128298	6336	79138	42824
谢岗	42142	3610	29017	9515	50174	3975	35779	10420
常平	302805	15703	166347	120755	395318	16116	218229	160974
桥头	111892	9062	69595	33235	130380	9093	82261	39026
横沥	97209	6178	55276	35756	116749	8593	62314	45842
东坑	101287	5363	65010	30913	118430	6241	76250	35940
企石	85313	10000	51789	23524	99467	11339	58897	29231
石排	69030	6772	37874	24384	87817	6913	48532	32372
茶山	90250	9514	55468	25268	105432	10712	64726	29994

14-1 续表 5

单位：万元

镇街	(2001年) 地区生产总值	第一产业	第二产业	第三产业	(2002年) 地区生产总值	第一产业	第二产业	第三产业
莞城	222233		80203	142030	312742		76890	235852
石龙	215738	150	115691	99897	248664	144	135163	113357
虎门	618557	30469	304781	283307	717425	26838	350636	339951
东城	342044	3785	188628	149631	466960	2110	232502	232348
万江	175693	13015	90857	71821	213919	11026	106945	95948
南城	286473	2929	211622	71922	350029	2711	262431	84887
中堂	153366	7155	95677	50533	194263	5908	122819	65536
望牛墩	60921	3540	36872	20509	73104	3591	43299	26214
麻涌	127061	12298	74806	39957	173557	10052	120426	43079
石碣	243163	4139	150613	88411	340162	4141	209830	126191
高埗	133362	9477	90730	33155	173004	9701	120415	42888
道滘	128327	8011	76692	43624	153201	8479	87039	57683
洪梅	34245	4587	16543	13115	41756	4793	21676	15287
沙田	142060	13641	92266	36153	182363	13912	119778	48673
厚街	483117	13088	253149	216880	583689	13976	297707	272006
长安	529219	14496	371263	143460	679022	14622	469032	195368
寮步	252526	21246	143824	87456	314871	20276	182688	111907
大岭山	194021	10089	133489	50443	251078	5741	178811	66526
大朗	264929	17764	128283	118882	341930	15525	181234	145171
黄江	154595	5176	98438	50981	199781	5288	122001	72492
樟木头	176062	4460	84195	87407	210845	5545	101237	104063
清溪	393471	10517	302613	80341	501941	11106	382584	108251
塘厦	457175	13796	335872	107507	573947	13603	425078	135266
凤岗	162854	6400	97540	58914	205006	2035	126903	76068
谢岗	58323	4115	41585	12623	71092	5665	40790	24637
常平	493419	16451	272983	203985	557039	16077	310537	230425
桥头	151979	8366	98054	45559	179442	7245	118564	53633
横沥	140251	9252	74148	56851	168932	9380	90576	68976
东坑	132805	6013	84256	42535	149147	5438	92587	51122
企石	115314	12403	63421	39490	127616	9088	68807	49721
石排	107585	6925	61859	38801	131394	6967	75798	48629
茶山	123931	9801	75341	38789	153215	9801	91916	51498

14-1 续表 6

单位：万元

镇街	(2003年)				(2004年)			
	地区生产总值	第一产业	第二产业	第三产业	地区生产总值	第一产业	第二产业	第三产业
莞城	415993		80802	335191	552370		94035	458335
石龙	287713	116	167126	120471	317521	51	186652	130820
虎门	905165	27106	462105	415954	1139827	27168	598000	514659
东城	652408	1657	314094	336657	897727	900	411172	485655
万江	269593	9622	129625	130346	329849	5617	156431	167801
南城	452911	2743	314752	135416	741609	1869	349496	390244
中堂	256251	7013	162945	86292	338808	5956	206693	126159
望牛墩	87872	3520	50846	33506	106086	3550	59709	42827
麻涌	234612	8769	177540	48303	292911	8664	226131	58116
石碣	463023	4253	290495	168275	590604	3649	381862	205093
高埗	224078	9891	157949	56238	282716	9943	202317	70456
道滘	178954	8975	100566	69413	217400	9499	119688	88213
洪梅	53960	5113	29668	19179	76686	4770	41140	30776
沙田	236769	13944	155438	67387	310921	13975	202383	94563
厚街	721188	12275	374482	334431	878666	12341	454284	412041
长安	887947	14863	603308	269776	1162826	15040	759582	388204
寮步	394322	13167	234806	146349	498253	5327	303435	189491
大岭山	322872	4937	226565	91370	447412	4571	313857	128984
大朗	443891	10640	240983	192268	574604	6986	325826	241792
黄江	258682	4567	152903	101212	331432	3294	187369	140769
樟木头	250877	4863	119145	126869	291893	4350	139729	147814
清溪	645553	11218	495035	139300	848426	9610	660589	178227
塘厦	710030	13565	526730	169735	882099	13700	653816	214583
凤岗	284608	2048	170574	111986	373309	2015	220434	150860
谢岗	91482	4266	51312	35904	119007	4328	69024	45655
常平	657385	12627	377679	267079	796109	10792	468642	316674
桥头	213712	5419	134937	73356	264849	4495	144282	116072
横沥	205872	9602	117554	78716	253887	9075	153884	90928
东坑	181394	8423	113270	59701	230057	7943	145998	76116
企石	142717	5216	72284	65217	167279	3848	80461	82970
石排	157729	7144	92020	58565	190127	7259	109953	72915
茶山	195098	8607	118895	67596	268473	7413	161070	99990

14-1 续表 7

单位：万元

镇街	(2005年) 地区生产总值	第一产业	第二产业	第三产业	(2006年) 地区生产总值	第一产业	第二产业	第三产业
莞城	617849		153367	464482	712319		230144	482174
石龙	349301	141	194749	154411	384329	35	213392	170902
虎门	1283052	22937	668632	591483	1492628	11446	763086	718096
东城	1049758	480	473888	575389	1264850	427	571728	692694
万江	375471	4209	164099	207164	440346	4711	187932	247702
南城	1016644	1900	440431	574313	1229016	1995	508223	718798
中堂	424212	6122	276399	141691	507968	6428	332766	168774
望牛墩	126751	3511	73191	50049	156949	3480	87638	65831
麻涌	387211	8588	310275	68348	494018	7106	398466	88445
石碣	728816	3782	491498	233535	868731	3091	588622	277018
高埗	366593	10020	254017	102556	456695	6552	320225	129918
道滘	255589	8753	143285	103551	301036	9568	174820	116648
洪梅	102660	3939	61138	37583	123863	4082	77274	42507
沙田	364800	13695	240822	110283	442784	12585	293854	136345
厚街	1033929	11722	531019	491188	1199117	6929	609223	582965
长安	1339428	9492	917732	412204	1539236	7505	1042139	489592
寮步	598969	7765	364261	226943	739610	1136	451671	286803
大岭山	547734	4102	370108	173524	675091	2329	431260	241502
大朗	707369	14112	411161	282096	850356	1491	499588	349277
黄江	364377	3065	220654	140658	441152	741	276062	164349
樟木头	330537	3463	157434	169640	393688	600	185556	207532
清溪	984943	9036	761281	214626	1097986	8012	828219	261755
塘厦	1057175	13661	771724	271790	1186644	12312	830537	343794
凤岗	517427	1762	320177	195488	623929	1750	373375	248804
谢岗	148917	4467	91026	53424	192841	4795	118714	69332
常平	951464	10062	556932	384470	1119659	6338	644544	468777
桥头	287240	4495	168473	114271	388604	1387	210763	176454
横沥	304870	8593	195659	100619	373304	7274	242406	123624
东坑	261238	11543	165441	84254	295233	5703	194653	94877
企石	200581	3129	102183	95269	244027	2266	129255	112506
石排	234709	7268	128132	99308	294009	7283	154259	132467
茶山	305183	6652	190620	107911	384988	3215	245078	136695

14-1 续表 8

单位：万元

镇街	(2007年)				(2008年)			
	地区生产总值	第一产业	第二产业	第三产业	地区生产总值	第一产业	第二产业	第三产业
莞城	897597		298250	599347	1015311		294311	721000
石龙	427216	10	235821	191385	475742	7	239943	235792
虎门	1846638	10373	936639	899626	2153489	11940	1093014	1048535
东城	1559123	377	699730	859017	1816793	339	773623	1042831
万江	520636	3405	221314	295917	604659	3702	262498	338459
南城	1425257	2015	583496	839747	1632407	1285	618209	1012913
中堂	588085	6553	379181	202351	659949	6760	419455	233734
望牛墩	193635	3462	105983	84190	236495	3359	127759	105377
麻涌	651344	5985	537412	107947	834681	7564	693959	133158
石碣	994532	3096	670790	320646	1082524	2795	694349	385380
高埗	568276	6530	384637	177109	690604	6526	442377	241701
道滘	362268	8202	211240	142826	439328	7218	240510	191600
洪梅	163384	4281	110958	48145	206785	4381	147969	54435
沙田	515106	12403	327706	174997	588063	12863	337140	238060
厚街	1420026	7270	719643	693113	1616483	7971	797404	811108
长安	1770272	7746	1152474	610052	2029075	4979	1158887	865209
寮步	886584	1118	531815	353650	1038493	2141	584767	451585
大岭山	822554	2241	502679	317634	960138	2248	554712	403178
大朗	1025864	2098	592111	431655	1100875	877	688340	411658
黄江	556305	740	347972	207593	721414	724	438204	282486
樟木头	461719	505	228647	232567	507743	311	253050	254382
清溪	1266762	6207	924401	336153	1417816	5170	966538	446108
塘厦	1365736	11206	903107	451422	1602945	10447	980030	612468
凤岗	747757	1752	409163	336843	901696	1725	472782	427189
谢岗	239771	5178	143093	91500	273944	9273	160217	104454
常平	1311744	6665	747353	557726	1495652	6058	796227	693366
桥头	467790	1326	242928	223536	536868	2692	254438	279737
横沥	443014	4350	275399	163265	522130	6972	300380	214778
东坑	320991	4532	204804	111654	372361	4017	231268	137076
企石	291765	2868	150052	138844	320630	2314	159252	159064
石排	360806	7308	187787	165711	417073	7313	216033	193727
茶山	476010	3131	293991	178888	593265	4327	353036	235902

14-1 续表 9

单位：万元

镇街	(2009年) 地区生产总值	第一产业	第二产业	第三产业	(2010年) 地区生产总值	第一产业	第二产业	第三产业
莞城	1039596		304342	735255	1120356		302272	818084
石龙	504196	7	251309	252880	563812	18	304608	259186
虎门	2424929	12828	1214281	1197820	2712345	16705	1300263	1395378
东城	1972630	500	746158	1225972	2308515	656	963402	1344456
万江	608904	3390	242069	363446	681580	3222	271521	406837
南城	1838797	1284	700382	1137130	1996248	1269	503015	1491965
中堂	667852	7100	403004	257748	680472	7310	409239	263924
望牛墩	287776	3472	164372	119932	304774	3658	169114	132002
麻涌	936352	7862	783010	145479	1097963	8234	904031	185698
石碣	1086458	2648	641252	442558	1119051	3295	741995	373761
高埗	606138	5999	383433	216706	691277	5892	444102	241283
道滘	451406	8351	239202	203854	524691	8861	301184	214645
洪梅	259432	4740	193219	61473	341015	4887	262817	73311
沙田	611189	13163	359306	238720	671307	13446	415810	242050
厚街	1678345	8479	898569	771297	1900402	9339	1049787	841276
长安	2191401	4875	1290474	896052	2476284	5739	1522056	948489
寮步	1113184	1661	635046	476478	1331469	1897	785661	543911
大岭山	978589	2294	513473	462823	1065349	2490	541915	520944
大朗	1169527	1280	684678	483568	1380864	1436	828791	550638
黄江	759627	770	426511	332346	850323	852	478420	371051
樟木头	525108	370	253945	270793	550792	387	238952	311453
清溪	1355016	5502	890772	458742	1432701	6065	944468	482168
塘厦	1737670	11238	1072265	654167	1854479	11288	1148809	694383
凤岗	1019431	1233	520978	497220	1130971	1248	560451	569272
谢岗	295849	9452	170525	115872	364081	8230	226867	128984
常平	1527726	6940	797473	723314	1647385	7562	785535	854288
桥头	533939	3291	258057	272591	591569	4943	291724	294902
横沥	544391	6058	334338	203994	593004	3689	338669	250646
东坑	407774	1903	257886	147986	495426	1420	325976	168030
企石	317899	2160	178008	137731	330285	1973	196062	132250
石排	443189	7210	248863	187116	521559	6950	314768	199840
茶山	610347	4214	359288	246846	624169	2729	343837	277602

14-1 续表 10

单位：万元

镇街	(2011年) 地区生产总值	第一产业	第二产业	第三产业	(2012年) 地区生产总值	第一产业	第二产业	第三产业
莞城	1222655		345656	876999	1312960		336032	976928
石龙	629604	20	335392	294192	674289	28	351445	322817
虎门	3083685	16073	1354138	1713474	3449740	16086	1528888	1904766
东城	2549277	869	994680	1553728	2759681	1210	957773	1800698
万江	771560	2832	302715	466013	806233	2684	297329	506219
南城	2324783	1316	568939	1754528	2602379	1230	565615	2035535
中堂	759504	8362	452733	298409	759839	8500	438227	313112
望牛墩	362001	4049	203523	154429	372158	4493	193674	173991
麻涌	1225141	9587	949921	265633	1274486	10132	936615	327739
石碣	1120241	3031	737704	379506	1126839	3139	727501	396199
高埗	796174	5677	505676	284821	835235	5775	516211	313249
道滘	597487	10424	336278	250785	632178	11771	344767	275640
洪梅	367244	5430	271593	90221	368660	5029	267867	95764
沙田	722343	16062	420766	285516	770194	18396	369414	382384
厚街	2183188	10109	1238029	935050	2672266	10596	1612391	1049279
长安	2700394	5630	1623068	1071697	2997437	5850	1888651	1102936
寮步	1474860	1431	860989	612441	1585830	8556	906576	670698
大岭山	1230485	2592	604612	623281	1340909	2738	678908	659263
大朗	1519385	1701	889042	628642	1647461	2111	942467	702883
黄江	953803	936	511631	441236	1092088	1103	592122	498864
樟木头	626259	417	264935	360907	654566	328	272232	382006
清溪	1519387	6889	954224	558274	1554412	7990	941313	605109
塘厦	2136115	11593	1250805	873717	2296084	13283	1262674	1020128
凤岗	1338390	1414	655037	681939	1443889	1634	671346	770909
谢岗	429711	10748	273012	145951	482047	14028	315477	152542
常平	1863138	8627	884541	969971	2066421	9493	923396	1133532
桥头	636208	3917	319231	313060	754630	3897	412213	338520
横沥	654815	4617	367161	283037	713002	4492	394598	313912
东坑	624978	1621	425730	197628	704773	1549	473215	230010
企石	373472	2380	215989	155103	405816	2780	230741	172295
石排	550833	6716	311739	232378	554266	6839	309790	237638
茶山	696375	3086	355755	337534	737038	3438	396459	337141

14-1 续表 11

单位：万元

镇街	(2013年) 地区生产总值	第一产业	第二产业	第三产业	(2014年) 地区生产总值	第一产业	第二产业	第三产业
莞城街道	1339920		317520	1022401	1419815		316944	1102870
石龙镇	768510	40	411491	356979	828879	42	444840	383998
虎门镇	3824840	16924	1634600	2173316	4132811	17675	1745903	2369233
东城街道	3303629	1679	1229249	2072701	3456419	1753	1268004	2186663
万江街道	939750	2724	350319	586707	986999	2845	359822	624332
南城街道	3012235	1269	650744	2360222	3239733	1243	623104	2615386
中堂镇	793906	9280	435852	348775	833920	9688	460049	364183
望牛墩镇	486471	4921	251694	229856	520110	5139	262892	252078
麻涌镇	1470511	11042	1000864	458605	1535610	11510	1046529	477571
石碣镇	1152872	3046	754524	395302	1245249	3184	814839	427226
高埗镇	1023272	5958	649450	367864	1102860	6220	698804	397836
道滘镇	701067	13120	381843	306105	747656	13676	397045	336935
洪梅镇	432280	5536	313316	113428	501312	5782	353550	141980
沙田镇	889532	20113	393891	475528	977426	20998	425057	531371
厚街镇	2848938	11491	1553664	1283783	3029896	11978	1555886	1462032
长安镇	3404500	6274	2226636	1171590	3636575	6540	2378672	1251363
寮步镇	1872441	7996	1080016	784429	2006549	8335	1140825	857389
大岭山镇	1521845	2899	831833	687112	1633407	3026	883138	747243
大朗镇	1851180	2338	1009803	839039	2007114	2502	1075277	929335
黄江镇	1215390	1263	649602	564525	1256520	1317	661385	593819
樟木头镇	754398	344	320684	433370	795822	358	359653	435810
清溪镇	1806184	8817	1088267	709101	1923374	9221	1148214	765939
塘厦镇	2612946	13965	1577367	1021614	2788544	14754	1680339	1093451
凤岗镇	1749523	1734	849065	898724	1945158	1808	1007922	935428
谢岗镇	536402	12346	358653	165403	622337	12894	428006	181437
常平镇	2450935	10491	1136304	1304139	2599815	10935	1186883	1401996
桥头镇	907965	3873	497587	406505	1036247	4037	602304	429906
横沥镇	840177	4630	470940	364606	920083	4834	511149	404100
东坑镇	825806	1490	550685	273632	903038	1556	596840	304642
企石镇	467766	3258	263467	201041	496360	3396	279580	213384
石排镇	641382	7042	359996	274345	687253	7355	390947	288952
茶山镇	849677	3585	460233	385858	911046	3737	495466	411843

14-1 续表 12

单位：万元

镇　街	(2015年) 地区生产总值	第一产业	第二产业	第三产业	(2016年) 地区生产总值	第一产业	第二产业	第三产业
莞城街道	1469204		312012	1157192	1607618		329064	1278554
石 龙 镇	866308	42	451583	414683	938670	46	468374	470250
虎 门 镇	4471700	17799	1696749	2757152	5021366	19276	1758233	3243857
东城街道	3728664	1765	1317384	2409514	4184545	1912	1458514	2724119
万江街道	1047196	2865	368943	675387	1157444	3103	406486	747855
南城街道	3525763	1252	571781	2952730	3939945	1258	544154	3394533
中 堂 镇	846736	9756	444721	392259	912847	10565	471127	431155
望牛墩镇	550965	5175	266361	279429	588352	5605	264456	318292
麻 涌 镇	1673252	11855	1101360	560036	1902179	12839	1081667	807673
石 碣 镇	1331428	3232	849448	478748	1506329	3394	960761	542174
高 埗 镇	1177880	6264	748243	423374	1276036	6783	772977	496276
道 滘 镇	773870	13772	382549	377549	910175	13813	436493	459868
洪 梅 镇	509711	5822	355860	148030	550602	6305	375402	168895
沙 田 镇	1068619	21145	450820	596654	1195097	22900	467328	704868
厚 街 镇	3219431	12062	1507369	1700000	3620158	13063	1594226	2012868
长 安 镇	4005148	6586	2551639	1446924	4762883	7132	2855099	1900652
寮 步 镇	2104805	8393	1129050	967361	2354125	9091	1223541	1121493
大岭山镇	1758093	3047	899316	855729	1963138	3300	966898	992939
大 朗 镇	2201519	2534	1127473	1071512	2452937	2745	1244721	1205472
黄 江 镇	1339779	1325	680780	657674	1478209	1435	736771	740003
樟木头镇	851972	361	384459	467152	949296	391	434253	514652
清 溪 镇	2080511	9285	1204527	866700	2327992	10056	1350034	967902
塘 厦 镇	3029267	14858	1848880	1165529	3398348	16091	1990905	1391351
凤 岗 镇	2128717	1820	1084089	1042808	2440587	1971	1261335	1177281
谢 岗 镇	675484	12984	474917	187583	743758	14062	533666	196030
常 平 镇	2801648	11012	1276021	1514615	3077228	11926	1303918	1761384
桥 头 镇	1102103	4065	620647	477391	1261685	4402	727709	529574
横 沥 镇	1007554	4868	551780	450907	1134366	5272	622787	506306
东 坑 镇	1004595	1567	687782	315246	1116579	1697	773517	341365
企 石 镇	539762	3420	306508	229834	608549	3704	343441	261404
石 排 镇	731026	7406	417557	306063	841650	8021	485439	348190
茶 山 镇	975074	4040	512132	458902	1082617	4396	570790	507432

14-1 续表 13

单位：万元

镇　街	(2017年) 地区生产总值	第一产业	第二产业	第三产业	(2018年) 地区生产总值	第一产业	第二产业	第三产业
莞城街道	1773237		358519	1414718	1851068		372986	1478082
石 龙 镇	1001561	45	487279	514237	1082205	49	516616	565540
虎 门 镇	5638632	18852	1914209	3705571	6358410	20624	2182885	4154901
东城街道	4712712	1870	1578154	3132689	5250140	2045	1748271	3499824
万江街道	1280749	3034	446609	831106	1431903	3320	490697	937887
南城街道	4356219	1261	439692	3915267	4891741	1380	484904	4405457
中 堂 镇	1023308	10333	525603	487372	1140864	11304	578307	551252
望牛墩镇	717725	5482	337013	375230	837967	5997	404067	427903
麻 涌 镇	2200482	13481	1264665	922337	2605532	14748	1550552	1040232
石 碣 镇	1677009	3411	1049618	623980	1859516	3616	1149513	706387
高 埗 镇	1397178	6634	843027	547517	1513703	7258	890942	615504
道 滘 镇	1045886	13509	493068	539309	1133942	14779	516892	602271
洪 梅 镇	679536	6166	474885	198485	762401	6746	499896	255758
沙 田 镇	1337973	22396	508368	807208	1520062	24501	563757	931803
厚 街 镇	3965634	12776	1763138	2189721	4189836	13977	1826440	2349419
长 安 镇	5503629	6975	3170670	2325984	6332359	7631	3620887	2703841
寮 步 镇	2642527	8891	1423532	1210103	2907588	9728	1592992	1304869
大岭山镇	2207052	3227	1120847	1082978	2311230	3530	1115116	1192584
大 朗 镇	2738993	2937	1404135	1331921	3034753	3213	1565720	1465820
黄 江 镇	1734170	1438	929237	803495	1929188	1573	1017663	909953
樟木头镇	1060614	382	488654	571579	1182100	418	552308	629374
清 溪 镇	2608679	9835	1486902	1111942	2897959	10759	1641478	1245722
塘 厦 镇	3776302	15737	2195492	1565073	4034939	17216	2326203	1691520
凤 岗 镇	2731375	1928	1452709	1276738	2948224	2109	1482597	1463518
谢 岗 镇	835231	13753	597415	224064	904682	15045	616576	273061
常 平 镇	3305945	11664	1376601	1917681	3547143	12760	1466426	2067957
桥 头 镇	1432269	4306	847739	580224	1592502	4711	936339	651452
横 沥 镇	1273546	5156	714676	553714	1418728	5641	797761	615326
东 坑 镇	1259793	1660	884494	373640	1430320	1816	1005965	422540
企 石 镇	702385	3622	406519	292244	836809	3963	501681	331165
石 排 镇	980919	7844	581756	391319	1163903	8582	702263	453058
茶 山 镇	1212888	4749	637382	570756	1369229	5198	700787	663243

14-2 镇街第三产业增加值（2018年）

Value-added of the Tertiary Industry by Town (2018)

单位：万元

镇　街	第三产业增加值	#交通运输及仓储业	批发和零售业	住宿和餐饮业	金融业	房地产业
莞城街道	1478082	108916	261698	29187	279368	151188
石龙镇	565540	25882	174903	27896	60152	69124
虎门镇	4154901	314749	909089	190923	355212	828213
东城街道	3499824	189205	523094	164306	688558	487687
万江街道	937887	57571	207296	71082	107998	169556
南城街道	4405457	63661	633951	79271	809514	600580
中堂镇	551252	10535	163849	38256	48454	56524
望牛墩镇	427903	40638	75125	21073	48447	72722
麻涌镇	1040232	147403	594692	19366	65263	73016
石碣镇	706387	13497	254119	46038	56398	89800
高埗镇	615504	30888	122774	44568	47470	156758
道滘镇	602271	20989	196830	30217	60899	123027
洪梅镇	255758	25312	105804	7449	15993	25605
沙田镇	931803	340834	209618	28342	37144	104431
厚街镇	2349419	49846	697577	193803	230289	576816
长安镇	2703841	36441	1041645	115440	216700	231327
寮步镇	1304869	173152	487006	62281	94760	144723
大岭山镇	1192584	34795	411599	69463	99067	207614
大朗镇	1465820	59476	479867	65722	147218	244179
黄江镇	909953	19763	373836	60456	113157	137383
樟木头镇	629374	35094	151289	41742	68619	126955
清溪镇	1245722	35912	561842	77779	96275	160223
塘厦镇	1691520	41815	513796	129013	184098	351764
凤岗镇	1463518	37099	317998	75299	157611	293512
谢岗镇	273061	12072	66326	20307	34795	40859
常平镇	2067957	58463	563319	136347	161560	299404
桥头镇	651452	5145	242614	43050	67416	78751
横沥镇	615326	22876	207974	51197	74792	96549
东坑镇	422540	18188	116988	19513	38027	96822
企石镇	331165	17713	71261	13897	42846	64398
石排镇	453058	17389	117017	33010	62471	74442
茶山镇	663243	33959	174031	43449	78697	92587

14-3 镇街户籍户数与人口数（2018年）

Population of Household by Town (2018)

单位：人

镇 街	户 数（户）	城镇户	乡村户	人口数	按性别分 男	女	按城镇、乡村分 城镇人口	乡村人口
全 市	653392	587587	65805	2315867	1153402	1162465	2079889	235978
莞城街道	44654	44654		194262	97335	96927	194262	
石 龙 镇	23249	23249		78839	38768	40071	78839	
虎 门 镇	39071	33866	5205	149952	74965	74987	129233	20719
东城街道	35767	35767		131829	65522	66307	131829	
万江街道	31339	31339		101320	50639	50681	101320	
南城街道	37947	37947		127604	63173	64431	127604	
中 堂 镇	24065	22973	1092	83498	42345	41153	79962	3536
望牛墩镇	12946	11447	1499	50484	25119	25365	44126	6358
麻 涌 镇	23449	12780	10669	82739	41108	41631	43024	39715
石 碣 镇	17009	17009		54001	27126	26875	54001	
高 埗 镇	12296	9642	2654	42643	21415	21228	33620	9023
道 滘 镇	18085	13565	4520	62361	31188	31173	45671	16690
洪 梅 镇	7589	4540	3049	25279	12632	12647	14485	10794
沙 田 镇	14072	7538	6534	49645	24609	25036	26000	23645
厚 街 镇	32605	30363	2242	117528	58213	59315	108772	8756
长 安 镇	18016	18016		69571	34111	35460	69571	
寮 步 镇	29642	27350	2292	98128	48555	49573	91118	7010
大岭山镇	15338	13328	2010	56869	28313	28556	49528	7341
大 朗 镇	25695	23788	1907	88755	44956	43799	83007	5748
黄 江 镇	11038	6537	4501	36880	18069	18811	21699	15181
樟木头镇	11269	11269		39915	19550	20365	39915	
清 溪 镇	14130	11521	2609	46128	22597	23531	38183	7945
塘 厦 镇	23052	22818	234	76036	36600	39436	75364	672
凤 岗 镇	9794	9794		37328	17773	19555	37328	
谢 岗 镇	5421	3313	2108	23250	11541	11709	13996	9254
常 平 镇	31228	31041	187	98416	49367	49049	97743	673
桥 头 镇	12521	9437	3084	42289	21176	21113	31529	10760
横 沥 镇	13200	11532	1668	44892	22826	22066	38696	6196
东 坑 镇	10799	9062	1737	33876	17316	16560	28050	5826
企 石 镇	14385	11024	3361	47416	24207	23209	36144	11272
石 排 镇	13972	13972		47660	24050	23610	47660	
茶 山 镇	14701	12058	2643	50218	24883	25335	41354	8864
松 山 湖	5048	5048		26256	13355	12901	26256	

注：户籍人口相关数据来源于市公安局，下同。

14-4 镇街户籍人口自然变动情况（2018年）

Population Household by Town (2018)

镇　街	出　生		死　亡		自然增长	
	人　数（人）	出生率（‰）	人　数（人）	死亡率（‰）	人　数（人）	自然增长率（‰）
全　市	41033	18.35	10286	4.60	30747	13.75
莞城街道	2921	15.35	885	4.65	2036	10.70
石 龙 镇	1083	13.73	471	5.97	612	7.76
虎 门 镇	2236	15.11	749	5.06	1487	10.05
东城街道	2669	21.59	378	3.06	2291	18.53
万江街道	1904	19.36	437	4.44	1467	14.91
南城街道	2825	23.82	294	2.48	2531	21.34
中 堂 镇	1405	16.95	437	5.27	968	11.68
望牛墩镇	834	16.64	279	5.57	555	11.07
麻 涌 镇	1565	19.20	391	4.80	1174	14.40
石 碣 镇	895	17.16	230	4.41	665	12.75
高 埗 镇	727	17.01	208	4.87	519	12.14
道 滘 镇	1052	16.63	342	5.41	710	11.22
洪 梅 镇	429	17.00	135	5.35	294	11.65
沙 田 镇	858	17.76	251	5.19	607	12.56
厚 街 镇	1866	16.99	552	5.03	1314	11.96
长 安 镇	1385	21.12	207	3.16	1178	17.96
寮 步 镇	1798	19.39	421	4.54	1377	14.85
大岭山镇	1077	20.60	235	4.49	842	16.10
大 朗 镇	1696	19.90	425	4.99	1271	14.91
黄 江 镇	761	21.45	138	3.89	623	17.56
樟木头镇	720	18.77	172	4.48	548	14.29
清 溪 镇	854	19.17	202	4.53	652	14.64
塘 厦 镇	1441	20.70	227	3.26	1214	17.44
凤 岗 镇	714	19.91	145	4.04	569	15.87
谢 岗 镇	423	18.72	125	5.53	298	13.19
常 平 镇	1690	17.80	437	4.60	1253	13.19
桥 头 镇	727	17.51	233	5.61	494	11.90
横 沥 镇	775	17.97	230	5.33	545	12.64
东 坑 镇	572	17.24	215	6.48	357	10.76
企 石 镇	791	16.65	272	5.73	519	10.93
石 排 镇	791	16.77	245	5.19	546	11.58
茶 山 镇	825	16.85	309	6.31	516	10.54
松 山 湖	724	31.48	9	0.39	715	31.09

注：本表数据来源于市卫生健康局。

14-5 镇街人口迁移变动情况（2018年）

Population Migration by Town (2018)

单位：人

镇　　街	迁移总计	省　内	省　外	迁入总计	省内迁入	省外迁入	迁出总计	迁往省内	迁往省外
全　　市	181776	73408	108368	173662	69121	104541	8114	4287	3827
莞城街道	7139	3031	4108	6577	2693	3884	562	338	224
石 龙 镇	4225	2099	2126	3792	1813	1979	433	286	147
虎 门 镇	8961	4092	4869	8575	3865	4710	386	227	159
东城街道	15334	6007	9327	14621	5692	8929	713	315	398
万江街道	7483	2813	4670	7244	2682	4562	239	131	108
南城街道	18643	6367	12276	17648	5741	11907	995	626	369
中 堂 镇	1547	765	782	1397	687	710	150	78	72
望牛墩镇	845	362	483	779	327	452	66	35	31
麻 涌 镇	2263	993	1270	2126	926	1200	137	67	70
石 碣 镇	4310	1784	2526	4122	1683	2439	188	101	87
高 埗 镇	1093	465	628	1047	442	605	46	23	23
道 滘 镇	1712	618	1094	1635	579	1056	77	39	38
洪 梅 镇	506	234	272	457	214	243	49	20	29
沙 田 镇	2646	1089	1557	2569	1041	1528	77	48	29
厚 街 镇	7741	2650	5091	7559	2562	4997	182	88	94
长 安 镇	11205	3831	7374	10795	3590	7205	410	241	169
寮 步 镇	10746	4170	6576	10415	4006	6409	331	164	167
大岭山镇	3941	1723	2218	3825	1670	2155	116	53	63
大 朗 镇	6344	2973	3371	6182	2901	3281	162	72	90
黄 江 镇	4576	1949	2627	4441	1879	2562	135	70	65
樟木头镇	6116	2528	3588	5847	2399	3448	269	129	140
清 溪 镇	5119	2355	2764	4908	2291	2617	211	64	147
塘 厦 镇	14084	5657	8427	13719	5435	8284	365	222	143
凤 岗 镇	5781	2807	2974	5535	2644	2891	246	163	83
谢 岗 镇	777	490	287	691	456	235	86	34	52
常 平 镇	10586	4329	6257	10299	4200	6099	287	129	158
桥 头 镇	2511	1293	1218	2360	1225	1135	151	68	83
横 沥 镇	3078	1360	1718	2971	1314	1657	107	46	61
东 坑 镇	1337	516	821	1278	501	777	59	15	44
企 石 镇	1151	449	702	987	412	575	164	37	127
石 排 镇	1427	647	780	1244	604	640	183	43	140
茶 山 镇	1981	946	1035	1856	903	953	125	43	82
松 山 湖	6568	2016	4552	6161	1744	4417	407	272	135

注：本表按户籍人口统计，数据来源于市公安局。

14-6 镇街土地面积和人口密度（2018年）

Land Area and Population Density by Town (2018)

镇　　街	土地面积（平方公里）	人口密度（人/平方公里）	
		户籍人口	常住人口
莞城街道	11.2	17345	15125
石 龙 镇	13.8	5713	10471
虎 门 镇	166.5	901	3856
东城街道	105.1	1254	4668
万江街道	48.5	2089	5188
南城街道	56.6	2254	5693
中 堂 镇	59.9	1394	2352
望牛墩镇	31.6	1598	2722
麻 涌 镇	87.2	949	1399
石 碣 镇	36.2	1492	6693
高 埗 镇	34.6	1232	6217
道 滘 镇	54.3	1148	2630
洪 梅 镇	33.2	761	1771
沙 田 镇	117.7	422	1532
厚 街 镇	125.7	935	3495
长 安 镇	89.5	777	7453
寮 步 镇	72.5	1353	5743
大岭山镇	95.5	595	2956
大 朗 镇	97.5	910	3251
黄 江 镇	92.9	397	2501
樟木头镇	118.8	336	1140
清 溪 镇	140.1	329	2220
塘 厦 镇	128.2	593	3854
凤 岗 镇	82.4	453	3902
谢 岗 镇	91.0	255	1079
常 平 镇	103.3	953	3795
桥 头 镇	56.0	755	2968
横 沥 镇	44.7	1004	4609
东 坑 镇	23.7	1429	5709
企 石 镇	58.2	815	2115
石 排 镇	48.7	979	3273
茶 山 镇	45.4	1106	3553
松 山 湖	89.6	293	1404

注：土地面积数据来源于市自然资源局，不包括海域面积。其中，沙田镇面积含虎门港，松山湖面积含生态园。

14-7 镇街常住人口（2017-2018年）

Permanent Population by Town (2017-2018)

单位：万人

镇　　街	2017年	2018年	镇　　街	2017年	2018年
莞城街道	16.87	16.94	寮 步 镇	41.36	41.64
石 龙 镇	14.36	14.45	大岭山镇	27.95	28.23
虎 门 镇	63.94	64.21	大 朗 镇	31.58	31.70
东城街道	48.73	49.06	黄 江 镇	22.99	23.23
万江街道	24.94	25.16	樟木头镇	13.38	13.54
南城街道	31.84	32.22	清 溪 镇	31.07	31.10
中 堂 镇	14.08	14.09	塘 厦 镇	49.31	49.41
望牛墩镇	8.62	8.60	凤 岗 镇	32.01	32.15
麻 涌 镇	12.09	12.20	谢 岗 镇	9.81	9.82
石 碣 镇	24.15	24.23	常 平 镇	38.95	39.20
高 埗 镇	21.53	21.51	桥 头 镇	16.58	16.62
道 滘 镇	14.25	14.28	横 沥 镇	20.52	20.60
洪 梅 镇	5.86	5.88	东 坑 镇	13.45	13.53
沙 田 镇	17.99	18.03	企 石 镇	12.22	12.31
厚 街 镇	43.85	43.93	石 排 镇	15.77	15.94
长 安 镇	66.38	66.70	茶 山 镇	15.91	16.13
松 山 湖	11.91	12.58			

14-8 镇街外来暂住人口数（2017-2018）

Migrant Population by Town (2017-2018)

单位：人

镇　街	2017年			2018年		
	外来暂住人口	男	女	外来暂住人口	男	女
全　市	4386025	2301003	2085022	4534459	2400554	2133905
莞城街道	58181	30934	27247	59317	31902	27415
石 龙 镇	52331	23536	28795	53964	24271	29693
虎 门 镇	406347	210287	196060	405373	219277	186096
东城街道	154233	83054	71179	156956	85548	71408
万江街道	71065	38261	32804	78026	41251	36775
南城街道	151560	82159	69401	154346	80187	74159
中 堂 镇	44780	26026	18754	42512	24045	18467
望牛墩镇	33416	18552	14864	29458	15857	13601
麻 涌 镇	44440	27328	17112	50633	31537	19096
石 碣 镇	87331	39823	47508	87365	41617	45748
高 埗 镇	75160	39952	35208	70313	37636	32677
道 滘 镇	33603	17343	16260	33245	17492	15753
洪 梅 镇	21930	13241	8689	21049	11763	9286
沙 田 镇	76681	42806	33875	75158	42793	32365
厚 街 镇	340687	195786	144901	333024	189879	143145
长 安 镇	394483	209141	185342	395273	200398	194875
寮 步 镇	208315	115402	92913	215018	123654	91364
大岭山镇	180137	104780	75357	232762	137920	94842
大 朗 镇	200679	93999	106680	199325	93365	105960
黄 江 镇	141164	76583	64581	156478	75249	81229
樟木头镇	88124	47583	40541	114368	69617	44751
清 溪 镇	136981	57814	79167	130592	64743	65849
塘 厦 镇	368983	170618	198365	351389	162505	188884
凤 岗 镇	191482	104996	86486	195257	106976	88281
谢 岗 镇	44931	22844	22087	43838	22947	20891
常 平 镇	176990	89994	86996	180908	91497	89411
桥 头 镇	69980	36314	33666	69139	35921	33218
横 沥 镇	100443	58007	42436	102621	56321	46300
东 坑 镇	55988	26631	29357	61368	29539	31829
企 石 镇	45133	25665	19468	52157	28685	23472
石 排 镇	90123	43731	46392	105001	57712	47289
茶 山 镇	67870	32405	35465	86585	46226	40359
松 山 湖	165605	91379	74226	185105	98594	86511

注：外来暂住人口相关数据来源于市公安局，下同。

14-9 镇街计划生育情况（2018年）

Basic Statistics on Family Planning by Town (2018)

镇　街	已婚育龄妇女人数（人）	女性初婚人数（人）	#23周岁及以上	落实各种节育措施 育龄夫妇（对）	节育率（%）	领取独生子女证 累计（人）	领证率（%）	政策生育率（%）	多孩率（%）
全　市	489727	10022	8537	372050	75.97	38347	7.83	95.84	6.16
莞城街道	35150	471	427	27603	78.53	4293	12.21	97.91	4.45
石龙镇	14518	336	302	10882	74.96	1768	12.18	96.86	3.69
虎门镇	30366	718	620	21211	69.85	1882	6.20	96.38	6.22
东城街道	30446	493	439	20417	67.06	2190	7.19	96.07	5.96
万江街道	21512	357	307	18255	84.86	2052	9.54	96.69	5.04
南城街道	33168	383	358	23028	69.43	2055	6.20	96.25	5.73
中堂镇	14995	421	354	11699	78.02	1383	9.22	95.80	6.41
望牛墩镇	9112	265	238	6907	75.80	750	8.23	97.24	4.92
麻涌镇	16253	478	420	13474	82.90	2022	12.44	97.12	3.83
石碣镇	11095	271	220	9200	82.92	962	8.67	96.09	5.47
高埗镇	7929	203	176	6988	88.13	685	8.64	96.01	5.50
道滘镇	11042	302	255	8498	76.96	968	8.77	95.82	6.18
洪梅镇	4947	134	109	4151	83.91	429	8.67	94.87	6.29
沙田镇	10513	220	181	8538	81.21	1141	10.85	96.39	4.90
厚街镇	23130	511	454	17882	77.31	1622	7.01	95.02	6.54
长安镇	18149	387	339	15362	84.64	766	4.22	95.16	6.79
寮步镇	21965	417	339	14546	66.22	1231	5.60	96.22	5.90
大岭山镇	12169	303	229	8914	73.25	758	6.23	95.17	7.89
大朗镇	18235	457	375	15141	83.03	1455	7.98	93.57	7.72
黄江镇	9108	181	138	7388	81.12	729	8.00	95.01	7.62
樟木头镇	9931	173	144	7726	77.80	376	3.79	96.53	5.42
清溪镇	10555	208	173	6978	66.11	635	6.02	94.38	8.20
塘厦镇	19020	322	272	12890	67.77	1099	5.78	91.12	10.96
凤岗镇	9425	175	155	6923	73.45	309	3.28	94.96	8.12
谢岗镇	4768	110	91	4099	85.97	306	6.42	97.16	4.02
常平镇	21846	446	386	15378	70.39	1794	8.21	94.73	6.63
桥头镇	8730	192	144	6788	77.75	776	8.89	95.19	7.29
横沥镇	9037	166	131	7196	79.63	663	7.34	96.00	5.68
东坑镇	6280	138	101	5064	80.64	602	9.59	97.90	4.20
企石镇	9374	214	172	7727	82.43	667	7.12	95.83	8.60
石排镇	9537	238	199	7514	78.79	827	8.67	96.59	5.31
茶山镇	9722	230	191	7615	78.33	587	6.04	95.64	6.30
松山湖	7700	102	98	6068	78.81	565	7.34	95.58	7.32

14—10 镇街农林牧渔业总产值（2018年）

Gross Output Value of Agriculture by Town (2018)

单位：万元

镇　　街	农林牧渔业总产值	农业	林业	牧业	渔业
石龙镇	138		92		46
虎门镇	20935	9349	185	139	11264
东城街道	2239	1838	129	33	238
万江街道	11095	9699	114		1282
南城街道	1708	1587	120		
中堂镇	24691	22529	102	14	2046
望牛墩镇	6588	5908	64	49	568
麻涌镇	19831	18006	111		1714
石碣镇	5006	4651	61		294
高埗镇	11786	9402	51		2333
道滘镇	13474	9367	77	12	4018
洪梅镇	5336	1626	31	22	3657
沙田镇	24520	12883	58	545	11034
厚街镇	27234	23858	167	30	3179
长安镇	2263	1304	88	64	807
寮步镇	56091	55797	108		186
大岭山镇	4877	4429	79	205	164
大朗镇	8041	2436	94	209	5301
黄江镇	2788	1543	113	689	443
樟木头镇	549	332	82	135	
清溪镇	27913	27302	138	217	256
塘厦镇	18368	17019	95		1254
凤岗镇	1934	1721	63	38	111
谢岗镇	22640	14774	50	946	6870
常平镇	12825	11961	165		699
桥头镇	6700	5002	49	32	1617
横沥镇	10541	4625	58	1912	3946
东坑镇	3234	2985	40	101	107
企石镇	5222	4182	58	87	895
石排镇	7987	4477	58	21	3432
茶山镇	4719	2394	61	611	1653

14–11 镇街主要农产品生产及产品产量（2018年）

Production and Output of Main Agricultural Products by Town (2018)

镇　街	粮食播种面积（亩）	粮食总产量（吨）	稻谷播种面积（亩）	稻谷产量（吨）	蔬菜（含菜用瓜）播种面积（亩）	蔬菜（含菜用瓜）产量（吨）	水果总面积（亩）
石龙镇							
虎门镇	620	347	531	326	17384	19087	5961
东城街道	1448	576	1309	543	2619	3486	1676
万江街道	798	300	675	270	13687	21443	145
南城街道	462	183	38	15	354	308	1900
中堂镇	926	332	591	235	16836	23655	2903
望牛墩镇	2837	856	200	88	4384	5949	4291
麻涌镇	1676	520	1435	462	4258	3721	16487
石碣镇	125	45			10021	12172	160
高埗镇	560	181	260	104	14010	20630	190
道滘镇	3227	954	1243	478	9776	25484	1045
洪梅镇	1082	390	1070	387	601	740	1661
沙田镇	488	187	472	183	22394	26117	1746
厚街镇	73	21	5	2	40658	45883	30780
长安镇	38	11			1599	1709	4182
寮步镇	61	11			1857	19535	2860
大岭山镇	232	52			8351	9486	10050
大朗镇	255	49			4131	4053	17565
黄江镇	14	3			2163	2396	14245
樟木头镇	142	23			420	605	5138
清溪镇	117	31	5	1	11443	18323	12449
塘厦镇	396	84			30666	37138	12036
凤岗镇	43	11			1562	1634	8879
谢岗镇	465	141	155	54	18888	26477	14860
常平镇	287	70			16875	26062	8128
桥头镇	215	56	6	1	7338	10831	2148
横沥镇	541	200	400	160	5494	5431	3113
东坑镇	255	46			1640	1661	1729
企石镇	739	161	17	5	6620	10019	3247
石排镇	10	3			8902	10766	529
茶山镇	6	2			5539	5335	3353

14-11 续表 1

(2018年)

镇 街	水果总产量(吨)	香(大)蕉面积(亩)	香(大)蕉产量(吨)	荔枝面积(亩)	荔枝产量(吨)	生猪年末存栏量(头)	生猪出栏量(头)
石龙镇							
虎门镇	1499	110	231	4539	546		550
东城街道	643	175	173	328	75		
万江街道	225	105	154	17	12		
南城街道	822			1120	448		
中堂镇	6528	2130	5557	44	27		
望牛墩镇	7428	3700	7015	8	2		
麻涌镇	16110	14442	14597				
石碣镇	181	10	19	50	28		
高埗镇	253						
道滘镇	1881	900	1387				
洪梅镇	2467	1486	2327	42	4		
沙田镇	2123	1310	1683	65	56		
厚街镇	9476	1295	1629	25042	6435		
长安镇	624			4050	540		
寮步镇	497	20	49	2200	136		
大岭山镇	600			9000	250		
大朗镇	974	20	6	15705	720		209
黄江镇	675			13140	550		2868
樟木头镇	71			4470	60		
清溪镇	1704	80		8870	1000		
塘厦镇	3071	10	8	10574	1028		
凤岗镇	1222	20	5	6443	820		
谢岗镇	3057	1140	478	13000	2150		
常平镇	898	86	12	6875	660		
桥头镇	518	420	216	680	34		
横沥镇	1127	220	615	2728	355	8320	10790
东坑镇	1375	86	115	1054	527		
企石镇	790	831	481	1816	271		
石排镇	250	50	85	120	13		
茶山镇	586	160	260	2880	170		

14-11 续表 2

(2018年)

镇　街	三鸟年末存栏量(只)	三鸟出栏量(只)	畜牧总肉量(吨)	#猪肉	淡水养殖面积(亩)	水产品产量(吨)	#淡水产量
石龙镇					6	48	48
虎门镇		16196	61	36	9758	7107	4113
东城街道		6710	8		690	198	198
万江街道					1605	784	784
南城街道							
中堂镇		4089	5		3525	1945	1945
望牛墩镇	3903	15053	18		1170	555	555
麻涌镇					2220	1078	1078
石碣镇					502	314	314
高埗镇					1710	913	913
道滘镇	1536	3620	5		6045	3722	3722
洪梅镇	4734	6683	8		5060	2380	2380
沙田镇	22552	122054	199		9206	8065	4697
厚街镇	3242	9209	11		5430	1761	1761
长安镇	11915	19507	24		1200	415	235
寮步镇					519	183	183
大岭山镇		20477	58		765	166	166
大朗镇	8640	51648	78	15	2955	655	655
黄江镇	1551	56066	289	215	4410	447	447
樟木头镇	6586	40695	50				
清溪镇	530	1442	2		780	248	248
塘厦镇					2475	1312	1312
凤岗镇	6216	11903	14		195	120	120
谢岗镇		269053	342		7110	4256	4256
常平镇					2910	778	778
桥头镇		10352	12		2385	1890	1890
横沥镇	4560	19838	848	817	1635	1154	1154
东坑镇	7481	32124	37		270	87	87
企石镇	1567	24387	32		1530	890	890
石排镇	5066	6204	8		6060	2832	2832
茶山镇	4587	7868	127		1365	1688	1688

14-12 镇街农业主要物质消耗（2018年）

Main Material Consumption of Agriculture by Town (2018)

镇　街	农　村 用电量 (万千瓦时)	化肥施用 实物量 (吨)	农　药 使用量 (吨)
石龙镇	2011		
虎门镇	492680	1233	41
东城街道	67028	90	2
万江街道	151032	584	23
南城街道		33	0.1
中堂镇	159425	1393	31
望牛墩镇	101052	383	8
麻涌镇	16647	1240	18
石碣镇	199914	540	14
高埗镇	138600	274	3
道滘镇	125500	886	35
洪梅镇	1511	261	5
沙田镇	6302	1410	63
厚街镇	370000	1568	60
长安镇	725192	306	4
寮步镇	28077	280	4
大岭山镇	33041	655	10
大朗镇	407571	578	32
黄江镇	14506	149	17
樟木头镇	110164	190	10
清溪镇	325715	1383	54
塘厦镇	533240	2895	26
凤岗镇	346806	179	4
谢岗镇	5196	1426	26
常平镇	344785	640	13
桥头镇	136630	694	5
横沥镇	160118	411	4
东坑镇	123361	157	3
企石镇	108278	605	1
石排镇	19879	557	21
茶山镇	179244	442	5

14-13 镇街农村集体(经联社、经济社两级合计)经济收益分配(2018年)

Income Distribution of Rural Economy by Town (2018)

单位：万元

镇　　街	经营总收入	经营总费用	经营纯收入
全　　市	2206454	670470	1535984
莞城街道	21967	4913	17055
石 龙 镇	22068	8654	13414
虎 门 镇	210524	63912	146612
东城街道	136917	40354	96563
万江街道	64604	20825	43780
南城街道	84460	23288	61172
中 堂 镇	98735	21151	77584
望牛墩镇	14146	3527	10619
麻 涌 镇	28674	7244	21430
石 碣 镇	84740	31235	53504
高 埗 镇	30292	8208	22084
道 滘 镇	29427	8839	20588
洪 梅 镇	10068	4223	5845
沙 田 镇	35293	11025	24268
厚 街 镇	140296	53726	86570
长 安 镇	213887	51191	162695
寮 步 镇	117017	46387	70630
大岭山镇	63287	12748	50540
大 朗 镇	101774	39572	62201
黄 江 镇	32465	8580	23885
樟木头镇	29655	12195	17460
清 溪 镇	73971	22860	51111
塘 厦 镇	104189	23544	80645
凤 岗 镇	111059	22827	88232
谢 岗 镇	23115	3830	19285
常 平 镇	88369	28284	60085
桥 头 镇	42888	12971	29917
横 沥 镇	34422	13106	21316
东 坑 镇	31904	9971	21933
企 石 镇	25388	10018	15370
石 排 镇	41843	16092	25751
茶 山 镇	59012	25169	33843

14-14 镇街规模以上工业企业主要经济指标（2018年）

Main Indicators of Industrial Enterprises above Designated Size by Town (2018)

镇 街	企业单位数（个）	亏损企业	工业销售产值（万元）	工业增加值（万元）	先进制造业工业增加值（万元）
莞城街道	32	6	1150756	314171	175699
石 龙 镇	53	9	2181931	474430	262492
虎 门 镇	457	53	6291619	1816229	716345
东城街道	364	43	5093638	1413665	654317
万江街道	152	19	1403322	410943	148290
南城街道	65	11	1329566	387264	167791
中 堂 镇	142	12	3278414	709623	75018
望牛墩镇	113	19	1683767	353060	131445
麻 涌 镇	109	18	7619539	1541076	411108
石 碣 镇	206	26	4969765	1024407	655285
高 埗 镇	180	36	3047076	858814	328479
道 滘 镇	154	21	1959166	422981	194870
洪 梅 镇	57	10	2660368	524131	147742
沙 田 镇	172	29	2296283	553864	257164
厚 街 镇	381	75	8787947	1645326	586702
长 安 镇	593	123	26065650	4314395	3077868
寮 步 镇	370	67	5636096	1346466	684513
大岭山镇	331	53	4600158	1051150	478162
大 朗 镇	388	67	5076774	1247985	728821
黄 江 镇	212	28	3767511	941401	549651
樟木头镇	117	21	1502903	431485	143843
清 溪 镇	360	61	6509856	1495039	451646
塘 厦 镇	502	87	8103419	2014821	744495
凤 岗 镇	307	60	5483817	1306887	379067
谢 岗 镇	132	29	1392415	359854	135000
常 平 镇	369	55	4911562	1182680	533151
桥 头 镇	248	39	4228533	835684	313356
横 沥 镇	257	28	2882152	736473	293844
东 坑 镇	159	25	3984005	993422	482612
企 石 镇	175	20	1725617	406169	135511
石 排 镇	206	20	2016182	543164	160633
茶 山 镇	225	35	2404082	617070	235314

14-14 续表 1

(2018年)

镇 街	高技术制造业工业增加值(万元)	资产总额(万元)	#流动资产	负债总额(万元)
莞城街道	5005	1067184	533891	492937
石龙镇	279983	1813033	1312269	928292
虎门镇	484765	5987721	4347990	2962411
东城街道	413657	4451428	3090698	2701079
万江街道	66286	1329990	1011292	730087
南城街道	101156	1478982	990645	560081
中堂镇	13522	2254863	1425693	1338249
望牛墩镇	33854	1066134	765351	619823
麻涌镇	25459	6814183	3906106	3537624
石碣镇	755668	3258880	2586876	2081111
高埗镇	112174	2485624	1790594	1482644
道滘镇	33788	1872985	1195153	874322
洪梅镇	8675	3246439	2493578	1769615
沙田镇	75108	1675737	1086154	983742
厚街镇	363366	5819663	4546930	3019126
长安镇	2524952	16093168	13598913	12734191
寮步镇	488369	4258451	3176126	2406919
大岭山镇	339364	4204004	2823596	3049899
大朗镇	492507	4348399	3495790	3190022
黄江镇	417017	2967615	2021327	1739887
樟木头镇	47630	1344749	932901	823120
清溪镇	390203	4917257	3616164	2527847
塘厦镇	592895	7368477	5421725	3860392
凤岗镇	294076	4260141	2869224	2208447
谢岗镇	150320	1000894	763474	594572
常平镇	266539	4385903	3195338	2006065
桥头镇	260349	3092780	2360625	2133115
横沥镇	181423	2716630	1776739	1726058
东坑镇	655418	2503875	1899326	1576136
企石镇	101182	1256072	1030357	825936
石排镇	159680	1484520	978721	895609
茶山镇	105471	1756412	1320551	940406

14-14　续表 2

(2018年)

镇　　街	主营业务收　　入(万元)	主营业务税金及附加(万元)	利　润总　额(万元)	本年应交增 值 税(万元)	平均用工人数(人)
莞城街道	1153606	5897	104156	25810	12342
石 龙 镇	2144914	9884	154033	33806	27630
虎 门 镇	6260160	35414	368624	108326	152915
东城街道	5073456	38689	245278	126705	98523
万江街道	1420004	8730	63926	29614	34960
南城街道	1312216	8826	141268	38216	18147
中 堂 镇	3374015	23085	131041	187134	27539
望牛墩镇	1729957	9674	75661	67603	19772
麻 涌 镇	8517004	24731	426833	97512	38419
石 碣 镇	4899313	18043	141295	44607	84171
高 埗 镇	3031745	14110	89543	24441	74010
道 滘 镇	1907267	7615	57498	35504	27488
洪 梅 镇	2626570	11401	257907	68952	18228
沙 田 镇	2312465	9508	91946	31411	33953
厚 街 镇	8761591	28043	313841	79718	142038
长 安 镇	30297049	45710	335966	148027	260110
寮 步 镇	5398188	21099	115192	70049	109155
大岭山镇	4623567	22400	117564	56026	88935
大 朗 镇	5151127	20083	213816	65820	77552
黄 江 镇	3743931	18681	106793	51886	76431
樟木头镇	1436931	6364	32747	16644	29770
清 溪 镇	6289174	24566	184494	39872	134423
塘 厦 镇	7928474	36787	280437	82278	184259
凤 岗 镇	5378878	22363	228197	83623	102408
谢 岗 镇	1310384	7975	48817	22492	29329
常 平 镇	4805600	22956	163653	57018	105545
桥 头 镇	4072568	12185	82229	21990	66068
横 沥 镇	2769010	12787	70581	26619	66914
东 坑 镇	3798483	13795	90787	28902	70621
企 石 镇	1614802	7079	35690	22773	33903
石 排 镇	1934680	9059	34887	27839	52587
茶 山 镇	2328059	11252	55370	38198	44478

14–15 镇街规模以上工业企业主要经济效益指标（2018年）

Main Indicators on Economic Benefit of Industrial Enterprises above Designated Size by Town (2018)

镇　街	工业增加值率 (%)	总资产贡献率 (%)	资　产负债率 (%)	流动资产周转率 (次/年)	成本费用利润率 (%)	全员劳动生产率 (元/人)	产　品销售率 (%)
莞城街道	27.2	14.1	46.2	2.3	9.8	254554	99.7
石龙镇	21.6	12.0	51.2	1.7	7.7	171708	99.4
虎门镇	28.0	9.3	49.5	1.5	5.9	118774	97.0
东城街道	27.3	10.4	60.7	1.7	5.1	143486	98.3
万江街道	28.9	9.3	54.9	1.5	4.7	117547	98.8
南城街道	27.6	13.5	37.9	1.4	11.9	213404	94.8
中堂镇	21.2	16.9	59.3	2.4	4.0	257679	97.9
望牛墩镇	21.0	16.5	58.1	2.5	4.5	178566	100.3
麻涌镇	20.0	9.2	51.9	2.4	5.2	401123	98.7
石碣镇	19.8	7.0	63.9	2.0	3.0	121705	96.2
高埗镇	28.2	5.9	59.6	1.8	3.0	116040	100.0
道滘镇	21.6	6.2	46.7	1.6	3.1	153878	99.9
洪梅镇	19.1	12.4	54.5	1.2	10.6	287542	96.9
沙田镇	23.1	9.1	58.7	2.3	4.1	163127	95.6
厚街镇	18.7	8.3	51.9	2.1	3.7	115837	99.7
长安镇	16.4	3.8	79.1	2.5	1.1	165868	99.2
寮步镇	23.2	5.7	56.5	1.8	2.2	123354	97.1
大岭山镇	22.4	4.8	72.5	1.5	2.6	118193	97.9
大朗镇	24.0	7.8	73.4	1.6	4.4	160922	97.7
黄江镇	24.3	6.6	58.6	2.0	2.9	123170	97.3
樟木头镇	27.1	5.5	61.2	1.7	2.3	144940	94.2
清溪镇	21.7	5.5	51.4	1.9	3.0	111219	94.7
塘厦镇	24.0	6.5	52.4	1.7	3.6	109347	96.6
凤岗镇	22.8	8.7	51.8	1.9	4.4	127616	95.5
谢岗镇	24.8	8.8	59.4	1.8	3.8	122696	96.1
常平镇	23.8	6.2	45.7	1.6	3.5	112055	99.0
桥头镇	19.3	4.2	69.0	1.8	2.0	126488	97.8
横沥镇	24.7	4.8	63.5	1.7	2.6	110063	96.5
东坑镇	24.7	5.6	62.9	2.0	2.4	140669	99.0
企石镇	22.3	5.8	65.8	1.7	2.2	119803	94.7
石排镇	26.5	5.5	60.3	2.1	1.8	103289	98.2
茶山镇	25.1	6.7	53.5	1.8	2.4	138736	97.7
松山湖	16.4	9.0	74.0	2.3	2.7	685165	98.4

14-16 镇街规模以上工业企业R&D人员情况（2018年）

R&D Personnel of Industrial Enterprises above Designated Size by Town (2018)

镇　街	有R&D活动的工业企业数（个）	R&D人员合计（人）	#参加项目人员	#女性	#研究人员	#全时人员	非全时人员
全　市	2822	111969	104816	22316	21454	89852	22117
莞城街道	19	432	337	75	127	386	46
石 龙 镇	26	1332	1187	425	236	990	342
虎 门 镇	104	3814	3675	705	668	2819	995
东城街道	142	6597	6069	1539	975	5378	1219
万江街道	68	1918	1770	354	348	1383	535
南城街道	24	723	688	138	146	554	169
中 堂 镇	47	1762	1675	289	336	1401	361
望牛墩镇	41	1342	1285	245	185	1135	207
麻 涌 镇	64	3123	2959	446	588	2236	887
石 碣 镇	96	3833	3457	857	717	3265	568
高 埗 镇	79	2845	2666	777	426	2330	515
道 滘 镇	38	781	691	202	149	674	107
洪 梅 镇	22	1915	1618	421	284	1373	542
沙 田 镇	84	2189	2109	556	320	1722	467
厚 街 镇	93	3272	3098	628	514	2472	800
长 安 镇	203	9205	8588	1420	1489	7787	1418
寮 步 镇	156	5303	4896	1092	926	4103	1200
大岭山镇	123	4336	4125	842	627	3677	659
大 朗 镇	140	4996	4662	983	921	3847	1149
黄 江 镇	80	3038	2891	497	588	2537	501
樟木头镇	38	1386	1339	400	184	1160	226
清 溪 镇	141	7082	6711	1518	971	5850	1232
塘 厦 镇	193	8750	8179	1649	1548	6848	1902
凤 岗 镇	89	3695	3476	835	595	3086	609
谢 岗 镇	37	847	813	108	125	666	181
常 平 镇	115	3148	2950	633	466	2627	521
桥 头 镇	117	3133	2901	707	498	2388	745
横 沥 镇	103	2451	2347	430	366	2070	381
东 坑 镇	67	2723	2500	702	609	2196	527
企 石 镇	72	2001	1918	342	345	1490	511
石 排 镇	62	1736	1615	387	260	1410	326
茶 山 镇	54	1513	1455	353	197	1160	353
松 山 湖	85	10748	10166	1761	4720	8832	1916

14-17 镇街规模以上工业企业R&D人员全时当量情况（2018年）

R&D Personnel Full-time-equivalent of Industrial Enterprises above Designated Size by Town (2018)

镇街	有R&D活动的工业企业数(个)	R&D人员全时当量(人年)	#研究人员	#应用研究人员	#试验发展人员
全市	2822	86581	16979	127	86454
莞城街道	19	257	69		257
石龙镇	26	1106	198		1106
虎门镇	104	3093	559		3093
东城街道	142	5194	754		5194
万江街道	68	1536	286		1536
南城街道	24	591	112		591
中堂镇	47	1417	278		1417
望牛墩镇	41	1051	143		1051
麻涌镇	64	2166	417	2	2164
石碣镇	96	2929	549		2929
高埗镇	79	2132	338		2132
道滘镇	38	507	105		507
洪梅镇	22	1173	174		1173
沙田镇	84	1834	260		1834
厚街镇	93	2646	404		2646
长安镇	203	6293	972		6293
寮步镇	156	4332	742		4332
大岭山镇	123	3151	479		3151
大朗镇	140	3669	653	4	3665
黄江镇	80	2520	476		2520
樟木头镇	38	1122	132		1122
清溪镇	141	5565	755		5565
塘厦镇	193	6898	1240	1	6897
凤岗镇	89	2911	476		2911
谢岗镇	37	609	92		609
常平镇	115	2455	357	106	2349
桥头镇	117	2362	367		2362
横沥镇	103	1864	267		1864
东坑镇	67	1987	430		1987
企石镇	72	1383	240		1383
石排镇	62	1243	201		1243
茶山镇	54	1113	150		1113
松山湖	85	9474	4305	15	9459

14-18　镇街规模以上工业企业R&D经费情况（2018年）

The R&D Funds of Industrial Enterprises above Designated Size by Town (2018)

镇　街	R&D经费支出合计（万元）	按活动类型分组			按资金来源分组			
		基础研究支出	应用研究支出	试验发展支出	政府资金	企业资金	境外资金	其他资金
全　市	2212356		2819	2209537	26326	2180401	2247	3382
莞城街道	7955			7955	188	7419	348	
石龙镇	29968			29968	2308	27563	97	
虎门镇	55722			55722	605	54822	27	269
东城街道	82036			82036	2229	79687	63	57
万江街道	25156			25156	507	24630	20	
南城街道	14330			14330	63	14200	67	
中堂镇	42466			42466	239	42218	8	
望牛墩镇	32943			32943	164	32738	40	
麻涌镇	79123		206	78917	2066	77028	13	16
石碣镇	54247			54247	324	53566	71	287
高埗镇	42878			42878	190	42592	95	
道滘镇	12981			12981	145	12837		
洪梅镇	37349			37349	50	37299		
沙田镇	39419			39419	278	39141		
厚街镇	47371			47371	225	47019	10	118
长安镇	206007			206007	2030	203601	230	146
寮步镇	73855			73855	603	73246	7	
大岭山镇	68194			68194	336	67618	215	26
大朗镇	77548		67	77481	1015	76228	14	291
黄江镇	48711			48711	451	48053		207
樟木头镇	16107			16107	59	15469		580
清溪镇	80168			80168	810	79321	37	
塘厦镇	129222		10	129212	383	128393	128	318
凤岗镇	50245			50245	620	49508	54	63
谢岗镇	13426			13426	152	13063	212	
常平镇	50807		2382	48425	740	49653	288	127
桥头镇	40990			40990	219	39922	71	778
横沥镇	39646			39646	434	39185	27	
东坑镇	40871			40871	71	40712	30	58
企石镇	24395			24395	169	24183		43
石排镇	22835			22835	123	22658	54	
茶山镇	22449			22449	108	22324	17	
松山湖	602937		155	602782	8424	594508	5	

14-18 续表

(2018年)

镇　　街	按使用项目分		委托外单位开展研发的经费支出合计(万元)	对境内研究机构支出	对境内高等院校支出	对境内企业支出	对境外支出
	经常性支出	资产性支出					
全　　市	2031286	181071	1367049	1099666	5220	116687	145477
莞城街道	7482	473	67	5	24	33	5
石 龙 镇	26249	3719	4876	4265			610
虎 门 镇	52566	3157	23	6	10	7	
东城街道	78271	3766	827	33	53	562	179
万江街道	23178	1978	175	17		158	
南城街道	12516	1814	1			1	
中 堂 镇	40283	2182	331	22	0.1	309	
望牛墩镇	28280	4663	68	12	2	55	
麻 涌 镇	75373	3750	79	37	22	20	
石 碣 镇	51382	2865	191	73	1	1	116
高 埗 镇	39408	3470	0.2			0.2	
道 滘 镇	12152	829	42			42	
洪 梅 镇	34715	2634	210	97	109	4	
沙 田 镇	33170	6248	0.3		0.3		
厚 街 镇	44935	2436	31	9		22	
长 安 镇	190703	15304	2231	772	105	519	834
寮 步 镇	69698	4158	1208	130	130	947	1
大岭山镇	66117	2077	59		6	49	4
大 朗 镇	68954	8595	3185	580		2549	55
黄 江 镇	44177	4534	96	1		95	
樟木头镇	14406	1702	40			40	
清 溪 镇	71741	8427	47		36		11
塘 厦 镇	117119	12103	2837	13	43	2781	
凤 岗 镇	48475	1770	504	6	27	251	221
谢 岗 镇	11704	1722	51			51	
常 平 镇	45633	5174	145	21	115	2	7
桥 头 镇	39183	1807	752	10	96	369	278
横 沥 镇	35024	4622	190	90	98	2	
东 坑 镇	38586	2285	75	15	60	0.3	
企 石 镇	22580	1815	20			20	
石 排 镇	19623	3213	66		34	32	
茶 山 镇	19801	2648	329		32	296	
松 山 湖	547803	55134	1348297	1093452	4220	107470	143155

14-19 镇街规模以上工业企业办科技机构情况（2018年）

Basic Statistics on Scientific and Technological Institutions of Industrial Enterprises above Designated Size by Town (2018)

镇　街	有研发机构的工业企业数（个）	机构数（个）	机构人员合计（人）	#博士毕业	#硕士毕业	机构经费支出（万元）
全　市	3943	4203	156854	801	6169	4269519
莞城街道	23	25	351	2	23	10380
石 龙 镇	32	33	1654	4	63	41385
虎 门 镇	164	172	6199	15	113	123200
东城街道	162	177	6745	15	125	111177
万江街道	109	112	3117	18	52	51549
南城街道	33	38	821	8	20	23825
中 堂 镇	65	66	1611	4	25	54652
望牛墩镇	55	56	1732	3	22	41063
麻 涌 镇	68	78	4218	15	112	154512
石 碣 镇	125	129	5136	6	62	82908
高 埗 镇	98	101	3736	7	43	65732
道 滘 镇	75	75	1563	5	45	33169
洪 梅 镇	29	34	2038	7	15	41265
沙 田 镇	97	98	2313	9	43	47870
厚 街 镇	121	131	4182	6	60	110322
长 安 镇	286	297	15386	51	571	766786
寮 步 镇	191	200	7268	19	121	128493
大岭山镇	155	157	6158	16	60	117514
大 朗 镇	168	181	5482	46	131	98596
黄 江 镇	101	103	4534	9	50	84488
樟木头镇	52	69	2067	4	41	29913
清 溪 镇	189	213	9642	18	112	137827
塘 厦 镇	370	383	14795	32	153	226194
凤 岗 镇	111	122	5148	12	63	85293
谢 岗 镇	77	77	1709	3	9	27355
常 平 镇	180	183	5105	8	54	90229
桥 头 镇	168	168	3566	28	47	65507
横 沥 镇	137	139	4133	11	81	67339
东 坑 镇	79	79	3225	13	106	66888
企 石 镇	88	90	2484	3	18	35595
石 排 镇	138	149	3072	15	45	48253
茶 山 镇	106	107	2538	6	34	45726
松 山 湖	91	161	15126	383	3650	1154517

14-20 镇街固定资产投资总额增长速度（2018年）

Growth Rate of Total Investment in Fixed Assets by Town (2018)

单位：%

镇 街	固定资产投资	#第二产业	第三产业	#工 业	#房地产开发投资	#民营
莞城街道	7.1	27.5	1.8	27.5	-42.1	-20.5
石 龙 镇	15.8	1.1	22.2	1.1	-11.8	-9.4
虎 门 镇	-29.2	-52.5	-18.5	-52.5	-12.4	-20.4
东城街道	18.7	-13.9	27.6	-13.2	8.5	19.6
万江街道	15.2	-33.8	38.7	-33.8	22.7	-17.8
南城街道	5.5	-53.1	13.0	-53.1	-12.4	-16.7
中 堂 镇	20.2	111.9	-10.9	111.9	-27.5	7.0
望牛墩镇	-22.6	0.04	-27.2	2.3	-43.0	-24.1
麻 涌 镇	26.4	-7.3	48.5	-7.3	77.7	31.2
石 碣 镇	18.6	-0.5	33.0	-0.5	19.0	-12.4
高 埗 镇	41.5	-8.8	96.3	-8.8	149.1	77.4
道 滘 镇	13.1	-54.6	49.9	-54.6	52.2	8.9
洪 梅 镇	-20.4	-61.7	23.6	-61.7	-17.0	-15.3
沙 田 镇	15.3	31.9	5.4	31.9	-24.2	28.3
厚 街 镇	-15.6	-4.3	-25.1	-4.3	-21.0	-2.1
长 安 镇	-33.1	-44.2	-1.9	-44.2	-48.2	-38.8
寮 步 镇	13.5	7.7	15.3	7.7	16.0	8.1
大岭山镇	28.7	-12.5	58.1	-12.5	49.9	39.0
大 朗 镇	0.5	-14.8	5.8	-14.8	-24.5	-16.5
黄 江 镇	28.3	31.1	27.4	31.1	27.5	3.6
樟木头镇	13.3	-32.0	41.9	-32.0	49.0	9.3
清 溪 镇	-16.1	0.4	-37.0	0.4	-62.3	-15.0
塘 厦 镇	13.3	10.4	15.0	10.4	6.1	-9.3
凤 岗 镇	1.6	-25.8	13.2	-25.8	19.9	-34.1
谢 岗 镇	38.5	-21.9	402.5	-21.9	—	12.3
常 平 镇	-2.1	94.8	-13.2	94.8	-14.3	-11.3
桥 头 镇	11.8	23.5	-3.4	23.5	-12.0	1.1
横 沥 镇	20.8	23.5	18.4	23.5	-7.5	29.5
东 坑 镇	24.1	0.6	61.6	0.6	56.0	27.0
企 石 镇	20.2	-3.2	34.6	-3.2	39.3	1.4
石 排 镇	35.9	6.6	59.1	6.6	48.3	33.9
茶 山 镇	25.9	16.0	30.9	16.0	46.2	38.9
松 山 湖	22.6	9.0	41.4	9.0	47.0	25.0

14—21 镇街邮电局、所通信能力及服务网点（2017—2018年）

Communication Capacity and Service Establishments of Telecommunication Offices by Town (2017-2018)

镇 街	邮电局（所、综合营业厅）(处)		服务网点（含报刊亭）(处)		固定电话用户 (户)	
	2017年	2018年	2017年	2018年	2017年	2018年
全 市	535	564	10676	14919	2143933	1984580
市 区	66	71	1281	1983	412743	381256
石龙镇	10	10	226	262	70597	72876
虎门镇	45	44	768	1182	167814	156819
中堂镇	11	12	116	199	41987	38318
望牛墩镇	6	6	83	91	20274	18705
麻涌镇	8	9	103	170	27322	24551
石碣镇	16	16	215	346	54489	50697
高埗镇	15	14	172	259	34375	32767
道滘镇	7	7	114	126	34120	31931
洪梅镇	5	6	72	74	19353	17057
沙田镇	10	10	228	244	36164	33573
厚街镇	30	31	804	1116	123535	112936
长安镇	43	49	1006	1321	150071	132518
寮步镇	18	21	621	804	86812	76692
大岭山镇	17	17	313	405	55598	50588
大朗镇	20	22	587	796	92277	80557
黄江镇	15	16	172	327	51250	41942
樟木头镇	13	13	372	406	55039	47945
清溪镇	25	26	475	618	61491	57916
塘厦镇	30	31	612	828	82673	79284
凤岗镇	21	24	358	590	66153	56800
谢岗镇	7	7	110	189	26740	22997
常平镇	27	29	585	691	109271	103465
桥头镇	13	13	194	295	44844	42184
横沥镇	13	13	181	323	43120	36208
东坑镇	8	9	202	276	27078	25909
企石镇	8	8	188	249	32793	30247
石排镇	10	12	274	380	44022	41000
茶山镇	13	13	231	336	46778	41751
松山湖	5	5	13	33	25150	45089

注：市区指莞城、南城、东城、万江四个街道。

14-22 镇街商贸情况（2018年）

Statistics on Commerce by Town (2018)

单位：万元

镇　街	社会消费品零售总额	限额以上批发和零售业销售额	限额以上住宿和餐饮业营业额
莞城街道	1244160	2447483	22905
石 龙 镇	503717	295311	13739
虎 门 镇	2412917	1488661	97579
东城街道	1564090	3245291	121241
万江街道	683686	1381019	37868
南城街道	2469237	7487724	136570
中 堂 镇	391352	1119624	20065
望牛墩镇	135267	416801	2556
麻 涌 镇	2656183	4335458	8738
石 碣 镇	511743	504750	21660
高 埗 镇	324627	333620	7924
道 滘 镇	242193	862402	6092
洪 梅 镇	193121	261740	3798
沙 田 镇	325088	5729543	10428
厚 街 镇	1966491	1657932	136113
长 安 镇	1646212	10072122	79443
寮 步 镇	2547592	3118274	44608
大岭山镇	772506	1908314	23271
大 朗 镇	1037456	1231423	29649
黄 江 镇	523656	505143	9546
樟木头镇	761091	1088065	18699
清 溪 镇	539803	502677	14600
塘 厦 镇	1121148	686170	51195
凤 岗 镇	654470	469725	24775
谢 岗 镇	163340	181787	3063
常 平 镇	1422406	1380972	45458
桥 头 镇	350157	145349	18610
横 沥 镇	347472	348671	5202
东 坑 镇	232783	76906	4346
企 石 镇	218481	81045	7546
石 排 镇	332662	212122	5431
茶 山 镇	418175	309834	10254
松 山 湖	66842	908608	34571

14-23 镇街注册工商企业及个体户数（2018年）

Registered Industrial & Commercial Enterprises and Self-employed Individuals by Town (2018)

单位：户

镇　街	总户数	#内资企业	外商投资企业	三来一补	私营企业	个体户
全　市	1146802	26222	14547	1178	460211	643983
莞城街道	28511	940	270	4	12686	14576
石 龙 镇	16351	354	140	4	3434	12412
虎 门 镇	101135	1657	819	44	36619	61968
东城街道	84677	2794	1077	33	36332	44376
万江街道	38650	796	237	7	18347	19258
南城街道	72044	3603	965	11	43974	23403
中 堂 镇	18667	413	100	8	4934	13202
望牛墩镇	5794	191	95	2	1876	3624
麻 涌 镇	12429	403	95	6	2422	9483
石 碣 镇	26228	407	239	20	8520	17035
高 埗 镇	17190	249	156	6	5491	11281
道 滘 镇	13988	302	165	6	4825	8683
洪 梅 镇	3567	134	84	1	1048	2295
沙 田 镇	16148	576	320	4	5873	9364
厚 街 镇	60160	1118	791	33	21902	36263
长 安 镇	104919	1527	1448	169	51552	50155
寮 步 镇	61282	1066	552	14	21485	38142
大岭山镇	36431	666	395	23	16378	18951
大 朗 镇	55930	798	455	54	18066	36548
黄 江 镇	27010	521	354	23	10958	15132
樟木头镇	26607	471	292	18	12619	13189
清 溪 镇	32069	535	586	88	11634	19214
塘 厦 镇	60122	1125	1021	152	26894	30915
凤 岗 镇	38522	791	612	138	14308	22667
谢 岗 镇	9756	218	234	26	3385	5882
常 平 镇	49196	1104	820	94	20612	26508
桥 头 镇	20177	352	392	38	6463	12927
横 沥 镇	26473	396	398	43	8503	17108
东 坑 镇	12413	330	188	13	4028	7851
企 石 镇	15411	290	256	27	4270	10565
石 排 镇	20536	332	247	38	6753	13161
茶 山 镇	25861	409	301	31	8136	16980
松 山 湖	8548	1354	443		5884	865

注：本表数据来源于市市场监管局。

14-24 镇街集市贸易市场数及私营个体户注册资金额（2017-2018年）

Fair Trades and Registered Capital of Private Enterprises & Self-employed Individuals by Town (2017-2018)

镇 街	集市贸易市场数（个）		个体工商户注册资金额（万元）		私营企业注册资金额（万元）	
	2017年	2018年	2017年	2018年	2017年	2018年
全 市	407	416	1806262	2155473	93101346	130154605
莞城街道	8	7	37501	46291	5413180	6614916
石 龙 镇	7	7	28595	34837	506932	756235
虎 门 镇	24	34	159000	186083	5487343	6924248
东城街道	26	25	108268	129988	9729620	14267119
万江街道	24	24	49060	58290	3400164	4934379
南城街道	21	21	72052	91144	15459735	18885826
中 堂 镇	10	8	39315	47003	863070	1313849
望牛墩镇	4	4	11438	14200	460445	946217
麻 涌 镇	8	8	27980	33547	587092	959844
石 碣 镇	15	15	48392	56884	963998	1427748
高 埗 镇	12	13	31912	39250	1056150	1514590
道 滘 镇	4	4	21348	23577	1416696	1723760
洪 梅 镇	3	3	7627	9312	290395	409022
沙 田 镇	10	10	26482	31807	1143049	1633197
厚 街 镇	17	20	101951	117924	3477945	4968085
长 安 镇	19	19	121778	146316	6620136	13261648
寮 步 镇	26	26	92568	114008	3745282	4995959
大岭山镇	11	11	59643	68081	2372802	3303833
大 朗 镇	12	12	135204	159667	2737119	4817067
黄 江 镇	7	7	44249	55670	1754331	2094147
樟木头镇	12	11	37272	42693	1977746	2639613
清 溪 镇	15	15	54096	67502	1552507	2197966
塘 厦 镇	21	22	75087	90100	5495661	6622623
凤 岗 镇	12	12	56987	74322	1446895	2203815
谢 岗 镇	8	6	24425	26141	312360	618705
常 平 镇	26	23	97204	108310	4044284	5200508
桥 头 镇	7	7	37514	48892	957283	1345648
横 沥 镇	6	6	48822	58882	1238711	1718666
东 坑 镇	4	4	25467	31885	643864	856298
企 石 镇	7	9	36018	42489	777835	1077207
石 排 镇	8	8	42279	45119	719368	1094458
茶 山 镇	11	13	40600	47442	960102	1634324
松 山 湖	2	2	6132	7818	5489247	7193084

注：本表数据来源于市市场监管局；2016年起，按统计标准剔除部分不符合要求的集贸市场数据。

14-25 镇街来料加工装配签约宗数、出口值及引进设备价值（2018年）

Contracts of Processing and Assembling of Import Materials, Export Value and Value of Equipments Imported by Town (2018)

镇　街	累计投产宗数 (宗)	出口值 (万元)	引进设备价值 (万元)
莞城街道	6		
石 龙 镇	6	1237	
虎 门 镇	31	2991	
东城街道	27	15538	
万江街道	7	3175	
南城街道	9	2463	
中 堂 镇	7	79	
望牛墩镇	2		
麻 涌 镇	1		
石 碣 镇	17	1221	
高 埗 镇	3		
道 滘 镇	4	2747	
洪 梅 镇	1	1210	
沙 田 镇			
厚 街 镇	14	20017	
长 安 镇	133	883718	1168
寮 步 镇	19		
大岭山镇	14	121981	195
大 朗 镇	25	5386	
黄 江 镇	20	173564	70
樟木头镇	21	7280	
清 溪 镇	63	55452	7
塘 厦 镇	97	46415	17
凤 岗 镇	51	24207	
谢 岗 镇	19		
常 平 镇	41		
桥 头 镇	18	8884	
横 沥 镇	27	16430	1
东 坑 镇	6	1868	
企 石 镇	14	5613	1
石 排 镇	27	8286	
茶 山 镇	16	38416	
松 山 湖			

14-26 镇街“三资”企业签约、实际利用外资及出口值(新口径)(2018年)

Contracts, Foreign Capital Actually Utilized and Export Value of Enterprises with Foreign Investment by Town (2018)

镇　　街	签约宗数(宗)	投产企业宗数(宗)	协议(合同)规定外商投资总额(万元)	外商实际投资总额(万元)	出口值(万元)
莞城街道	17	134	4760	5948	205104
石 龙 镇	4	95	48814	1401	1203828
虎 门 镇	53	697	52927	12447	1537018
东城街道	108	649	115312	32360	984406
万江街道	27	197	11637	1870	144616
南城街道	154	550	47130	10594	418012
中 堂 镇	1	97	6207	250	157004
望牛墩镇	7	112	18966	509	143287
麻 涌 镇	7	80	180504	68862	763861
石 碣 镇	8	272	64450	18545	2551161
高 埗 镇	2	132	5367	3521	792719
道 滘 镇	10	191	44856	5671	203337
洪 梅 镇	6	94	40724	50856	229865
沙 田 镇	31	291	28831	57116	703495
厚 街 镇	72	647	57627	7773	5116278
长 安 镇	199	1198	192831	77271	2964787
寮 步 镇	19	483	36374	12167	2282661
大岭山镇	17	362	16127	45609	847363
大 朗 镇	23	425	21257	11950	902294
黄 江 镇	18	353	28136	19879	1540041
樟木头镇	44	260	70741	8400	426172
清 溪 镇	42	578	36799	57352	2922948
塘 厦 镇	70	965	32016	39670	2607907
凤 岗 镇	26	585	26893	48112	1292178
谢 岗 镇	12	250	26703	51726	466099
常 平 镇	95	745	76411	55752	2149991
桥 头 镇	67	351	33138	18555	2117574
横 沥 镇	17	403	21543	21126	802330
东 坑 镇	12	174	7627	4300	1393817
企 石 镇	74	275	44651	4545	319458
石 排 镇	15	256	21409	24477	493549
茶 山 镇	15	254	-15072	11656	483576
松 山 湖	128	382	82636	33838	681753

14-27 镇街进出口总额（2017-2018年，海关口径）

Total Value of Exports and Imports by Town (2017-2018, Custom Statistics)

单位：万元

镇　街	2017年			2018年		
	进出口总额	进　口	出　口	进出口总额	进　口	出　口
莞城街道	1511866	454135	1057730	1272351	440960	831391
石 龙 镇	1751816	506964	1244851	1718711	483985	1234726
虎 门 镇	3543748	1544024	1999725	3835199	1609071	2226128
东城街道	4235235	830781	3404454	4847244	1101882	3745361
万江街道	451984	102637	349347	563070	115934	447136
南城街道	3540519	673227	2867292	4286305	819212	3467094
中 堂 镇	642148	391845	250303	615359	356268	259091
望牛墩镇	307370	78976	228394	564632	105145	459486
麻 涌 镇	2107143	1339033	768111	2031093	1247892	783200
石 碣 镇	3951465	1347713	2603752	4084907	1397005	2687902
高 埗 镇	1928155	490821	1437334	2070192	474134	1596058
道 滘 镇	626973	277488	349485	654894	332960	321934
洪 梅 镇	1419431	1148925	270506	1410050	1117737	292313
沙 田 镇	5203776	2871251	2332525	6845447	3275883	3569564
厚 街 镇	8364581	2744977	5619604	8127653	2470778	5656875
长 安 镇	22110866	13156852	8954014	25895662	15634364	10261298
寮 步 镇	5407052	2473369	2933682	5520600	2534112	2986488
大岭山镇	3766961	1638061	2128900	2872793	1228584	1644209
大 朗 镇	1981861	649243	1332618	2380495	762864	1617631
黄 江 镇	3993219	1471381	2521838	3074945	1000937	2074008
樟木头镇	986869	329147	657722	989897	333530	656367
清 溪 镇	4910013	1630927	3279086	4935679	1444259	3491419
塘 厦 镇	4747864	1591278	3156585	4694073	1429997	3264077
凤 岗 镇	2251835	627444	1624391	2130720	591472	1539249
谢 岗 镇	718616	159683	558933	643870	130627	513243
常 平 镇	4056778	1302074	2754704	4139465	1375605	2763860
桥 头 镇	5089454	2060826	3028628	4338828	1690377	2648451
横 沥 镇	1449728	364549	1085179	1518004	369138	1148866
东 坑 镇	2606294	1024521	1581773	2509384	837684	1671701
企 石 镇	658119	145612	512507	712335	149218	563117
石 排 镇	945181	175895	769285	999468	183874	815595
茶 山 镇	1098493	368044	730449	1127527	324628	802899
松 山 湖	16278299	8398221	7880078	22776183	9260482	13515700

14–28 镇街实际利用外资（2017–2018年）

Foreign Capital Actually Utilized by Town (2017-2018)

单位：万元

镇　街	2017年	2018年	镇　街	2017年	2018年
莞城街道	665	5948	寮 步 镇	50648	12167
石 龙 镇	1071	1401	大岭山镇	20636	45609
虎 门 镇	15939	12447	大 朗 镇	26729	11950
东城街道	4029	32360	黄 江 镇	27877	19879
万江街道	6527	1870	樟木头镇	12319	8400
南城街道	3931	10594	清 溪 镇	35863	57352
中 堂 镇	186	250	塘 厦 镇	33918	39670
望牛墩镇	6343	509	凤 岗 镇	36935	48112
麻 涌 镇	48737	68862	谢 岗 镇	14232	51726
石 碣 镇	17482	18545	常 平 镇	42568	55752
高 埗 镇	10798	3521	桥 头 镇	64212	18555
道 滘 镇	4960	5671	横 沥 镇	32204	21126
洪 梅 镇	32582	50856	东 坑 镇	16144	4300
沙 田 镇	51707	57116	企 石 镇	7451	4545
厚 街 镇	16935	7773	石 排 镇	28553	24477
长 安 镇	48978	77271	茶 山 镇	29303	11656
松 山 湖	856093	33838			

14-29 镇街税收总额（2017-2018年）

Taxes by Town (2017-2018)

单位：万元

镇　街	2017年	2018年	镇　街	2017年	2018年
莞城街道	402428	422676	寮 步 镇	695321	749276
石 龙 镇	190379	198433	大岭山镇	432291	517028
虎 门 镇	833208	994020	大 朗 镇	446184	541720
东城街道	1209620	1304756	黄 江 镇	357975	402443
万江街道	201435	256611	樟木头镇	222396	249782
南城街道	1365461	1523940	清 溪 镇	469980	529431
中 堂 镇	201964	245397	塘 厦 镇	841336	948247
望牛墩镇	107465	128938	凤 岗 镇	547828	598100
麻 涌 镇	404825	433304	谢 岗 镇	100030	164005
石 碣 镇	358491	414058	常 平 镇	445334	516561
高 埗 镇	177389	255036	桥 头 镇	233701	272779
道 滘 镇	184261	216244	横 沥 镇	251442	296535
洪 梅 镇	105142	158130	东 坑 镇	201669	255861
沙 田 镇	269055	341275	企 石 镇	111680	142220
厚 街 镇	630988	722194	石 排 镇	160239	196005
长 安 镇	1483947	1545538	茶 山 镇	214373	271255
松 山 湖	1481103	1732223			

14-30　镇街财政收支情况（2017-2018年）

Government Revenue and Expenditure by Town (2017-2018)

单位：万元

镇　街	地方财政总收入		地方财政总支出		地方财政总财力	
	2017年	2018年	2017年	2018年	2017年	2018年
莞城街道	97920	97142	105521	137883	127491	220822
石龙镇	52529	57922	91529	97777	91747	98171
虎门镇	197844	470972	286570	643295	291822	647351
东城街道	263491	289599	368796	271120	438102	373204
万江街道	50727	98773	146245	173427	241095	277324
南城街道	174223	413156	196076	248573	243598	491774
中堂镇	68665	158985	96973	182189	124975	236810
望牛墩镇	90459	72357	76623	78716	90662	80795
麻涌镇	239714	279014	272924	317741	273644	318512
石碣镇	66952	93991	117359	112361	129075	128008
高埗镇	40603	147404	84758	105523	89802	188271
道滘镇	53720	153889	113386	167312	120327	216739
洪梅镇	46693	37191	96162	65632	105020	71122
沙田镇	130866	114021	167645	199598	225079	251301
厚街镇	150850	209791	248488	295125	255747	314924
长安镇	334314	284107	429315	366443	448983	388036
寮步镇	196977	240421	275044	240129	275726	283818
大岭山镇	93952	177569	174997	264178	290192	371867
大朗镇	277302	196148	262241	338394	442718	376625
黄江镇	79816	83933	169684	140055	136434	256518
樟木头镇	59986	68868	110484	145323	131635	208802
清溪镇	116737	237545	184541	277814	207096	397611
塘厦镇	187044	395409	295009	462365	315872	533035
凤岗镇	356583	269004	454524	416339	502608	476635
谢岗镇	79150	196729	82468	167414	83192	197403
常平镇	199706	217443	214148	342342	274534	378792
桥头镇	60293	89156	101268	106842	103737	123485
横沥镇	77542	185708	128113	104926	155622	239128
东坑镇	48186	103860	108399	123787	115880	147011
企石镇	63494	74583	63415	74476	64968	75915
石排镇	91550	384620	98146	252260	244813	579895
茶山镇	81060	276523	168988	190214	249557	416888
松山湖	505684	621607	438123	596692	931004	984099

注：为进一步规范镇街财政收支数据，2016年起，分镇街财政数据按市财政局指导的统计方式填报，数据与往年不可比。

14-31 镇街各项人民币存贷款余额（2017-2018年）

Balance of Deposits and Loans by Town (2017-2018)

单位：万元

镇　街	年末各项存款余额		年末各项贷款余额	
	2017年	2018年	2017年	2018年
莞城街道	12039573	13531291	3988728	4692293
石 龙 镇	1859204	1873942	1090211	1231317
虎 门 镇	7185311	8079429	4874112	5357363
东城街道	12995205	15617078	8645136	10591452
万江街道	2232554	2290401	1482646	1618885
南城街道	25170952	28112062	14450706	17536422
中 堂 镇	1285204	1527680	782526	857949
望牛墩镇	772271	869316	409050	486806
麻 涌 镇	1096942	1366445	1092852	1198315
石 碣 镇	1990263	2035385	715789	965285
高 埗 镇	1110717	1252463	599131	652499
道 滘 镇	1062905	1243004	650644	831430
洪 梅 镇	429365	512811	298373	340871
沙 田 镇	1301203	1460392	937176	1172549
厚 街 镇	4919316	5244378	4555907	4997541
长 安 镇	8600091	10220692	2726389	3103486
寮 步 镇	2588540	2781120	1926386	2115056
大岭山镇	2076410	2288796	1188544	1339483
大 朗 镇	3506046	3724901	2248546	2707062
黄 江 镇	2150983	2277614	1040362	1113847
樟木头镇	1527974	1703330	1102284	1181188
清 溪 镇	2033056	2348137	853943	1063273
塘 厦 镇	3868837	4367699	3204320	3369509
凤 岗 镇	2730017	3015251	2634686	2855030
谢 岗 镇	783588	987504	251652	300093
常 平 镇	3581776	3849390	2123530	2521028
桥 头 镇	1297455	1474380	861542	1004459
横 沥 镇	1374686	1499234	802713	937886
东 坑 镇	837846	1002100	468536	661545
企 石 镇	946711	1124035	401342	607849
石 排 镇	1376516	1676770	612609	731680
茶 山 镇	1426113	1705187	470036	616964
松 山 湖	2208957	3243394	1064023	1235595

注：本表数据来源于市人民银行。

14-32 镇街普通中学情况（2018年）

Basic Statistics on Regular Secondary Schools by Town (2018)

镇街	学校数(所)	毕业生数(人)	#普通高中	招生数(人)	#普通高中	在校学生数(人)	#普通高中	教职工数(人)	#专任教师
全市	240	88130	26034	123816	27956	332363	82710	31806	21602
莞城街道									
石龙镇	4	1244		1448		4211		326	290
虎门镇	13	3598	382	5529	351	13921	1056	1781	952
东城街道	16	4211	692	5654	696	16192	2801	1521	992
万江街道	6	1739		2305		6273		654	389
南城街道	10	3279	698	4625	429	11934	1253	1366	809
中堂镇	7	1923	226	2733	249	7387	690	649	444
望牛墩镇	4	1041		1322		3773		414	265
麻涌镇	2	651		840		2400		292	201
石碣镇	10	1775		2809		7351		614	461
高埗镇	6	846		1391		3681		387	229
道滘镇	4	1590	384	1958	444	5394	1285	450	367
洪梅镇	1	273		300		853		121	66
沙田镇	5	1795	581	2707	519	6941	1556	562	415
厚街镇	11	2561		3830		10111		1117	617
长安镇	7	2134		3753		9138		877	589
寮步镇	8	2437		3993		10055		972	664
大岭山镇	8	2035	216	2681	375	7077	925	804	478
大朗镇	8	3065	493	4803	478	12066	1434	1064	742
黄江镇	4	933		1558		3894		395	279
樟木头镇	3	946		1428		3818		285	247
清溪镇	8	1790		3224		7742		798	497
塘厦镇	5	3135	523	4127	553	11029	1517	1092	657
凤岗镇	11	2473	302	3751	321	9417	906	740	547
谢岗镇	3	628		912		2529		227	153
常平镇	11	2410		3966		9860		866	590
桥头镇	5	1989	536	2997	430	7524	1364	849	497
横沥镇	6	1196		1986		4985		439	310
东坑镇	6	1171		1904		4890		550	327
企石镇	3	872		1346		3603		274	221
石排镇	5	1022		1769		4251		347	259
茶山镇	8	3349	1368	5991	1776	14434	4579	1585	912
松山湖	4	981	362	1496	407	4219	1332	698	370
市直属	28	29038	19271	34680	20928	101410	62012	8690	6766

14-33 镇街小学情况（2018年）

Basic Statistics on Primary Schools by Town (2018)

镇 街	学校数（所）	毕业生数（人）	招生数（人）	在校学生数（人）	教职工数（人）	#专任教师
全 市	328	111340	158398	803482	43120	37894
莞城街道	9	2036	2821	14966	954	905
石 龙 镇	6	1807	2262	12220	687	626
虎 门 镇	25	6866	10765	52159	2778	2415
东城街道	15	6472	9977	49656	2542	2331
万江街道	16	3857	5213	27089	1464	1212
南城街道	10	4446	6870	32696	1950	1744
中 堂 镇	9	2587	3512	18163	923	852
望牛墩镇	4	997	1430	7264	482	394
麻 涌 镇	8	946	1947	8996	633	507
石 碣 镇	6	3465	4292	22332	1125	1028
高 埗 镇	6	1877	2317	12458	675	579
道 滘 镇	7	1700	2050	11194	675	568
洪 梅 镇	3	297	427	2361	183	123
沙 田 镇	4	2032	3044	15348	716	675
厚 街 镇	15	5720	8177	40680	2020	1859
长 安 镇	22	6657	10770	52303	3014	2516
寮 步 镇	16	4680	6993	35168	1991	1571
大岭山镇	10	3099	4665	23526	1303	1125
大 朗 镇	18	5663	7724	38674	1940	1612
黄 江 镇	10	2359	4152	19708	1197	996
樟木头镇	7	2272	3230	16250	770	701
清 溪 镇	8	3688	5180	25794	1380	1258
塘 厦 镇	13	5101	8024	38884	1977	1686
凤 岗 镇	15	4937	7004	35734	1787	1640
谢 岗 镇	3	1213	1447	8014	428	369
常 平 镇	18	5538	7392	38285	1953	1769
桥 头 镇	8	2561	3347	17383	972	851
横 沥 镇	6	2827	4259	21735	1079	968
东 坑 镇	5	2449	3129	17008	855	812
企 石 镇	8	1784	2108	11582	598	543
石 排 镇	8	2504	3254	16875	844	761
茶 山 镇	5	3532	4066	22549	1107	1071
松 山 湖	3	944	1990	9324	601	572
市 直 属	2	4427	4560	27104	1517	1255

14-34 镇街卫生事业机构、床位及人员数（2018年）

Number of Health Care Institutions, Beds and Personnel by Town (2018)

镇 街	机构数(个)	#医院	病床床位(张)	卫生工作人员(人)	#卫生技术人员	#执业(助理)医师	注册护士	药剂人员	检验人员
全 市	2722	102	31059	64349	54317	19516	25452	3016	1879
莞城街道	60	6	486	1333	1007	374	470	68	27
石 龙 镇	43	4	1831	3059	2691	969	1318	165	90
虎 门 镇	224	8	2347	4801	4018	1524	1871	211	140
东城街道	223	11	4550	9148	7604	2590	3663	376	277
万江街道	79	5	3997	5837	4904	1659	2556	234	127
南城街道	149	10	1587	4533	3659	1401	1571	139	152
中 堂 镇	71	2	1144	1159	1020	322	532	56	30
望牛墩镇	38	1	200	434	370	119	156	33	11
麻 涌 镇	43	2	490	747	606	206	255	47	28
石 碣 镇	63	1	286	964	843	309	396	57	23
高 埗 镇	57	2	305	752	620	227	289	34	18
道 滘 镇	60	1	205	667	572	207	233	57	20
洪 梅 镇	26	2	189	311	255	71	106	31	13
沙 田 镇	55	2	310	717	633	243	258	36	23
厚 街 镇	142	3	1115	2616	2276	855	1130	99	63
长 安 镇	145	6	1550	3310	2875	1160	1391	151	92
寮 步 镇	108	3	1140	2039	1672	601	782	99	58
大岭山镇	101	2	450	1410	1249	515	552	75	39
大 朗 镇	123	3	970	2073	1822	684	850	88	55
黄 江 镇	71	3	700	1378	1147	406	512	78	50
樟木头镇	42	2	521	1315	1068	331	476	45	35
清 溪 镇	97	3	663	1753	1514	544	675	95	66
塘 厦 镇	111	4	936	2644	2217	783	965	164	91
凤 岗 镇	86	3	1124	2031	1689	586	799	97	87
谢 岗 镇	39	1	230	561	493	172	221	25	18
常 平 镇	114	4	1319	2430	2088	776	983	120	78
桥 头 镇	60	1	500	1100	980	332	466	46	28
横 沥 镇	68	1	420	1195	1006	355	453	60	27
东 坑 镇	49	2	350	736	637	216	273	33	24
企 石 镇	37	1	448	975	821	246	382	58	19
石 排 镇	56	1	360	967	820	295	390	53	24
茶 山 镇	55	2	336	918	791	290	344	59	26
松 山 湖	27			436	350	148	134	27	20

14-35 镇街优抚和社会救济基本情况（2018年）

Basic Statistics on Special Care and Social Relief by Town (2018)

镇　街	敬老院个　数（个）	敬 老 院供养人数（人）	最低生活保障户数（户）	最低生活保障人数（人）	最低生活保障费支出（万元）
全　市	31	1490	4473	8519	6014.00
莞城街道	1	57	175	294	236.01
石 龙 镇	1	104	113	217	152.49
虎 门 镇	1	42	112	220	151.52
东城街道	1	109	26	53	35.94
万江街道	1	46	218	422	293.32
南城街道			23	39	32.05
中 堂 镇	1	45	375	686	505.05
望牛墩镇	1	42	245	520	330.23
麻 涌 镇	1	19	540	898	705.13
石 碣 镇	1	42	31	59	41.76
高 埗 镇	1	35	182	397	245.73
道 滘 镇	1	25	284	551	382.67
洪 梅 镇	1	34	190	321	256.41
沙 田 镇	1	64	171	316	231.16
厚 街 镇	1	38	197	359	265.15
长 安 镇	1	20	3	4	4.86
寮 步 镇	1	29	144	261	194.25
大岭山镇	1	36	177	289	238.93
大 朗 镇	1	64	122	287	164.14
黄 江 镇	1	44	52	94	70.90
樟木头镇	1	142	41	79	55.36
清 溪 镇	1	46	87	168	117.52
塘 厦 镇	1	54	47	82	64.10
凤 岗 镇	1	44	10	19	14.57
谢 岗 镇	1	39	79	206	106.84
常 平 镇	1	13	88	157	118.49
桥 头 镇	1	34	49	97	66.05
横 沥 镇	1	42	102	217	137.92
东 坑 镇	1	39	81	137	109.75
企 石 镇	1	8	136	306	183.57
石 排 镇	1	25	249	498	335.08
茶 山 镇	1	109	124	266	167.06

14–36 镇街专利申请与授权数（2018年）

Basic Statistics on Patents Application Accepted and Granted by Town (2018)

单位：件

镇　街	有专利申请企业数(家)	专　利申请数	#发明	实用新型	外观设计	专　利授权数	#发明	实用新型	外观设计
全　市	10500	97030	24674	56089	16267	65985	6716	46519	12750
莞城街道	80	692	121	409	162	618	30	427	161
石龙镇	36	340	60	206	74	260	19	169	72
虎门镇	501	3961	454	2647	860	2725	172	1900	653
东城街道	612	4733	949	2930	854	3381	272	2301	808
万江街道	393	2678	404	1766	508	2019	89	1586	344
南城街道	418	2652	609	1627	416	1960	158	1491	311
中堂镇	107	774	108	601	65	565	27	475	63
望牛墩镇	83	517	93	339	85	514	18	411	85
麻涌镇	54	413	94	296	23	322	37	263	22
石碣镇	324	2237	179	1585	473	1747	100	1311	336
高埗镇	152	954	165	620	169	778	26	622	130
道滘镇	207	1413	246	998	169	930	44	732	154
洪梅镇	54	452	54	311	87	281	13	231	37
沙田镇	142	1483	201	952	330	1120	48	834	238
厚街镇	394	3884	378	1678	1828	3128	80	1531	1517
长安镇	1128	19878	11046	7546	1286	9941	2999	6061	881
寮步镇	496	3391	439	2218	734	2639	153	1931	555
大岭山镇	378	2959	287	1876	796	2354	89	1554	711
大朗镇	405	2881	372	2155	354	2140	71	1809	260
黄江镇	285	2379	182	1742	455	1854	86	1432	336
樟木头镇	196	1643	183	1091	369	1251	36	916	299
清溪镇	417	3141	341	2209	591	2420	97	1903	420
塘厦镇	801	6270	557	4709	1004	4975	222	3929	824
凤岗镇	387	2949	252	1878	819	2181	62	1520	599
谢岗镇	118	825	88	627	110	637	18	539	80
常平镇	484	3293	308	2284	701	2751	112	1977	662
桥头镇	220	1500	130	1021	349	1138	27	845	266
横沥镇	377	2567	243	1862	462	1982	62	1543	377
东坑镇	140	1071	143	688	240	746	26	537	183
企石镇	175	1056	103	725	228	832	48	624	160
石排镇	255	1886	139	1279	468	1405	52	1036	317
茶山镇	228	2017	306	1377	334	1392	117	1002	273
松山湖	524	10073	5432	3810	831	4951	1306	3046	599
其　它	8	68	8	27	33	48		31	17

14—37 镇街总用电量和总售水量（2017—2018年）

Gross Comsumption of Electicity and Water by Town (2017-2018)

镇　街	总用电量（万千瓦时）		总售水量（万吨）	
	2017年	2018年	2017年	2018年
莞城街道			1764	1781
石 龙 镇	78318	78579	1830	1904
虎 门 镇	494063	535023	9813	9670
东城街道			9756	9718
万江街道			4027	3979
南城街道			5114	5127
中 堂 镇	156210	160877	2349	2258
望牛墩镇	94837	66175	1276	1276
麻 涌 镇	156803	182836	2606	2914
石 碣 镇	194641	199914	3655	3520
高 埗 镇	132764	138699	2540	2633
道 滘 镇	122509	125497	2265	2171
洪 梅 镇	54992	59569	979	914
沙 田 镇	163154	166848	3448	3668
厚 街 镇	355600	369743	7755	7490
长 安 镇	701869	725192	10977	10824
寮 步 镇	292885	310891	6012	5979
大岭山镇	252695	267259	3433	3629
大 朗 镇	377049	406590	7100	6189
黄 江 镇	212165	226940	3709	3888
樟木头镇	107186	110564	2195	2378
清 溪 镇	318515	325715	5320	5356
塘 厦 镇	504189	533239	8051	7840
凤 岗 镇	330815	346806	4839	5510
谢 岗 镇	103584	111371	1763	1771
常 平 镇	322793	339301	6951	7191
桥 头 镇	204023	222130	3252	3288
横 沥 镇	183638	195901	3995	4027
东 坑 镇	117488	122940	2084	2128
企 石 镇	119839	130749	2347	2442
石 排 镇	179132	198819	2398	2675
茶 山 镇	175914	179882	3583	3635
松 山 湖	147697	200892	2414	2715

注：1.总售水量数据来源于市水务局。
　　2.根据市供电局反映，四个街道为统一供电，无法划分。

十五、村（居）委会主要指标

Main Indicators of Villagers'（Neighborhood）Committees

15 村（居）委会主要指标（2018年）

Main Indicators of Villagers' (Neighborhood) Committees (2018)

村（居）委会	土地面积（平方公里）	户籍人口（人）	全部企业及个体户数（个）	#工业企业	资产总额（万元）	负债总额（万元）	资产负债率（%）	村组两级经营纯收入（万元）
莞　城								
东正社区	1.7	22230	1428	24	726	5	0.7	
市桥社区	0.9	33791	2029	2	615	55	8.9	
北隅社区	1.1	28371	2304	3	981	125	12.7	
西隅社区	0.6	13010	433	5	966	175	18.1	
罗沙社区	1.8	21627	4933	14	570	163	28.6	
博厦社区	1.0	11199	573	8	297	22	7.4	
兴塘社区	2.6	17609	7050	20	317	6	1.9	
创业社区	1.5	28181	4444	31	486	18	3.7	
罗沙联合社					25676	1376	5.4	11642
博厦联合社					8040	1557	19.4	1939
细村联合社					21297	2069	9.7	3474
石　龙								
中山东社区	0.5	25572	1518	10	998	244	24.4	
中山西社区	0.5	21113	842	16	1077	165	15.3	
兴龙社区		22296	2231	30	3686	1006	27.3	
忠 维 村	0.8	1053	447	5	7578	801	10.6	915
林 屋 村	0.7	695	582		4104	1034	25.2	932
新 维 村	0.6	598	817	62	18711	1691	9.0	2105
蒲 溪 村	0.7	654	21		4823	1525	31.6	745
西 湖 村	3.5	3065	3589	230	90068	10172	11.3	7072
王屋洲村	3.2	1745	1315	18	21016	1493	7.1	1305
黄家山村	2.5	2048	811	79	34587	7049	20.4	340
虎　门								
东方社区	0.8	9381	490	2	1037	344	33.2	30
则徐社区	1.2	15969	1546	48	1658	628	37.9	44
虎门寨社区	2.0	8007	6050	28	26797	2531	9.4	6785
树田社区	4.0	1579	1085	466	13545	3898	28.8	1864
怀德社区	13.8	6925	2487	227	67611	9109	13.5	13076
居岐社区	1.6	1413	448	48	22981	3521	15.3	2136
村头社区	1.3	851	285	77	13779	2072	15.0	2164
陈村社区	1.3	850	70	37	7561	1778	23.5	726
黄村社区	0.9	603	118	35	3919	634	16.2	752
大宁社区	5.4	3148	2470	285	192945	8278	4.3	16493
北栅社区	5.9	5021	2273	368	37118	3644	9.8	8935
龙眼社区	3.0	3180	1601	624	117750	10850	9.2	9307
赤岗社区	7.6	4535	1620	235	42339	3942	9.3	2889
博涌社区	5.9	7935	3856	232	199526	34372	17.2	11641
新联社区	4.0	1297	515	113	17009	4886	28.7	1990

注：村（居）委会主要指标为镇、村自报数据。

15 续表 1

(2018年)

村（居）委会	土地面积（平方公里）	户籍人口（人）	全部企业及个体户数（个）	#工业企业	资产总额（万元）	负债总额（万元）	资产负债率（%）	村组两级经营纯收入（万元）
白沙社区	7.8	7772	1210	205	64144	24940	38.9	5593
镇口社区	1.8	3294	2220	203	27377	2108	7.7	3661
金洲社区	4.8	6434	2550	60	112102	45353	40.5	6568
小捷滘社区	2.0	999	473	146	16606	2908	17.5	2214
南栅社区	8.2	5825	4251	329	109398	14723	13.5	17092
东风社区	2.8	1895	483	63	15159	4457	29.4	1555
宴岗社区	1.3	1193	460	25	8722	1522	17.5	1352
路东社区	5.6	3586	900	217	75897	8167	10.8	12730
沙角社区	11.2	6230	1735	1001	48586	9321	19.2	10479
九门寨社区	2.6	1580	290	37	13758	3615	26.3	1425
南面社区	7.3	3063	270	31	21595	2121	9.8	1753
北面社区	5.5	2838	101	74	12761	4670	36.6	1155
武山沙社区	2.9	2582	184	61	7640	2670	34.9	1134
新湾社区	1.0	10198	201	23	9396	1558	16.6	1144
民泰社区								
东　城								
岗贝社区	1.7	21342	7239	91	1723	277	16.1	92
花园新村社区	0.9	2834	863	7	2250	424	18.8	
东泰社区	3.8	23812	2519	37	4569	386	8.4	
温塘社区	11.6	10509	5054	1087	29378	1657	5.6	17564
桑园社区	4.0	4022	1854	292	13020	1670	12.8	5699
周屋社区	2.8	2571	808	207	7516	469	6.2	2815
余屋社区	2.0	1790	1021	241	7908	355	4.5	2329
鳌峙塘社区	2.0	1143	310	87	5094	1423	27.9	835
峡口社区	1.6	1292	565	164	8290	1402	16.9	2074
柏洲边社区	1.0	1191	531	120	8444	1055	12.5	2487
上桥社区	1.0	1540	632	93	3915	166	4.2	1899
下桥社区	2.0	2879	3010	113	10788	1293	12.0	5687
樟村社区	3.0	3706	1156	90	23669	5234	22.1	4874
梨川社区	1.0	1794	714	95	7945	728	9.2	3813
堑头社区	1.5	3802	1890	107	11501	604	5.3	4431
主山社区	6.6	7198	9943	413	39469	722	1.8	14871
石井社区	6.7	2322	2430	135	12465	2500	20.1	5752
同沙社区	4.5	2739	1034	208	20875	1067	5.1	4858
光明社区	1.9	1584	1238	122	9984	202	2.0	1695
牛山社区	11.0	4683	2963	276	15270	1629	10.7	5342
立新社区	2.5	3638	1517	138	6357	1537	24.2	5954
火炼树社区	1.2	2583	1763	66	8328	1824	21.9	3509
星城社区	2.7	24061	1221	4	916	81	8.8	
万　江								
万江墟社区	1.0	6835	240	21	3071	1759	57.3	299
万江社区	2.6	4464	208	193	15956	2616	16.4	2968
石美社区	2.5	4487	302	181	18206	1663	9.1	5834
莫屋社区	1.0	1581	168	123	5337	1107	20.7	1367

15 续表 2

(2018年)

村（居）委会	土地面积（平方公里）	户籍人口（人）	全部企业及个体户数（个）		资产总额（万元）	负债总额（万元）	资产负债率（%）	村组两级经营纯收入（万元）
				#工业企业				
拔蛟窝社区	1.3	2349	952	119	20140	956	4.7	1127
黄粘洲社区	0.5	841	58	56	3587	1034	28.8	346
蚬涌社区	2.0	2271	418	284	4281	1261	29.5	2027
谷涌社区	2.0	3418	207	87	23842	2387	10.0	2906
小享社区	3.8	5423	589	176	21800	1014	4.7	2037
滘联社区	2.7	3673	664	191	11557	7659	66.3	568
金泰社区	1.4	2286	184	95	5595	1349	24.1	1850
曲海社区	1.2	1702	174	11	15760	349	2.2	478
牌楼基社区	1.6	1715	329	79	19864	746	3.8	1400
大莲塘社区	0.8	1074	80	36	13872	1688	12.2	1181
水蛇涌社区	1.5	2461	800	161	14725	1734	11.8	806
共联社区	1.3	2229	170	104	7098	527	7.4	1938
新谷涌社区	1.4	2982	92	59	10713	1493	13.9	1486
坝头社区	1.4	1672	32	24	16540	5711	34.5	2559
胜利社区	0.9	1037	49	17	5549	2553	46.0	1148
官桥滘社区	1.4	1874	180	78	14101	3593	25.5	1424
简沙洲社区	1.6	1821	407	397	3265	4942	151.4	1121
新和社区	3.7	2988	350	332	13512	1103	8.2	2921
上甲社区	1.4	2572	252	213	9927	3200	32.2	243
严屋社区	1.0	1207	75	65	5225	773	14.8	560
大汾社区	2.6	3652	229	136	19292	2269	11.8	2153
新村社区	5.8	8629	471	259	16241	3232	19.9	2076
流涌尾社区	2.5	2531	150	131	5452	1299	23.8	1256
新城社区		23546	2268	51				
坝新社区		2920	495	9				
南　城								
鸿福社区		39732	6489	18				
元美社区	0.4	2787	1971		10770	1936	18.0	794
胜和社区	4.4	7168	6834	2	38588	2589	6.7	12016
亨美社区	0.5	2301	480	23	31037	3788	12.2	3550
三元里社区	0.2	1227	83	3	30301	1416	4.7	3527
篁村社区	0.8	3215	462	12	29314	2911	9.9	2434
新基社区	2.0	3079	2582	12	101758	1649	1.6	6270
周溪社区	4.9	4339	502	12	56677	2860	5.0	6159
袁屋边社区	2.1	2291	1557	48	124553	1246	1.0	6812
白马社区	4.0	3632	3100	39	41643	2700	6.5	4315
石鼓社区	2.6	1953	803	20	40061	3095	7.7	3943
蛤地社区	8.0	3066	499	25	27956	2890	10.3	3542
西平社区	3.9	3489	1882	2	40642	13518	33.3	4325
水濂社区	6.4	2280	164	29	20687	9084	43.9	1945
雅园社区	1.8	1401	702	69	28375	1767	6.2	1540
新城社区	2.2	4943	2971					
宏远社区	1.2	18539	1765	2				
宏图社区		19797	924					

15 续表 3

(2018年)

村（居）委会	土地面积（平方公里）	户籍人口（人）	全部企业及个体户数（个）	#工业企业	资产总额（万元）	负债总额（万元）	资产负债率（%）	村组两级经营纯收入（万元）
中　堂								
中心社区	0.7	10847	2047	49	1228	1082	88.1	-118
斗朗社区	2.5	2859	1440	104	9251	1689	18.3	1417
红锋社区	0.1	822	48	11	2161	928	42.9	219
东泊社区	2.9	4059	1543	350	19558	2201	11.3	1591
江南社区	2.1	2765	2816	1127	14367	654	4.6	1463
潢涌村	9.3	10856	1666	201	623304	13893	2.2	56553
三涌村	4.0	4167	819	144	9248	3766	40.7	1599
湛翠村	1.8	2604	338	92	6641	2719	40.9	383
袁家涌村	4.0	6076	908	226	9615	1785	18.6	1162
吴家涌村	3.4	2957	678	145	8092	1702	21.0	1042
凤冲村	1.3	1751	201	65	4318	1580	36.6	525
鹤田村	2.2	2410	940	188	3649	1343	36.8	658
中堂村	1.1	2158	346	56	3631	681	18.8	1089
一村村	0.7	2057	850	41	11528	2673	23.2	1723
东向村	2.4	3520	740	198	4626	717	15.5	1244
蕉利村	4.6	5372	1207	287	6022	1151	19.1	1824
槎滘村	9.4	11266	1355	353	39458	3934	10.0	3313
下芦村	1.3	1302	138	44	5904	1661	28.1	432
马沥村	1.9	2114	121	30	12183	1206	9.9	715
四乡村	4.2	3536	142	24	6327	1985	31.4	633
望牛墩								
望牛墩社区		5502			33			
李屋村	0.6	711	116	46	7159	2167	30.3	447
望东村	1.4	2208	198	17	4455	1299	29.2	183
扶涌村	0.6	1016	69	25	5405	1107	20.5	376
赤滘村	1.9	3276	52	38	14439	1892	13.1	1065
五涌村	1.4	1606	65	52	4633	1054	22.7	246
下漕村	3.5	4752	132	37	9351	3894	41.6	308
上合村	1.9	3227	320	61	6809	2306	33.9	253
聚龙江村	0.7	1071	329	35	7779	1127	14.5	629
望联村	2.8	5418	491	18	9153	1608	17.6	536
洲湾村	1.6	2049	73	57	5481	2508	45.8	232
洲涡村	1.9	2798	42	22	10221	2181	21.3	606
寮厦村	1.4	1513	36	22	5472	1937	35.4	431
官桥涌村	0.7	1032	21	11	3740	498	13.3	407
芙蓉沙村	0.8	1088	65	6	4152	1603	38.6	326
杜屋村	1.8	2627	82	36	9575	2112	22.1	514
横沥村	1.8	2397	63	22	6474	2220	34.3	266
福安村	0.6	1160	41	8	5121	885	17.3	327
官洲村	1.0	1097	23	12	4308	1486	34.5	304
石排村	0.4	678	14	7	2518	1083	43.0	236
朱平沙村	2.7	3616	130	22	18772	3539	18.9	885
锦涡村	2.2	1642	57	8	9952	1659	16.7	386

15　续表 4

(2018年)

村（居）委会	土地面积（平方公里）	户籍人口（人）	全部企业及个体户数（个）	#工业企业	资产总额（万元）	负债总额（万元）	资产负债率（%）	村组两级经营纯收入（万元）
麻　　涌								
麻涌社区		8424						
麻二社区	6.8	3930	264	13	16515	7173	43.4	865
麻 一 村	4.0	4617	556	36	20118	8018	39.9	869
麻 三 村	3.6	4279	3045	235	28166	3698	13.1	1487
麻 四 村	4.5	5390	431	46	24706	3454	14.0	1014
大 步 村	10.7	8111	1869	84	95027	5869	6.2	4509
东 太 村	4.8	4907	1009	32	15099	3686	24.4	1707
新 基 村	4.4	6271	736	54	20057	3193	15.9	1259
川 槎 村	2.9	4367	506	98	669	586	87.6	1180
鸥 涌 村	2.8	4324	542	26	1279	481	37.6	1186
黎 滘 村	1.3	1509	160	35	3897	896	23.0	730
华 阳 村	5.5	5825	628	27	43223	6631	15.3	1625
南 洲 村	3.3	3161	376	35	9505	1205	12.7	503
大 盛 村	6.9	3366	1360	64	37360	8730	23.4	1724
漳 澎 村	25.7	14258	1072	94	98213	56753	57.8	2771
石　　碣								
城中社区		13705	3062	187	6955	6712	96.5	347
唐 洪 村	1.0	1881	994	35	14792	3711	25.1	1795
水 南 村	2.8	3863	1721	378	21826	5770	26.4	6838
石 碣 村	4.6	5922	2162	426	13688	1589	11.6	9198
刘 屋 村	4.9	5075	823	475	8764	1876	21.4	3755
横 滘 村	1.6	2172	1680	259	13714	3521	25.7	3756
鹤田厦村	2.5	2059	693	86	10591	1883	17.8	1861
四 甲 村	4.0	5020	1022	379	19677	2196	11.2	6700
沙 腰 村	4.0	3890	677	101	19915	1866	9.4	2526
梁 家 村	2.0	2669	153	90	20707	1543	7.5	1353
桔 洲 村	1.2	1586	462	150	45714	1841	4.0	4290
单 屋 村	2.3	1398	258	184	18623	3572	19.2	1297
涌 口 村	1.6	1901	1520	216	14568	2763	19.0	1606
西 南 村	2.6	2119	1090	237	61963	3931	6.3	6869
黄泗围村	1.2	741	482	124	13899	931	6.7	1659
高　　埗								
新创社区		3756						
冼 沙 村	7.2	8184	2680	562	10760	9020	83.8	3886
卢 溪 村	1.6	1846	218	72	5436	698	12.8	522
宝 莲 村	0.9	1094	105	91	2752	642	23.3	132
塘 厦 村	2.7	2084	285	28	3136	868	27.7	1457
草 墩 村	0.8	866	65	35	3834	585	15.3	636
护安围村	1.5	1217	122	68	6494	642	9.9	545

15 续表 5

(2018年)

村（居）委会	土地面积(平方公里)	户籍人口(人)	全部企业及个体户数(个)	#工业企业	资产总额(万元)	负债总额(万元)	资产负债率(%)	村组两级经营纯收入(万元)
保安围村	2.8	2586	230	111	17281	15245	88.2	1548
三联村	1.1	1423	75	17	4672	1737	37.2	536
横滘头村	0.9	1171	87	39	4661	506	10.9	588
低涌村	2.4	3081	412	98	6615	2247	34.0	1825
朱磡村	1.0	1633	48	40	2594	403	15.5	417
欧邓村	0.7	987	100	36	2998	1532	51.1	290
芦村村	1.4	1845	85	40	4931	705	14.3	320
高埗村	3.4	3603	1307	90	6101	1029	16.9	3966
凌屋村	1.4	1336	297	26	4813	1761	36.6	506
上江城村	2.5	2445	85	15	10635	4852	45.6	1345
下江城村	1.5	1674	327	97	6392	2655	41.5	2216
新联村	0.9	1812	286	25	1489	962	64.6	1350
道滘								
兴隆社区		14742			649	512	78.9	
南城村	5.8	4562	700	80	15168	1173	7.7	2819
闸口村	4.5	2971	505	8	14396	4719	32.8	1587
北永村	4.8	3958	405	130	9754	3494	35.8	1633
永庆村	2.3	1753	153	83	8709	625	7.2	1000
厚德村	3.4	2649	232	30	12366	670	5.4	661
蔡白村	6.5	5116	377	68	24621	6854	27.8	1122
南丫村	6.1	4482	620	176	9749	2069	21.2	3502
九曲村	4.0	3322	181	50	13025	5458	41.9	888
大罗沙村	3.8	3184	98	36	9298	990	10.6	844
小河村	4.8	6077	180	75	7306	2002	27.4	1969
昌平村	3.0	3770	218	45	5228	1519	29.1	1406
大岭丫村	3.5	3957	446	160	15621	3212	20.6	2512
大鱼沙村	1.8	1818	175	28	6936	607	8.8	646
洪梅								
洪梅社区	1.4	1605	790	21				
洪屋涡村	14.1	7601	521	56	38086	6799	17.9	1652
新庄村	1.7	966	149	45	5611	1257	22.4	437
梅沙村	4.7	4566	262	56	37047	4539	12.3	687
金鳌沙村	1.7	1397	91	12	12445	7371	59.2	865
乌沙村	3.9	2412	160	35	14011	1649	11.8	524
尧均村	1.0	661	389	49	6574	3001	45.6	375
夏汇村	0.9	830	45	7	3910	1060	27.1	295
氹涌村	2.1	2217	218	18	8822	2710	30.7	325
黎洲角村	1.6	3024	568	21	18012	2082	11.6	685
沙田								
横流社区	0.5	3999	2366	156	6517	283	4.3	618
滨港社区		5236						

15　续表 6

（2018年）

村（居）委会	土地面积（平方公里）	户籍人口（人）	全部企业及个体户数（个）	#工业企业	资产总额（万元）	负债总额（万元）	资产负债率（%）	村组两级经营纯收入（万元）
中围村	2.7	1969	39	6	22597	1948	8.6	1851
和安村	3.5	3519	31	9	17848	4632	26.0	1921
大流村	2.2	2263	60	6	15689	4886	31.1	1527
泥洲村	5.4	4248	49	5	19686	8341	42.4	1254
杨公洲村	3.2	2140	1139	370	9917	2357	23.8	1612
阁西村	2.4	2441	1533	178	40971	12179	29.7	2420
民田村	3.4	2913	1532	342	14250	3337	23.4	1422
大泥村	2.6	2045	1782	770	11148	1444	13.0	1060
福禄沙村	2.7	2147	447	93	8706	1905	21.9	1642
西大坦村	1.8	2333	110	12	11032	3639	33.0	652
穗丰年村	4.6	3042	688	206	25290	4452	17.6	2088
齐沙村	2.3	2194	935	268	14915	2062	13.8	1997
稔洲村	3.2	2706	2254	798	25709	16042	62.4	1661
义沙村	3.5	2079	626	212	10833	2098	19.4	622
西太隆村	3.7	2212	1162	498	8189	3108	38.0	1409
先锋村	0.3	2158	109	21	9125	2049	22.5	512
厚　街								
竹溪社区		11550	150		4481	391	8.7	98
厚街社区	5.7	9562	6861	1844	39081	12682	32.5	4033
珊美社区	2.0	2711	5568	330	10121	1040	10.3	3259
寮厦社区	3.4	2791	4583	479	36193	2156	6.0	5394
河田社区	10.1	6753	5113	932	61999	11309	18.2	6416
汀山社区	4.7	2119	2617	817	38446	1328	3.5	1833
环冈社区	5.0	2270	997	200	28829	1543	5.4	1887
三屯社区	3.5	3017	3018	648	97087	5191	5.3	8461
宝屯社区	3.1	2805	3482	768	18545	6901	37.2	4614
陈屋社区	2.5	1727	2480	437	36388	1610	4.4	4065
赤岭社区	6.2	4030	2950	809	65581	18330	28.0	7092
桥头社区	11.7	8590	4185	977	45334	8729	19.3	5561
南五社区	1.2	1752	1150	378	16814	3523	21.0	1339
溪头社区	4.5	4207	1865	444	52171	4261	8.2	6558
沙塘社区	1.4	2182	570	161	16600	1248	7.5	2350
宝塘社区	1.7	1694	1001	215	22858	1218	5.3	2303
下汴社区	6.0	1864	1236	458	25357	873	3.4	1833
白濠社区	5.5	5768	2860	1120	53568	4655	8.7	6662
新塘社区	4.4	6126	3685	670	47319	21682	45.8	5196
双岗社区	4.5	7263	2029	635	23893	5476	22.9	3099
涌口社区	3.7	5768	2127	547	58260	2478	4.3	4371
大迳社区	13.2	3912	495	155	16309	4582	28.1	1013
新围社区	17.6	4844	416	163	23753	3339	14.1	852
湖景社区		14223						
长　安								
长盛社区	0.9	30770	3020	6	11066	2936	26.5	

15 续表 7

(2018年)

村（居）委会	土地面积(平方公里)	户籍人口(人)	全部企业及个体户数(个)	#工业企业	资产总额(万元)	负债总额(万元)	资产负债率(%)	村组两级经营纯收入(万元)
涌头社区	3.9	1890	935	195	32826	11935	36.4	7596
霄边社区	8.1	3745	3339	78	164373	11472	7.0	11112
咸西社区	4.0	1495	1297	155	88642	30941	34.9	5005
锦厦社区	8.1	4787	4071	305	161831	37596	23.2	28103
新安社区	10.4	3807	3247	348	68301	8849	13.0	13839
乌沙社区	9.2	4323	5837	816	62720	3854	6.1	37956
新民社区	2.6	1101	1223	192	44044	12180	27.7	4811
沙头社区	11.1	6810	3202	293	110292	18807	17.1	16712
上沙社区	5.8	3128	2312	269	67649	3890	5.8	12027
厦岗社区	7.8	3502	2680	589	60773	6192	10.2	7605
厦边社区	5.0	2732	2573	663	26424	5176	19.6	7623
上角社区	3.3	1481	1141	221	55283	7256	13.1	10307
寮　步								
寮步社区	1.7	8050	3821	99	7415	1180	15.9	539
塘边社区	0.7	1820	1453	70	3820	4863	127.3	2862
岭厦社区	0.9	1107	1097	224	19696	692	3.5	2562
新旧围社区	1.4	1090	952	130	8229	563	6.8	989
横坑社区	5.9	5425	4914	409	118053	9854	8.3	10198
牛杨社区	1.2	1804	928	88	32852	12457	37.9	2753
泉塘社区	2.3	1695	1917	403	9553	2863	30.0	2208
坑口社区	1.6	1347	2664	124	9606	1235	12.9	1105
缪边社区	1.5	1332	837	154	16601	5815	35.0	1603
良平社区		25898	2482	29				
西溪村	4.5	5016	3015	650	21659	9728	44.9	3157
凫山村	4.0	6802	4029	532	14371	1204	8.4	6766
石步村	2.3	5019	1839	362	23027	3071	13.3	3349
良边村	2.7	3048	2367	283	6052	601	9.9	2855
富竹山村	3.5	2295	1886	130	14954	1801	12.0	2921
塘唇村	3.4	2541	1086	174	22793	1384	6.1	4021
向西村	2.9	2800	1398	333	11574	5609	48.5	1248
下岭贝村	1.8	1746	2525	122	15831	1805	11.4	3162
霞边村	1.3	997	1166	99	9965	619	6.2	998
竹园村	1.5	965	934	190	8083	2912	36.0	599
上屯村	4.5	3660	2315	302	21810	3065	14.1	3491
石龙坑村	1.9	3882	3443	347	12499	762	6.1	2950
浮竹山村	3.4	1729	874	116	15618	1931	12.4	2331
上底村	2.0	1613	512	24	6397	3391	53.0	125
刘屋巷村	1.6	646	443	90	5083	612	12.0	640
药勒村	2.4	1330	722	153	24939	1207	4.8	1881
陈家埔村	1.6	1057	563	92	11794	2876	24.4	1387

15 续表 8

(2018年)

村（居）委会	土地面积（平方公里）	户籍人口（人）	全部企业及个体户数（个）	#工业企业	资产总额（万元）	负债总额（万元）	资产负债率（%）	村组两级经营纯收入（万元）
小坑村	1.5	906	272	27	10679	1014	9.5	830
长坑村	1.5	1075	302	25	11050	764	6.9	948
井巷村	1.1	1041	575	39	7507	987	13.1	977
大岭山								
大岭山社区	2.4	11395	2500	70	1119	232	20.7	467
农场社区	2.0	846	850	16	15077	1175	7.8	4329
马蹄岗村	1.8	2407	253	120	11854	2800	23.6	2322
大塘朗村	2.4	1791	540	65	9367	3169	33.8	1078
新塘村	1.7	2516	291	90	17409	2128	12.2	4008
元岭村	0.3	1095	128	3	16555	849	5.1	956
金桔村	4.7	4113	535	66	26529	2958	11.2	2414
鸡翅岭村	3.7	1453	206	23	17760	3303	18.6	1489
大沙村	4.5	2160	280	160	11099	1360	12.3	2930
旧飞鹅村	3.5	543	23	14	6153	315	5.1	885
连平村	8.0	3459	335	108	9590	1119	11.7	4551
梅林村	1.1	622	150	71	3916	258	6.6	1474
下高田村	0.3	511	62	39	4363	859	19.7	399
大环村	4.1	691	118	90	9374	1432	15.3	672
太公岭村	2.3	1916	259	72	5751	743	12.9	1783
百花洞村	4.6	1425	305	60	13800	4439	32.2	1820
大片美村	3.4	1103	485	26	6852	372	5.4	1324
矮岭冚村	5.8	4362	2350	565	46325	1733	3.7	6337
大岭村	7.5	2643	949	199	8021	1259	15.7	1789
水朗村	5.1	1658	135	85	57353	4288	7.5	2821
大塘村	8.2	3688	985	674	17196	2333	13.6	2037
杨屋村	12.7	5608	950	413	16043	1062	6.6	5252
颜屋村	2.3	886	525	221	7071	1076	15.2	1005
大朗								
大朗社区	0.3	8274	1973	315	4379	944	21.6	241
竹山社区	1.3	1777	603	117	15064	1030	6.8	797
巷头社区	3.5	5058	7293	473	226516	53509	23.6	12047
巷尾社区	1.6	2189	1734	213	46734	4387	9.4	5577
求富路社区	1.4	1630	1078	109	48570	2481	5.1	3652
长塘社区	2.7	5480	2852	231	147768	35486	24.0	7830
大井头社区	4.1	6382	3754	433	129499	54004	41.7	7393
圣堂社区	0.9	1848	1974	56	46245	16736	36.2	2079
黄草朗社区	1.5	2785	1428	341	28914	12222	42.3	994
佛新社区	0.6	999	427	87	18906	2873	15.2	610
屏山社区	2.3	606	163	49	7282	872	12.0	269
长富社区	1.5	9417	615	17				
高英村	1.7	1990	757	165	23026	5601	24.3	1143

15 续表 9

(2018年)

村（居）委会	土地面积（平方公里）	户籍人口（人）	全部企业及个体户数（个）	#工业企业	资产总额（万元）	负债总额（万元）	资产负债率（%）	村组两级经营纯收入（万元）
蔡边村	6.1	4714	2622	402	48161	8095	16.8	2647
水口村	3.3	3243	1523	338	40197	13500	33.6	2372
洋乌村	2.1	1868	956	279	31876	5567	17.5	2024
洋坑塘村	1.1	1241	861	195	13736	2049	14.9	1386
松柏朗村	2.5	5029	1255	128	40106	2475	6.2	1649
黎贝岭村	1.9	2547	1826	224	31410	4849	15.4	1067
佛子凹村	1.1	2780	838	64	13600	2380	17.5	1381
松木山村	2.7	2967	1335	334	35169	7921	22.5	2352
犀牛陂村	8.0	3869	1906	493	37611	3974	10.6	3099
水平村	7.9	2175	1003	450	26956	3421	12.7	1228
宝陂村	0.5	796	85	19	19095	5875	30.8	1019
石厦村	8.0	3337	1363	288	22854	3321	14.5	1674
杨涌村	1.5	1510	816	153	13444	5075	37.7	836
沙步村	3.1	2502	1422	325	25746	3000	11.7	1183
新马莲村	6.6	1742	1241	253	15377	2835	18.4	1370
黄　江								
新市社区	1.6	14718	3636	52	1892	549	29.0	229
三新社区	16.2	3333	1814	293	26136	3379	12.9	2186
田美社区	16.4	5174	8743	1460	39755	5280	13.3	6927
北岸社区	5.9	1809	1745	329	14763	1423	9.6	2603
长龙社区	18.0	2818	1028	298	13475	2534	18.8	1805
梅塘社区	25.6	5776	4532	1314	56772	11346	20.0	5178
宝山社区	4.1	3236	4444	460	56898	4909	8.6	4955
樟木头								
圩镇社区	4.3	23451	2984	356	19665	9807	49.9	1390
樟罗社区	6.8	3966	3096	67	29092	3039	10.4	3660
百果洞社区	2.4	1058	1300	32	12159	2720	22.4	806
樟洋社区	13.5	2769	1932	65	23446	5608	23.9	2400
石新社区	7.3	2627	1832	573	42200	15499	36.7	5401
柏地社区	6.6	1548	893	65	14697	6671	45.4	1186
官仓社区	3.2	1233	285	35	6912	1960	28.4	544
裕丰社区	10.0	2287	661	406	10736	3467	32.3	1047
金河社区	14.0	1940	851	236	11731	3388	28.9	986
樟新社区								
清　溪								
清溪社区	7.0	15255	4186	210	5666	1901	33.6	1904
罗马村	7.0	2009	1099	355	8749	7041	80.5	2220
长山头村	4.3	1313	463	154	17275	3485	20.2	2230
荔横村	3.4	1638	1111	330	6994	3741	53.5	3869
浮岗村	3.0	2041	1710	266	13112	3888	29.7	2721
松岗村	3.9	1316	701	301	2288	658	28.8	1447
上元村	4.3	1028	498	148	5536	1469	26.5	1410

15　续表 10

(2018年)

村（居）委会	土地面积(平方公里)	户籍人口(人)	全部企业及个体户数(个)	#工业企业	资产总额(万元)	负债总额(万元)	资产负债率(%)	村组两级经营纯收入(万元)
重河村	8.4	2867	863	261	11462	944	8.2	5137
清厦村	2.3	1709	2060	323	5817	1546	26.6	2673
铁松村	5.6	2734	1250	354	10922	2482	22.7	2774
铁场村	7.4	898	48		9109	4184	45.9	818
九乡村	7.5	1789	681	297	8879	4763	53.6	2227
大埔村	1.8	772	293	65	4868	2614	53.7	783
大利村	9.6	2831	2643	853	16876	3298	19.5	5251
渔樑围村	2.5	1263	863	179	11688	1378	11.8	3429
三星村	2.5	1120	880	258	2253	698	31.0	1402
厦垠村	1.7	953	832	320	7357	6126	83.3	1327
土桥村	1.2	647	632	213	12869	3845	29.9	2432
谢坑村	3.2	827	1021	393	9841	1442	14.7	1531
三中村	9.0	1904	2588	577	16717	6029	36.1	3591
青皇村	6.5	1214	471	188	4736	1163	24.6	1933
塘厦								
塘厦社区	6.7	3648	5200	25	8662	2015	23.3	1388
林村社区	21.0	6438	2167	265	121754	12104	9.9	20642
莲湖社区	9.0	2449	735	156	20271	4042	19.9	4797
石潭埔社区	6.8	1817	1774	100	47588	2503	5.3	4158
横塘社区	4.0	1258	328	145	22581	1858	8.2	2798
莆心湖社区	6.1	2389	223	81	43400	2345	5.4	5683
诸佛岭社区	2.9	1305	5153	188	33836	2611	7.7	3286
振兴围社区	2.4	1095	450	65	20426	1141	5.6	2198
四村社区	4.0	1282	2314	42	33646	9049	26.9	3361
蛟乙塘社区	4.9	1592	322	140	31947	3767	11.8	3113
大坪社区	13.0	1595	328	29	83048	31449	37.9	2679
田心社区	4.5	991	116	100	22366	4558	20.4	2972
龙背岭社区	8.2	1146	1434	709	14866	1404	9.4	1547
石鼓社区	6.4	2910	2808	1551	43619	3253	7.5	6093
平山社区	4.8	885	536	95	28514	2863	10.0	2539
桥陇社区	2.8	1189	172	75	17191	4769	27.7	1964
凤凰岗社区	3.5	1513	389	80	25119	3425	13.6	3312
沙湖社区	4.6	675	262	170	17239	2482	14.4	2021
石马社区	2.7	558	205	69	8857	1699	19.2	892
清湖头社区	4.1	1631	209	162	28839	2248	7.8	5294
塘新社区		39617						
凤岗								
凤岗社区	1.1	16716	767	13				1331
雁田村	21.8	4104	3250	657	359846	45133	12.5	33467
官井头村	10.4	2193	1705	213	221778	8836	4.0	13048
油甘埔村	6.9	2204	726	462	49011	7623	15.6	9972

15 续表 11

(2018年)

村（居）委会	土地面积（平方公里）	户籍人口（人）	全部企业及个体户数（个）	#工业企业	资产总额（万元）	负债总额（万元）	资产负债率（%）	村组两级经营纯收入（万元）
凤德岭村	3.4	1335	918	351	17164	1592	9.3	3941
塘沥村	6.7	2062	345	98	18132	4328	23.9	6415
黄洞村	11.7	2331	723	312	16499	4057	24.6	4146
竹塘村	5.7	1350	2223	1202	9191	1907	20.7	4448
竹尾田村	1.5	770	423	130	10099	588	5.8	1197
三联村	3.4	1595	1493	217	6147	436	7.1	4362
五联村	5.6	1456	1374	784	17487	5398	30.9	3380
天堂围村	4.2	1212	561	88	30317	2237	7.4	2560
谢岗								
泰园社区	0.8	3568	1470	116	1460	1389	95.1	102
黎村村	12.8	4246	320	128	29251	3847	13.2	4358
南面村	31.6	1715	70	28	7857	796	10.1	512
窑山村	1.0	570	90	45	4004	634	15.8	384
大龙村	5.9	1140	73	60	4153	1376	33.1	924
大厚村	6.3	1191	180	42	26633	3040	11.4	2714
谢山村	3.9	726	294	56	16654	449	3.0	1283
谢岗村	10.4	3378	158	81	21714	1837	8.5	3130
赵林村	7.1	1913	151	89	20174	2055	10.2	1764
曹乐村	7.1	2538	572	367	8853	2095	23.7	2256
五星村	1.8	1510	93	21	3952	1253	31.7	609
稔子园村	2.4	755	120	50	29623	7539	25.4	1350
常平								
常平社区	0.7	32987	1998		1653	1138	68.8	
新民社区								
下墟村	0.4	926	155	39	25967	4575	17.6	3141
岗梓村	2.7	2840	855	160	8763	3499	39.9	1751
桥梓村	2.0	2618	546	168	22598	2533	11.2	3218
塘角村	1.1	1063	186	103	9151	1000	10.9	1080
苏坑村	4.0	4015	1820	470	7568	1382	18.3	2706
袁山贝村	5.0	3971	477	301	22373	5107	22.8	3486
金美村	3.0	2840	1954	731	35465	3514	9.9	4722
还珠沥村	5.5	3045	605	26	12440	5149	41.4	2411
朗贝村	3.3	2259	285	78	9714	2294	23.6	3319
板石村	3.1	2207	650	45	3469	837	24.1	2472
桥沥村	9.8	3862	595	364	11124	1156	10.4	4030
卢屋村	2.7	997	601	420	15451	1983	12.8	523
土塘村	8.7	3099	2145	170	21997	3061	13.9	2261
麦元村	2.4	1200	693	26	13845	1808	13.1	1169
九江水村	9.0	1575	226	65	27827	1992	7.2	1766
朗洲村	4.7	673	149	63	6420	1361	21.2	744
陈屋贝村	2.2	1189	180	35	12976	853	6.6	796

15 续表 12

(2018年)

村（居）委会	土地面积（平方公里）	户籍人口（人）	全部企业及个体户数（个）	#工业企业	资产总额（万元）	负债总额（万元）	资产负债率（%）	村组两级经营纯收入（万元）
司马村	8.1	3022	619	84	23768	5087	21.4	2760
霞坑村	1.6	789	158	1	9186	423	4.6	590
潄旧村	1.9	1182	546	52	10071	1111	11.0	1568
潄新村	2.4	1377	412	96	11290	1628	14.4	1522
黄泥塘村	1.0	957	186	165	4457	1324	29.7	238
元江元村	2.1	1615	228	106	7497	825	11.0	1331
横江厦村	5.0	3025	1902	795	14036	4212	30.0	928
田尾村	2.1	1612	400	30	5153	2262	43.9	505
白花沥村	1.1	736	51	43	4079	1111	27.2	244
沙湖口村	1.3	1053	97	20	4050	2153	53.2	351
白石岗村	5.0	4025	99	87	5937	3671	61.8	1782
松柏塘村	3.8	2552	84	34	8705	4202	48.3	982
上坑村	1.3	1029	103	27	9724	1944	20.0	978
木棆村	3.5	2539	1200	42	35290	4039	11.4	5765
桥头								
莲城社区	14.6	11409						
桥头社区	1.0	1798	297	31	30686	1840	6.0	4460
迳联社区	1.5	2243	200	65	22873	1582	6.9	2523
田新社区	2.2	2543	247	182	20266	1976	9.8	2911
岭头社区	1.3	1372	513	68	16025	640	4.0	1586
大洲社区	4.6	3554	390	63	16897	1843	10.9	1872
东江村	4.8	2755	198	42	11768	3402	28.9	1046
山和村	2.5	1139	123	39	8946	1639	18.3	786
屋厦村	2.0	813	85	35	6265	931	14.9	799
岗头村	0.6	579	48	38	4739	722	15.2	479
李屋村	2.3	1908	74	37	15950	3670	23.0	1203
邓屋村	2.7	2258	46	35	24151	1784	7.4	2597
朗厦村	4.1	1820	80	78	21862	2032	9.3	2117
邵岗头村	1.3	976	50		5275	779	14.8	887
石水口村	7.8	5201	420	160	33639	3869	11.5	4468
禾坑村	1.4	1082	88	37	8713	648	7.4	1078
田头角村	1.2	838	98	53	7505	627	8.4	1105
横沥								
恒泉社区	0.2	11374	878	14	1934	934	48.3	145
石涌村	3.7	2007	2290	110	15512	1818	11.7	1690
隔坑村	2.2	3013	1302	68	19394	6816	35.1	3266
半仙山村	2.2	1923	1911	57	15956	2190	13.7	1588
横沥村	4.6	3410	1542	44	22913	6180	27.0	2468
田头村	4.1	2810	1894	56	16003	1907	11.9	2484
田坑村	4.8	3115	1879	90	6545	1845	28.2	2138
村头村	3.5	2540	960	60	14277	3450	24.2	935
长巷村	2.1	1813	150	24	6931	1498	21.6	420

15 续表 13

(2018年)

村（居）委会	土地面积（平方公里）	户籍人口（人）	全部企业及个体户数（个）	#工业企业	资产总额（万元）	负债总额（万元）	资产负债率（%）	村组两级经营纯收入（万元）
田饶步村	2.8	1966	538	120	14999	6877	45.8	245
六 甲 村	1.4	1201	316	66	8501	3037	35.7	487
村 尾 村	2.7	1663	1087	46	14890	3940	26.5	649
水 边 村	4.0	3120	599	48	8680	2762	31.8	792
新 四 村	2.9	2296	635	123	1421	635	44.7	1837
山 厦 村	2.3	1173	1022	122	13725	829	6.0	979
月 塘 村	0.5	1228	250	35	12480	1064	8.5	684
张 坑 村	1.0	684	94	24	6945	1064	15.3	653
东 坑								
草塘社区	0.1	2165	322	60	162	15	9.3	
骏达社区	0.1	2006	113	21	29	16	55.2	
东 坑 村	2.0	3380	2076	392	33225	7494	22.6	3657
黄麻岭村	0.8	1179	435	82	9761	3045	31.2	455
长安塘村	1.3	2024	602	114	15739	4790	30.4	1611
寮边头村	0.8	1752	547	103	10009	828	8.3	1182
塔 岗 村	2.1	1921	558	105	15095	2210	14.6	988
坑 美 村	2.2	2155	569	108	12590	1707	13.6	1113
新门楼村	2.1	1836	690	130	13638	4482	32.9	882
井 美 村	1.9	2729	1251	235	20247	2836	14.0	2209
初 坑 村	2.8	2772	1412	267	4007	881	22.0	3698
凤 大 村	0.3	795	229	43	7526	1946	25.9	600
丁 屋 村	1.1	1171	277	52	5728	1552	27.1	768
彭 屋 村	2.1	2112	420	96	9417	3073	32.6	1645
黄 屋 村	2.0	2208	1904	361	14156	2417	17.1	1495
角 社 村	2.4	3671	942	180	28336	2078	7.3	1630
企 石								
宝石社区	0.9	6168	1356		329	123	37.4	
铁 岗 村	5.7	2711	151	43	14736	3926	26.6	980
深 巷 村	4.1	2501	280	82	10030	2763	27.5	508
湖 美 村	1.0	838	59	22	6366	2256	35.4	290
博 厦 村	6.9	4061	295	43	12498	1208	9.7	422
上 洞 村	5.1	3024	59	34	15912	1853	11.7	348
清 湖 村	4.4	2191	120	35	9029	2385	26.4	487
江 边 村	4.9	3368	200	98	10205	1746	17.1	358
旧 围 村	3.8	2116	144	34	6971	1198	17.2	415
东 平 村	1.6	792	837	66	5788	4241	73.3	462
上 截 村	0.9	1320	85	60	7602	5792	76.2	408
下 截 村	1.2	1580	53	28	6734	1630	24.2	837
东 山 村	6.0	4675	803	135	34228	6497	19.0	3806
铁炉坑村	3.4	3645	255	89	24407	1164	4.8	1499
企 石 村	1.5	1672	48	17	6832	2230	32.6	460
杨 屋 村	0.8	732	65	25	5099	2833	55.6	176
莫 屋 村	1.0	1421	230	47	8816	2768	31.4	358

15　续表 14

(2018年)

村（居）委会	土地面积（平方公里）	户籍人口（人）	全部企业及个体户数（个）	#工业企业	资产总额（万元）	负债总额（万元）	资产负债率（%）	村组两级经营纯收入（万元）
霞朗村	1.0	1004	349	61	13659	628	4.6	2145
新南村	2.8	2306	358	48	10132	2123	21.0	1120
南坑村	1.4	1323	85	49	10383	2020	19.5	399
石排								
太和社区		4756			2205	462	21.0	205
石排村	2.4	3806	3027	86	3876	450	11.6	2376
下沙村	2.6	2692	1112	179	6241	2013	32.3	2701
庙边王村	2.8	2564	1906	210	6156	2154	35.0	2197
福隆村	4.4	6289	2026	362	15463	6307	40.8	2115
沙角村	3.4	2737	516	339	5014	1404	28.0	811
黄家壆村	2.4	2017	537	104	8499	902	10.6	988
赤坎村	2.7	1493	604	132	9184	3027	33.0	721
向西村	2.0	1266	926	152	7265	1443	19.9	1008
水贝村	3.5	3458	822	184	7423	1105	14.9	1779
田寮村	3.3	2064	552	166	7215	1211	16.8	709
横山村	3.4	2201	934	200	3194	1198	37.5	1970
谷吓村	1.7	2006	1263	146	7216	2967	41.1	1830
埔心村	2.2	1709	1574	174	12749	742	5.8	3097
塘尾村	0.9	1115	479	192	10357	1425	13.8	576
李家坊村	0.8	983	378	130	6278	958	15.3	475
田边村	4.2	2218	485	107	4669	829	17.8	1293
中坑村	2.2	2417	401	163	16346	2546	15.6	990
燕窝村	3.5	1847	563	80	8273	1183	14.3	1467
茶山								
茶山圩社区	0.3	6474	1567	30				
茶溪社区		3427	171	94				
上元村	5.1	3420	720	110	2988	894	29.9	1974
茶山村	2.3	1876	942	140	18720	9063	48.4	2082
下朗村	1.8	1521	1068	76	19571	2735	14.0	2020
横江村	4.3	3462	931	227	14736	2197	14.9	1889
卢边村	3.6	2978	1320	339	14318	3817	26.7	1340
寒溪水村	1.3	1059	371	89	5352	1932	36.1	916
增埗村	6.3	7774	3350	915	6975	1724	24.7	7460
南社村	4.1	3839	1335	238	32582	2993	9.2	2441
塘角村	2.8	3265	1187	315	17475	1065	6.1	4519
京山村	4.2	2670	1454	310	19737	5880	29.8	3603
博头村	0.9	701	208	35	4762	724	15.2	375
冲美村	0.7	833	315	88	8304	581	7.0	892
粟边村	2.2	2141	408	111	9553	825	8.6	1117
刘黄村	1.5	1035	338	64	6890	1931	28.0	672
孙屋村	0.8	724	179	47	2643	1049	39.7	208
超朗村	3.3	3018	1010	229	27794	4688	16.9	2335

十六、历年国民经济和社会发展主要指标

Main Indicators of National Economy and Social Development over Years

16 历年国民经济和社会发展主要指标

Main Indicators of National Economy and Social Development over Years

年 份	户籍人口（万人）	常住人口（万人）	年末城镇常住人口比例(%)	外来暂住人口（万人）	户籍人口自然增长率（‰）	外来暂住从业人员（万人）	全社会从业人员（万人）	城镇在岗职工人数（万人）	城镇在岗职工年平均工资(元)
1949	68.24								
1952	71.68								
1957	77.48							3.90	400
1962	79.64							2.93	552
1965	86.46				29.60			3.17	524
1970	98.56				20.60			3.29	534
1975	107.94				14.51			3.80	577
1978	111.23				13.81		54.97	8.20	474
1979	112.04				19.00		56.51	9.68	650
1980	112.70				19.31		57.86	9.86	750
1981	114.46				16.57		59.42	10.66	887
1982	116.19				14.14		61.73	11.41	1095
1983	117.59				11.53		63.25	11.59	1197
1984	118.95				10.60		65.51	11.76	1383
1985	120.85				10.83		67.35	12.30	1456
1986	123.01			15.62	11.56	10.41	69.68	13.27	2616
1987	124.86			25.29	11.67	18.03	71.63	13.67	2067
1988	126.76			36.89	12.09	29.25	71.99	12.71	2757
1989	128.76			47.19	12.57	40.53	73.95	13.10	3320
1990	131.85	175.62		65.59	12.30	57.20	75.10	13.16	3552
1991	133.65	200.01		80.58	13.33	70.20	76.99	14.59	3777
1992	136.06	227.78		114.48	13.38	107.10	79.53	15.47	4531
1993	138.92	259.41		121.70	13.30	112.68	83.62	17.66	6228
1994	141.40	295.43		139.09	13.01	121.18	83.52	16.09	8360
1995	143.65	336.45		142.18	12.75	126.54	86.92	17.87	9682
1996	145.25	383.17		143.32	11.97	127.66	87.77	17.50	10382
1997	147.12	436.38		144.68	12.09	130.73	87.61	16.50	10691
1998	148.77	496.97		199.11	10.86	183.19	87.75	16.40	11422
1999	150.82	565.98		244.81	10.22	216.15	92.18	16.39	12557
2000	152.61	644.84		254.72	7.52	244.84	97.88	16.41	14051
2001	153.89	654.43		457.82	7.01	449.68	100.13	16.42	16183
2002	156.19	654.84		433.65	5.91	426.01	104.10	16.42	17804
2003	158.96	655.25		440.45	5.65	432.73	183.97	16.60	22598
2004	161.97	655.66		486.95	5.96	473.39	303.78	17.54	25326
2005	165.65	656.07	73.02	584.98	6.02	553.42	388.13	18.86	28253
2006	168.31	685.66	85.09	586.76	5.85	566.98	430.10	19.99	31135
2007	171.26	717.02	85.20	557.80	5.98	538.95	472.93	20.56	35284
2008	174.87	750.60	86.39	552.50	6.23	530.30	511.18	20.72	39516
2009	178.73	786.08	86.39	429.96	6.31	413.46	571.45	22.60	42585
2010	181.77	822.48	88.46	411.47	6.23	391.23	626.25	22.63	46576
2011	184.77	825.48	88.60	413.62	6.13	394.71	628.54	24.61	50398
2012	187.02	829.23	88.67	416.74	8.10	397.94	631.40	25.02	57007
2013	188.93	831.66	88.75	434.68	7.18	412.80	633.25	239.82	42870
2014	191.39	834.31	88.81	415.86	5.83	389.33	660.46	234.25	47600
2015	195.01	825.41	88.82	400.81	6.41	376.54	653.41	226.78	53221
2016	200.94	826.14	89.14	428.39	8.64	395.39	653.97	226.94	57649
2017	211.31	834.25	89.86	438.60	17.38	399.99	660.39	237.16	61619
2018	231.59	839.22	91.02	453.45	13.75	399.43	667.17	237.21	69937

注：2012年起城镇在岗职工含劳务派遣人员；2013年起，将原属于乡镇企业且符合城镇非私营单位条件的“四上”企业纳入城镇单位从业人员及工资统计的范围。

年　份	地区生产总值（亿元）	第一产业	第二产业	第三产业	人均地区生产总值（元）
1978	6.11	2.72	2.68	0.71	553
1979	6.62	2.65	2.92	1.05	593
1980	7.22	2.63	3.33	1.26	643
1981	9.11	3.28	4.30	1.54	802
1982	11.43	3.73	5.81	1.89	991
1983	13.03	3.98	6.90	2.15	1115
1984	15.96	4.57	7.81	3.59	1350
1985	22.60	6.15	11.66	4.80	1885
1986	30.02	8.14	13.57	8.30	2462
1987	39.29	9.82	17.72	11.74	3170
1988	55.46	11.89	28.28	15.29	4408
1989	60.92	12.66	27.97	20.29	4768
1990	80.44	13.28	40.53	26.63	6173
1991	95.91	13.45	50.32	32.13	5106
1992	110.89	14.41	59.27	37.21	5184
1993	157.05	14.40	87.31	55.34	6447
1994	217.03	17.48	119.49	80.06	7823
1995	296.45	21.43	167.11	107.91	9383
1996	361.99	24.86	199.69	137.44	10060
1997	448.92	25.64	243.56	179.72	10955
1998	558.45	25.94	306.06	226.44	11966
1999	667.86	25.79	367.58	274.49	12566
2000	821.14	25.91	451.47	343.76	13563
2001	993.48	26.10	541.87	425.51	15293
2002	1189.05	24.88	650.62	513.55	18164
2003	1454.70	22.82	800.06	631.82	22208
2004	1809.61	22.71	1019.11	767.79	27608
2005	2188.19	20.55	1232.14	935.50	33363
2006	2635.62	12.39	1512.81	1110.41	39287
2007	3169.26	11.82	1762.61	1394.83	45189
2008	3715.68	14.58	1912.16	1788.94	50635
2009	3811.01	14.41	1857.90	1938.70	49601
2010	4308.92	15.94	2218.61	2074.36	53575
2011	4815.32	16.97	2455.46	2342.88	58440
2012	5095.96	17.80	2496.68	2581.48	61593
2013	5590.57	18.43	2688.94	2883.20	67320
2014	5968.38	19.16	2874.10	3075.12	71651
2015	6374.29	19.92	3007.87	3346.51	76812
2016	6937.08	22.76	3268.30	3646.02	84007
2017	7582.09	22.85	3663.23	3896.01	91329
2018	8278.59	25.04	4027.21	4226.34	98939

注：1.2018年为初步核算数，以往年份为最终核实数。2005年以前地区生产总值采用全国第一次经济普查资料修订的数据；2005—2008年采用第二次经济普查资料修订的数据； 2009—2013年采用第三次经济普查资料修订的数据；2013年起，三次产业分类依据国家统计局2012年制定的 《三次产业划分规定》；2016年，国家统计局改革地区研发支出的核算方法，根据新的核算方法， 修订了1995—2016年全市地区生产总值数据。 2018年根据全国第三次农业普查，修订了2006—2017年全市地区生产总值数据，下同。

2.人均生产总值1990年及以前年份按年平均户籍人口计算，1991年起按年平均常住人口计算。

16 续表 2

(上年=100)

年　份	地区生产总值指数	第一产业	第二产业	第三产业	人均地区生产总值指数
1979	99.5	86.5	107.0	146.4	98.6
1980	102.7	90.3	117.3	113.9	102.0
1981	116.6	115.0	122.1	110.8	115.4
1982	116.9	105.3	131.0	117.6	115.1
1983	110.4	104.8	115.7	111.3	108.9
1984	114.2	109.0	107.0	140.9	112.9
1985	132.3	118.9	144.5	132.7	130.5
1986	126.1	111.9	110.3	174.7	124.0
1987	122.5	111.6	127.7	126.0	120.5
1988	115.7	90.6	143.7	103.0	114.0
1989	107.1	99.8	106.2	113.7	105.5
1990	123.2	104.4	127.6	128.0	120.8
1991	117.5	103.1	121.5	118.6	108.8
1992	108.3	100.0	112.6	105.1	95.1
1993	127.9	79.4	139.2	129.0	112.3
1994	122.5	107.2	124.7	122.3	107.5
1995	127.4	110.5	135.1	116.8	111.8
1996	117.5	109.4	115.5	123.6	103.2
1997	119.6	104.5	119.9	121.8	105.0
1998	121.8	100.9	122.1	124.5	106.9
1999	119.7	102.3	120.6	120.3	105.1
2000	119.7	99.8	120.7	120.0	105.1
2001	120.0	103.0	121.7	119.0	111.8
2002	120.5	97.6	122.7	119.1	119.6
2003	120.5	90.2	122.2	119.7	120.4
2004	121.1	91.2	125.7	115.8	121.0
2005	119.5	102.3	120.0	119.4	119.5
2006	119.3	60.6	121.9	117.1	116.6
2007	118.3	90.2	114.8	123.3	113.1
2008	114.0	110.3	106.2	124.0	109.0
2009	105.7	102.5	100.9	110.9	100.9
2010	110.4	101.4	117.1	103.7	105.4
2011	108.1	100.8	107.7	108.7	105.6
2012	106.3	99.9	106.6	106.1	105.9
2013	109.9	100.1	111.7	108.0	109.5
2014	107.9	103.1	109.3	106.3	107.6
2015	108.0	102.6	106.0	110.3	108.5
2016	108.0	106.0	108.6	107.6	108.6
2017	108.1	102.1	110.7	105.7	107.5
2018	107.4	107.4	106.9	107.9	106.6

注：本表按可比价格计算。

16 续表 3

年 份	固定资产投资增长速度(%)	房地产开发投资(万元)	一般公共预算收入(亿元)	一般公共预算支出(亿元)	居民消费价格指数(上年=100)	商品零售价格指数(上年=100)	农林牧渔业总 产 值(亿元)	农林牧渔业总产值指数(1978年=100)
1949							0.54	
1952			0.28	0.02			0.66	
1957			0.32	0.04			0.78	
1962			0.31	0.07			0.76	
1965			0.47	0.07			1.28	
1970			0.48	0.08			1.47	
1975			0.65	0.11			2.53	
1978			0.66	0.18		100.4	4.24	100.0
1979	-29.2		0.66	0.19		102.6	4.15	96.5
1980	45.9		0.67	0.20		110.9	4.19	98.0
1981	56.8		0.68	0.21		109.3	5.04	102.1
1982	381.9		0.81	0.26		101.2	5.59	117.6
1983	1.5		0.86	0.28		99.6	5.64	117.4
1984	63.6		0.85	0.30	99.3	98.6	7.02	126.7
1985	134.9		1.11	0.50	106.5	106.9	9.12	138.9
1986	63.1		1.61	0.99	104.2	104.4	12.30	174.6
1987	23.2		2.02	1.25	112.0	112.2	14.84	186.4
1988	16.6		2.71	1.75	136.0	132.8	20.37	182.1
1989	-69.7		3.19	2.16	122.0	122.4	22.11	181.9
1990	49.7		3.57	2.28	96.6	94.9	23.64	195.3
1991	83.2		4.44	2.75	102.4	101.4	24.26	199.5
1992	37.4		5.62	3.82	109.2	107.7	27.13	211.3
1993	73.5	52110	9.38	7.29	121.8	119.5	28.45	175.5
1994	329.6	78392	7.69	8.90	123.5	118.4	34.75	188.4
1995	-55.1	85163	11.56	12.42	113.9	109.7	42.69	207.8
1996	7.1	86258	9.65	12.41	106.8	104.7	49.72	216.3
1997	-2.6	86662	11.41	14.85	101.5	99.7	51.44	225.0
1998	16.8	95451	15.10	17.91	99.9	98.7	53.60	227.3
1999	14.7	104411	18.26	21.26	97.9	95.9	53.74	242.8
2000	16.5	112498	30.47	33.61	101.5	100.1	54.64	243.3
2001	22.0	148544	45.02	47.86	96.6	97.8	55.93	246.3
2002	52.7	268350	55.29	64.96	98.1	99.1	53.67	263.2
2003	66.7	551184	67.45	76.52	100.7	101.7	49.02	209.7
2004	42.4	1144195	72.20	94.16	103.0	103.2	44.19	213.5
2005	31.3	1444277	103.97	117.04	102.4	103.0	42.05	222.2
2006	18.1	1642398	128.94	147.90	101.2	102.8	21.26	121.0
2007	19.2	2094187	186.45	193.10	103.1	104.2	19.57	105.6
2008	12.3	2714197	209.22	218.26	105.5	107.9	24.50	118.3
2009	13.0	2776623	231.16	232.62	96.9	95.3	23.98	122.1
2010	1.9	2989853	277.84	289.83	102.8	103.2	26.35	125.6
2011	8.1	3733062	313.06	351.92	104.9	104.7	28.04	125.9
2012	9.4	3773210	356.32	385.58	102.9	102.4	29.21	126.5
2013	18.3	4976593	409.29	444.66	101.9	100.6	30.31	126.0
2014	10.0	5880630	455.21	457.68	102.3	101.2	31.13	128.2
2015	3.3	5752145	517.97	581.24	101.4	99.4	31.88	129.4
2016	7.7	6427591	544.75	599.29	102.7	100.9	35.47	134.4
2017	10.0	7021544	592.07	667.65	101.4	101.1	35.49	136.8
2018	5.8	7367857	649.91	765.41	102.5	102.7	39.21	145.9

注：1.农林牧渔总产值1952—1970年按1957年不变价计算，1975年按1970年不变价计算，1978年起按当年价计算。
2.根据《全国农业普查条例》，农业2007—2017年的农林牧渔业总产值、增加值和主要农产品产量等相关数据以全国第三次农业普查结果为基础做了修订，下同。

16 续表 4

年 份	农作物总播种面积(千公顷)	#粮食	粮食产量(万吨)	油料产量(万吨)	水果产量(万吨)	肉类产量(万吨)	水产品产量(万吨)
1949	141.26	127.26	21.07	0.15			0.32
1952	167.61	149.68	26.95	0.35			0.34
1957	188.98	165.53	28.80	0.33			0.42
1962	155.97	138.18	33.12	0.38			0.63
1965	158.97	121.64	43.71	0.72	4.54		0.99
1970	174.60	127.25	45.08	0.96	6.95		1.62
1975	202.00	137.03	50.72	1.11	3.68		2.19
1978	190.63	138.15	53.23	1.42	2.65	2.69	3.09
1979	172.36	129.16	53.53	1.91	2.33	2.92	2.23
1980	162.41	117.12	52.94	2.90	2.37	2.77	2.55
1981	151.17	107.13	44.75	3.55	4.69	2.80	2.49
1982	146.96	106.68	54.33	2.99	5.82	3.30	2.77
1983	146.21	109.02	56.12	1.97	7.72	3.57	3.03
1984	144.35	105.12	55.82	2.31	10.59	3.33	3.25
1985	130.01	93.05	48.87	2.10	18.94	3.33	3.26
1986	119.41	83.81	45.52	2.01	30.77	4.33	4.65
1987	119.73	83.40	46.28	1.70	36.31	4.61	6.57
1988	119.53	82.42	46.09	1.51	26.37	5.61	6.81
1989	122.27	85.61	48.76	1.37	22.14	5.86	6.23
1990	123.25	85.74	49.43	1.34	28.24	6.22	6.85
1991	119.42	81.77	47.37	1.15	34.32	6.88	6.90
1992	104.10	64.26	36.81	0.93	34.48	6.80	7.32
1993	71.20	36.74	20.21	0.56	27.13	7.66	6.50
1994	67.30	35.75	20.24	0.37	26.49	8.54	6.74
1995	71.89	39.90	22.74	0.37	24.32	9.76	7.48
1996	72.23	41.89	24.32	0.31	20.63	11.61	8.11
1997	72.17	41.61	24.69	0.29	16.50	12.90	9.19
1998	73.46	41.63	24.72	0.26	11.41	15.35	9.69
1999	72.59	41.77	24.73	0.22	13.63	15.99	9.40
2000	65.73	35.18	20.41	0.20	12.94	17.90	9.51
2001	56.95	22.56	12.84	0.16	15.01	19.84	8.96
2002	42.28	9.88	5.37	0.09	18.93	18.88	8.24
2003	33.97	5.65	3.05	0.04	14.64	15.46	7.58
2004	30.82	5.41	3.04	0.02	17.54	14.62	7.15
2005	27.38	4.14	2.00	0.01	15.13	17.17	6.74
2006	22.26	2.29	1.00	0.01	13.96	3.49	4.71
2007	19.01	2.08	1.02	0.01	13.06	0.96	4.73
2008	20.75	2.60	1.16	0.03	10.00	1.04	7.23
2009	21.51	2.59	1.12	0.03	8.95	1.11	7.33
2010	20.08	2.26	1.06	0.05	7.33	1.22	7.63
2011	20.05	2.14	1.04	0.05	7.11	1.17	7.82
2012	19.65	1.92	0.94	0.26	6.20	1.26	7.70
2013	18.86	1.60	0.78	0.32	5.80	1.07	7.45
2014	20.42	1.33	0.65	0.41	5.88	0.96	7.27
2015	20.19	1.13	0.55	0.57	5.88	0.75	6.89
2016	21.96	1.00	0.48	0.66	5.51	0.66	5.02
2017	21.75	0.97	0.48	0.02	5.46	0.66	4.55
2018	22.41	1.21	0.58	0.02	6.77	0.22	4.60

16 续表 5

年 份	工业企业单位数(个)	规模以上工业增加值(亿元)	总供电量(亿千瓦时)	全社会用电量(亿千瓦时)	建筑业总产值(亿元)	建筑业增加值(亿元)
1949	1					
1952	23					
1957	262					
1962	280		0.08			
1965	260		0.36			
1970	220		0.71			
1975	324		1.24			
1978	1290	1.01	1.64			
1979	1250	1.33	1.93			
1980	1293	1.46	2.17			
1981	1479	1.71	2.22			
1982	1862	2.01	2.69			
1983	1964	2.13	3.15			
1984	2329	2.43	3.26			
1985	4187	3.49	3.82			
1986	5949	4.28	3.93			3.03
1987	8106	5.67	6.43			3.49
1988	8408	7.93	9.48			3.23
1989	8757	9.36	12.09		1.03	0.75
1990	9892	13.44	18.01	18.01	1.27	1.34
1991	10094	17.63	24.05	24.05	2.19	1.98
1992	11639	25.66	32.00	32.00	3.19	2.64
1993	12449	35.05	43.62	43.62	5.39	4.42
1994	14086	56.61	58.58	58.58	7.99	8.72
1995	15215	64.99	68.00	68.00	9.49	12.78
1996	15326	84.14	80.03	80.03	9.66	11.63
1997	16857	103.90	94.93	94.83	28.73	12.50
1998	16406	168.71	109.48	109.48	35.92	14.99
1999	16877	232.15	132.78	134.37	40.73	17.52
2000	16975	259.44	178.03	179.66	40.45	20.26
2001	18094	290.67	207.72	209.17	50.13	23.48
2002	21313	466.61	258.55	259.86	65.84	26.96
2003	21935	595.48	321.65	323.53	76.48	41.01
2004	22156	800.45	372.84	375.85	77.01	48.03
2005	21868	1062.42	415.66	419.83	84.35	54.64
2006	22447	1318.58	464.45	472.01	94.58	64.92
2007	22587	1430.60	507.89	515.40	112.87	72.84
2008	25656	1689.90	507.35	514.16	108.81	82.40
2009	31160	1453.37	488.85	495.58	99.40	81.58
2010	38273	1708.31	556.89	562.00	122.06	82.40
2011	46413	1642.45	579.35	586.07	130.85	77.84
2012	57808	1978.13	600.58	604.28	157.58	78.18
2013	67332	2425.62	617.20	622.51	188.13	86.77
2014	80567	2490.84	655.72	660.99	204.21	91.44
2015	97944	2611.96	661.26	666.84	224.59	88.81
2016	121762	2968.16	695.59	702.01	267.22	91.37
2017	151533	3618.19	753.80	760.68	324.04	100.94
2018	174368	3904.57	799.17	806.64	473.84	122.83

16 续表 6

年 份	公路通车里程(公里)	民用汽车拥有量(万辆)	旅客周转量(万人公里)	货物周转量(万吨公里)	邮电业务总量(亿元)	邮电业务收入(万元)	本地电话用户(万户)	移动电话用户(万户)
1949	204	0.002						
1952	219	0.002	1350	139				
1957	373	0.005	2100	195				
1962	598	0.007	4120	293				
1965	882	0.010	4725	457				
1970	1134	0.012	2800	900				
1975	1173	0.025	3890	694				
1978	1259	0.06	9425	15148	0.07		0.20	
1979	1225	0.11	11162	15290	0.08		0.21	
1980	1225	0.20	13584	16353	0.09		0.31	
1981	1225	0.30	13845	15606	0.10		0.34	
1982	1225	0.34	16026	17185	0.09		0.35	
1983	1225	0.45	54075	108634	0.10		0.39	
1984	1240	0.61	62107	140113	0.13		0.48	
1985	1240	0.79	95237	171591	0.16		0.77	
1986	1248	0.86	127458	126898	0.20		0.88	
1987	1261	1.00	159117	174942	0.34		1.63	
1988	1302	1.36	173335	169112	0.57		2.52	
1989	1325	1.63	240999	186626	0.96		4.30	0.02
1990	1325	1.94	322236	184700	1.76		4.90	0.05
1991	1759	2.07	373284	194101	2.77		7.50	0.11
1992	2055	3.26	503973	232752	4.22		9.70	0.30
1993	2260	4.81	577800	248230	6.57		14.98	0.72
1994	2292	6.16	595134	273053	10.22		23.19	2.41
1995	2327	8.83	446230	264605	15.28		31.57	4.77
1996	2330	9.08	477466	267193	20.76		36.91	8.24
1997	2330	10.34	511592	278649	28.43		42.65	15.29
1998	2377	11.34	577452	285889	37.67		50.13	26.17
1999	2467	12.70	804278	300410	51.59		60.87	51.01
2000	2518	15.37	1001906	404678	74.05		78.12	123.68
2001	2570	18.36	1031579	406247	88.64		98.96	295.76
2002	2641	22.01	1091821	420684	109.45		127.93	412.39
2003	2688	25.56	1126964	422822	157.05	1051220	206.11	660.86
2004	2759	31.97	1166262	423669	245.52	1207778	281.35	856.09
2005	2871	40.66	1185290	424829	304.76	1328172	384.52	1016.41
2006	3891	48.93	1213809	336783	368.25	1466871	461.31	1216.34
2007	3924	60.89	1264982	356677	400.93	1619048	469.17	1408.23
2008	4001	70.16	2248521	1747489	525.79	1723829	439.41	1454.29
2009	4713	79.56	1053469	1016490	563.47	1563077	378.40	1409.29
2010	4751	92.08	1290692	1090340	674.09	1553352	332.42	1607.60
2011	4828	106.14	1458811	1874802	218.36	1648579	319.55	1677.77
2012	4966	120.70	1568758	2967132	250.47	1699619	330.79	1797.75
2013	5002	138.91	1559856	4322745	254.73	1758017	314.48	1850.39
2014	5145	155.96	854595	4480053	359.56	1694637	327.22	1763.09
2015	5165	184.49	771316	5048509	475.59	2489805	298.23	1756.75
2016	5265	224.62	773196	4552332	756.06	2951331	272.63	1575.08
2017	5262	262.76	681427	4836221	694.35	3351921	244.64	1680.97
2018	5262	294.69	456292	5272636	1282.22	3650139	231.27	1892.77

注：1．公路通车里程2006年起含专用公路和村道。
2．邮电业务总量1978—2000年按1990年不变价格计算，2001—2010年按2000年不变价格计算，2011—2016年按2010年不变价格计算；2017年起，电信业务总量按2015年不变价格计算，邮政业务总量仍按2010年不变价格计算。
3．2014年客运量和旅客周转量不含城市客运量，数据与往年不可比。

16 续表 7

年 份	社会消费品零售总额（亿元）	进出口总额（亿美元）	出口总额	进口总额	协议(合同)规定外商投资额（亿美元）	实际利用外资（亿美元）	#外商直接投资
1957			0.02				
1962			0.04				
1965			0.08				
1970			0.10				
1975			0.25				
1978	2.13		0.39				
1979	2.50		0.54		0.05	0.02	
1980	3.16		0.77		0.11	0.09	
1981	4.02		0.92		0.08	0.05	0.001
1982	4.81		1.09		0.08	0.07	0.005
1983	5.23		1.19		0.16	0.09	0.003
1984	7.39		1.30		0.32	0.19	0.07
1985	9.36		1.75		0.68	0.29	0.14
1986	12.24		2.33		0.34	0.30	0.15
1987	15.05		2.68		1.85	1.13	0.21
1988	24.65		3.18		6.22	2.41	0.64
1989	27.04		3.49		2.34	2.49	0.84
1990	31.97	10.82	5.68	5.14	3.02	2.43	1.00
1991	36.50	31.75	16.52	15.23	6.45	2.62	1.47
1992	44.35	50.90	26.03	24.87	20.88	4.66	3.29
1993	63.69	67.56	32.11	35.45	35.55	9.34	7.92
1994	85.16	88.30	42.94	45.36	34.97	10.48	7.79
1995	113.01	153.91	77.99	75.92	33.09	10.57	6.72
1996	125.53	178.42	91.87	86.55	20.89	10.76	6.95
1997	146.04	212.99	113.68	99.31	12.14	12.14	8.80
1998	175.16	232.73	130.61	102.13	16.37	13.38	9.30
1999	202.30	284.63	151.54	133.09	14.72	14.57	9.71
2000	235.16	320.45	171.59	148.86	18.36	16.47	10.87
2001	275.71	344.55	189.89	154.65	20.98	18.16	11.47
2002	321.24	442.47	237.36	205.11	24.89	21.48	14.59
2003	369.78	521.06	280.02	241.04	32.56	25.63	17.54
2004	426.47	645.18	351.92	293.25	41.32	30.34	21.39
2005	506.29	743.72	409.29	334.42	47.52	37.51	14.68
2006	599.32	842.21	473.76	368.45	55.28	43.38	18.08
2007	722.45	1068.73	602.32	466.41	62.51	50.44	21.18
2008	881.15	1132.99	655.37	477.62	39.37	32.26	24.47
2009	1029.04	941.55	551.69	389.86	20.30	29.42	25.94
2010	1223.34	1213.38	695.98	517.40	30.73	31.63	27.32
2011	1441.25	1352.24	783.29	568.95	37.02	32.18	30.51
2012	1600.41	1444.16	850.66	593.50	41.55	37.19	33.69
2013	1786.66	1530.72	908.64	622.08	41.56	40.29	39.38
2014	1942.29	1625.30	970.69	654.61	44.39	46.21	45.29
2015	2184.70	1676.73	1037.19	639.55	50.91	54.68	53.20
2016	2470.78	1723.14	990.35	732.79	47.90	39.84	39.26
2017	2687.88	1811.73	1038.61	773.12	26.18	17.60	17.19
2018	2905.61	2033.31	1204.43	828.88	22.51	13.06	12.72

注：1.出口总额1990年起为海关口径，1990年以前为外经贸口径。
2.外商直接投资2004年起为新口径，是以验资作为统计标准，与往年数不可比。
3.2016年起，主管部门对外发布的进出口相关数据采用人民币口径。2018年人民币口径的进出口总额为13418.70亿元。其中，出口总额7955.64亿元，进口总额5463.06亿元。

16 续表 8

年 份	国际及港澳台旅游者（万人次）	旅游总收入（亿元）	国际旅游外汇收入（万美元）	接待国内游客人次（万人次）	各项人民币存款余额（亿元）	#住户存款	各项人民币贷款余额（亿元）
1952						0.003	0.004
1957						0.02	0.26
1962					0.08	0.04	0.75
1965					0.16	0.09	0.81
1970					0.39	0.16	0.87
1975					0.96	0.41	1.39
1978					1.05	0.54	1.96
1979					1.49	0.72	2.13
1980					2.61	1.17	3.08
1981					3.80	2.03	4.02
1982					4.51	2.77	4.55
1983					6.05	3.86	5.76
1984					11.03	6.18	12.19
1985					13.49	9.19	14.24
1986	11		554	69	19.59	13.14	20.68
1987	19		453	87	28.48	18.97	31.24
1988	20		710	105	38.05	24.91	41.58
1989	18		504	97	46.82	32.57	49.37
1990	27		1025	98	68.07	45.51	63.04
1991	37		2443	118	94.97	61.47	78.40
1992	47		2473	125	147.34	81.54	105.98
1993	52		2888	117	179.83	107.17	134.31
1994	44		3464	75	249.78	151.54	173.44
1995	27		5679	62	383.68	232.97	254.85
1996	36		6464	139	489.65	318.02	312.81
1997	59		6778	112	671.17	425.82	382.66
1998	75		6601	141	864.01	533.75	442.74
1999	97		7055	156	1040.84	616.34	524.37
2000	106		7617	185	1228.67	672.07	630.84
2001	110	39.80	8200	217	1458.65	799.18	750.18
2002	108	72.51	11847	822	1790.18	1001.69	933.41
2003	80	79.92	13825	1006	2126.78	1231.06	1206.72
2004	149	85.70	23437	982	2462.87	1431.68	1405.25
2005	169	90.72	28189	987	2933.40	1728.28	1500.52
2006	193	96.01	33180	1170	3365.65	2013.40	1730.56
2007	248	118.88	42702	1477	3751.83	2120.74	2154.77
2008	268	128.69	45614	1604	4354.53	2638.04	2380.36
2009	286	151.49	51756	1751	4986.61	2904.57	2903.80
2010	327	191.32	67592	1924	5943.39	3386.85	3329.82
2011	357	249.37	90975	2258	6609.39	3710.99	3716.08
2012	415	306.35	126924	2329	7430.46	4204.20	4195.61
2013	418	346.43	144981	2408	8630.73	4476.43	4774.23
2014	356	374.60	157493	2435	9069.92	4606.79	5331.63
2015	373	395.18	157743	2826	9736.24	4591.38	5816.04
2016	400	445.40	153117	3392	11198.43	4882.91	6402.48
2017	404	488.90	159582	3738	11836.66	5103.42	6855.44
2018	402	529.37	163012	4032	13430.56	5601.36	7999.60

注：2015年起，“城乡居民储蓄存款余额”更名为“住户存款”，口径有变，数据与往年不可比。

16 续表 9

年 份	在校学生数(万人)			小学学龄儿童入学率(%)	高考入围人数(人)
	普通高等学校	普通中学	小学		
1949		0.20	5.28		
1952		0.34	7.04		
1957		0.67	8.80		
1962		0.97	12.00		
1965		1.05	16.09		
1970		6.02	11.81		
1975		4.96	16.82		
1978		7.60	16.11	98.36	846
1979		6.23	15.80	98.70	566
1980		5.48	15.49	98.85	222
1981		4.35	15.09	98.72	239
1982		4.17	14.48	99.06	252
1983		4.28	13.54	99.75	245
1984		4.65	13.46	99.65	619
1985		4.66	13.44	99.83	534
1986		4.94	14.07	99.90	595
1987		5.44	14.43	99.94	644
1988		5.93	15.01	99.93	925
1989		6.20	15.59	99.92	977
1990		6.12	16.27	99.94	759
1991		6.01	17.01	99.92	861
1992		6.52	17.52	99.94	994
1993	0.11	7.53	18.01	99.95	1102
1994	0.15	8.58	18.62	99.96	1823
1995	0.16	9.25	19.51	99.99	2095
1996	0.18	9.52	20.60	99.98	2160
1997	0.20	9.80	22.18	99.99	2212
1998	0.22	10.12	23.58	99.99	2348
1999	0.22	10.55	24.88	99.99	3501
2000	0.32	11.24	27.28	99.99	5017
2001	0.38	12.21	29.54	100.00	5651
2002	0.51	13.53	34.28	100.00	6873
2003	0.69	14.97	38.69	100.00	9167
2004	0.91	17.13	44.83	100.00	10756
2005	1.66	19.10	48.09	100.00	11196
2006	2.20	21.46	49.68	100.00	11359
2007	2.52	23.46	52.07	100.00	13275
2008	2.87	24.84	52.86	100.00	15047
2009	3.40	24.95	51.12	100.00	17487
2010	3.83	25.83	55.24	100.00	18845
2011	4.51	26.31	57.83	100.00	19588
2012	5.24	26.79	60.81	100.00	22127
2013	6.09	27.83	65.91	100.00	22840
2014	6.99	28.46	68.73	100.00	23900
2015	11.46	28.76	71.93	100.00	26519
2016	11.26	29.58	73.87	100.00	24094
2017	11.84	31.02	76.51	100.00	29907
2018	12.14	33.24	80.35	100.00	31672

16 续表 10

年份	医疗机构病床床位数(张)	卫生机构技术人员数(万人)	#执业(助理)医师	每万人口拥有床位数(张)	每万人口拥有执业(助理)医师(人)	年末参加基本养老保险人数(万人次)	年末参加基本医疗保险人数(万人次)
1949	219	0.02		3.21			
1952	179	0.01		2.50			
1957	403	0.03		5.20			
1962	1376	0.13		17.28			
1965	1308	0.16		15.13			
1970	1476	0.17		14.98			
1975	1970	0.23		18.25			
1978	2257	0.26	0.08	20.29	6.90		
1979	2271	0.29	0.10	20.27	8.67		
1980	2207	0.30	0.12	19.58	10.35		
1981	2210	0.31	0.11	19.31	9.63		
1982	2292	0.33	0.11	19.73	9.44		
1983	2098	0.33	0.11	17.84	9.25		
1984	2231	0.34	0.11	18.76	9.52		
1985	2323	0.33	0.12	19.22	9.94		
1986	3054	0.35	0.12	24.83	9.58		
1987	3393	0.35	0.13	27.17	10.44		
1988	3640	0.38	0.15	28.72	12.13		
1989	3677	0.39	0.16	28.56	12.58		
1990	3866	0.39	0.17	22.01	9.80		
1991	4085	0.39	0.18	20.42	8.77		
1992	4517	0.41	0.18	19.83	8.04		
1993	4940	0.45	0.20	19.04	7.80		
1994	5365	0.49	0.22	18.16	7.52	7.55	7.77
1995	5798	0.53	0.23	17.23	6.83	8.46	7.60
1996	5288	0.58	0.24	13.80	6.39	9.16	7.65
1997	5505	0.63	0.26	12.62	5.97	7.53	8.29
1998	5892	0.71	0.30	11.86	5.95	7.84	9.05
1999	6241	0.76	0.31	11.03	5.44	8.35	9.95
2000	7081	0.81	0.33	10.98	5.13	82.95	88.21
2001	7474	0.81	0.34	11.42	5.24	83.01	84.99
2002	8641	0.90	0.39	13.20	6.01	103.19	105.19
2003	9820	0.98	0.43	14.99	6.49	104.13	105.90
2004	10797	1.05	0.49	16.47	7.43	104.44	105.95
2005	11972	1.23	0.57	18.25	8.65	182.49	189.40
2006	13293	1.93	0.86	22.21	12.58	204.08	212.16
2007	15227	2.71	1.04	21.24	14.57	227.98	236.32
2008	16778	3.31	1.19	22.35	15.81	262.63	513.25
2009	18080	3.58	1.29	23.00	16.39	315.81	536.57
2010	19980	3.75	1.32	24.29	16.07	421.84	592.27
2011	22814	3.96	1.36	27.64	16.53	481.05	602.41
2012	24617	4.06	1.40	29.69	16.93	513.29	616.86
2013	25736	4.21	1.49	30.95	17.87	521.91	618.09
2014	26704	4.31	1.51	32.01	18.08	632.03	615.69
2015	27457	4.52	1.59	33.26	19.25	670.60	601.92
2016	28138	4.77	1.67	34.06	20.19	651.66	574.57
2017	29866	5.06	1.75	35.80	20.98	694.49	566.09
2018	31059	5.43	1.95	37.01	23.25	597.24	583.30

注：每万人口拥有床位数、执业(助理)医师数按常住人口计算。

16　续表 11

年　份	全社会R&D经费支出(万元)	专　利申请量(件)	专　利授权量(件)	城镇居民最低生活保障人数(人)	城镇常住居民人均可支配收入(元)	农村常住居民人均可支配收入(元)
1978						149
1979						188
1980						272
1981						463
1982						567
1983						618
1984						691
1985					791	803
1986					1033	951
1987					1247	1142
1988					1778	1325
1989					2282	1424
1990		25	30		2508	1542
1991		86	50		3068	1673
1992		109	78		4026	2290
1993		212	90		5970	2903
1994		322	98		8270	3769
1995		412	262		9588	4769
1996		540	312		10824	5554
1997		915	321		11032	6132
1998		985	872		11506	6830
1999		1436	1110		12954	7704
2000	15176	1653	1399	1825	14142	8484
2001	26952	2914	1753	2003	16938	9383
2002	36727	3100	2680	2711	16949	10178
2003	37748	3865	2858	2876	18471	11033
2004	60319	4325	3167	4968	20526	11941
2005	82855	6694	3117	4885	22882	13076
2006	117843	9879	4872	6091	25320	14313
2007	150130	13842	6752	3129	27025	15747
2008	198422	14406	8093	3653	30275	16904
2009	413840	19106	12918	3770	33045	18098
2010	516701	21654	20397	3643	35690	20486
2011	716221	24455	19353	9415	39513	22842
2012	830190	29199	20894	6598	42944	24944
2013	1099321	29012	22595	6584	46594	27214
2014	1271741	28431	20336	6560	36764	22327
2015	1478838	38094	26820	5466	39793	24225
2016	1648344	56653	28559	3569	43096	26526
2017	1881419	81275	45204	3419	46739	29078
2018	2363205	97030	65985	2884	50721	32277

注：按照国家统计局的统一部署，2014年起，把原来的城市居民人均可支配收入和农民人均纯收入分别改为城镇常住居民人均可支配收入和农村常住居民人均可支配收入。

十七、东莞与全国、全省、三角洲城市、港澳台及粤港澳大湾区主要指标比较

Comparison of Main Indicators between Dongguan and China, Guangdong Province, the Cities of the Pearl River Delta, Hong Kong, Macao, Taiwan and the Guangdong-Hong Kong-Marco Greater Bay Area

17-1 主要年份全国国民经济与社会发展指标

Main Indicators on National Economy and Social Development of China

指　　标	单 位	1980年	1990年	2000年	2005年	2010年	2015年	2017年	2018年
人口与劳动力									
年末总人口	万人	98705	114333	126743	130756	134091	137462	139008	139538
年末就业人员人数	万人	42361	64749	72085	74647	76105	77451	77640	77586
#城镇就业人员	万人	10525	17041	23151	28389	34687	40410	42462	43419
经济总量									
国内生产总值	亿元	4588	18873	100280	187319	412119.3	685992.9	820754.3	900309.5
第一产业增加值	亿元	1360	5017	14717	21807	38430.8	57774.6	62099.5	64734.0
第二产业增加值	亿元	2205	7744	45665	88084	191629.8	282040.3	332742.7	366000.9
第三产业增加值	亿元	1023	6111	39898	77428	182058.6	346178.0	425912.1	469574.6
人均国内生产总值	元	468	1663	7942	14368	30808	50028	59201	64644
农业									
主要农产品产量									
粮食	万吨	32056	44624	46218	48402	55911.0	66060.0	66160.7	65789.2
水果	万吨	679	1874	6225	16120	20095.4	24524.6	25241.9	25688.4
肉类	万吨		2857	6014	6939	7993.6	8749.5	8654.4	8624.6
水产品	万吨	450	1237	3706	4420	5373	6211.0	6445.3	6457.7
工业									
工业增加值	亿元	2015	6905	40260	77961	165126	236506	278328.2	305160.2
主要工业产品产量									
机制纸及纸板	万吨	535	1372	2487	5404	9833	11743	12542.0	11660.6
彩电	万台	3	1033	3936	8283	11830	14476	15932.6	18834.8
发电量	亿千瓦时	3006	6212	13556	25003	42072	58146.7	66044.5	71117.7
钢材	万吨	2716	5153	13146	37771	80277	103468.4	104642.1	110551.7
运输邮电									
货运量	亿吨	31.08	97.06	135.87	186.21	324.18	417.59	480.49	515.27
货物周转量	亿吨公里	11629	26208	44321	80258	141837	178356	197373	204686
客运量	亿人	34.18	77.27	147.86	184.70	326.95	194.33	184.86	179.38
旅客周转量	亿人公里	2281	5628	12261	17467	27894	30059	32813	34218
邮电业务总量	亿元	39	156	4793	12029	31979	28425	37360	77901
年末固定电话用户	万户	214	685	14483	35045	29434	23100	19375.7	18224.8
年末移动电话用户	万户		2	8453	39341	85900	127140	141748.7	156609.8

注：1.城镇就业人员1998年起为城镇在岗职工人数。
2.2014年起，客运量和旅客周转量不含城市客运量，数据与往年不可比。
3.实施研发支出核算方法改革后，对各年度GDP数据进行了系统修订。

17-1 续表

指　　标	单 位	1980年	1990年	2000年	2005年	2010年	2015年	2017年	2018年
固定资产投资									
固定资产投资增长速度	%		2.4	10.3	26.0	23.8	9.8	7.0	5.9
#房地产开发	亿元		253	4984	15909	48259	95979	109798.5	120263.5
商业									
社会消费品零售总额	亿元	2140	8300	39106	68353	156998	300931	366261.6	380986.9
物价总指数									
商品零售价格指数	上年=100	106.0	102.1	98.5	100.8	103.1	100.1	101.1	101.9
居民消费价格指数	上年=100	107.5	103.1	100.4	101.8	103.3	101.4	101.6	102.1
外贸外经									
进出口总额	亿美元	381	1154	4743	14219	29740	39530	41071.4	46230.4
进口总额	亿美元	200	533	2251	6599	13962	16796	18437.9	21356.4
出口总额	亿美元	181	621	2492	7620	15778	22735	22633.4	24184.0
进出口总额	亿元	570	5560	39273	116922	201722	245503	278099.2	305050.4
进口总额	亿元	299	2574	18639	54274	94700	104336	124789.8	140873.7
出口总额	亿元	271	2986	20634	62648	107023	141167	153309.4	164176.7
实际利用外资	亿美元		35	407	603	1057	1263	1310.4	1349.7
财政、金融									
一般公共预算收入	亿元	1160	2937	13395	31649	83102	152269	172592.8	183351.8
一般公共预算支出	亿元	1229	3084	15887	33930	89874	175878	203085.5	220906.1
各项人民币存款余额	亿元	1690	13943	123804	287170	718238	1357022	1641044	1775226
#住户存款余额	亿元	400	7120	64332	141051	303302	546078	643768	716038
各项人民币贷款余额	亿元	2478	17511	99371	194690	479196	939540	1201321	1362967
人民生活									
城镇单位就业人员平均工资	元	762	2140	9333	18200	36539	62029	74318	82461
全国居民人均可支配收入	元						21966	25974	28228
城镇居民人均可支配收入	元	478	1510	6280	10493	19109	31195	36396	39251
农村居民人均可支配收入	元	191	686	2253	3255	5919	11422	13432	14617
教育									
在校学生数									
普通高等学校	万人	114	206	556	1562	2232	2625	2754	2831
普通中学	万人	5508	4586	7369	8581	7703	6686	6817	7028
小学	万人	14627	12241	13013	10864	9941	9692	10094	10339
卫生									
医院床位数	万张	120	187	217	245	338.7	533.1	612.0	652.0
卫生技术人员	万人	280	390	449	456	587.6	800.8	898.8	951.9
#执业（助理）医师	万人	115	176	208	204	241.3	303.9	339.0	360.7

注：1.实际利用外资不含对外借款，2005年起为实际使用外商直接投资口径。
　　2.进出口总额1979年及以前为外贸数据，1980年起为海关数据。

17-2 主要年份广东省国民经济与社会发展指标

Main Indicators on National Economy and Social Development of Guangdong Province

指　　标	单　位	1980年	1990年	2000年	2005年	2010年	2015年	2017年	2018年
人口与劳动力									
年末常住人口	万人		6347	8650	9194	10441	10849	11169	11346
年末就业人员人数	万人	2368	3118	3989	5023	5870	6219.31	6340.79	6508.65
#城镇就业人员	万人	564	785	759	904	1119	1948.04	1963.10	1994.14
经济总量									
地区生产总值	亿元	250	1559	10810.21	22723.29	46544.63	73876.37	89705.23	97277.77
第一产业增加值	亿元	83	385	986.32	1428.27	2254.49	3189.76	3611.44	3831.44
第二产业增加值	亿元	103	616	5055.71	11497.85	23296.73	33642.00	38008.06	40695.15
第三产业增加值	亿元	64	559	4768.18	9797.17	20993.41	37044.61	48085.73	52751.18
人均地区生产总值	元	481	2484	12817	24828	45252	68490	80932	86412
农业									
主要农产品产量									
粮食	万吨	1682	1896	1822	1395	1249	1211.66	1208.56	1193.49
水果	万吨	29	329	644	832	1049	1298.52	1421.23	1547.81
肉类	万吨	63	202	324	384	455	454.71	444.08	449.90
水产品	万吨	63	208	593	695	729	804.14	833.54	842.44
工业									
工业增加值	亿元	90	523	4519	10630	21741	31290.75	35291.83	37588.13
主要工业产品产量									
机制纸及纸板	万吨	31	104	260	691	1435	2078.29	2177.74	2028.88
彩电	万台	1	262	1532	4090	4495	7003.58	8399.88	10758.27
发电量	亿千瓦时	109	344	1293	2163	3101	3900.21	4407.20	4369.62
成品钢材	万吨	45	134	406	1366	2919	3271.01	4213.69	4503.26
运输邮电									
货运量	万吨	14201	85809	119216	133992	205034	349832	400601	424996
货物周转量	亿吨公里	1413	2599	3065	3917	5934	14667.43	28192.23	28644.77
客运量	万人	21444	78046	164791	161357	467049	137368	148549	154682
旅客周转量	亿人公里	114	453	1219	2043	3342	3601.12	4140.29	4501.97
邮电业务总量	亿元	2	26	602	2122	4833	4397.09	6107.19	11010.28
年末固定电话用户	万户		113	1415	3443	3169	2807.11	2406.09	2211.42
年末移动电话用户	万户		1	1357	6407	9710	15009.75	14798.85	16823.26

注：1.2010年年末人口数为第六次全国人口普查数据。
　　2.2014年客运量和旅客周转量不含城市客运量，数据与往年不可比。

17-2 续表

指标	单位	1980年	1990年	2000年	2005年	2010年	2015年	2017年	2018年
固定资产投资									
固定资产投资增长速度	%	35.3	9.8	6.8	18.9	20.7	15.8	13.5	10.7
#房地产开发	亿元		33	859	1592	3660	8538	12075.69	14412.19
商业									
社会消费品零售总额	亿元	118	667	4380	7916	17458	31518	38200.07	39501.12
物价总指数									
商品零售价格指数	上年=100	108.5	95.6	99.9	101.8	103.3	99.6	101.6	102.1
居民消费价格指数	上年=100		97.5	101.4	102.3	103.1	101.5	101.5	102.2
外贸外经									
进出口总额	亿美元	26	419	1701	4280	7849	10228	10066.80	10851.03
进口总额	亿美元	4	197	782	1898	3317	3793	3838.06	4380.57
出口总额	亿美元	22	222	919	2382	4532	6435	6228.73	6470.46
进出口总额	亿元						63560	68168.86	71645.73
进口总额	亿元						23577	25976.00	28901.67
出口总额	亿元						39983	42192.86	42744.06
实际利用外资	亿美元(亿元)	2	20	146	152	210	270	229.48	1450.88
财政、金融									
地方一般公共预算收入	亿元	38	131	911	1807	4517	9367	11320.35	12105.26
地方一般公共预算支出	亿元	27	151	1070	2289	5422	12828	15037.48	15729.26
各项人民币存款余额	亿元		1577	16920	35959	79958	153552	184779.60	199576.08
#住户存款余额	亿元	30	752	8667	19051	36319	54238	61890.08	69231.95
各项人民币贷款余额	亿元		1704	11787	20966	47192	89289	118978.62	139100.04
人民生活									
在岗职工平均工资	元	789	2929	13823	23959	40358	66296	80020	89826
全省常住居民人均可支配收入	元						27859	33003.29	35809.90
城镇常住居民人均可支配收入	元	473	2303	9762	14770	23898	34757	40975.14	44340.97
农村常住居民人均可支配收入	元	274	1043	3654	4690	7890	13360	15779.74	17167.74
教育									
在校学生数									
#普通高等学校	万人	4	10	30	87	143	186	192.58	196.32
中等职业教育学校	万人	6	45	66	71	155	117	99.39	86.73
普通中学	万人	252	234	461	612	709	561	545.37	556.18
小学	万人	749	747	930	1067	849	869	941.96	988.37
卫生									
医院及卫生院床位数	万张	8	11	16	19	28	40	45.30	47.75
卫生技术人员	万人	14	19	26	30	46	62	70.99	75.78
#执业（助理）医师	万人	6	8	11	12	18	23	25.89	27.74

注：2018年起，实际利用外资数据为人民币口径。

17-3 主要经济指标东莞占全国、全省的比重（2018年）

Proportion of Main Indicators of Dongguan to China and Guangdong Province (2018)

指　　标	单 位	绝 对 值			东莞占全国的比重(%)	东莞占全省的比重(%)
		全 国	全 省	东 莞		
人口						
年末常住人口	万 人	139538	11346	839.22	0.60	7.40
经济总量						
地区生产总值	亿 元	900309.5	97277.77	8278.59	0.92	8.51
第一产业增加值	亿 元	64734.0	3831.44	25.04	0.04	0.65
第二产业增加值	亿 元	366000.9	40695.15	4027.21	1.10	9.90
第三产业增加值	亿 元	469574.6	52751.18	4226.34	0.90	8.01
工业						
主要工业产品产量						
机制纸及纸板	万 吨	11660.6	2028.88	1427.35	12.24	70.35
彩电	万 台	18834.8	10758.27	283.82	1.51	2.64
发电量	亿千瓦时	71117.7	4369.62	173.00	0.24	3.96
农业						
主要农产品产量						
粮食	万 吨	65789.2	1193.49	0.58	0.001	0.05
水果	万 吨	25688.4	1547.81	6.77	0.03	0.44
肉类	万 吨	8624.6	449.90	0.22	0.003	0.05
水产品	万 吨	6457.7	842.44	4.60	0.07	0.55
固定资产投资额						
固定资产投资增长速度	%	5.9	10.7	5.8		
运输邮电						
货物周转量	亿吨公里	204686	28644.77	527.26	0.26	1.84
旅客周转量	亿人公里	34218	4501.97	45.63	0.13	1.01
年末固定电话用户	万 户	18224.8	2211.42	231.27	1.27	10.46
年末移动电话用户	万 户	156609.8	16823.26	1892.77	1.21	11.25
财政、金融						
一般公共预算收入	亿 元	183351.8	12105.26	649.91	0.35	5.37
一般公共预算支出	亿 元	220906.1	15729.26	765.41	0.35	4.87
各项人民币存款余额	亿 元	1775226	199576.08	13430.56	0.76	6.73
#住户存款余额	亿 元	716038	69231.95	5601.36	0.78	8.09
各项人民币贷款余额	亿 元	1362967	139100.04	7999.60	0.59	5.75
外经外贸						
进出口总额	亿元	305050.4	71645.73	13418.70	4.40	18.73
进口总额	亿元	140873.7	28901.67	5463.06	3.88	18.90
出口总额	亿元	164176.7	42744.06	7955.64	4.85	18.61
实际利用外资	亿元	8856.1	1450.88	83.49	0.94	5.75
商业、物价						
社会消费品零售总额	亿 元	380986.9	39501.12	2905.61	0.76	7.36
商品零售价格指数	上年=100	101.9	102.1	102.7		
居民消费价格指数	上年=100	102.1	102.2	102.5		
人民生活						
城镇在岗职工年平均工资	元	82461	89826	69937	84.81	77.86
居民人均可支配收入	元	28228	35810	49331	174.76	137.76
城镇常住居民人均可支配收入	元	39251	44341	50721	129.22	114.39
农村常住居民人均可支配收入	元	14617	17168	32277	220.82	188.01

注：国家平均工资数据为城镇单位就业人员平均工资。

17-4 主要经济指标东莞占全国、全省的比重（2017年）

Proportion of Main Indicators of Dongguan to China and Guangdong Province (2017)

指　　标	单 位	绝 对 值			东莞占全国的比重(%)	东莞占全省的比重(%)
		全 国	全 省	东 莞		
人口						
年末常住人口	万 人	139008	11169	834.25	0.60	7.47
经济总量						
地区生产总值	亿 元	820754.3	89705.23	7582.09	0.92	8.45
第一产业增加值	亿 元	62099.5	3611.44	22.85	0.04	0.63
第二产业增加值	亿 元	332742.7	38008.06	3663.23	1.10	9.64
第三产业增加值	亿 元	425912.1	48085.73	3896.01	0.91	8.10
工业						
主要工业产品产量						
机制纸及纸板	万 吨	12542.0	2177.74	1518.42	12.11	69.72
彩电	万 台	15932.6	8399.88	481.40	3.02	5.73
发电量	亿千瓦时	66044.5	4407.20	350.20	0.53	7.95
农业						
主要农产品产量						
粮食	万 吨	66160.7	1208.56	0.48	0.001	0.04
水果	万 吨	25241.9	1421.23	5.46	0.02	0.38
肉类	万 吨	8654.4	444.08	0.66	0.01	0.15
水产品	万 吨	6445.3	833.54	4.55	0.07	0.55
固定资产投资额						
固定资产投资总额	亿 元	641238.4	37477.96	1712.83	0.27	4.57
运输邮电						
货物周转量	亿吨公里	197373	28192.23	483.62	0.25	1.72
旅客周转量	亿人公里	32813	4140.29	68.14	0.21	1.65
年末固定电话用户	万 户	19375.7	2406.09	244.64	1.26	10.17
年末移动电话用户	万 户	141748.7	14798.85	1680.97	1.19	11.36
财政、金融						
一般公共预算收入	亿 元	172592.8	11320.35	592.07	0.34	5.23
一般公共预算支出	亿 元	203085.5	15037.48	667.65	0.33	4.44
各项人民币存款余额	亿 元	1641044	184779.60	11836.66	0.72	6.41
#住户存款余额	亿 元	643768	61890.08	5103.42	0.79	8.25
各项人民币贷款余额	亿 元	1201321	118978.62	6855.44	0.57	5.76
外经外贸						
进出口总额	亿元	278099.2	68168.86	12264.37	4.41	17.99
进口总额	亿元	124789.8	25976.00	5236.99	4.20	20.16
出口总额	亿元	153309.4	42192.86	7027.38	4.58	16.66
实际利用外资	亿美元	1310.4	229.48	17.19	1.31	7.49
商业、物价						
社会消费品零售总额	亿 元	366261.6	38200.07	2687.88	0.73	7.04
商品零售价格指数	上年=100	101.1	101.6	101.1		
居民消费价格指数	上年=100	101.6	101.5	101.4		
人民生活						
城镇在岗职工年平均工资	元	74318	80020	61619	82.91	77.00
居民人均可支配收入	元	25974	33003	45451	174.99	137.72
城镇常住居民人均可支配收入	元	36396	40975	46739	128.42	114.07
农村常住居民人均可支配收入	元	13432	15780	29078	216.49	184.28

17−5 主要经济指标人均水平东莞与全国、全省的比较（2018年）

Comparison of Per Capita Level of Main Economic Indicators between Dongguan and China, Guangdong Province (2018)

指 标	单 位	人均水平			东莞相当于全国(%)	东莞相当于全省(%)
		全 国	全 省	东 莞		
地区生产总值	元	64644	86412	98939	153.1	114.5
一般公共预算收入	元	13165	10753	7767.21	59.0	72.2
出口总额	元	11788	37969	95079	806.6	250.4
各项人民币存款余额	元	127222	175900	160036	125.8	91.0
住户存款余额	元	51315	61019	66745	130.1	109.4
社会消费品零售总额	元	27355	35089	34726	126.9	99.0
实际利用外资	元	636	1289	998	156.9	77.4
城镇在岗职工年平均工资	元	82461	89826	69937	84.8	77.9
城镇常住居民人均可支配收入	元	39251	44341	50721	129.2	114.4
农村常住居民人均可支配收入	元	14617	17168	32277	220.8	188.0
粮食产量	公斤	472	106	1	0.1	0.7
水产品产量	公斤	46	75	5	11.9	7.3
水果产量	公斤	184	137	8	4.4	5.9
工业发电量	千瓦时	5106	3882	2068	40.5	53.3
医院卫生院床位数	张/千人	4.67	4.21	3.70	79.2	87.9
卫生技术人员数	人/千人	6.84	6.68	6.47	94.6	96.9

注：本表人均指标时点数按年末常住人口计算，时期数按年平均常住人口计算。

17−6 主要经济指标人均水平东莞与全国、全省的比较（2017年）

Comparison of Per Capita Level of Main Economic Indicators between Dongguan and China, Guangdong Province (2017)

指 标	单 位	人均水平			东莞相当于全国(%)	东莞相当于全省(%)
		全 国	全 省	东 莞		
地区生产总值	元	59201	80932	91329	154.3	112.8
一般公共预算收入	元	12449	10213	7131.70	57.3	69.8
出口总额	元	11058	38066	84647	765.5	222.4
各项人民币存款余额	元	118054	165440	141884	120.2	85.8
住户存款余额	元	46312	55412	61174	132.1	110.4
固定资产投资总额	元	46252	33813	20632	44.6	61.0
社会消费品零售总额	元	26418	34464	32377	122.6	93.9
实际利用外资	美元	94	207	207	219.1	100.0
城镇在岗职工年平均工资	元	74318	80020	61619	82.9	77.0
城镇常住居民人均可支配收入	元	36396	40975	46739	128.4	114.1
农村常住居民人均可支配收入	元	13432	15780	29078	216.5	184.3
粮食产量	公斤	477	109	1	0.1	0.5
水产品产量	公斤	46	75	5	11.8	7.3
水果产量	公斤	182	128	7	3.6	5.1
工业发电量	千瓦时	4764	3976	4218	88.5	106.1
医院卫生院床位数	张/千人	4.40	4.06	3.58	81.3	88.3
卫生技术人员数	人/千人	6.46	6.36	6.07	93.9	95.4

注：本表人均指标时点数按常住人口计算，时期数按年平均常住人口计算。

17-7 珠江三角洲国民经济和社会发展主要指标（2018年）

指　　标	单 位	广州市	深圳市	珠海市
综合				
土地面积	平方公里	7249	1997	1736
年末常住人口	万人	1490.44	1302.66	189.11
城镇人口占常住人口的比例	%	86.38	99.75	90.08
年末户籍人口	万人	927.69	497.50	127.40
地区生产总值	亿元	22859.35	24221.98	2914.74
第一产业增加值	亿元	223.44	22.09	50.09
第二产业增加值	亿元	6234.07	9961.95	1433.82
第三产业增加值	亿元	16401.84	14237.94	1430.83
人均生产总值（按常住人口计算）	元	155491	189568	159428
农村经济				
农林牧渔业总产值	亿元	416.69	42.46	100.25
粮食产量	万吨	13.01	0.90	2.36
水果产量	万吨	60.57	4.15	7.85
猪肉产量	万吨	4.46	0.41	3.61
水产品产量	万吨	45.42	6.79	31.36
工业				
规模以上工业企业数	个	4675	7950	1170
规模以上工业增加值	亿元	4450.90	9109.54	1083.74
规模以上工业企业主营业务收入	亿元	18362.26	33174.49	5403.64
规模以上工业企业利润总额	亿元	1399.47	2022.14	428.74
规模以上工业产品销售率	%	98.95	96.70	97.53
固定资产投资				
固定资产投资总额	%	8.2	20.6	20.7
#房地产开发投资额	亿元	2701.93	2640.71	787.09
商品房屋销售面积	万平方米	1550.28	722.01	301.58
商品房屋销售额	亿元	3102.66	3908.42	704.47
交通、邮电				
民用汽车拥有量	万辆	257.33	331.34	62.42
港口货物吞吐量	万吨	61313	25127	13799
邮电业务总量	亿元	2613.08	2769.27	198.58
年末固定电话用户数	万户	390.03	434.75	58.42
年末移动电话用户数	万户	3198.74	2977.64	367.90
全年总用电量	亿千瓦时	936.90	907.19	175.99

Main Indicators of National Economy and Social Development of the Pearl River Delta Economic Zone (2018)

佛山市	惠州市	肇庆市	江门市	东莞市	中山市
3798	11347	14891	9507	2460	1784
790.57	483.00	415.17	459.82	839.22	331.00
94.98	70.76	47.76	66.50	91.02	88.35
436.98	380.90	450.15	398.91	231.59	176.92
9935.88	4103.05	2201.80	2900.41	8278.59	3632.70
144.45	175.98	347.86	201.69	25.04	61.59
5614.00	2161.58	774.65	1408.15	4027.21	1780.23
4177.43	1765.50	1079.29	1290.57	4226.34	1790.88
127691	85418	53267	63328	98939	110585
289.89	280.29	525.84	361.69	39.21	105.74
4.28	56.07	113.38	88.81	0.58	2.09
4.27	87.50	168.43	35.52	6.77	10.23
8.98	10.46	34.23	17.60	0.11	1.31
67.51	15.81	46.23	76.57	4.60	32.97
6206	2376	1175	2157	7704	3212
4590.05	1731.57	620.15	1085.24	3904.57	1093.53
20762.64	7410.50	2721.72	4174.39	19465.07	4945.46
1527.88	337.40	153.98	229.44	611.97	219.95
96.99	97.30	96.95	96.37	98.00	98.31
5.6	3.1	10.0	9.5	5.8	5.5
2019.51	983.94	348.03	575.10	736.79	697.22
2352.31	1663.37	658.27	684.40	690.15	737.39
2656.62	1778.41	464.60	575.64	1224.14	817.88
253.31	118.39	54.76	78.85	294.69	110.12
8973	8757	3921	9369	16417	11965
686.93	381.31	169.07	258.22	1282.22	397.51
208.60	100.44	57.36	94.84	231.27	84.66
1299.97	722.17	398.59	640.47	1892.77	684.76
690.85	408.38	171.81	281.78	806.64	293.01

17-7 续表

(2018年)

指　　标	单 位	广州市	深圳市	珠海市
金融、贸易、财政				
年末金融机构本外币存款余额	亿元	54788.09	72550.36	7542.91
#住户存款	亿元	16456.56	13810.06	1772.01
年末金融机构本外币贷款余额	亿元	40749.32	52539.79	5238.24
社会消费品零售总额	亿元	9256.19	6168.87	1160.64
地方一般公共预算收入	亿元	1634.22	3538.44	331.47
地方一般公共预算支出	亿元	2506.18	4282.56	572.52
对外经济				
进出口总额	亿元	9811.59	29997.26	3247.69
进口总额	亿元	4204.09	13702.08	1360.72
出口总额	亿元	5607.50	16295.17	1886.97
合同利用外资金额	亿元	2548.65	1789.80	465.39
实际利用外商直接投资	亿元	395.00	514.56	156.30
人民生活、物价				
在岗职工年平均工资	元	111839	111709	87032
全体常住居民人均可支配收入	元	55276	57544	48107
全体常住居民人均消费支出	元	39467	40535	35081
城镇常住居民人均可支配收入	元	59982	57544	50713
城镇常住居民人均消费支出	元	42181	40535	36819
农村常住居民人均可支配收入	元	26020		26198
农村常住居民人均消费性支出	元	20634		20475
居民消费价格总指数（以上年为100）	%	102.4	102.8	102.3
工业生产者出厂价格指数(以上年为100)	%	101.0	100.2	101.9
教育、R&D、卫生				
学校数				
中等职业技术学校	所	82	15	8
普通中学	所	527	390	75
小学	所	965	344	124
在校学生数				
中等职业技术学校	人	184094	38922	18962
普通中学	人	514428	448004	94983
小学	人	1058455	1027969	172071
规上工业企业R&D活动人员	人	95562	289422	30808
规上工业企业R&D经费内部支出	亿元	267.27	966.75	82.77
卫生事业机构	个	4598	4380	838
#医院	个	255	140	45
医院床位数	张	86011	39837	8849
执业（助理）医师	人	54134	36309	7090

佛山市	惠州市	肇庆市	江门市	东莞市	中山市
15372.81	6171.35	2495.80	4528.88	14157.22	5930.49
7577.50	2376.43	1532.75	2783.43	5656.01	2642.90
10457.65	4886.82	1825.47	3140.85	8209.70	4036.39
3287.54	1478.97	866.70	1407.58	2905.61	1490.79
703.14	393.01	106.04	244.05	649.91	315.23
806.54	544.22	315.72	377.88	765.41	437.92
4599.04	3334.67	389.83	1472.21	13418.70	2341.60
1071.78	1125.84	152.22	349.22	5463.06	539.90
3527.26	2208.83	237.61	1122.99	7955.64	1801.70
86.18	181.05	75.38	135.03	148.83	44.63
45.74	63.47	9.45	47.45	83.48	35.28
80288	77634	71451	71371	69937	74484
49630	33930	24071	29547	49331	46865
34053	24462	15506	19752	33209	31058
50737	39574	30680	35466	50721	48804
31803	27773	19984	23237	33675	32180
28765	21039	17696	18154	32277	32263
19906	16900	11359	13042	25355	22603
102.0	101.8	101.5	101.7	102.5	101.4
101.9	102.8	102.4	102.0	100.6	101.1
33	25	18	19	28	11
203	271	184	194	240	103
413	468	228	324	328	208
60002	51440	53771	36898	82311	23243
342533	308128	228399	214267	332363	159399
580066	584251	385169	337381	803482	311717
93256	50199	12524	30145	111969	36620
235.17	89.32	22.03	58.35	221.24	59.28
1932	2764	3111	1652	2722	894
120	76	56	48	102	62
34508	15916	13426	17079	30239	15685
20001	13339	8140	10298	19516	8800

17－8　长江三角洲国民经济和社会发展主要指标（2018年）

指　　标	单 位	上海市	南京市	苏州市	无锡市	常州市	镇江市
综合							
行政区域土地面积	平方公里	6341	6587	8657	4627	4372	3840
年末常住人口	万人	2423.78	843.62	1072.17	657.45	472.86	319.64
年末户籍人口	万人	1447.57	696.94	703.55	497.21	382.20	270.78
地区生产总值	亿元	32679.87	12820.40	18597.47	11438.62	7050.27	4050.00
第一产业增加值	亿元	104.37	273.42	213.99	125.07	156.25	138.40
第二产业增加值	亿元	9732.54	4721.61	8933.28	5464.01	3263.29	1976.60
第三产业增加值	亿元	22842.96	7825.37	9450.20	5849.54	3630.73	1935.00
人均地区生产总值	元	134982	152886	173765	174270	149275	126906
工业、用电							
规模以上工业增加值	%	2.0	7.8	5.4	9.0	6.6	-3.5
规模以上工业企业主营业务收入	亿元	38886.41	11945.91	33840.03	16576.71	11394.03	4162.10
规模以上工业企业利润总额	亿元	3350.44	894.96	2034.08	1204.94	726.26	233.36
全社会用电量	亿千瓦时	1566.66	606.40	1562.49	732.81	489.72	255.24
#工业用电量	亿千瓦时	780.21	331.27	1227.77	551.49	373.05	183.42
固定资产投资							
固定资产投资总额	%	5.2	9.4	4.5	5.8	7.5	-26.5
#房地产开发投资额	%	4.6	8.5	10.9	9.4	24.4	3.6
交通、邮电							
民用汽车拥有量	万辆	393.42	258.24	391.06	210.43	133.80	60.61
货运量	万吨	107387	38564	16159	18640	13198	9838
客运量	万人次	21497	16063	29762	8446	5609	4161
快递业务量	亿件	34.86	7.66	12.49	5.12	2.28	0.97
快递业务收入	亿元	1020.28	86.73	156.21	58.83	34.50	11.00
年末固定电话用户数	万户		201.17	248.87	129.74	104.00	60.32
年末移动电话用户数	万户	3722.28	1284.06	1855.64	945.32	579.80	354.73
金融、贸易、财政							
年末金融机构本外币存款余额	亿元	121112.33	34524.86	30523.37	16056.79	10090.05	5122.03
#住户存款	亿元	28569.24	7106.00	9309.52	5599.85	3888.40	2179.70
年末金融机构本外币贷款余额	亿元	73272.35	29065.66	27440.94	12102.76	7564.83	4484.17
社会消费品零售总额	亿元	12668.69	5832.46	5746.90	3672.70	2613.19	1360.92
地方一般公共预算收入	亿元	7108.15	1470.02	2119.99	1012.28	560.33	301.50
地方一般公共预算支出	亿元	8351.54	1532.71	1952.80	1056.02	589.12	408.65
对外经济、科技							
进出口总额	亿元	34009.93	4317.20	23375.60	6161.83	2266.40	779.07
出口总额	亿元	13666.85	2500.68	13656.91	3743.68	1652.94	525.62
进口总额	亿元	20343.08	1816.52	9718.68	2418.15	613.46	253.45
实际利用外商直接投资	亿美元	173.00	38.53	45.25	37.15	24.22	8.68
专利申请量	件	150233	99070	135862		41858	29635
专利授权量	件	92460	44089	75837	35255	23334	15348
人民生活、物价							
居民人均可支配收入	元	64183	52916	55476	50373	45933	40883
城镇常住居民人均可支配收入	元	68034	59308	63481	56989	54000	48903
农村常住居民人均可支配收入	元	30375	25263	32420	30787	28014	24687
居民消费价格总指数（以上年为100）	%	101.6	102.4	102.6	102.3	102.2	102.0

注：1.上海户籍人口为常住户籍人口；常州客运量为营业性客运量；南通、扬州民用汽车拥有量为机动车拥有量；湖州、台州、嘉兴为汽车保有量；苏州为汽车拥有量；无锡为全社会拥有车辆。

Main Indicators on National Economy and Social Development of the Yangtze River Delta Economic Zone (2018)

南通市	扬州市	泰州市	杭州市	宁波市	嘉兴市	湖州市	绍兴市	舟山市	台州市
10549	6591	5787	16596	9816	4223	5820	8279	1440	9411
731.00	453.10	463.57	980.60	820.20	472.60	302.70	503.50	117.30	613.90
762.52	458.34	503.39	774.10	603.00	360.44	267.06	447.21	96.90	605.40
8427.00	5466.17	5107.63	13509.15	10745.46	4871.98	2719.07	5416.90	1316.70	4874.67
397.77	273.34	280.05	305.51	305.96	115.03	127.69	196.12	142.63	264.28
3947.88	2623.24	2434.01	4571.93	5507.53	2624.49	1273.63	2611.80	428.37	2182.60
4081.35	2569.59	2393.57	8631.71	4931.97	2132.46	1317.75	2608.98	745.70	2427.79
115320	120944	109988	140180	132603	103858	90304	107853	112490	80644
7.7	5.1	5.5	6.3	6.3	8.9	9.3	7.4	6.4	9.7
14029.55	6803.15	6979.70	13967.71	16272.48	9261.25	4124.37	6253.03	716.95	4794.29
1165.55	424.88	455.51	973.90	1227.54	587.84	257.72	396.59	5.95	314.17
433.31	248.99	286.14	796.96	775.28	522.06	274.80	437.72	55.67	329.57
295.86	165.64	205.74	446.09	571.73	415.56	203.47	338.14	23.93	214.62
8.8	11.0	9.2	10.8	3.6	7.7	6.2	1.9	7.5	8.1
24.5	40.0	21.3	12.2	15.5	31.6	73.8	17.7	-10.5	43.1
195.70	98.02	76.82	238.70	267.40	165.53	81.20	153.67	21.40	162.93
13865	14127	21756	34837	61454	23766	18783	14160	38130	29183
7323	3101	6439	10630	10965	4847	5340	2906	5506	8596
2.93	1.55	0.98	25.90	7.85	5.38	3.01	4.20	0.14	7.03
28.78	17.25	11.15	296.60	86.72	53.59	20.49	29.89	2.78	39.96
168.21	93.40	87.00	241.80	207.00	98.12	76.20	106.79	22.60	107.70
861.50	531.70	495.57	1913.90	1259.00	719.80	502.70	596.81	170.80	958.00
12211.02	6080.73	6202.42	39810.50	19149.97	8298.46	4589.41	8436.53	2034.10	8518.92
5596.37		2888.60	10198.50	6663.00	3748.56	2131.62	4109.00	841.10	4603.46
8878.00	4643.49	4819.82	36598.25	19935.88	6863.38	3886.22	7516.71	2028.90	7354.34
3088.77	1557.03	1282.87	5715.33	4154.93	1938.59	1297.24	2007.61	536.90	2366.88
606.19	340.03	366.64	1825.06	1379.66	518.55	287.10	501.34	146.02	431.18
877.12	563.57	532.65	1717.08	1592.09	588.87	397.54	556.65	308.49	653.75
2542.90	789.44	968.75	5245.28	8576.30	2821.20	885.13	2240.29	1135.55	1742.99
1676.88	562.05	627.41	3417.11	5550.60	2017.33	770.98	2046.10	424.82	1537.60
866.02	227.39	341.34	1828.17	3025.60	803.87	114.15	194.00	710.73	205.40
25.81	12.20	15.07	68.27	43.20	31.40	12.71	13.51	4.18	2.89
52799	41222	35045	36538	72954	16885	37284	47094	2938	35695
24578	22804	15555	10267	44777	2506	18672	37288	2216	26288
37071	34076	34642	54348	52402	47380	44487	49389	49217	43973
46321	41999	43452	61172	60134	57437	54393	59049	56622	55705
22369	21457	21219	33193	33633	34279	31767	33097	33812	27631
102.3	102.2	102.0	102.3	102.2	102.3	102.2	102.4	102.8	102.4

2.数据为初步统计数，来自各市统计公报、网站等，最终数据以各市2019年统计年鉴为准。

17−9 中国香港特别行政区主要社会经济指标

Main Statistical Indicators of Hong Kong Special Administrative Region

指　　标	单　位	1990年	2000年	2010年	2017年	2018年
人口及生命统计						
年中人口	万人	570.4	666.5	702.4	739.2	745.1
粗出生率	‰	12.0	8.1	12.6	7.7	7.2@
粗死亡率	‰	5.2	5.1	6.0	6.3	6.3@
劳动、就业						
劳动人口	万人	274.8	337.4	363.1	394.7	397.9
劳动人口参与率	%	63.2	61.4	59.6	61.1	61.2
失业率	%	1.3	4.9	4.3	3.1	2.8
本地生产总值						
按2016年环比物量计算 ①						
本地生产总值年增长率	%	3.8	7.7	6.8	3.8	3.0
本地生产总值	亿港元	9599	14143	21080	25862	26644
人均本地生产总值	港元	168269	212200	300101	349881	357584
按当年价格计算						
本地生产总值年增长率	%	11.7	4.0	7.1	6.9	6.9
本地生产总值	亿港元	5993	13375	17763	26625	28453
人均本地生产总值	港元	105050	200675	252887	360206	381870
政府收支、货币、金融						
政府收入总额 ②	亿港元	895	2251	3765	6198	5964
政府支出总额 ②	亿港元	856	2329	3014	4709	5378
货币供应量M_3	亿港元	12880	36928	71563	138038	144037
居民消费物价指数						
(2014年10月至2015年9月=100)						
综合消费物价指数		46.6	78.4	81.8	104.5	107.0
本地居民总收入（按当年价格计算）						
本地居民总收入	亿港元		13482	18139	27781	29869@
人均本地居民总收入	港元		202287	258240	375838	400878@
工业生产						
工业生产指数 ③（2008年=100）				95.0	93.1	94.3
工业电力消费量	万亿焦耳	24934	17769	11080	11196	11081
工业煤气消费量	万亿焦耳	583	982	917	1569	1717

17-9 续表

指　　标	单　位	1990年	2000年	2010年	2017年	2018年
房屋及物业						
已登记物业买卖合约涉及的价值	亿港元		2225	6895	7264	7414
住宅	亿港元		1684	5607	5563	5593
非住宅	亿港元		541	1288	1701	1821
楼宇售价指数						
私人住宅单位	1999年=100	44.8	89.6	150.9	333.9	377.4@
私人写字楼（甲级、乙级及丙级）	1999年=100	99.1	89.9	230.4	487.1	555.2@
楼宇租金指数						
私人住宅单位	1999年=100	76.7	98.1	119.7	182.6	193@
私人写字楼（甲级、乙级及丙级）	1999年=100	137.7	98.5	147.6	241.8	252.1@
运输、通讯						
进出香港的货物						
总卸下	万吨	6076	13035	17282	19108	17581
总装上	万吨	2997	8692	12882	11772	10958
集装箱吞吐量 ④	万标准集装箱单位	510	1810	2370	2077	1960
电话服务	万条操作线路	245	395	426	415	410
对外商品贸易						
港产品出口	亿港元	2259	1810	695	435	463
转口	亿港元	4140	13917	29615	38324	41118
进口	亿港元	6425	16580	33648	43570	47214
旅　游						
访港旅客 ⑤	万人次	658	1306	3603	5847	6515
酒店入住率	%	79	83	87	89	91@
教　育						
小学学生人数 ⑥	人	531090	498175	334415	365732	376310
中学学生人数 ⑥⑦	人	481830	490039	486817	349086	344564
专上教育学生人数 ⑧	人	112516	186729	306476	323551	324127

注：本表数据由香港特别行政区政府统计处提供，国家统计局整理编辑。1990年数据指原香港地区。@数据将于日后修订。
①以环比物量计算的本地生产总值及其组成部分的参照年为2016年。
②财政年度数字。指当年4月1日至第二年3月31日。
③自2005年统计年度开始，所有工业生产指数均按《香港标准行业分类2.0版》编制。
④1998年起，采用一系列新的集装箱吞吐量数字，与1998年以前的数字不可比。
⑤1996年及以后的数字包括澳门访港的非澳门居民旅客人数。
⑥数字包括特殊学校的学生人数。
⑦数字亦包括夜校、技工级课程及毅进文凭课程的学生人数。
⑧数字包括就读于大学及专上教育学院开办的专上教育课程。包括证书/文凭课程、副学士或同等学历及学士或更高的学位课程；以及非本地机构合办，而学生在修业后可获取非本地高等学术资格的非本地注册或获豁免课程的学生人数。

17-10 中国澳门特别行政区主要社会经济指标

Main Statistical Indicators of Macao Special Administrative Region

指　　标	单　位	1990年	2000年	2010年	2017年	2018年
人口及生命统计						
年中人口	万人	33.5	43.1	53.7	64.8	65.9
出生率	‰	20.5	8.9	9.5	10.1	9.0
死亡率	‰	4.4	3.1	3.3	3.3	3.1
劳动力						
劳动人口	万人	16.9	20.9	32.4	38.7	39.2
劳动力参与率	%	66.6	64.3	72.0	70.8	70.9
失业率	%	3.2	6.8	2.8	2.0	1.8
就业不足率	%	2.3	3.0	1.7	0.4	0.5
本地生产总值 ①						
以2016年环比物量计算						
本地生产总值实际增长率（支出法）	%	8.0	5.7	25.3	9.7	4.7
本地生产总值	亿澳门元	840.6	1094.2	3192.3	3975.2	4162.4
人均本地生产总值	万澳门元	25.1	25.4	59.5	61.3	63.0
按当年价格计算						
本地生产总值名义增长率（支出法）	%	19.8	4.0	31.3	12.0	8.5
本地生产总值	亿澳门元	258.3	539.4	2250.5	4057.9	4403.2
人均本地生产总值	万澳门元	7.7	12.5	41.9	62.5	66.7
政府收支、货币、金融						
政府总收入 ①	亿澳门元	60.2	153.4	884.9	1263.7	1342.0
政府总开支 ①	亿澳门元	55.1	150.2	383.9	813.0	803.3
货币供应（广义货币供应量M_2）	亿澳门元	307.4	849.2	2430.5	5914.7	6514.4
消费价格指数						
(2013年10月至2014年9月=100)						
综合消费价格指数			64.82	80.50	109.56	112.85
工业生产						
工业电力消耗量	亿千瓦小时		1.5	1.5	1.6	1.6
建　筑						
获发使用准照(建成)的私人楼宇单位数目	个	11574	3146	4527	4511	4259
获发使用准照(建成)私人楼宇总建筑面积	万平方米	105.7	37.0	127.2	84.0	129.4
获发动工批示(新动工)的私人楼宇单位数目	个		1167	870	3223	1670
获发动工批示(新动工)的私人楼宇总建筑面积	万平方米		20.3	18.4	41.1	57.6

17-10 续表

指　　标	单　位	1990年	2000年	2010年	2017年	2018年
楼宇单位买卖数目	个	8463	10211	29617	13985	15073
不动产买卖契约数目	宗	8559	12484	12707	13961	13494
不动产按揭贷款数目	宗	6610	7367	15127	17439	20095
房屋（期末值）						
公共房屋 ②	个	4871	9084	8174	12209	14817
运输、通讯						
进出澳门货运车辆数目 ③	万辆	26.4	45.4	35.8	34.5	34.8
领牌车辆 ④	万辆	5.1	11.3	19.6	24.2	24.0
电话线	万条	9.6	17.7	16.8	13.1	12.4
对外商品贸易						
出口	亿澳门元	136.4	203.8	69.6	112.8	121.9
本地产品出口	亿澳门元		170.8	23.9	17.9	15.3
转口	亿澳门元		33.0	45.7	95.0	106.6
进口	亿澳门元	123.4	181.0	441.2	758.5	901.0
旅　游						
访澳旅客 ⑤	万人次	594.2	916.2	2496.5	3261.1	3580.4
酒店入住率	%	69	58	80	87	91
教　育 ⑥						
幼儿教育学生	人	20814	14978	10804	18802	18626
小学生	人	34972	45474	23785	30169	32530
中学生	人	17601	38156	37224	26608	26022
高等教育学生	人	7425	8358	25539	33098	34279

注：本表数据由澳门特别行政区政府统计暨普查局提供，国家统计局整理编辑。1998年及以前数据均指原澳门地区。
①数字在日后得到更多资料时会作出修订。
②不包括已出售者。
③自2000年开始包括进出关闸及路(氹)城边检站的数字。而自2007年开始亦包括进出跨境工业区边检站的数字。
④自2007年开始不包括单车。
⑤自2008年开始访澳旅客不包括外地雇员及学生等。
⑥不包括特殊教育学生。第n年的学生人数是指n/n+1学年年底学生人数。2007/2008学年起不包括回归教育学生人数；2010/2011学年起为注册学生人数。

17-11 中国台湾省主要社会经济指标

Main Statistical Indicators of Taiwan Province

指　　标	单 位	1995年	2000年	2010年	2017年	2018年
人口						
户籍登记人口数 ①	万人	2136	2228	2316	2357	2359
人口自然增加率	‰	9.90	8.08	0.91	0.96	0.37
人口密度	人/平方公里	590	616	640	651	652
劳动、就业						
劳动力人口	万人	921	978	1107	1180	1187
劳动参与率	%	58.7	57.7	58.1	58.8	59.0
失业率	%	1.8	3.0	5.2	3.8	3.7
国民经济核算						
本地居民生产总值	新台币亿元	71291	104908	145489	179653	180959
本地生产总值	新台币亿元	70179	103513	141192	175012	177770
人均本地居民生产总值	新台币元	336042	472889	628706	762681	767555
物价年涨跌率						
批发	%		1.81	5.46	0.90	3.64
消费者	%		1.26	0.97	0.62	1.35
工　业						
工业生产指数（2016年＝100）			54.4	87.7	105.0	108.8
制造业			52.6	87.0	105.3	109.4
运输、旅游						
铁路客运人数	亿人次	1.6	4.6	7.8	11.2	11.5
公路客运人数	亿人次	12.0	11.0	11.1	12.4	12.4
港埠货物装卸量	万收费吨	42017	56695	65540	72550	74085
出岛旅客	万人次	519	733	942	1565	1664
来台湾旅客	万人次	233	262	557	1074	1107
对外贸易						
出口	亿美元	1117	1520	2780	3172	3359
进口	亿美元	1036	1407	2563	2593	2863
财政、金融及景气						
赋税实征净额 ②	新台币亿元	12323	19298	16222	22512	23869
货币供应量M_2 ①	新台币亿元	128054	188978	309544	427702	439052
存款 ①	新台币亿元	131309	193087	310063	420940	431958
放款与投资 ①	新台币亿元	121003	166220	228037	320227	337475

注：1.①为年底数。②为年度资料。
　　2.本表数据来源于台湾“行政院主计总处”。

17-12 粤港澳大湾区主要经济指标（2018年）

Main Indicators of Guangdong-Hong Kong-Marco Greater Bay Area (2018)

地 区	土地面积（平方公里）	地区生产总值			人均地区生产总值		
		绝对值（亿元）	绝对值（亿美元）	指 数（上年=100）	绝对值（元）	绝对值（美元）	指 数（上年=100）
广 州	7249.27	22859.35	3454.43	106.2	155491	23497	103.1
深 圳	1997.47	24221.98	3660.35	107.6	189568	28647	103.2
珠 海	1736.46	2914.74	440.47	108.0	159428	24092	101.6
佛 山	3797.72	9935.88	1501.48	106.3	127691	19296	103.2
惠 州	11347.39	4103.05	620.04	106.0	85418	12908	105.4
东 莞	2460.08	8278.59	1251.03	107.4	98939	14951	106.6
中 山	1783.67	3632.70	548.96	105.9	110585	16711	104.6
江 门	9506.92	2900.41	438.30	107.8	63328	9570	107.2
肇 庆	14891.23	2201.80	332.73	106.6	53267	8050	105.8
香港特别行政区	1106.7①	28453②	3630.17	103.0	381870②	48721	102.2
澳门特别行政区	30.8	4403.16③	545.43	104.7	666893③	82609	102.9

17-12 续表

地 区	年末人口（万人）	从业人员（万人）	港口集装箱吞吐量(万标准集装箱)	进出口总额（亿美元）	出口总额	进口总额
广 州	1490.44	896.54	2192.21	1485.05	848.5	636.55
深 圳	1302.66	1050.25	2573.59	4539.23	2463.36	2075.86
珠 海	189.11	115.97	230.77	493.53	286.51	207.01
佛 山	790.57	440.91	399.49	697.66	535.6	162.06
惠 州	483	290.33	43.42	505.58	334.62	170.96
东 莞	839.22	667.17	355.95	2033.31	1204.43	828.88
中 山	331	212.99	145.09	355.09	273.22	81.87
江 门	459.82	247.13	151.37	223.19	170.35	52.84
肇 庆	415.17	225.3	75.05	59.04	35.99	23.05
香港特别行政区	748.25	397.9		11327.74	5304.38	6022.96
澳门特别行政区	66.74	39.2	13.86	126.71	15.10	111.61

注：本表香港、澳门统计数据来自香港政府统计处、澳门统计暨普查局。香港特别行政区和澳门特别行政区地区生产总值为“本地生产总值”，从业人员为“劳动人口”。 澳门特别行政区集装箱吞吐量为载货集装箱吞吐量，其余为集装箱总吞吐量。 本表汇率按照100港币=84.43人民币元， 100澳门元=81.97人民币元，100美元=661.74人民币元计算。①香港为陆地面积。②为港币元。③为澳门元。

第三部分 基本单位情况

Part Three Basic Units

1-1 按行业分的法人单位、产业活动单位数（2017年）

Number of Corporate Units and Industrial Establishments by Sector (2017)

项目	法人单位数（个）	单产业法人单位	多产业法人单位	产业活动单位数（个）	#多产业法人单位的产业活动单位
合计	240727	237889	2828	256673	18784
农、林、牧、渔业	380	373	7	391	18
农业	168	166	2	171	5
林业	29	27	2	29	2
畜牧业	16	15	1	16	1
渔业	70	69	1	71	2
农、林、牧、渔服务业	97	96	1	104	8
采矿业	20	20		21	1
煤炭开采和洗选业					
石油和天然气开采业	1	1		1	
黑色金属矿采选业					
有色金属矿采选业	3	3		3	
非金属矿采选业	15	15		16	1
开采辅助活动	1	1		1	
其他采矿业					
制造业	110204	109757	444	110751	994
农副食品加工业	375	364	11	377	13
食品制造业	681	674	7	696	22
酒、饮料和精制茶制造业	180	173	7	185	12
烟草制品业	1	1		1	
纺织业	2514	2503	11	2527	24
纺织服装、服饰业	6321	6286	34	6335	49
皮革、毛皮、羽毛及其制品和制鞋业	4876	4861	15	4895	34
木材加工和木、竹、藤、棕、草制品业	896	894	2	905	11
家具制造业	2788	2768	20	2804	36
造纸和纸制品业	4317	4311	6	4326	15
印刷和记录媒介复制业	2736	2730	6	2743	13
文教、工美、体育和娱乐用品制造业	4074	4056	18	4088	32
石油加工、炼焦和核燃料加工业	114	112	2	120	8
化学原料和化学制品制造业	2522	2501	21	2534	33
医药制造业	89	85	4	96	11
化学纤维制造业	137	137		139	2
橡胶和塑料制品业	12025	12001	24	12059	58
非金属矿物制品业	1915	1904	11	1931	27
黑色金属冶炼和压延加工业	250	249	1	253	4
有色金属冶炼和压延加工业	538	537	1	544	7

1-1 续表 1

(2017年)

项目	法人单位数(个)	单产业法人单位	多产业法人单位	产业活动单位数(个)	#多产业法人单位的产业活动单位
金属制品业	15533	15502	31	15564	62
通用设备制造业	8382	8331	50	8423	92
专用设备制造业	8755	8716	39	8791	75
汽车制造业	446	443	3	449	6
铁路、船舶、航空航天和其他运输设备制造业	211	210	1	215	5
电气机械和器材制造业	7286	7244	42	7333	89
计算机、通信和其他电子设备制造业	14475	14418	57	14537	119
仪器仪表制造业	1618	1608	10	1627	19
其他制造业	5661	5654	6	5662	8
废弃资源综合利用业	78	75	3	171	96
金属制品、机械和设备修理业	410	409	1	421	12
电力、燃气及水的生产和供应业	324	315	9	400	85
电力、热力生产和供应业	81	79	2	92	13
燃气生产和供应业	81	76	5	114	38
水的生产和供应业	162	160	2	194	34
建筑业	8474	8361	113	9171	810
房屋建筑业	830	800	30	1086	286
土木工程建筑业	757	746	11	926	180
建筑安装业	1812	1783	29	1901	118
建筑装饰和其他建筑业	5075	5032	43	5258	226
批发和零售业	66190	65729	461	71809	6080
批发业	43293	43115	178	44361	1246
零售业	22897	22614	283	27448	4834
交通运输、仓储和邮政业	4531	4414	116	5626	1212
铁路运输业	23	23		31	8
道路运输业	1733	1704	28	1879	175
水上运输业	94	91	3	101	10
航空运输业	17	15	2	26	11
管道运输业	3	3		4	1
装卸搬运和运输代理业	2065	2016	49	2393	377
仓储业	287	284	3	300	16
邮政业	309	278	31	892	614
住宿和餐饮业	2986	2822	164	3761	939
住宿业	976	889	87	1075	186
餐饮业	2010	1933	77	2686	753
信息传输、软件和信息技术服务业	3206	3155	51	3663	508
电信、广播电视和卫星传输服务	100	89	11	427	338
互联网和相关服务	617	610	7	662	52
软件和信息技术服务业	2489	2456	33	2574	118
金融业	592	536	56	2282	1746
货币金融服务	165	143	22	1441	1298

1-1 续表 2

(2017年)

项目	法人单位数(个)	单产业法人单位	多产业法人单位	产业活动单位数(个)	#多产业法人单位的产业活动单位
资本市场服务	241	237	4	302	65
保险业	121	91	30	461	370
其他金融业	65	65		78	13
房地产业	5482	5232	250	6235	1003
房地产业	5482	5232	250	6235	1003
租赁与商务服务业	20200	19857	340	21695	1838
租赁业	620	615	4	648	33
商务服务业	19580	19242	336	21047	1805
科学研究、技术服务业	5307	5246	60	5535	289
研究和试验发展	1158	1153	5	1165	12
专业技术服务业	2377	2330	47	2589	259
科技推广和应用服务业	1772	1763	8	1781	18
水利、环境和公共设施管理业	642	628	14	701	73
水利管理业	64	62	2	74	12
生态保护和环境治理业	143	143		156	13
公共设施管理业	435	423	12	471	48
居民服务、修理和其他服务业	3405	3352	51	3650	298
居民服务业	1245	1227	18	1402	175
机动车、电子产品和日用产品修理业	1030	1013	16	1082	69
其他服务业	1130	1112	17	1166	54
教育	2583	2536	47	3271	735
教育	2583	2536	47	3271	735
卫生和社会工作	1064	998	66	1645	647
卫生	948	882	66	1526	644
社会工作	116	116		119	3
文化、体育和娱乐业	2559	2534	25	2707	173
新闻和出版业	22	21	1	21	
广播、电视、电影和影视录音制作业	196	191	5	229	38
文化艺术业	446	444	2	451	7
体育	195	194	1	203	9
娱乐业	1700	1684	16	1803	119
公共管理、社会保障和社会组织	2578	2024	554	3359	1335
中国共产党机关	60	60		60	
国家机构	862	809	53	1427	618
人民政协、民主党派	15	15		15	
社会保障	18	18		30	12
群众团体、社会团体和其他成员组织	906	890	16	1048	158
基层群众自治组织	717	232	485	779	547
国际组织					
国际组织					

1-2 按注册类型分的法人单位、产业活动单位数（2017年）

Number of Corporate Units and Industrial Establishments by Registration Status (2017)

项目	法人单位数（个）	单产业法人单位	多产业法人单位	产业活动单位数（个）	#多产业法人单位的产业活动单位
合计	240727	237889	2828	256673	18784
内资	227965	225386	2569	242686	17300
国有	1798	1687	111	3519	1832
集体	2444	2344	99	3169	825
股份合作	654	643	10	794	151
国有联营	9	8	1	17	9
集体联营	79	77	2	100	23
国有与集体联营	12	11	1	31	20
其他联营	190	185	5	221	36
国有独资公司	104	92	12	111	19
其他有限责任公司	94700	93951	745	99321	5370
股份有限公司	2489	2400	88	4201	1801
私营独资	19273	19182	90	19821	639
私营合伙	4823	4791	32	4956	165
私营有限公司	85045	84330	713	88021	3691
私营股份有限公司	2289	2248	41	2411	163
其他	14056	13437	619	15993	2556
港澳台商投资	8820	8663	157	9329	666
与港澳台商合资经营	438	417	21	534	117
与港澳台商合作经营	221	217	4	249	32
港澳台商独资	7741	7613	128	8092	479
港澳台商投资股份有限公司	199	196	3	225	29
其他港、澳、台商投资	221	220	1	229	9
外商投资	3942	3840	102	4658	818
中外合资经营	344	329	15	534	205
中外合作经营	62	61	1	83	22
外资企业	2990	2911	79	3461	550
外商投资股份有限公司	377	373	4	397	24
其他外商投资	169	166	3	183	17

1−3 按地域分的法人单位、产业活动单位数（2017年）

Number of Corporate Units and Industrial Establishments by District (2017)

项目	法人单位数（个）	单产业法人单位	多产业法人单位	产业活动单位数（个）	#多产业法人单位的产业活动单位
全市	240727	237889	2828	256673	18784
莞城街道	7836	7610	226	8717	1107
石龙镇	2038	1988	50	2421	433
虎门镇	14416	14321	95	15376	1055
东城街道	16247	15950	296	17540	1590
万江街道	7987	7893	94	8425	532
南城街道	14780	14465	315	16030	1565
中堂镇	3560	3508	52	3914	406
望牛墩镇	1528	1500	28	1678	178
麻涌镇	2216	2173	43	2480	307
石碣镇	5794	5735	59	6134	399
高埗镇	3126	3076	48	3351	275
道滘镇	3247	3198	49	3444	246
洪梅镇	1024	998	26	1158	160
沙田镇	3870	3823	47	4154	331
厚街镇	10527	10435	92	11310	875
长安镇	21422	21314	108	22397	1083
寮步镇	13652	13480	172	14490	1010
大岭山镇	7968	7906	62	8372	466
大朗镇	12013	11903	110	12663	760
黄江镇	5839	5783	56	6234	451
樟木头镇	7025	6949	76	7535	586
清溪镇	7023	6960	63	7389	429
塘厦镇	14718	14605	112	15377	772
凤岗镇	6913	6845	68	7342	497
谢岗镇	2241	2216	25	2405	189
常平镇	10447	10295	149	11407	1112
桥头镇	3626	3593	32	3954	361
横沥镇	5189	5153	36	5467	314
东坑镇	11084	11037	45	11298	261
企石镇	2626	2580	46	2858	278
石排镇	3999	3959	40	4242	283
茶山镇	4810	4760	50	5067	307
松山湖	1936	1878	58	2044	166

1-4 星级酒店名单(2018年)

List of Star-ranking Hotels (2018)

酒店名称	星级	电话	地址
豪门大饭店	五星	85117888	虎门镇虎门大道
嘉华大酒店	五星	85928888	厚街镇家具大道1号
东莞富盈酒店	五星	85888888	厚街镇赤岭路段
东莞唐拉雅秀酒店	五星	22698888	东城区迎宾路8号
东莞喜来登大酒店	五星	85988888	厚街镇S256省道莞太路段
塘厦三正半山酒店	五星	87299333	塘厦镇迎宾大道
汇华国际饭店	五星	83938888	常平镇常平大道2号
丰泰花园酒店	五星	85708888	虎门镇S358省道大板地路段
华尔登国际酒店	五星	81028888	桥头镇广场路3号
悦莱花园酒店	五星	81118888	寮步镇香市路8号
欧亚国际酒店	五星	82838888	常平镇常东路8号(嘉骏中心)
东莞虎门美思威尔顿酒店	五星	82888888	虎门镇虎门大道黄河商业城
厚街国际大酒店	五星	85088888	厚街镇东风路与S256省道交汇处
东莞观澜湖度假酒店	五星	87288888	塘厦镇大坪林坪路
东莞宾馆	四星	22222222	莞城区东正路11号
宏远酒店	四星	22418888	南城区宏远路1号
汇美酒店	四星	83918888	常平镇中元路9号
长安酒店	四星	85532388	长安镇中心S358省道旁
东莞汇源雅高美爵酒店	四星	85244888	虎门镇虎门大道
方中假日酒店	四星	86866666	茶山镇茶山大道西28号
常平半岛酒店	四星	83988888	常平镇北环路
华禧酒店	四星	85383888	长安镇S358省道上沙路段
嘉辉会酒店	四星	87563388	凤岗镇官井头嘉辉路
美怡登酒店	四星	83028888	常平镇中元路
天悦酒店	四星	81812222	石碣镇崇焕路18号
华庭花园酒店	四星	81633333	厚街镇广东现代国际展览中心南侧
石龙宾馆	三星	86613333	石龙镇绿化中路2号
广彩城酒店	三星	22402088	南城区莞太路
明苑大酒店	三星	85122918	虎门镇金龙大道南
中青旅山水设计师酒店	三星	21988888	东城区东纵大道189号
海月酒店	二星	85926888	厚街镇涌口海月公园侧

中国统计出版社有限公司最新图书简目

（仅供参考,以实际出版为准）

统计资料

中国统计年鉴　中国统计摘要　中国第三产业统计年鉴

中国第三次全国农业普查综合资料　国际统计年鉴　金砖国家联合统计手册

中国-东盟国家统计手册　中国农村统计年鉴　中国县域统计年鉴

中国农产品价格调查年鉴　中国城市统计年鉴　中国价格统计年鉴

中国贸易外经统计年鉴　中国零售和餐饮连锁企业统计年鉴　中国商品交易市场统计年鉴

大中型批发零售和住宿餐饮企业统计年鉴　中国住户调查年鉴　中国工业统计年鉴

中国环境统计年鉴　中国能源统计年鉴　中国建筑业统计年鉴

中国房地产统计年鉴　中国固定资产投资统计年鉴　中国对外直接投资统计公报

中国人口和就业统计年鉴　中国劳动统计年鉴　中国社会统计年鉴

中国科技统计年鉴　中国高技术产业统计年鉴　全国企业创新调查年鉴

中国文化及相关产业统计年鉴　2018年时间利用调查资料　中国妇女儿童状况统计资料

中国基本单位统计年鉴　中国教育统计年鉴　中国教育经费统计年鉴

中国民族统计年鉴　中国残疾人事业统计年鉴　长江经济带发展统计年鉴

省级综合统计年鉴系列

北京 天津 河北 山西 内蒙古 辽宁 吉林 黑龙江 上海 江苏 浙江 安徽 福建 江西 山东 河南 湖北 湖南 广东 广西 海南 重庆 四川 贵州 云南 西藏 陕西 甘肃 青海 宁夏 新疆 新疆生产建设兵团

市(县)级综合统计年鉴系列

滨海新区 石家庄 唐山 邯郸 保定 沧州 邢台 廊坊 承德 衡水 秦皇岛 张家口 太原 大同 阳泉 长治 晋城 朔州 晋中 运城 忻州 临汾 吕梁 呼和浩特 鄂尔多斯 包头 沈阳 大连 长春 延吉 四平 白山 通化 哈尔滨 齐齐哈尔 黑龙江垦区 上海浦东新区 南京 无锡 徐州 常州 苏州 南通 连云港 淮安 盐城 扬州 镇江 泰州 宿迁 江阴 丹阳 海门 张家港 杭州 宁波 温州 嘉兴 湖州 绍兴 金华 衢州 舟山 台州 丽水 合肥 安庆 福州 厦门 宁德 漳州 龙岩 莆田 泉州 三明 南平 南昌 九江 上饶 新余 抚州 赣州 景德镇 济南 青岛 潍坊 枣庄 潍坊 聊城 郑州 洛阳 平顶山 三门峡 南阳 商丘 信阳 济源 汝州 武汉 十堰 荆州 宜昌 荆门 咸宁 黄冈 长沙 鹰潭 广州 深圳 惠州 东莞 汕尾 湛江 肇庆 南宁 柳州 桂林 贵港 梧州 来宾 河池 防城港 海口 三亚 儋州 成都 内江 贵阳 黔南 毕节 昆明 文山 德宏 西安 延安 安康 铜川 汉中 商洛 银川 兰州 庆阳 乌鲁木齐 昌吉 阿勒泰 兵团一师、二师、三师、四师、六师、七师、八师、十师、十三师、十四师

调查年鉴系列

天津 内蒙古 上海 河南 湖北 湖南 广东 广西 重庆 四川 云南 甘肃 宁夏 南宁 贵港 昆明

统计方法应用/实用手册

Python数据分析基础（第二版）　医用多元统计分析（第三版）　中华生物统计用表

中国国民经济核算体系（2016）基础知识　国民经济核算初级教程　医学统计学手册

全国统计专业技术资格考试系列考试用书：统计业务知识（第四版修订版）　统计业务知识学习指导与习题

全国统计专业技术资格考试系列考试用书：统计相关知识（第四版）　统计相关知识学习指导与习题

统计通俗读物/统计科普图书

领导干部统计知识问答　《防范和惩治统计造假、弄虚作假督察工作规定》辅导读本

统计新媒体运营指南　统计公文知识问答　理解国民账户　中国古代统计史简编

重点图书

新中国70年　第三次全国农业普查农作物面积遥感测量图集　中国第四次经济普查年鉴

新编英汉汉英统计大词典　中国国民经济核算体系2016　国民经济行业分类注释

挑大学选专业2019—考研择校指南　挑大学选专业2019—高考志愿填报指南　中华医学统计百科全书

发行部电话：（010）63376907　63376908　63376909　同楫行书店电话：68783171　68783172

地址：北京市丰台区西三环南路甲6号　邮政编码：100073　网址：http://www.zgtjcbs.com